潘漢年（1906-1977）

紅色特工

潘漢年傳

王凡——著

三聯書店（香港）有限公司
香港浸會大學當代中國研究所

當代中國研究叢書

責任編輯　梁偉基

插圖編輯　向婷婷

書籍設計　鍾文君

叢　書　名　當代中國研究叢書

書　　　名　紅色特工：潘漢年傳

著　　　者　王　凡

出　　　版　三聯書店（香港）有限公司
　　　　　　香港鰂魚涌英皇道 1065 號 1304 室
　　　　　　香港浸會大學當代中國研究所
　　　　　　香港九龍塘聯福道 34 號

香港發行　香港聯合書刊物流有限公司
　　　　　　香港新界大埔汀麗路 36 號 3 字樓

印　　　刷　美雅印刷製本有限公司
　　　　　　香港九龍觀塘榮業街 6 號 4 樓 A 室

版　　　次　2011 年 8 月香港第一版第一次印刷

規　　　格　16 開（168 × 230 mm）472 面

國際書號　ISBN 978-962-04-3136-4

出版説明

　　當代中國研究叢書是香港三聯書店和香港浸會大學當代中國研究所合作出版的第一個重要項目。

　　由2009年9月開始，這個項目正式起動，我們將聯合出版有關研究中國當代的經濟、政治、社會、文化和環境等方面的專著、合著、論文集等。這套叢書，設計初期每年出版約十種。除了有選擇地收入浸會大學及浸會大學當代中國研究所的研究成果外，我們將熱誠歡迎本港及海內外學術界提供資料豐富、有分析、有新見，同時又簡明可讀的有關當代中國包括內地、台灣、港澳及中外關係的研究著作。

　　期望本叢書可以見證當代中國在經濟、政治、社會各領域的全面發展及其發展路程中艱難跋涉的印跡。

三聯書店（香港）有限公司

香港浸會大學當代中國研究所

目　錄

寫於1995年的引子

1979 年 10 月，中共第一代領導成員陳雲因病住院動手術。

此時的他已是年逾74歲高齡，這樣的高齡做手術總有些風險，然而，在他做手術前寫給當時中共中央委員會秘書長胡耀邦的信中提到的，卻是關於一個人的冤案平反問題。信中說：1936年，中共駐共產國際代表團派此人到南京與國民黨談判的決策，是由王明、康生和他三人做出的，如今王、康均已離世，只有他能為此人作證了。

當國務院副總理、中央辦公廳主任姚依林到醫院看望陳雲，詢問他還有什麼事要交代時，他說的還是這個人的冤案平反，說是希望在有生之年，看到此人的問題得到解決。

1981 年 3 月 1 日，陳雲再次致信中央政治局常委鄧小平、李先念、胡耀邦，信中談的依然是這個人的冤案平反問題。他說他專門調閱了公安部有關此人的材料，發現沒有此人投敵的確證，正式建議中共中央複查此人的案子。3 月 3 日，負責平反工作的中共中央書記處書記胡耀邦批示，按陳雲的建議複查該案。

這個讓陳雲如此記掛，反覆提出要為之平反的人，究竟是誰呢？

他，就是潘漢年。

凡是曾比較仔細地閱讀過中國新民主主義革命時期歷史或中共黨史的人，都會依稀記得，在這一時期發生的許多富有傳奇色彩的地下鬥爭故事裏、許多重大

歷史事件的描述中，常會瞥見「潘漢年」這個名字。

1929 年，時為中共中央宣傳部文委書記的他，召集在上海的黨員作家和進步文學工作者座談，要求他們立即停止對魯迅、茅盾的批判。蜚聲遐邇的左翼作家聯盟，也是由他召集籌辦的。

1931 年，中共特科主要領導人顧順章被捕叛變，白區工作環境更趨凶險嚴峻，在幾乎所有打入敵特機構的中共情報人員被迫撤離原崗位之際，他成為中共特科的主要負責人之一，繼陳賡、李克農之後，擔起情報部門重組和工作恢復的重任。

1933 年，十九路軍發動反蔣的福建事變，他作為中國共產黨的代表，常駐在不久還處於敵對狀態的十九路軍中，直至起義政權被蔣介石所瓦解。

1934 年，紅軍第五次反圍剿失利，被迫實施戰略轉移，他與何長工受命同不滿蔣介石的粵軍將領談判，和粵軍達成消除對立、互通情報、互相借道的協議，使處境困難的紅軍，順利通過本為西部軍事屏障的粵軍防區。

1935 年遵義會議後，他作為陳雲的副手，潛往白色恐怖中的上海，與那裏處於癱瘓狀態的地下組織聯絡，以設法盡快打通中共和共產國際聯繫的渠道，匯報遵義會議的結果及紅軍的近況。之後他又與陳雲先後奔赴莫斯科。

1936 年，他帶着毛澤東、周恩來的信件，秘密往返於莫斯科、上海、香港、西安、保安之間，頻繁會見宋慶齡、沈鈞儒及國民黨政府駐蘇聯大使館武官鄧文儀及張學良、陳立夫等人，為國共合作、共同抗日的實現奔走鋪墊。

1937 年，作為和平解決西安事變的主要角色之一，又以周恩來助手的身份，參加了周恩來與蔣介石在杭州就國共第二次合作問題進行的談判。

抗戰八年，他是康生任部長的中共中央社會部副部長，時常出沒在香港、上海及淮南等敵佔區域，主持情報工作。他周旋於日本侵略者、汪精衛偽政權和國民黨勢力之間，甚至多次深入虎穴，同策劃了汪精衛叛國的日本特務頭目影佐禎昭、汪偽政權的特工首腦李士群面對面地角力。在看不見的戰線上，建立了勳績。

解放戰爭期間，他堅持在國統區從事他熟悉的情報和統戰工作。特別是在香

港，他成功策動了國民黨政府資源委員會、上海海關、兩航在港機構的起義；為了新政治協商會議的順利召開，他親自組織了李濟深、沈鈞儒、黃炎培、郭沫若等300餘名民主人士從香港到東北、華北解放區的秘密輸送，無一失誤。

新中國剛剛成立時，他被任命為上海市副市長、市委第三書記。

然而，不過五年，他就在中共揭批高崗、饒漱石集團之際，以「內奸」罪名遭到逮捕。

逮捕他的時候，他正和陳毅、柯慶施一道，作為中共上海市的代表參加在京召開的全國黨代表大會。據說被捕的前一天，他還應邀同全國人大副委員長、全國政協副主席沈鈞儒共進午餐。

可轉瞬之間，他就從中共歷史上一個富有傳奇色彩的地下鬥爭英傑，一個在一線獨當數面的最高情報負責人，一個受到諸多民主黨派領袖和社會賢達敬重的統戰高手，一個中國最大的工業城市的常務副市長，變成了隱藏在中共黨內進行反革命活動的內奸、國民黨特務、日本特務。

兩者的轉換是如此的遙若霄壤、聞之駭異，從此，除了「內奸」、「特務」的封條之外，一切有關潘漢年的文字和傳聞，都被鎖進了歷史的「黑匣子」，潘漢年其人亦從此被罩上了一層神秘的氛圍，讓人生出諸如他究竟做了些什麼，他是功臣抑或罪人的一系列疑問。

這一切是怎樣發生的呢？讓我們簡單地回顧一下1955年3月末4月初的那幾日情景吧。

召開於1955年3月21日至31日的中共全國黨代表大會，是一次具有非常意義的會議，會議解決了史稱高崗、饒漱石反黨聯盟的問題。中共核心層出現尖銳鬥爭，這在新中國還是第一次，且高，饒事件的發生，對毛澤東震動很大，因為在相當長的時間裏，他對高崗的評價和信任都是很高的。

會議期間，毛澤東的幾次講話，對一些曾受高、饒影響，及與高、饒有過某種牽連的人在會上交代問題和自我批評，給予了肯定；同時嚴肅指出高級幹部歷史上如有什麼問題沒有交代，應主動向中央講清楚。會上來不及講的，或不能在

會上講的，會後還可以仔細想一想，寫成材料。現在把問題講清楚，黨一律採取歡迎的態度，尤其是裏通外國的問題，要向黨交代，否則罪加三等。

毛澤東的一番話，使當時的政治氣氛十分緊張，令有些人感到不安，潘漢年就是其中之一。他的不安，並非在於他參與了高、饒的活動，不，他與高、饒的活動實在沒有絲毫瓜葛。但他畢竟與饒漱石共事多年，分管過同樣的工作，列在饒漱石名下的錯誤，有些他是要分擔責任的；特別是歷史上常有這樣的情況，失誤和罪責沒有明顯分野和量化參照，它們的判別充滿了隨意性、情感因素，或往往取決於一瞬間的主觀傾向。

作為長期在複雜的環境中從事特殊工作的潘漢年，他的工作特質，決定了他的行為，不能以通常的規則倫理來約束規範。他紛繁的個人經歷，錯與罪相混淆的可能性太大了。當他全神貫注地投入工作時，可能全然沒有這方面的意識；然而在特定的氣候下，一旦細細推敲自己經歷的每一片段，便會猛然驚出一身冷汗。

聽了毛澤東講話後的潘漢年，對自己的經歷再度一幕幕回溯時，自然就又觸動了他內心那每一思及便不安和隱痛的角落：

1943 年在南京，汪偽特務李士群、胡均鶴曾挾持他與汪精衛會面。倘若不是一個對獲取高層機密充滿執着，且有着虎穴龍潭從容進退、履險如夷膽識的情報高手，他也許會做別樣選擇。偏偏他是在最不合適的時機見了汪精衛，形勢的發展隨即就證實了他的抉擇是個要命的失誤。

可他緊跟着又犯了一個不該犯的錯誤，即沒有將自己失誤的行動向組織匯報。儘管在當時的氛圍下，匯報可能會受到過重的咎責，甚至引出冤案，但也許還來得及設法補救，還可能經過考察還他一個清白。但潘漢年在猶豫躑躕間錯過了機會。

這的確是一個非常值得思索的現象，敢於橫眉冷對敵人刀叢劍樹的勇士，一旦面對自己陣營內可能的誤解和冤獄，則不可思議地變得怯懦和畏葸。

寫到此處，筆者油然想起寫過許多風雲人物的著名傳記作家斯蒂芬·茨威格

的一段話：世界史往往被描述成人類英勇卓絕的歷史，然而遺憾的是事實並非如此，它同時還是人類怯懦的歷史。我想他的這番感慨，是在寫作過程中通過對一個個風雲人物心路歷程的審視而發自內心的。同樣具備過人智勇的潘漢年，也未能超越這一邏輯的涵蓋，他把自己的失誤隱瞞了12年，才向組織交代。

毛澤東看到交代材料時顯然大出意外，因為據知情者說，這位曾經幾度對潘漢年嘉許備至的領袖，閱畢大筆一揮，做出「此人從此不能信用」的批示。公安部部長羅瑞卿，親自執行了對潘漢年的逮捕。

從此，潘漢年被歸入他曾殫精竭慮與之鬥智鬥勇的敵特陣營。儘管他在那個年代就寫下了「丹心早許國，賈誼是前塵」的詩句，但他絕沒有想到，直至他的屍骨被偏僻山鄉的一抔紅土掩埋時，依舊是沉冤未洗，甚至不得不以「肖淑安」的名字下葬。

人生不犯錯誤是不可能的，但有些錯誤是不能犯的，因為這種錯誤讓你付出的代價太大了，是具有毀滅性的：半世的英名，無量的前程，歡愉的生活，寶貴的生命，乃至最讓一個政治活動家珍視的政治生命。

而潘漢年偏偏犯的，就是這類不能犯的錯誤。有些語涉潘漢年生平的文字，將之歸結為他性格上的弱點。倘若下斷語真這麼簡單容易，我們如何解釋他在對敵鬥爭時的大智大勇？置身險象環生中的果決與剛毅？

我們常說時勢造英雄，而實際上時勢還經常演悲劇，在潘漢年身上，英雄和悲劇重疊了。如果我們不能還原那個時代的背景和氛圍，潘漢年的英雄與悲劇角色的轉換不過是個非常偶然的個例。

白駒過隙，「黑匣子」到了可以拂去塵封的時日，我們終於可以瀏覽潘漢年真實的生平，並在對那個時代的背景和氛圍給予更多的關注和思忖後，發現烙在他個人悲劇上的歷史印跡。

一個政黨走向成熟必須付出代價，因此作為英雄和悲劇角色，潘漢年一身體現了兩重的價值。他的人生由於過多的複雜和波折更顯得豐富多彩；他的奉獻由此要多於那些一帆風順的同志們；他的歷史必然要作為不可或缺的另一部分，載

入完整的黨史。

我想：這大概就是陳雲念念不忘為之平反的深層原因。

純真的人們難免要發出如是的詰問：歷史何以會演出這顛顛倒倒的一幕幕悲劇？功過是非何以要幾經曲折乃至冤案才得以甄別矯正？三言兩語的概括，很難讓人信服並從中品味出歷史邏輯演化的餘韻。既然黑匣子已經可以打開，那麼，還是讓我們循着潘漢年人生的軌跡，再做一番踏勘吧！

就在我準備用文字展示潘漢年那英雄與悲劇重疊的複雜人生之際，我陸續得到幾位好友的忠告，勸我放棄這一題材的寫作。他們都是我非常珍視同他們的友情的朋友，而他們的父輩，有些就是從事過與潘漢年相同的工作的，更是口碑極佳受人尊重的長者。

這些忠告大致可以分為兩種：

一是說潘漢年從事的是特殊的工作，我們常稱之為隱蔽戰線，既特殊且隱蔽，因此這類工作是不大為常人所接受，所能理解，同時也不必公諸於眾的。選擇了、或說接受了這項工作的人，便注定了他的一生將是隱性的，功勳也好，冤屈也罷，只有自己承受，沒人分享，也沒人分擔。反過來說，世人也沒有必要知道一切；用通常尺度，去判斷特殊事務，往往得出錯誤的結論，甚至搞亂了通常的思維。就讓特殊的永遠特殊吧！

一是說不要從一個極端走向另一個極端。潘漢年在隱蔽戰線的確為黨做了許多工作，但他被懷疑為內奸、特務，除了被挾持去見汪精衛一事，還有一些因為工作失誤和他自身的缺陷弱點，導致一些情報點遭到破獲，一些情報人員被敵人捕殺，一些放出去的線，與敵對營壘同流合污，讓人對他錯罪難辨。潘漢年的平反之所以難，就難在情況的錯綜複雜，條分縷析得稍不得當，就會既不能真實再現潘漢年的形象，又可能傷害到其他的人。

我很感謝友人的忠告，但此時我已經為潘漢年傳記的寫作做了大量的鋪墊準備，對潘漢年的一生已經形成了我的一些認識，特別是這些認識與目前一些評定還有些差異，便更有一種不吐不快的慾望。

　　於是我還是做了把書寫出來的選擇。願我的書能成一座橋樑，使大眾對為新中國的誕生立下不可磨滅的功勳的特殊戰線的戰士，多一分了解和欽敬；願我筆下的敘述，能引出對昔日隱蔽戰線工作恰如其分的認知。

第一章
浮躁、憤怒的「小夥計」

一　伴隨着他誕生的第一聲啼哭，父親學而優則仕的進身之階永遠地坍塌了　／一處為仕途的斷絕而歎息，一處卻為革命志士的重獲自由而歡呼　／14歲的鄉村學校小先生

　　1906 年，對江蘇宜興縣陸平村來說，普通得和以往許多個年頭，幾乎沒有什麼區別。也許正是由於鄉村的平寂，以致 1 月 12 日村裏大戶潘家又一個小生命的呱呱墜地，倒成了件家喻戶曉的大事。

　　這個呱呱墜地的嬰兒，就是潘漢年（1906-1977）。他並未因母親巫大寶是小妾而無聲無息地降臨到世間；誠然他的第一聲啼哭中也絲毫不曾傳遞出未來出類拔萃的朕兆。

　　具有諷刺意味的是，就在潘漢年出生的這一年，伴隨着他的啼哭，父親潘莘華學而優則仕的進身之階永遠地坍塌了。

　　就在他母親妊娠待產的時節，清光緒皇帝（1871-1908 在位）正式頒詔：「自丙午（1906）科為始，所有鄉、會試一律停止，各省歲、科考試亦即停止。」延綿了一千三百餘年的科舉制度壽終正寢了，這對世代書香門第的潘家來說，實在是個不小的打擊。潘莘華的祖父潘亭山，是道光二十年（1840）的舉人；父親潘元燮，是咸豐九年（1859）的舉人，唯獨潘莘華剛剛考取了秀才的資格，正朝着舉人的目標攀援。

　　然而也是這一年，就在幾百里之外的商埠上海，先進的革命黨人正在歡呼反封建專制的英雄章太炎（1869-1936）的出獄。他因為在他編輯的《蘇報》上，一再發表鼓吹革命，抨擊清政府腐朽統治的文章，甚至直呼至高無上的當朝皇帝為「載湉小丑」，而在清政府的強烈要求下被租界當局逮捕和審訊，圍繞他和寫下《革命軍》一書的鄒容（1885-1905）的被捕和審訊，上演了一幕轟動一時的《蘇報》案。

　　一處為家族添丁而喜悅，一處卻為國難深重而躁動；一處為仕途斷絕而歎息，

一處卻為革命者的重獲自由而歡呼，這就是 1906 年與世界通氣的商埠口岸，同蔽塞的鄉村的巨大差異。

但是鄉村不可能總與時政隔絕，何況宜興距離上海並不遙遠，時代的變異，給書香門第之家帶來的，也非全然是失落。越刮越烈的維新革命之風，雖然刮斷了科舉仕進之途，但同時也刮來了其他的機遇。彈指數載，辛亥革命的際會風雲，把潘莘華這個昔日秀才，推上了鄉村官吏的座椅，並競選上了宜興縣的縣議員。

悲哀的是這開明制度的產物，植根在中國這塊封建沃土中便走了型。作了議員的潘莘華，本是個有心做善事的人，可他在這個位置上卻不僅沒對推進宜興縣村鎮政治的弊絕風清、經濟的蒸蒸日上有些許的建樹，倒先被封建官場的腐敗奢侈遺風給俘虜了，先是斛箸交錯的吃喝應酬，後來竟沾染上了吸食鴉片的惡習。

儘管如此，潘莘華畢竟是大動盪大變革時期的小知識分子，他可以說是個比較開通的家長，對孩子的成長比較放任，並不逼着自己的孩子，非從艱澀的舊國學中苦讀出個黃金屋、千鍾粟不可。因而在年幼的潘漢年記憶裏，家中也曾有過其樂也融融的恬靜安閒：

「記得那年我還在小學裏，大約七八歲的時候，到夏天的晚上，總不肯安歇在庭院裏乘涼，總是跟着左右鄰居的小同伴，在那荒草地上或田野裏追逐螢火蟲……我走進院子，便見爸爸躺在椅子裏囉囉的抽水煙，媽媽正忙着用刀切西瓜，大姐姐正不快不慢地揮着芭蕉扇咿呀的唱曲兒；我拭着頭上的汗珠兒，走近大姐身旁，要求她打扇……」

可惜好景不長，隨着父親的煙癮日重，開銷日增，家境逐漸被拆敗得生計日蹙。從此以後，給潘漢年越來越深的印象和影響的，倒是處於妾身的母親任勞任怨、含辛茹苦養育子女的忍耐和堅毅品性。

丈夫頹唐潦倒，使地位卑微的巫大寶感到：將自己及其子女的未來寄託於丈夫，是不現實的，唯有通過自己的努力，把兒女撫養成人。她拼命地勞作，想方設法借貸，供養兒子去讀書，而潘漢年也的確在學業方面聰穎敏捷。

可是，一個婦人的力量終歸是有限的，潘漢年還是由於經濟拮据，在 14 歲

時輟學了。母親因幾經努力仍無力使兒子重返學堂，只有悄悄地以淚洗面。於是，潘漢年牢牢地記住了母親的一次含淚敘說：

「漢兒，我真是沒有法子了。你父親窮愁潦倒，在親戚間信譽掃地，借貸無門。我和你姐妹整日操勞，應付家中的日常開銷仍感十分為難，哪裏還有能力供你上學。我在潘家，本就受人輕賤，現在你父親如此，全部家庭的重擔都壓在我身上，倘若不是為了你們兄弟姊妹幾個，我早投河自盡了。希望你能理解作母親的苦處，快快成長，安身立命⋯⋯」

母親的叮囑，使 14 歲的潘漢年懂得了處世的艱辛，懂得了依附他人是靠不住的，懂得了凡事必須憑借自己的力量，自立、自強。而這一切，主要受益於母親有言的、無言的教誨，因此他深愛且敬重母親，幾乎從不違拂母親的意願。

恰在此時，一位在本村教小學的堂兄，常因有事不得不託潘漢年代課。懂事要強的潘漢年，便非常下功夫地備課，一絲不苟地執教，很快贏得了學生家長的讚許，並在附近一帶成了小有名氣的小先生。當鄉村創建一所新的小學時，他便被聘為正式的教師。

他在不自覺中走向自立，此時此刻，他尚不足 15 歲。

二　走出村落　／踏上可怕的路，去「採擷那黃色的無名花」　／第一次參與「學運」並初嘗牢籠的滋味　／宜興縣城裏的新聞人物

雖說潘漢年執教的是一所鄉村小學，可學校裏卻訂有來自上海的《申報》等報刊和出版物。14 歲，正是少年朦朦朧朧自覺已經長大，萌發反叛心理的年紀，因此也是渴求知識、並用以同長輩過時說教相抗衡的年紀。載有大量新知及外部

世界信息的《申報》等報刊，立即吸引了潘漢年。

閱讀成了潘漢年教學之餘的唯一嗜好，他的眼界漸漸拓寬了，了解到許多過去從未想到和聽到的事物，知道了在封閉的鄉間外面，還有更廣闊的天地，誘發了他對外部世界的好奇和嚮往。

1921年，潘漢年從報紙上看到了常州延陵公學招生的廣告。學校是由開明的教育家創辦的，且學費低廉，未離開過桑梓的潘漢年一心要到那裏求學，又是理解兒子的母親，為他籌足了盤纏和學費。

到延陵公學就讀，是潘漢年第一次走出鄉間。在那個西風東漸、新舊撞擊的年代，對時風敏感的人一旦步出凝滯的鄉間，往往意味着生命的一個嶄新轉折：

洪秀全（1814-1864）從花縣故里走出，把《勸世良言》演繹成「天下一家，共享太平」的「上帝教義」，登上與清廷半分天下的天王基座；康有為（1858-1927）從南海山鄉走出，寫下《孔子改制考》、《日本政變記》，成了維新運動的教主；孫中山（1866-1925）則一下從香山僻壤，跨到了太平洋的彼岸，成為掀動辛亥革命巨瀾的領袖。潘漢年的走出，對他的一生也是極具意義的，這就是一年後，他不得不對自己今後的人生做出抉擇。

僅僅一年，潘漢年就又厄於經濟拮据而無力繼續就讀。在14歲就獨立生存過的潘漢年，此刻已經明確地感到：依賴他人的生活，對他而言已一去不返。他不能再拖累為生存而拼命掙扎的母親，而且他無法想像重返那幾乎與世隔絕的故鄉生活。他渴望學習，但機會從此必須靠自己去創造。

經朋友的介紹，他在宜興縣城的一所小學，謀到了一個教書先生的席位，真正踏上了自立之路。從這以後，無論是在經濟上抑或人生道路選擇上，他都再沒倚靠過家裏。

他與社會走得更近了，而此時此刻的中國社會正呈現着一個怎樣的狀態呢？

自袁世凱（1859-1916）的洪憲皇帝夢破滅後，中國陷入了各派軍閥爭權奪利的混戰。本來期待在推翻清王朝、建立民國之後，即可踏上現代化坦途的民族

資產階級，甚至不能利用歐洲資本主義列強忙於第一次世界大戰的廝殺，無暇東顧的良機，獲得一次突飛猛進。許多辛亥革命時期推波助瀾的「好手」們，墮入了迷惘彷徨、尊孔讀經的倒退逆流泛起。

但現實也使為中國強盛而執着求索的人們認識到：政權及其制度形式的更迭，並不是一場革命完成與否的標誌，必須用「民主與科學」的意識和素養再塑國民，為辛亥革命補課。新文化運動，在他們的呼喚下勃興。同時能與時代俱進的孫中山等國民黨人，依然高揚「打倒列強除軍閥」的旗幟，為構建民族、民權、民生的理想國家不竭努力。也是這個時期，歐洲的社會主義思潮正向東方浸潤；俄國十月革命之風，更強勁地從北方吹來，1921 年，中國共產黨誕生了。

早在潘漢年讀高小的時候，他就聽到過教書先生們議論第一次世界大戰的隻言片語，那是他「生平第一次遇到國際大事」。繼而，他又從年長的堂兄們的敘說中，知道了五四運動，隱隱約約地記住了新文化、陳獨秀（1879-1942）、胡適（1891-1962）、魯迅（1881-1936）。

他似懂非懂地聽着，那遙遠和陌生的事件和詞語，充滿新鮮感和誘惑力。闊談主義與研究學問孰是孰非的爭論，對他似乎是艱深了些，可他逐漸明白，這些事件、詞語和爭執，無不關乎他的家鄉，他的祖國，以及他個人未來的命運。

從父親的頹唐，母親的辛勞，自己的幾度困厄，潘漢年已經感覺到了世態的炎涼，社會的弊端；可他自己卻琢磨不透這是為什麼，應該怎麼辦。而報刊文字中對社會弊病的抨擊，對制度變革的構想，對各種新思潮的介紹，使他茅塞漸開。他用自己的薪水，訂閱了《時事新報》和《民國日報》這兩種當時影響頗廣的報紙，從中了解更多的為什麼和怎麼辦，吮吸新知識、新思想的營養。

時間不長，匹夫有責的古訓，和天下乃天下人之天下的近代民主意識，社會遞進的規律，就豐富了這個鄉村青年原本一味謀求個人生存和自立的思維；在校園裏，潘漢年找到了一些年紀相仿、志趣相投的同伴，並結為朋友。

又過了些時日，精力旺盛的潘漢年和他的朋友們不甘於僅僅是汲取了，他們

創辦了一份取名《宜興評論》的小報，開始指點江山，激揚文字了。

此刻他們的文字，反映了他們熱情奔放有餘，信念尚顯懵懂的不成熟現狀，正像潘漢年此時寫下的一首詩：

《可怕的路》
我知道這是可怕的路，
曾立誓不再逗留；
驀地見到那路中冷黃色的無名花，
頓時引起我的好奇心，
兩足不由我自主很快地走向前去，
採擷那黃色的無名花了。

這裏說的「可怕」，並非因為恐懼，而是因為他並不清楚他選擇的這條路，將會把自己引向何方，也不知第一步應該踏在哪裏；他不願意碌碌無為，卻又不知從何處着手。

然而不久，他們就找到了該幹的事情，邁出了第一步。

這一年暑假期間，宜興縣教育局局長周聘高的種種劣跡被披露出來：他倚靠孫傳芳（1885-1935）的政治背景，在其主管的有關教育、行政、人事和經費用度等方面營私舞弊，引起了當地教育界的普遍不滿。一部分思想比較激進的教員和一批暑假期間回宜興度假的激進的大學生聯合起來，發動了倒周運動。

充滿正義，疾惡如仇，是青年人的特點。潘漢年等操辦的《宜興評論》和另一家叫《宜報》的小報，理所當然地為「倒周」推波助瀾，寫消息、發評論，鼓動將周聘高清除出教育界。沸沸揚揚的學界運動，得到了社會各方面的聲援。宜興縣縣長迫於輿論壓力，不得不把周聘高解職。

在這次倒周學運中，潘漢年因為鋒芒畢露，遭到縣政府的忌恨，結果被抓了起來。一直在想「衝破牢籠」的潘漢年，第一次領略了什麼叫牢籠，他用自己的

體膚，體嘗了一番早在詩中虛擬的「可怕」的滋味。他選擇的道路佈滿荊棘與凶險，此刻已得到了證實，可他卻無意改變自己的抉擇。

經過學運支持者們的積極奔走，潘漢年的父親也尋找了律師為兒子辯護，結果沒關幾天，潘漢年就得到了釋放。也許正是由於羈押吧，反而使潘漢年等幾個出頭露面的年輕人，一時間成了宜興縣城裏街談巷議的新聞人物。

但是，潘漢年並不安於在小小的縣城裏當什麼新聞人物，他視野的拓展，思維的豐富，無不得益於來自上海的報刊，新鮮的風氣，彷彿都是從那裏吹拂過來的。為什麼不到那裏去親身感受一番呢？

當潘漢年得知上海的中華國語專科學校在招生時，便毫不猶豫的揹起了行囊，踏上了別鄉的旅途。

三　既不是抽象的玄玩意，也不是什麼主義的代號，《A11》實的可愛　／這群未來文壇的大角色，此刻還是初練身手的「小夥計」　／亂掄板斧、怒火萬丈的潘漢年　／「新流氓主義」的始作俑者

從《南京條約》簽署，被列入第一批對外開放的商埠後，上海便得風氣之先，成為中國近代工業、商業最繁榮發達的大都會。特別是自戊戌思潮湧起，這裏又成為屢屢發出與帝京專制統治不諧之音的政治中心：

戊戌變法時期，這裏是維新思想宣傳的橋頭堡，全國一下湧出的 30 多家倡言維新的報刊，上海一地就佔了 19 家；立憲改革時期，這裏是立憲派聚集的大本營，張謇（1853-1926）、湯壽潛（1856-1917）等立憲巨頭，在此策劃和發動了舉國聯名的立憲大請願；辛亥革命時期，這裏是孫中山等資產階級革命派的前

進基地，轟動一時的《蘇報》案、宋教仁（1882-1913）喋血都發生在此；作為五四新文化運動旗幟的《新青年》雜誌，也是在這裏由陳獨秀創辦的；1921 年中國共產黨的誕生，依然是在這裏。這裏彷彿是近代中國新思潮的酵母，新風氣的源頭，新政體的產房。這，也許就是誘惑 18 歲的潘漢年心想望之，身必臨之的原因所在。

潘漢年剛到上海不久，這裏便發生了震驚全國的五卅慘案。

事情是由日本資本家槍殺中國工人顧正紅和美、日、英、法公審被捕學生引起的。1925 年 5 月 30 日這一天，上海上萬名工人、學生為此舉行大規模的示威遊行。當遊行隊伍聚集到南京路老閘巡捕房時，英國巡捕開槍屠殺群眾，當場打死、打傷 20 餘人，逮捕 50 多人，造成了重大的流血事件。

帝國主義的血腥暴行，激起了上海各界人士的強烈憤慨和更大規模的抗議運動，中國共產黨積極組織領導了這場鬥爭，號召上海人民罷工、罷課和罷市。正在中華書局打工的潘漢年，積極參加了由五卅慘案引起的抗議活動。

在這場運動中，潘漢年對統治者的無能，祖國積貧積弱必遭列強凌辱，和中國民眾組織起來的力量，都有了更深的感受。

也是由於參與此次運動，潘漢年與既是上海大學中共支部成員，又是靜安寺路國民黨區黨部成員的陳鐵庵交上了朋友。經陳鐵庵的介紹，潘漢年參加了工會組織，成為一名積極的政治活動家。

然而，後來成為革命者的潘漢年，並不是在政治活動中脫穎的，而是首先以激進文學青年的姿態出現的。

到上海不久，他即根據自己在家鄉宜興的見聞，以軍閥孫傳芳南下與另一軍閥盧永祥爭奪地盤的戰爭為背景，撰寫了紀實體小說《避難日記》，在《國民日報》副刊「覺悟」以連載形式陸續發表。

處女作的順利發表，激發了潘漢年的創作熱情，從此便一發不可收拾地寫下了《苦哇鳥的故事》、《無聊人的半天》等針砭時弊、批判舊國民性格的文學作品。

　　真正使潘漢年在文壇聲名鵲起、出足風頭的，是他那憤世嫉俗、毫無顧忌、筆鋒犀利的雜文和社會評論。

　　雖說陸續發表了幾篇小說和小有影響的雜文評論，但當時潘漢年的名氣，還不足以靠文字自立謀生。經他的宜興同鄉周全平（1902-1983）的介紹，潘漢年從先前打工的中華書局，來到著名的左翼文學社團創造社的《洪水》編輯部，靠校對、編輯、打包郵寄書刊維持生計。

　　一年後，創造社擴大工作規模，正式成立出版部，出版如日中天的郭沫若（1892-1978）、郁達夫（1896-1945）、張資平（1893-1959）等大作家的作品，潘漢年遂成為出版部的正式一員。

　　除了潘漢年外，在出版部的還有周全平、葉靈鳳（1905-1975）、柯仲平（1902-1964）、周毓英等年輕人。這些未來文壇的大角色，此刻還都是初練身手的「小夥計」。

　　他們不光工作時在一起，而且也居住在一處，閒來不是寫些短小詩文練練筆，就是海闊天空、雲山霧罩地胡聊。共同的工作和生活，使他們相處得十分愉快，建立起深厚的友誼。

　　恰恰因為年輕、風華正茂，恰恰因為是微不足道的小夥計，他們生氣勃勃，沒有絲毫的拘羈，敢向一切為人們尊奉的偶像叫板。當然，這其間意氣用事更多一些，有些議論顯得為故作驚人之語而顯得無稽和荒誕。

　　像周全平就說過：「無論討好反動派的胡適之，或是常常要坐牢的陳獨秀，他們都是一路貨，想當官而已，不過胡適之想當現在的官，陳獨秀想當將來的官……」

　　似這樣的青年人顯然是不可能長久地安於現狀的。果然，他們不久就對總為張資平的三角戀愛小說打包郵寄怨氣沖天了：

　　「他媽的，這東西也值得老子給他打郵包！」

　　「替他人做嫁衣不應該成為我們生活的全部！」

　　「小夥計」們感到：何不自己編寫一點東西，一吐自己心中的塊壘呢。於是

他們自己創辦了一份刊物，取名《A11》。乍一看，《A11》好像故弄玄虛的抽象寓意，再不就是什麼主義的代號，其實《A11》質樸得可愛，它就是小夥計們住址的門牌號碼──上海閘北區寶山路三德里 A11 號。

在《A11》創刊號上，潘漢年撰文闡述了刊名的由來及辦刊宗旨：

「朋友們，我們這個命名，毫無深長的意味在內，因為我們這幾個夥計──創造社出版部的小夥計──都是住在亡國的上海寶山路三德里 A11 號。周圍的亡國氣、妖氣、奴氣、鳥氣，包蔽得沉悶異常，時常想伸出頭來聯合着『狂叫』『狂喊』『胡言』『亂語』，加大我們的聲音，打破那亡國氣、妖氣、奴氣、鳥氣，掃除那四周圍的碳酸氣。」

據說這份雜誌一出來就頗受歡迎，最惹讀者們青睞的，就是潘漢年那些耐人咀嚼而短小的「語絲」體雜文，嬉笑怒罵皆成文章的社會評論。積弊、積劣、積貧、積弱的國家現狀，讓潘漢年看着就來氣，就恨不得掄上板斧砍過去。

如此怒氣沖沖的為文者，自然絕無些微的溫良恭儉讓，倒盡撿着粗俗的字眼兒堆砌。從《A11》到繼之而起的《幻洲》雜誌，文風始終一脈相承，這種頗具衝擊力的風格和腔調，在近代雛形的洋涇濱式文明的上海，十分刺眼，很快就凸顯了出來。

且看他的文章的標題：

《代放屁小報宣言》……

再讀他的文字：

「『說話圓道一點，文雅一點，至少女人看了要不嘔心！』放他媽的屁，我的文字不是供什麼女人們消遣的，她愛看就看，不看得了！在筆下故意討好女讀者，顧全大人先生，招應闊少爺們，豈不是南京路上的『快活林』『大羅天』裏的堂倌？一進門來一鞠躬，拿帽子，掛斗篷，裝着笑臉『請坐，請坐，吃點啥末事』，這種鬼腔調，不是奉承老爺、少爺、太太、奶奶的歡心嗎？他們得到的代價是多得幾個小酒錢。假如寫文章，出刊物也像堂倌一般的善事奉承讀者諸君，倒不如乾脆去南京路上當堂倌。我常想：辦一個刊物，能夠出到沒有他人要看的

時候，才算成了家。因為他不計毀譽，一味憑着自己的良心，說自己要說的話，雖然人家當他是一個白癡，瘋子；他的瘋語癡話，究竟是不可多得的；至少是超出平凡的一般人的話！」

放眼社會，彷彿「個個是我的敵人：那些可愛的青年，嘗了一點甜味，居然忘了本來的面目，也變做搖尾乞憐的狗仔；那些油頭粉面的女郎，出了學校門，一個個映入我的眼簾，沒一點點可愛……」

後來更加不得了，「小夥計」們竟把所有的「正人、君子、名流、學者」統統列為攻擊的對象。看他們的文章，多少讓人想起塞萬提斯筆下那騎着騾子，高擎長矛，敢於向一切乃至風車挑戰的唐·吉柯德。

潘漢年似乎比其他「小夥計」更顯激憤，他甚至稱「上海的女人全是野雞型的」，在雜誌上挑起「上海女人野雞化」問題的爭論。連他的好友們都認為其「寫得走火，胡說白道」，更有人給潘漢年起了個綽號叫「下部編輯」，指斥他的作品不能登大雅之堂。

但潘漢年並不以為然，他認為這種風格、腔調乃至內容、追求，是對文壇積澱的沉悶、虛偽的流弊的強烈反彈，他將之稱作「新流氓主義」，並公然為之張目：「現在凡事感到被束縛，被壓迫，被愚弄，被欺侮……的青年，假如要反抗一切，非信仰新流氓 ism（抽象名詞的詞尾，×× 主義、×× 學說）不行。新流氓主義沒有口號，沒有信條，最主要的就是自己認為不滿意的就奮力反抗。」

第二章

搞革命，當編輯，談戀愛

一 「黃梅時節雨紛紛，小夥計們欲斷魂」 ╱胡適先生說：「25歲以前不幹共產黨是沒有出息」 ╱正義加俠義 ╱阮仲一、王弼對潘漢年說：「從今以後，你就是中國共產黨黨員了」

　　樹起「新流氓主義」的大旗，反映了潘漢年對中國社會和文壇現狀的極度憤怒，及對改變這現狀的亟盼。但「新流氓主義」的批判，由於缺乏對種種現狀的深層分析，提不出醫治弊病的可行方案，顯得十分浮躁和偏激。特別是當他的三板斧掄出去之後，卻發現討伐不淨世間的齷齪時，激昂的言辭，往往轉換成低徊的苦悶牢騷：

　　「『黃梅時節雨紛紛，小夥計們欲斷魂』！——A11 號裏的一群孤駱駝，近來多有些傷心落魄的樣子……有的為了夏天已到，贖不回寄存在當舖裏的夏布大褂，叫苦連天；有的為了半夜裏受不住臭蟲、蚊子的叮咬，叫苦連天；有的為了找不着一個女字旁的『她』，叫苦連天……」

　　這暗無天日的世界！

　　在 1850 年代後的幾十年間，從維新家到復古派，從否定傳統到重倡尊孔讀經，從慷慨激昂到鬱悶太息，彷彿一個怪圈，多少人都繞不出去。這大概是因為當時的中國人尚未接觸到一個更新的批判武器，去引導武器的批判。

　　潘漢年無疑是幸運的，因為在他十七八歲的時候，基於以往政治經濟、哲學學說精髓之上的，因而能夠最深刻地闡釋歷史現象，揭示歷史發展規律，在對現實社會弊端全面剖析之後，勾勒出更理想社會制度的馬克思主義，已經被介紹到了中國；已經誕生了奉這一理論為指導思想的政黨。

　　新的批判武器有了，新的武器的批判也已經開始，人們終於看到撕開黑暗，步出怪圈的希望和曙光，而不必像魯迅那一輩富有責任感的人那樣，在過了而立之年後，依舊久久地徘徊與彷徨。

　　1924 年至 1926 年期間，是國共兩黨攜手，卓有成效地推動改造舊中國的革命蓬勃發展的階段，廣東已經成為革命的大本營，北伐軍向舊軍閥的衝決勢如破竹。在那樣的環境下，「革命」二字，特別是對青年而言，無疑是充滿魅力。

　　革命，就意味着打碎令人壓抑的舊專制制度和文化的枷鎖，改變中國在列強面前直不起腰的奴役地位，營造出更合乎理想的美好祖國和家園，這恰恰是與青年人對真善美的追求嚮往和有所作為的雄心勃勃的天性相一致的。

　　儘管在那時，多數高呼着革命口號的人，還沒有弄懂「革命」二字的深層意義及其中涵蓋的艱難和犧牲。可在那種氛圍下，若被人逐入與革命相對的守舊行列，那簡直是奇恥大辱。鼎鼎大名的胡適先生，不也在那個年代留下過這樣一句名言：「25 歲以前不幹共產黨是沒有出息！」

　　就在那個時候，潘漢年加入了中國共產黨。但這並不意味此刻他對馬克思主義的信仰和理解已經達到了多高的程度，入黨介紹人當時看重他的，說不定就是因為他那洋溢外露的正義感加俠義氣質、以及對國家興亡匹夫有責的熱忱。

　　這還得從發生在 1926 年 8 月的事說起。

　　某天，一群便衣人員氣勢洶洶地闖入了創造社出版部，宣佈查封創造社，罪名是「宣傳共產，發行過激刊物，肆意誹謗政府」。來人沒收了全部《洪水》雜誌，並將當時在出版部的葉靈鳳、柯仲平、周毓英、成紹宗四人抓到上海警備司令部拘押起來。

　　出版部的實際負責人潘漢年、周全平因臨時外出，得以免陷囹圄。可當他們看到一度紅紅火火的出版部被貼上了封條，不免悲憤交集。

　　對於潘漢年來說，被捕的葉靈鳳等人，是他朝夕相處、趣味相投的夥伴；而出版部，則既與他生計攸關，又是他難以割捨的及與眼裏心中容不得的腐惡拼殺的陣地。道義和友情，促使他不可久耽於悲憤，隨即不遺餘力地為營救被捕者和出版部的恢復而奔走。

　　當時在社會上頗具聲望的創造社領袖郭沫若、郁達夫、成仿吾（1897-1984）都不在上海，他們去了革命最熱火朝天的廣東。創造社的其餘幹部，此刻也是神

龍見尾不見首，找他們出面實在指望不上。

　　潘漢年、周全平四處尋找一切可能施以援手的關係，結果找到了由中共領導的群眾性外圍組織全國濟難總會。

　　他倆找對了，這是個專事營救和救濟被捕的革命者和進步人士的機構。在這裏，潘漢年認識了總會的負責人、共產黨員阮仲一、王弼，他們答應由他們出面聘請著名的律師，替葉靈鳳等被捕者辯護。

　　通過友人提示，潘漢年、周全平還找到著名的文學家鄭振鐸（1898-1958）的門上，請他勸其老泰山、主持商務印書館的社會賢達高夢旦（1870-1936）出面，向時任淞滬商埠總辦的著名學者丁文江（1887-1936）疏通。結果，出版部重新開了張，被捕的四位「小夥計」也出了班房。

　　一個剛到上海闖蕩不過兩年，舉目無親，沒有任何靠山和後台，唯靠編輯、校對、打包郵寄書刊謀生的毛頭小伙子，僅憑着維護應有權利的正義，為落難手足朋友豁出一切的俠膽的支撐，竟把如此眾多的名流賢達運作了起來，最終達到了自己的目的，其遊說和活動能力，不能不給人留下極深的印象。

　　阮仲一、王弼自然很快就注意到了這一點，並有意識接近潘漢年，邀他參與總會的活動，通過一次又一次推心置腹的交談，進而摸清了他的思想傾向。當冬天來臨的時候，阮仲一、王弼讓潘漢年填了一份表格，並鄭重地告訴他：「從今以後，你就是中國共產黨黨員了。」

　　入黨後的潘漢年被安排在中共閘北區商務印書館編輯部支部，先他入黨的樓適夷等人都在這個支部。不久，潘漢年被支部派往武漢參加一個會議。這次湖北之行期間，潘漢年見到了毛澤東（1893-1976）、李立三（1899-1967）、張國燾（1897-1979）、陳潭秋（1896-1943）、劉少奇（1898-1969）等中共早期領導人。

　　此時的毛澤東、李立三、張國燾、陳潭秋、劉少奇等人，不是在中共黨內身居要職，就是擔任着國民政府的什麼部長、委員，他們的理論修養，以及關於改造中國的滔滔閎論，讓潘漢年聽得熱血沸騰，能與如此博學、睿智和富有朝氣的人為同黨同志，潘漢年感到由衷的欣喜。

他更堅信自己已經是一名革命者了，儘管他此時不過年方 20。

二　人生三大引人入勝之事　／幹編輯與當記者的異曲同工之妙　／他還是習慣動輒就罵的戰法

從那個年代走過來的著名美籍華裔學者趙浩生，在 1990 年代回首往事的時候，感慨地說：「人生有三大引人入勝之事，這就是搞革命，當記者，談戀愛。」他所說的人生，實際是說清純絢麗的青春年華這一段。

由此，我們可以說潘漢年的青年時期，是幸福的。他 20 歲成為中國共產黨的一員，躋身革命者的行列，人生一大引人入勝之事，他已然擁有其一了。

入了黨的潘漢年，依然當着他的編輯，拿起筆作刀槍，對他來說似乎更輕車熟路，更有一種盡情發洩的快感。

即便是中國共產黨第一代領袖們，也不是在組建黨的那一日起，就已然成熟老練的。他們必不可免地要經歷新生狀態，經歷尋找將馬克思主義真理同中國革命實際相聯繫的鎖鑰，以打開通往勝利的大門的過程。

比他們年輕得多的潘漢年，自然也不例外，並非一經入黨，就把自身一切非馬克思主義的意念排斥沖刷得乾乾淨淨。

潘漢年依然信奉着「新流氓主義」，但他開始更多地將鋒芒，刺向北洋軍閥專制腐敗的黑暗統治，更關注在飢餓和死亡線上痛苦掙扎的勞苦大眾。

在這一時期，潘漢年陸續寫下〈原來如此「內除國賊」〉、〈愛國的先生們到哪裏去了〉、〈敬告批評「新文化」者〉、〈仍恐有傷風化〉、〈山東大學行跪拜禮〉、〈極刑問題〉、〈又是投壺〉等一系列文章。以往那種「叫苦連天」，漸漸從他的文字中消遁了。

這些富於衝擊力的文章，使潘漢年參與編輯的刊物，總是能很快就引來世人的視線。其時，於投槍匕首式雜文、社會評論創作上無出其右的魯迅，正遠在廈門執教，他從來自上海的紛繁雜誌中，慧眼獨具地發現潘漢年等編輯的雜誌是「較可注意」的。從廈門到廣州後，魯迅對潘漢年等人的評價又升格了，稱《幻洲》是時下刊物中「最風行的」。

社會的關注，又刺激起潘漢年旺盛的精力，他每天工作 10 多個小時，分為「象牙之塔」和「十字街頭」兩部的《幻洲》雜誌，「十字街頭」這部分幾乎由潘漢年一人包了。

為此，潘漢年不得不起一大堆筆名，像「亞靈」呀，「汗牛」呀，「潑皮」呀，「水番三郎」呀，等等等等。遺憾的是，我們已徹底失去向這些筆名的創作和擁有者刨根問底尋其真正內涵的機會了。除了「水番三郎」跟潘漢年的姓氏沾點邊外，像「亞靈」之類，則只能是永遠的謎了。

說實在的，在那個時候當編輯，和幹記者有着異曲同工之妙，都可以直截了當地干預社會，暢舒胸臆，凡發現弊端，凡對現實不滿，便可嬉笑怒罵，便可指桑諷槐，當然這要冒報刊被查封的危險，二者的區別僅僅在於編輯不寫白描事情過程的消息報道而已。

當潘漢年聽聞進步報人邵飄萍（1886-1926）慘遭統治當局殺害，而所謂罪名是「有宣傳赤化嫌疑」，便用悲憤而帶譏刺的筆調寫道：「中國的國賊，原來不是軍閥，不是資本家，不是串通外人的賣國者，是『有宣傳赤化嫌疑』的不愛國者！誰說打倒軍閥呢，『內除國賊』的『國賊』還要請軍閥去除的！」

他用他那酣暢淋漓的筆恣意揮灑着，哪怕他的雜誌被當局封殺了，也毫不退縮。《A11》被迫停刊了，他就創辦起《幻洲》週刊，《幻洲》週刊遭禁了，他又與葉靈鳳合創了《幻洲》半月刊。

在〈《A11》緊要啟事〉一文中，潘漢年寫道：「本刊出版才 5 期，為時也不過一月，然而這個小小的刊物倒受了不少挫折，——敵人暗中放冷箭，警廳扣留，要求郵務管理局認為新聞紙類『未便照準』，所謂聯軍憲兵司令部禁止郵

寄……直到今天止，我們不得不在我們一陣冷笑中宣佈這個放屁刊物最後的命運──停止出版！」

「這是我們對讀者十二分抱歉，對自己二十四分內疚的！沒有狡猾如兔的手段，說話沒有模稜兩可高本事，弄到有今日的結果！但是我們悶居在黑暗裏總得要追尋光明的，屈身疲乏苦悶中，慾望得要企求興奮和愉快的。朋友，請你等着吧，我們還要找其他說話的機會！」

而且不單單是說，他還是習慣動輒就罵。「罵是鬥爭的開始，人類生存最後的意識，也不過是爭鬥，所以我們並不認為鬥爭的開始──罵，是有傷道德。」韌勁可嘉，但亂掄板斧的戰法如故。從他這一刻的舉止中，我們還絲毫察覺不到，他在幾年之後會有穩健從容、舉重若輕的大將風度。

儘管如此，作為編輯的潘漢年，把人生的又一大引人入勝之事，也享受着了。

三　深愛兒子且備受兒子敬重的母親，卻給兒子套上了沉重的婚姻枷鎖　／在北京，和表妹的浪漫故事　／《小敘》中情人相會的細膩描寫

十八九歲，二十來歲，也正是戀愛的季節，有一個白馬王子或一個聖潔的女神，成為你生命某個時期的太陽，讓你依戀得魂不守舍，那也是刻骨銘心思之溫慰的。然而，潘漢年的戀愛季節，卻是苦澀的。

就在他成為宜興縣的新聞人物之後，一件意想不到的、後來竟使他身心為之疲憊 20 年的事情，不期而至。

1924 年冬季，潘漢年在母親的力促包辦下，不得不與宜興縣一宇村許家的

姑娘許玉文成了婚。依傳統的觀念，許玉文是個相當不錯的姑娘，她遵從父母之命、媒妁之言；希望嫁一個體貼她的丈夫，從一而終；她沒有什麼非分的要求，這本是多少鄉村人家理想的媳婦。

可這在已經接受了近代文明和五四新文化思潮雨沐風濡的潘漢年看來，毫不重要，且不說潘漢年這個正在以極高的熱情追逐社會變異新思潮的現代知識青年，同沒有受過什麼教育的鄉村少婦，在思想境界和語言交流上的巨大差異；關鍵是這種包辦婚姻缺少了現代戀愛觀的至上原則——愛情。

然而，這舊式婚姻來得太突然，潘漢年絲毫沒有反抗的準備；且他又是個孝子，他勇於衝擊社會的弊端，他無畏腐敗政權的強壓，卻無法拂逆慈愛他、並一向為他深深敬重的母親的意志。於是他只能把不滿，轉瀉到他不愛的妻子身上，規避她，冷落她，使同為受害者的許玉文更多一重傷害，因而也加重了對他自己的傷害。

情竇初開的年齡，就遭受摧折，這對潘漢年來說是極其痛苦和鬱悶的。但愛的情懷是難以扼制的，她總在悄悄地孕育，總要頑強地綻放，只要適當的氣候來臨，哦，她果然來臨了。

母親硬性要他接受的許玉文，並不是潘漢年感情生活中的第一個女性，實際上在青梅竹馬之間，他已經對他的一個表妹，萌生了異性相吸的朦朧愛慕。也正是因此，他同許玉文的婚姻，從一開始就埋藏着抵觸，就注定了是一場悲劇。

在潘漢年早期的創作中，有相當一部分是愛情詩，像《不敢》、像《悵惘》：

……每每展着潔白可愛的信紙，
不知不覺地
在伊名字上加上「我愛」二字，
倘復談的時候，
心弦便緊張着好似要斷！

這封信已不敢給伊了。

……願伊常常向我微微一笑，

使我永遠留戀夢中，

哪知——

微微一笑，只是一笑，

長時間的悵惘，卻是繼續的悵惘。

看來，潘漢年對長年的相思苦戀是有深切的體驗的，而絕非像有些文人那樣，只不過是無病呻吟。

1925年夏初，隻身在上海奮鬥的潘漢年，突然接到長輩之命要他去一趟北京。那位引起他愛慕之情的表妹中學畢業了，準備赴北京去考學校。潘漢年姑母不放心年輕的女兒單身遠行，便寫信委託有在外闖蕩經歷的表哥，充當護花使者，送表妹去北京。

已經沒有文字記載，潘漢年是懷着怎樣的心情，向中華書局請下了半個月假。但我們卻從零零星星的文字中得知，他的這次北京之行，給他留下了多麼刻骨銘心的印跡，以致讓他終身難忘，直到他晚年身處逆境時，還時而以早年經歷的這段浪漫故事，撫慰自己那經歷過多曲折舛舛的心靈。

遵母命結了婚的潘漢年，並沒有在感情上斬斷對這位表妹的依戀，在離開宜興到上海之後，他始終和表妹魚燕不斷，互相傾訴心中款曲。這次長輩託付他伴送表妹去北京，實在是人願天成。

潘漢年把表妹送到北京後，又在表妹身邊逗留廝磨了一些日子。那些天，他倆卿卿我我，如醉如夢，大膽地在感情世界中馳騁。這是一種極美好的感情授受，他們並未撕破家庭、禮教的規矩，即便是在無人管束的短期放縱之中，他們也未能撞破傳統的藩籬。

後來，潘漢年創作了小說《小敘》，雖說主題是革命者在革命大業與男女私

情間作的艱難選擇，但倘若不是有親身的這段經歷，他大概不會把那種在難得的幾日聚會中，男女間既相戀如癡，卻又不敢逾越雷池的複雜感情和心理活動，描繪得那般細膩貼切。

「在房間裏兩個人對面坐着，靜靜的，靜靜的，只聽得見婉英手錶『的——的』的聲音和着他倆的心波的奏動。飛雲滿臉是憂鬱的表情，並且顯着十二分疲乏的神色；婉英滿腔的熱情，在他冷峻的態度之下，不知不覺的往下低落。／這是怎麼回事？飛雲自己也有點奇怪，無論怎樣，他想不出適當的言語，你說他是無話可說嗎？他卻有如泉湧般的言語梗在喉頭；你說他隔別了兩年多，不免有些生疏嗎？她的印象平常在他心中沒有一刻的模糊！……她忍不住了，想撲入他的懷裏，這樣的狂吼一聲，然而她也沒有這勇氣，僅僅轉過身子，偏着頭注視着窗外。」

「他兩人整日地廝守在那旅社裏兩天了，只是相依相偎的低訴細語。山明水秀的 W 地的風光，他們也無心去玩賞；婉英幾次提議到湖濱去散步，他老是不感興味，一半是幾年來早已失掉這種閒散的心境，一半是不忍放棄這短短的敘首時間。然而這種呆板的，靜止的坐談，婉英覺得有些不痛快，她在學校裏的生活是這般的沉悶和沒有生趣，希望在這次的敘會中能夠得着一些熱烈痛快的刺激。」

「他的意識雖然是這般勇奮堅決，可是感情這個怪物在這個狀態之下特別表現得柔弱如綿；剛強的飛雲，偎着將別的婉英，實在有說不出的心酸，苦笑着的雙眼，開始濕潤起來。」

這種昏冥沉悶的婚姻後的純貞的愛戀，彷彿一道突現即逝的閃電，使潘漢年品嚼了真正的兩情相依，沒有讓人生第三大引人入勝之事失之交臂。

儘管有困厄，有磨難，有不成功的婚姻，但潘漢年也從中得到了磨洗和回報，他的青春時期，應該說是豐富而精彩的，甚至還有令人羨慕的幸福。

第三章
職業革命者

一　重返A11的那一夜晚和第二天拂曉，在潘漢年的記憶裏是永遠難以抹去的；而在中國現代的史冊裏，這一頁也是永遠不會被遺漏的　／耳聞目睹蔣介石的信誓旦旦　／A11窗下的街道上，鮮血橫流　／汪精衛「要革命的站到左邊來」的呼喊，響徹雲霄

1927 年 4 月 11 日，上海火車站。

當南京開往上海的列車剛剛停穩，一位青年行色匆匆地步出車廂，消逝在出站的人流中。他從南京趕到上海，是為了同先期到達這裏的國民革命軍總政治部副秘書長李一氓（1903-1990）會面，並為陸續而來的總政治部人員作安頓準備的。

他，中等身材，面龐白皙，有幾顆淺淺的、幾乎看不出來的麻子，充滿朝氣而犀利的目光，既有感染力，又多少令初識者生出幾分高深莫測的印象，而對熟人，這雙眼睛據說總是笑眯眯的。

這位青年並沒有直奔設在上海南市區的國民革命軍總政治部臨時駐地，而是先去了他熟悉的閘北區寶山路三德里 A11 號，他更急於去會會他那些分別了兩個月的「小夥計」們。

的確，這個青年就是潘漢年，重友情，是年輕的潘漢年難改的稟性。從 1926 年 8 月的營救奔波中，我們已經領略了；他參加革命後犯的第一個未釀成什麼嚴重後果的「大錯誤」，也是因為友情。

兩個月前，潘漢年受國民革命軍總政治部副主任郭沫若、副秘書長李一氓之邀，從上海前往南昌，出任由駐在南昌的總政治部主辦的《革命軍週報》主編，同他所敬慕的郭沫若等一樣，成了身着戎裝的文人。

《革命軍週報》本是每週一期的八開小報，主旨是向北伐軍士兵們宣傳反對帝國主義侵略凌辱、反對封建軍閥黑暗統治、以及建立革命團結戰線等淺顯道

理。這對在上海辦了數年期刊、被視為創造社內頗具潛力的潘漢年，實在是駕輕就熟。不久，剛滿 21 歲、精力充沛的他就把週報改成了日報。

報紙辦得有聲有色，得到了郭沫若、李一氓、國民革命軍第二軍黨代表李富春（1900-1975）等的好評。李一氓在回溯那段往事時說：「潘到南昌接任編輯工作後，這個小報辦得很嚴肅，也很有生氣。」

從拿着筆桿向舊制度宣戰，到來到革命軍中，用筆桿子鼓動軍人們用槍桿子打碎舊制度，使潘漢年增加了許多新的認識，這是他第一次感到武裝的力量。

自北伐軍攻克武漢之後，形勢急轉直下，長江以南廣大區域，迅速落入國民革命政府的掌握之中。與此同時，國共兩黨分裂的危機，也在暗暗滋長。

隨着舊軍閥勢力的頹萎，蔣介石（1887-1975）力量的空前膨脹，列強們紛紛拋棄舊軍閥，加緊拉攏蔣介石以維護各自的在華利益。而信仰的差異，和對未來中國構建模式的不同選擇，蔣介石也期望得到外部力量的支持，把眼下尚與國民黨結成統一戰線、但終極目標卻相去甚遠的中國共產黨溶化或翦除，以便更順當地按照自己的意志「改造中國」。

當南昌城頭剛剛飄起北伐軍的旗幟，蔣介石就將北伐軍總司令部行營遷到了這裏。此後，他便軟硬兼施，要武漢的國民革命政府、國民黨中央黨部移駐到南昌，以利於其用武裝控制黨政機關。

蔣介石的做法遭到國民黨左派和中共的抵制，蔣介石遂劫持經南昌前往武漢的國民黨中委、國民政府委員，非法召開國民黨中央政治委員會臨時會議，並發表通電宣佈國民黨中央黨部、國民政府遷往南昌。他的行徑，更招來國民黨左派和中國共產黨人的一片指責。

蔣介石怕這些舉動過早地暴露了自己的意圖，馬上施放團結煙霧。潘漢年受邀到達南昌時，正趕上南昌行營第十四次總理紀念週會議。在郭沫若熱情洋溢的講話之後，潘漢年目睹耳聞了蔣介石的信誓旦旦：

「我們革命的環境，一天好似一天……如果我們的內部能夠團結起來，努力奮鬥的時候，革命成功是不成問題！」

　　說到「革命成功是不成問題」時，蔣介石的手用力地揮了一下，給在場的人留下了很深的印象，同時也讓潘漢年記憶猶深。

　　可就在十餘天後，還是這個蔣介石，卻導演了槍殺江西省總工會副委員長陳贊賢、搗毀九江市黨部、安慶的安徽省黨部等反共分裂事件。當北伐軍佔領上海、南京後，蔣介石更加快了反共清共的部署。

　　1927 年 4 月，國民革命軍江左軍總指揮李宗仁（1891-1969）、國民革命軍第七軍黨代表黃紹竑（1895-1966）等，應蔣介石之招，秘密到達上海。蔣介石隨即與李、黃、白崇禧（1893-1966）會面，他故意裝出無可奈何的樣子，說軍隊已經快被中共控制了，國民黨前途堪憂。李宗仁當即進言：「以快刀斬亂麻的方式清黨，鎮壓越軌的左傾幼稚分子。」他們隨之謀劃了行動的部署。

　　可是，同許多受限於某一局部埋頭苦幹的中共黨員一樣，潘漢年還沒學會總體分析把握時局，對蔣介石反共清共並沒有充分的思想準備。4 月 11 日到上海的潘漢年，並未發現有什麼異樣。

　　在三德里，潘漢年同葉靈鳳、柯仲平等小夥計們聯絡上後，便趕往南市區總政治部，與李一氓接頭。不想李一氓有事到別處去了，他遂返回三德里下榻，正好藉機與故友們做徹夜長聊。因此在當晚，他回到 A11 時，便沉浸在舊友重逢的喜悅之中。

　　潘漢年和葉靈鳳、柯仲平等分別敘述着各自分別後的情形，他介紹了書生穿戎裝的滋味，從南昌到上海的一路見聞；葉靈鳳、柯仲平等則講述在上海的「小夥計」們的近況。

　　他們哪裏知道，也是在這個時刻，蔣介石正在電傳着「已克復的各省，一致實行清黨」的密令；上海青幫頭面人物杜月笙（1888-1951）以宴請為名，將上海總工會委員長汪壽華拘捕，並秘密殺害；深夜時分，上海租界的外國巡捕在南市、滬西、吳淞、虹口、閘北等地，拘捕了 1000 餘工人群眾，解往駐龍華的白崇禧軍司令部。

　　翌日拂曉，隱藏在租界內的「中華共進會」的地痞流氓、青幫分子，攜帶槍

上海青幫三巨頭：杜月笙（左）、張
嘯林（中）、黃金榮（右）。

支兒器，向閘北、南市、滬西、吳淞、浦東等區的工人糾察隊發起攻擊。尾隨其
後的國民革命軍第二十六軍的士兵，以制止工人內訌為名，將工人糾察隊的槍
支收繳。從 11 日夜至次日晨，有 120 名糾察隊及工人被打死，180 人受傷，2700
餘工人糾察隊的武裝被解除。

　　蔣介石等右翼勢力的暴行，激怒了共產黨人和上海工人。4 月 13 日，20 萬
工人在總工會的召喚下發動總罷工，在青雲路廣場舉行抗議集會。會後，浩蕩的
人群前往第二十六軍司令部示威和請願。

　　當隊伍行至寶山路三德里附近，大批荷槍實彈的士兵突然湧出，向示威的人
群開槍掃射。群情激昂的示威者怎麼也沒有想到，他們以血肉之軀，以三次武裝
起義的果敢，為這些武裝的士兵們，鋪就了進入大上海的坦途；可這些軍人們剛
剛進入上海，就把槍口對準了他們，把他們推入血泊。100 多人當場犧牲，受傷
者不計其數，寶山路三德里一帶，鮮血橫流。而這一切，就發生在 A11 的窗口下，
發生在暫住 A11 的潘漢年視野之內。

　　潘漢年震驚了，近代以來，統治當局曾幾度製造血案，清末四川總督趙爾
豐（1845-1911）彈壓請願者的成都血案、吳佩孚（1874-1939）鎮壓罷工工人的
二七慘案、段祺瑞（1865-1936）槍殺示威學生的三一八慘案，無不引起舉國震駭；
而在四一二事變中，蔣介石集團一次屠殺民眾逾百人，是上述歷次血案的數倍，
在近代史上達到了登峰造極的地步。

　　對於親眼目睹了這一流血場面的潘漢年來說，那印象永遠不會從心頭抹掉，「革命」真的「不是請客吃飯」，「不是做文章」！

　　中國共產黨人並沒有被血腥屠殺所嚇倒，但因第一次面對盟友的背信棄義，喪失天良的屠戮，且事變的發生既突然又出乎意料，在義憤填膺同時，竟有些手足無措。

　　然而蔣介石的背叛行為，在絕大多數國民革命軍佔領區域內，並未遭到譴責，相反各軍的將領們紛紛對中國共產黨人舉起了屠刀：廣州的李濟深（1885-1959）、長沙的許克祥（1890-1967）、浙江、四川、福建……他們對左派和共產黨人的殺戮，比上海更有過之而無不及；蕭楚女（1891-1927）、熊雄（1892-1927）、陳延年（1898-1927）、趙世炎（1901-1927）等優秀共產黨員一個接一個地倒下。

　　在北方的舊軍閥統治和南方的白色恐怖之中，僅剩下武漢這一片革命的綠洲。中共中央在武漢，國民黨左派亦多盤桓在武漢。在武漢的國民黨中央執委會，迅速做出了開除蔣介石黨籍，罷免其總司令軍職的決定。

　　此時此刻汪精衛（1883-1944）也在武漢，而且他把「革命的站到左邊來」的口號，喊得響徹雲霄。

　　於是，當時的中共領導人認為，武漢還存在國共合作的可能，是繼續北伐和討伐蔣介石的希望所在。躲過上海屠殺的共產黨人，也紛紛向武漢聚集。

　　李立三、周恩來（1898-1976）都去了武漢，當潘漢年找到李一氓時，聽到的也是「總政治部隱蔽在滬的革命同志，立即分別轉移去武漢繼續工作。你準備一下就動身去武漢吧」。

二　武漢的北伐已呈強弩之末　／參加革命工作後犯的第一個大錯誤　／汪精衛向右轉了　／中國共產黨人吞嚥下共產國際代表羅易釀出的苦酒

　　剛抵達上海沒幾天的潘漢年，又溯江而上，第二次來到武漢。可這一次他再沒聽到令他熱血湧溢的滔滔闊論，入眼的形勢也不似想像的那樣鼓舞歡欣：武漢所能動員的武裝力量有限，北伐已呈強弩之末；把「討伐蔣介石」喊得震天價響的汪精衛，並沒有做出什麼實質的行動。

　　汪精衛和南京分庭抗禮，沒有隨即同共產黨人決裂，絕非因他在政治信仰取向方面，同共產黨相近，同蔣介石相遠；而是因為他認為在實力和威望方面，自己尚需做些準備。緊跟着蔣介石反共，至多不過充當一個應聲蟲的角色，風光實利，則全讓蔣介石一人佔盡。所以他要另樹一幟，把與蔣介石不諧的勢力，都聚攏到武漢。

　　但隨着佔據各地的北伐軍將領們，相繼追隨蔣介石反共清共，武漢的右翼勢力也開始躁動不安。面對黨內反共的呼聲，汪精衛感到自己若不隨波逐流，恐怕自己的勢力、威望反將向負面滑落，於是也暗中籌劃清共陰謀。

　　結果，本以為能在武漢高揚北伐討蔣旗幟的中共，卻不得不陷入為維繫與汪精衛當局的團結合作不斷進行調整、說服和爭論。

　　潘漢年被分配到宣傳部門，依然從事編纂工作。他的副手是當時頗具知名度的「湖畔」詩人汪靜之（1902-1966）。可在這樣的氛圍下，整天空喊北伐、討蔣的口號，已然激不起他先前辦《革命軍日報》時逐浪升騰的熱情。

　　不久，總政治部秘書長惲代英（1895-1931）找到潘漢年，要他擔任總政治部屬下的一個革命法庭庭長。好在這個庭長並不直接辦案，只是以庭長的名義在報紙上發發公告，對法律和仲裁幾乎盲無所知的潘漢年，尚能勉為其難地坐在這個位置上。

一天，一個陌生人找上了潘漢年的門。他說是有一個受到武漢政府指控的不法之徒，其家人在上海走了柯仲平、丁月秋的關係後，轉託他前來說項求情，請潘漢年在審理案件過程中給予照應。柯仲平是潘漢年情同手足的「小夥計」，重友情的潘漢年，很難板起面孔拒絕，便稀裏糊塗地應了下來。

好在後來這個案子並未交予總政治部的革命法庭審理，潘漢年沒有落下徇私枉法的罪過，然而多年之後思及此事，潘漢年仍深悔不已，稱之為參加革命實際工作後犯的第一個大錯誤，讓「友誼關係淹沒了黨性」。

汪精衛漸漸向右轉了，武漢的合作局面裂痕日顯，處於幼年時期的中共領導人，再次在嚴峻複雜局面前應對失措。而當時共產國際派來指導工作的代表印度人羅易（Manabendra Nath Roy, 1887-1954），用毛澤東和蔡和森（1895-1931）的話來說，是個只會「在紙上堅持原則，實踐上一個問題也解決不了」的論道者，他根本提不出扭轉危局的良策。

恰在此時，共產國際執委會給中共發來旨在拯救中國革命的「緊急指示」，要中共堅決開展土地革命；吸收更多新的工農領袖進入國民黨中央，改組國民黨；消除對不可靠將軍的依賴，動員兩萬共產黨員，五萬兩湖革命工農，組建革命新軍……

可書生氣十足的羅易，居然瞞着中共許多領導人，將這份急電先拿給汪精衛看，試圖讓汪精衛順從共產國際的意向，同中共保持合作。

豈料他的這一做法，刺激汪精衛的第一反應是「到了爭把舵的時候了」，必須果斷清除共產黨。這個數月前還斥責蔣介石「喪心病狂，自絕於黨，自絕於民眾，紀律俱在，難逃大戮」的人，一變臉就呼出了「寧可枉殺千人，不可使一人漏網」的口號，幹得比四一二事變還要恐怖。

寧漢合流，汪、蔣沆瀣一氣。羅易的天真和鹵莽釀下一杯苦酒，而吞嚥這苦酒的，卻是中國共產黨人。

從四一二事變到1928年上半年，有33萬共產黨人和革命志士慘遭屠殺；除了某些鄉村，共產黨人在以往活躍的城市、軍隊，一下子失去了公開立足之地。

國共的分裂，大革命轉入低潮的嚴峻形勢，迫使中國共產黨人對如何獨立地領導革命運動，做出新的選擇，並認識到建立革命武裝的重要意義。

移駐武漢不足半年的中共中央，又不得不考慮再度搬遷的問題了；而一部分沒暴露身份與軍隊有關係的黨員，被指示向軍隊中滲透，加強中共對部分左翼和未與蔣、汪合流力量控制的軍隊的影響，伺機策動起義，以革命的武裝，對付蔣、汪的背叛。

中共中央軍委決定由郭沫若帶領總政治部的部分中共黨員和左派人士，前往駐江西省九江的張發奎（1896-1980）軍中，潘漢年隨之同行。到九江後，郭沫若即被張發奎任命為政治部主任，李一氓被任命為政治部秘書長，潘漢年被安排作宣傳科長。

然而，潘漢年還沒來得及走馬上任，譚平山（1886-1956）、李立三、周恩來、鄧中夏（1894-1933）、惲代英等中共領導人，就在九江議定了已討論了數次的發動南昌起義的計劃。李一氓代表中共黨組織，立即在隨郭沫若來潯的同志中做動員，希望他們和郭沫若赴南昌，參加起義工作。

在部隊中工作了一段時間，卻始終未得真正體驗槍林彈雨滋味的潘漢年，此刻湧起拿起槍桿子，與背叛革命的武裝勢力決一死戰的強烈慾望。他正準備再次和郭沫若同行，可張發奎突然提出他要接收政治部，只允許郭沫若等少數幾個人，乘搖車去南昌。

如此一來，潘漢年既去不了南昌，也不能繼續留在張發奎的軍中了。這時，李一氓帶來了新的指示，要潘漢年回上海找中共組織報到，並擔任同行人員的領隊。

分手時，郭沫若同這位和自己共事多時的「小夥計」握手作別，他還委託潘漢年幫助照看一下自己在上海的日本妻子安娜及子女，並將一筆生活費交予潘漢年。

潘漢年踏上順流東去上海的江輪，告別了短暫而難忘的卻始終沒有拿槍作過戰的軍旅生涯。

三 刀俎檢閱着每個靈魂 ／A11的情形讓人沮喪 ／從A11搬到了聽車樓 ／吳公稚暉之大作，滿篇「精蟲、便壺、大同共產」 ／不能讓國民黨當局太安逸了

汩汩江水無語東流，在赴滬途中，潘漢年獨倚船舷，不免生出幾分悵惘和無盡的浮想。

三個月來，在上海，在武漢，他眼睜睜地看着大革命高潮回落的急劇逆轉。疾風勁草，大浪淘沙，革命高潮時的魚龍混雜頃刻分化，再容不得南郭先生，刀俎檢閱着每個靈魂⋯⋯

許多人張慌失措、動搖消沉，作了逃兵，時常可以從報端看到某某脫離共產黨的公開聲明；更有一些投機者迅速倒向時下氣焰萬丈的國民黨右翼勢力，出賣靈魂，出賣並肩奮鬥過的同伴。一些懦弱和缺乏堅定信仰的青年，為了今天的苟且，把昨天的同志推上了斷頭台。魯迅就是在這個時候，看到了這般情景，放棄了進化論，放棄了對青年人的籠統讚美，用更審慎的目光觀察一切⋯⋯

但大多數堅定信守入黨誓詞的共產黨人，揩淨身上的血跡，掩埋好同伴的屍體，繼續向着認定的目標邁進。他們是可敬的，而自己也躋身在他們的行列⋯⋯

郭沫若、李一氓和部分同志去南昌了，而南昌的起義開始了嗎？起義前景會怎樣呢？能拉起一支討蔣大軍嗎？同志們的生命有沒有危險⋯⋯

想到此行的終點上海，他眼前便不油然浮現4月12日在A11目睹的流血場景。如今的上海是否還是那般風聲鶴唳？A11的夥計們是否安然無恙？自己帶着的這批人，到上海將如何安置？今後自己將採取怎樣的方式進行鬥爭呢？

悵惘和聯翩浮想之後，潘漢年沒有畏葸不前，卻像一個鬥士，渴望立即進入與敵人搏殺的陣地。

潘漢年回到上海，被安排在法南區委下屬的一個街道支部。當時中共中央尚未遷回上海，而領導上海工作的江蘇省委，則因書記陳延年、代理書記趙世炎相

繼被捕犧牲，還顧不上對新來的同志面面俱到地部署和指點工作。

渴望戰鬥、又不習慣等待的潘漢年，隨即抽空去了創造社出版部。他固然惦記着當年的夥計們，更主要的是文學出版是他熟悉的陣地，在這條戰線作戰他更得心應手。他想看看他創辦的《幻洲》是否還存在，是否還由他親密的夥計掌握着。如果一切如故，他的投槍、匕首就可以立刻擲出。

然而當潘漢年來到 A11 時，所看到的情形卻讓他沮喪。昔日 A11 裏書生意氣，揮斥方遒的勃勃生機，被夕陽薄暮的靜寂取代；昔日挑大樑的活躍人物，風華正茂的「小夥計」們，已經風流雲散；昔日被魯迅稱道可看的《創造》、《幻洲》，也已經停刊多時，這是大革命落潮後很普遍的景象。

消沉是沮喪的孿生兄弟，但潘漢年大概屬於那種活分的血型，沮喪歸沮喪，卻不會消沉，他立即投入新創一個刊物的籌劃。就在這時，他和葉靈鳳邂逅。葉靈鳳此刻正在與光華書局商洽創辦一個文學期刊的事宜，他們一拍即合，決定再次攜手，恢復昔日已創出知名度的《幻洲》半月刊。

和過去一樣，雜誌還是分兩部分，老搭檔葉靈鳳主持「象牙之塔」，潘漢年主持「十字街頭」。也和過去一樣，潘漢年還是喜歡讓自己的感慨一瀉千里，他把幾個月鬱積的憤懣都宣洩在《幻洲》復刊的「開場白」中：

「悠悠的歲月，在咱們昏昏不甚清楚自己生活似的中間，又過去八個足月，在 1927 的今年我個人的生活史上平地添上這八個月灰色，刺激、苦厄、病痛和流浪逃避的生活，頗足我將來餘暇的細細回憶。未亡的中國，在這八個月中，也開拓了一頁複雜、劇變與黑暗中的殘酷歷史。八個月以前，在黑暗中企求光明，在苦厄中希望樂趣，在壓迫中要求解放，到現在——八個月以後，所有的幻想、希望，都成了夢影，依然在黑暗、苦厄、壓迫的道路上掙扎！」

感慨宣洩完畢，戰鬥開始了。

潘漢年和葉靈鳳把編輯部，從籠罩着四一二大屠殺陰影的三德里 A11，遷到霞飛路臨街的一幢樓上。房間臨街，樓下又是家皮鞋店，熙來攘往的人流，馬路上有軌電車、汽車等噪雜之聲，聲聲入耳。於是，潘漢年給他編輯寫作的場所取

了個雅號，名曰「聽車樓」。

他以「聽車樓隨筆」為題，在他主持的「十字街頭」向國民黨新專制統治，擲出了投槍、匕首：〈原來如此清黨〉、〈汪先生悔不當初〉、〈刀砧上的青年〉、〈革命必可成功與鴉片煙老爺〉、〈共產餘毒與吳稚暉〉、〈普天共慶〉、〈釋國家主義者的真革命〉，一篇接着一篇，他再次顯示了嬉笑怒罵的擅長。

他在〈悲夫，本刊放屁之末日將至〉一文中，對國民黨新專制統治下的言論自由大加譏諷，其間仍遺有幾絲「新流氓主義」的餘韻：

「嗚呼，吳公稚暉之大作，滿篇『精蟲、便壺、大同共產』，上海黨報爭先刊印，其他各報抄襲不暇，黨國要人爭誦不已；小小本刊，幾個無名小子弄弄筆頭，自認『放屁』，則云赤化，反革命，何反赤之努力一致於斯？所謂出版言論自由，僅指要人吳稚暉等大人物而言？還是孫總理筆下赤化寫錯了字？

『禁止本刊放屁事小，丟盡革命之臉事大！』鄙人僅贈二語，乞忠實同志哂納是幸！」

一天，潘漢年在報紙上讀到國民黨在無錫，把屠殺的共產黨人的頭顱懸掛在無錫車站的消息，他又按捺不住了。在隨即寫下的〈血淋淋的頭〉一文中，潘漢年暗指蔣介石對革命志士的屠戮，與舊軍閥的殘酷毫無二至，蔣介石正在步舊軍閥的後塵：

「去年今日討赤時，孫傳芳提到赤化者，也曾經把人頭割了下來掛在上海的西門，無錫過去一站的常州；張作霖在天安門、中央公園也玩過這套把戲。然而，——先讓我叫一聲國民黨總理孫中山先生吧！誰知道今年的討赤居然還要照樣『再來一次』的把血淋淋的頭掛在火車站上呢？

呵，今年是由『軍閥時代』走入『國民革命』的時期，討赤的目標雖異而討赤的精神依然，血淋淋的頭，何得不要再掛起來？」

1928 年元旦來臨之際，潘漢年感到不能讓國民黨當局安安逸逸地過年，便送上了一份賀禮——《元旦書紅》：

元旦書紅，萬事亨通。

刀下頭落，革命成功。

陞官發財，有吃有用。

委員老爺，革命光榮。

汽車馬車，革命交通。

租界洋房，革命寓公。

忠實同志，納賄從容。

上拍下吹，官運走紅。

赤化暴徒，決不留種。

殺盡青年，清黨反共……

對如此辛辣的諷刺，國民黨當局再也不能安之若素，立即以「宣傳反動」為名，將《幻洲》查禁了。

四 謾罵式的詞句，已經逐漸從他的文章中隱退 ／對魯迅的「態度、氣量和年紀」說三道四 ／對患有幼稚病的左派，魯迅頗不客氣；而對在「氣量」上挑剔魯迅的潘漢年，魯迅倒顯得很有「氣量」

對當局的查禁，潘漢年早有準備，當年對付江南、上海地區的統治者老軍閥孫傳芳，他就是在這個雜誌未被查封之時，就提前策劃起下一種新雜誌了。《幻洲》被禁不久，由潘漢年主編的《戰線》週刊又問世了。

在《戰線》的創刊號上，潘漢年毫不隱諱它與《幻洲》一脈相承：

「現在《戰線》週刊已經與讀者諸君見面了，而我們的《幻洲》半月刊卻已被當局認為『反動』而明令禁止出版，……好吧，現在的革命者，自有他們的權威，砍下萬千青年的腦袋尚不費吹灰之力，禁止小百姓的出版物，賜以『反動』二字，還怕你不消滅下去嗎？然而，他們自有他們的權威，我們自有我們的熱血，你看吧，我們的《戰線》又在這裏開場了……我們甘願頂着反動的罪名跑上戰線去衝鋒，不能日視敵人猖狂而退縮，我們甘願在權威的槍炮之下，不能為了個人的苟安偷生而做忠順的奴才。」

這一番火藥味頗濃的挑戰語言，勇則勇矣，但實際上等於自己在為自己的刊物宣判死刑。果然，未足兩月，《戰線》也壽終正寢，罪名是「攻擊國府」。

潘漢年以這種不計後果的方式作戰，顯然是受到中共當時佔主導地位的左傾急躁冒險情緒的影響。面對高潮的突然跌落，敵人的殘暴殺戮，又缺乏對中國革命的長期性、艱巨性的認識，極易誘發復仇的狂熱和再掀高潮的急躁，這不是潘漢年個人的病痾，相反此時潘漢年的文章已經逐漸削減了謾罵式的詞句，分析評議也比過去深沉老到多了，他是共產黨員中在文化出版界幹得非常出色的一位。

潘漢年的出色表現，引起中共一些領導人的注意；同時也是鑑於潘漢年的出色工作，使他們認識到文化戰線，是同國民黨新專制統治鬥爭的一條重要戰線。特別是在政治革命轉入低潮時，大批作家、文學工作者聚集上海，郭沫若、茅盾（1896-1981）因遭到國民黨通緝，化名躲在上海租界內；李一氓、陽翰笙（1902-1993）、成方吾、錢杏村（1900-1977）、洪靈菲（1901-1933）等，在南昌起義後的作戰屢屢失利後，陸續脫離部隊潛回上海；馮乃超（1901-1983）、李初梨、彭康（1901-1968）、朱鏡我（1901-1941）等則因日本當局鎮壓左派知識分子，返回祖國到達上海，文學革命的旗幟突然在這裏高揚起來。

而長期以來，中共是通過私人友情，與文化界保持聯繫，或為某項涉及文化領域的臨時性工作，指定某人負責一段，黨內還不曾設置過專門的機構，負責領導組織文化領域的工作，這種狀況理應根據形勢的發展，予以改變。

在項英（1898-1941）赴莫斯科參加中共六大後，代理中共江蘇省委書記的

李富春，找到了潘漢年。他告訴潘漢年：「江蘇省委準備在宣傳部下設置一個文化黨組，把在上海各文化團體及有關部門的中共黨員集結起來，展開文化領域裏的對敵鬥爭，組織上決定由你擔任黨組書記。」

李富春是潘漢年的老上級了。當年他應邀到南昌軍中辦報，李富春是中共在南昌的軍委書記；如今他工作的上海，直接受中共江蘇省委領導。潘漢年在辦報辦刊過程中展露的才華，他與文化出版界建立的廣泛關係，李富春都有所了解，把中共建立的第一個領導文化工作的組織交給潘漢年負責，他相信潘會勝任這項工作。當時和潘漢年在一起工作的，還有李一氓、陽翰笙、錢杏村、孟超（1902-1976）等人。

然而此時此刻，聚集到上海的大批作家和文學工作者們，在揚起文學革命旗幟，向國民黨新專制統治發起衝擊的同時，又以太陽社、創造社為一方，以魯迅、茅盾等為另一方，就資產階級革命文學的問題，在新文學群體內部，爭執得劍拔弩張不可開交。

太陽社、創造社的成員們，多是狂飆激進的青年，在接觸了一些馬克思主義，並對蘇聯、歐洲及日本的無產階級文學思潮稍有領略之後，難免生出幾分「唯我獨革」的自負。他們把五四新文學當作資產階級文學加以否定，魯迅、茅盾等一些新文學作家，則被視為革命文學發展的障礙，聲言阿Q時代已經過去，魯迅是「時代的落伍者」，甚至粗魯地稱魯迅為「封建餘孽」、「對於社會主義是二重的反革命」。

在解剖自己和別人方面一貫反對「費厄潑辣」的魯迅，對這些患有幼稚病的左派們也頗不客氣，在〈「醉眼」的朦朧〉等雜文中，批評他們把宣傳和文藝混為一談，「只掛招牌，不講貨色」，並為之畫像「腦子裏存着許多舊的殘滓，卻故意瞞了起來，演戲似的指着自己的鼻子道，『唯我是無產階級！』」

雖說論爭發生之前，在魯迅的日記中多次記載着，潘漢年及一些青年作家對他的造訪，他們甚為歡洽的暢談，可身為創造社成員的潘漢年，並沒有置身批判魯迅的事外。特別是喜歡盡情宣洩的潘漢年，在他主編的《戰線》雜誌上，於非

難之餘，還很不敬地對魯迅的「態度、氣量和年紀」說三道四。

也許是出於《戰線》與他稱道過的《幻洲》的淵源關係，出於交往中對潘漢年的印象不錯，魯迅對潘漢年顯得很有「氣量」。他曾寫過蒼蠅與戰士的文章，「戰士」在魯迅的詞彙庫裏，是個用得非常吝嗇的褒獎字眼，可他卻將之給了在《戰線》上攻擊自己的、年輕的潘漢年：

「英勇的刊物是層出不窮，『文藝的分野』上的確熱鬧起來了。日報廣告上的《戰線》這名目就惹人注意，一看便知道其中都是戰士。」

自從擔任了黨的文學戰線的領導工作後，潘漢年在有關文學革命的爭執和對魯迅的態度方面，變得逐漸審慎起來。1929 年 6、7 月間，在中共六屆二中全會上，中央決定成立中央文化工作委員會，23 歲的潘漢年，出任黨的第一任文委書記。文委成員有李一氓、朱鏡我、王學文、馮乃超、林伯修（杜國庠，1889-1961）等。

大概應該從這時起，潘漢年稱得上是一位名副其實的職業革命家了。

五 中共加強了對革命文化運動的領導 ／十里洋場的革命「小開」 ／公菲咖啡館裏的說服工作 ／帶頭轉彎子 ／擅長寫攻勢文章的潘漢年，開始檢討自身

在中央文委成立之前，據夏衍（1900-1995）回憶，「我們黨還在幼年時期」，又正值「工農紅軍在閩贛粵一帶戰事緊張的時候，也正是中央同『陳托取消派』鬥爭最劇烈的時候，因此，文藝問題還排不上黨的主要議事日程」。

成立中央文委的那段日子，中共中央對革命文化運動逐漸給予了更多的關注。剛剛從莫斯科中山大學回國的吳黎平，作為中央宣傳部的代表，參加了文委的領導工作。在上海新閘路的一間廂房裏，他與在此棲身的潘漢年見了面。

也是在此期間，創造社、太陽社與魯迅的論爭，引起了中共中央的注意。周恩來、李立三、李富春等中央負責人對論爭的起因和過程作了分析研究，認為這是一場發生在革命陣營內部的爭論，雙方在堅持革命文學的方向上並無原則性分歧，要求黨員作家首先停止對魯迅的批判，結束論爭，爭取把一切進步文藝力量團結在黨的周圍共同對敵。

在設於芝罘路的中共秘密機關裏，時為中央政治局常委、中央宣傳部部長的李立三就論爭之事向吳黎平透露了中共負責人的看法。吳黎平從未介入論爭，對論爭雙方均無成見，他在隨後與潘漢年交談時，轉達了組織上對論爭的看法和他個人的認識：

「第一，在反革命白色恐怖下，革命文化工作者必須團結一致，共同對敵，自己內部不要鬧這個派那個派，爭個不休；第二，我們有的同志攻擊魯迅是不對的，要尊重魯迅先生，團結在魯迅的旗幟下；第三，要團結左翼的文藝界的同志，準備成立革命的群眾社團，統一和加強黨對革命文化運動各個方面的領導。」

陽翰笙也是在這個時候，從李富春那裏，得到相似的指示。他回憶道：

「1929 年秋天，大概是 9 月裏，李富春同志與我談了一次話。地點是在霞飛路一家咖啡館。李富春同志先問我：你們和魯迅的論爭，黨很注意，現在情況怎樣了？

我簡要地敘述了一下情況。我說魯迅近來翻譯和介紹了不少蘇聯的文藝理論、普列漢諾夫、盧那察爾斯基的著作，這是很好的；現在的論爭意見緩和下來，不像去年那麼激烈了；有些同志自己也感到與魯迅爭論是沒有意義的。

李富春同志說：『你們的論爭是不對的，不好的。你們中有些人對魯迅的估計，對他的活動的積極意義估計不足。魯迅是從五四新文學運動中過來的一位老戰士、先進的思想家，站在黨的立場，我們應該團結他，爭取他。你們創造社、太陽社的同志花那麼大的精力來批評魯迅，是不正確的。這是第一點。第二點，我約你來談話，是要你們立即停止這場論爭，如果再繼續下去，很不好。一定立

即停止爭論，與魯迅團結起來。第三點，請你們想一想，像魯迅這樣一位老戰士、一位先進的思想家，要是站到黨的立場方面來，站在左翼文化戰線上來，該有多麼巨大的影響和作用。你們要趕緊解決這個問題，我相信你們也會解決的，然後向我來匯報。』」

在和吳黎平、陽翰笙相繼交談中，潘漢年告訴他們，他近期也形成了與他們所傳達的中央精神相近的想法。他們遂商定召集文委們開會，傳達上級領導的指示，研究這一問題。

文委會議一般一兩個星期就召開一次，通常是在北四川路的公菲咖啡館裏，裝作喝咖啡閒聊天的樣子。

潘漢年每次在這裏露面，總是西裝革履，風度翩翩。這種裝束，在十里洋場的上海，多是殷實階層或大亨的闊少。於是不知是誰開玩笑，給潘漢年起了個綽號「小開」。不想，這個「小開」真叫開了，甚至連在農村從事武裝鬥爭的毛澤東都曉得了，成為後來潘漢年從事隱蔽鬥爭時最常用的化名。

參加這次會議的人有「夏衍、馮雪峰、柔石，創造社方面的馮乃超、李初梨，太陽社方面的錢杏村、洪靈菲，另外還加上潘漢年和我，一共九個人，這些都是黨內的負責人。開會的地點是在公菲咖啡館。會議由潘漢年主持的，他說李富春同志和老華（我當時用華漢的筆名）談過一次話，現在請他向大家傳達。我傳達完了之後，很多同志都擁護李富春同志的意見。有的同志還作了自我批評，說自己對魯迅態度不好……也有個別的同志不表態，說魯迅是一個激進的民主主義者，不是馬列主義者，為什麼不可以批評呢？……但到最後，經過反覆說明團結的意義，會上的意見一致了。」很多年之後，參加會議的陽翰笙做了上述回憶。

九人會議上還決定：太陽社、創造社所有的刊物一律停止對魯迅的批評，即使魯迅仍然對他們批評，也不再進行反駁，對魯迅一定要尊重。

幾近一年的論爭，雙方在感情上已經形成較大的隔膜，要消除彼此間的對立，一方面要扭轉創造社、太陽社黨員的思想；同時也有必要和魯迅通通氣，並說明團結的誠意。故而會議還議決「派三個同志和魯迅去談一次話，告訴魯迅，

黨讓停止這次論爭，並批評了我們不正確的作法」。

　　會後，潘漢年為太陽社、創造社黨員思想的轉變，做了大量深入細緻的工作。同魯迅論爭時措辭激烈的馮乃超、錢杏村，先後被他說服。他還通過馮乃超，去說服創造社的其他人；通過錢杏村，說服太陽社的其他人；通過沒直接參與論爭的夏衍、馮雪峰（1903-1976），向雙方疏通、解釋。

　　然而，要真正的消除隔閡，還必須對什麼是真正的革命文學，有一個確切、清醒的認識，有偏頗的一方，理所當然地要做深刻的反省，自我批評，取得魯迅的認同，實現誠摯的團結。

　　擅長於寫攻勢文章的潘漢年，拿起解剖自己的手術刀。他在《現代小說》雜誌發表了〈文藝通信——普羅文學題材問題〉一文，運用馬克思主義的文藝觀，就論爭的焦點問題重新進行辯證的、客觀的理性思考。

　　他指出：把普羅文學限制於僅僅描寫普羅生活，這是一個似是而非的誤解。無產階級以其獨立的不同於其他階級的觀念形態，產生了本階級的藝術。區別什麼是普羅文學，應當看他創作的立場是否從無產階級的觀念形態出發，而不是用創作的題材是否寫無產階級生活為標準。

　　「現在中國所有壓迫、束縛、侵略、阻礙無產階級利益的對象，都是我們普羅文學的題材。」潘漢年寫道：只要站在無產階級的立場上，無論工人題材，還是地主、資產階級、小市民、農民的生活都能寫。從根本上否定了只有寫無產階級本身的生活，才是無產階級文學的觀點。當然，被壓迫的勞苦大眾的生活是普羅文學的極好題材，但這決非坐在家裏憑空想像可以寫成的，唯有親身觀察和體驗普羅生活，奮勇地參加普羅鬥爭的實踐，方能創作出真正意義上的普羅文學作品。

　　由於對上海左翼作家所處的生存空間和社會環境十分熟悉，潘漢年進一步提出：「與其把我們沒有經驗的生活來做無產階級的題材，如何憑各自所身受與熟悉的一切事物來做題材？至於是不是無產階級文學，不應當狹隘的、只認定是否以無產階級生活為題材而決定，應當就各種材料的作品所表示的觀念形態是否屬

於無產階級來作決定。」在自我批評中，潘漢年對普羅文學現代劃分標準、題材範圍從理論上進行了新的探索。

此後，潘漢年又撰寫了〈普羅文學運動與自我批判〉一文，要求從事左翼革命文學的同志通過認真開展批評與自我批評，克服思想上的障礙，以利於左翼文學運動健康發展。「為了要把正確的馬克思主義思想普遍化，為了要確立中國普羅文學運動的理論，為了要指摘作家思想與生活的錯誤，為了要指導一般青年讀者怎樣去理解作品，我們應當馬上開始中國普羅文學的自我批判。」糾正無產階級文學運動中自負的態度和不正確的傾向。

潘漢年的文章，對歷時年餘且趨於白熱化的論爭，起了退熱平息的良好作用。論爭雙方開始正視、認識共同關心的焦點問題，分清了文化戰線上真正的敵友，在理解與溝通之後，緊密攜起手來，最終使這場「爭論與糾葛轉變到原則和理論的研究，真正革命文藝學說的介紹」。

六　內山書店中的拜訪　／魯迅對攻擊過他的人，表示諒解　／左聯發起人名單上沒有郁達夫，魯迅很不以為然　／「左翼作家是很容易成為右翼作家的」

做好了創造社、太陽社黨員同志的思想轉變工作，反省完了革命文學論爭中的偏頗，潘漢年向魯迅發出了拜訪的預約。

魯迅在上海，居住在北四川路路底的一條弄堂裏。北四川路上，有一家日本人開的書店，那就是一提起誰都知道的內山書店。魯迅常到內山書店看書，也就便在那裏會客談話。他同意在內山書店，與中共的文化工作負責人晤談。

與潘漢年同去拜會魯迅的吳黎平，對那次晤談情形，作了如下描述：

我們按約定時間來到內山書店，見到了魯迅先生。在一間僻靜的房間裏，我們和魯迅先生談起了對文學界現狀的估計和黨對左翼文化運動的意見，希望文化界同志團結起來，組織起來，共同對付帝國主義和國民黨反動派的「文化圍剿」，請魯迅先生在組織進步文化界同志的工作中多出力，多指導。魯迅先生完全贊成我們的意見，對攻擊過他的同志表示諒解，認為他們的心是好的，只是態度不對，並同意用「左翼作家聯盟」作為組織的名稱。我們提議開一個會，專門把成立「左聯」的事情講一講，邀請魯迅先生出席講話，他十分高興地接受了邀請。

在此之後，潘漢年加緊了統一的革命文學團體的籌組工作。他召集創造社、太陽社的黨員連續開會，討論以何種形式把一切進步作家組織起來，並對團體名稱「左翼作家聯盟」達成共識。

1929 年 11 月，潘漢年找到馮雪峰，要他去見魯迅就成立左翼作家聯合團體的有關事宜，徵詢魯迅的意見。當事人馮雪峰回憶說：

「他同我談的話，有兩點我是記得很清楚的：一、他說黨中央希望『創造社』、『太陽社』和魯迅及在魯迅影響下的人們聯合起來，以這三方面人為基礎，成立一個革命文學團體。二、團體名稱擬定為『中國左翼作家聯盟』，看魯迅有什麼意見，『左聯』兩個字用不用，也取決於魯迅，魯迅如不同意用這兩個字，那就不用。

我去同魯迅商談，魯迅完全同意成立這樣一個革命團體；同時他說『左聯』二字還是用好，旗幟可以鮮明一點。」

馮雪峰帶回的消息，令潘漢年歡欣鼓舞。他同包括創造社、太陽社成員一起座談，再次重申了黨中央結束論爭的意見，對自己沒有及時發現已存在的教條主義、宗派主義錯誤，傷害了魯迅，作了自我批評，他的真誠坦蕩和服從黨性，贏得了與會者的尊敬。

在潘漢年提名後，經各方商量後推定，由魯迅、鄭伯奇（1895-1979）、馮乃超、夏衍等 12 人組成左聯籌備小組。他還傳達了中央的指示：盡快擬定左聯

發起人名單，起草左聯綱領，分頭徵集會員。

潘漢年叮囑夏衍、馮雪峰等人，要及時向魯迅通報每次籌備會議的情況；左聯發起人名單和綱領形成後，要首先徵得魯迅的同意，再由自己過目後轉送黨中央審閱。

在最初的左聯發起人名單中，沒有郁達夫的名字。魯迅看到這份名單，認為應該加上郁達夫。有人向他解釋說郁達夫近期情緒不佳，也不經常和朋友往來。

魯迅聽後不以為然地說：「那是一時的情況，我認為郁達夫應當參加，他是一個很好的作家。」潘漢年得知魯迅的這一態度，隨即表示同意魯迅的意見。

經過近半年的籌組，左聯成立的準備工作基本就緒。潘漢年與籌備小組最後確定於 1930 年 3 月 2 日在寶樂安路中華藝術大學召開左聯成立大會。

開會前一天，潘漢年在夏衍等陪同下查看了中華藝大四周的環境。他們沿北四川路、寶樂安路至中華藝大二樓會場，每個房間都仔細檢查了一遍。對學校共有幾個出口，分別可從哪條路出去，他也一一問明，心中有數。

由於會議籌備時間較長，與會人數又多，為防範國民黨當局破壞，潘漢年在會場內外佈置了數十名糾察隊員，確保會議安全。此外他還特別交待夏衍，和馮雪峰、柔石打招呼，派 4 名身強力壯的工人糾察隊員，暗中保護魯迅先生，一旦出現緊急情況，便由他們護送魯迅從後門撤離。

對這次大會的組織安排，反映了潘漢年行事的謹慎和周密，這恰是做隱蔽工作必須的素質。他這個特點在不經意間一再凸顯出來，大概是他後來被推上情報工作領導崗位的一個重要原因。

3 月 2 日，左聯成立大會如期召開。與會者 40 餘人，魯迅到會作了極為精彩的演講。他說，左翼作家如不和實際鬥爭接觸，只抱着羅曼蒂克的幻想，「一碰到實際，便即刻要撞碎」；這樣的「『左翼』作家是很容易成為『右翼』作家的」。這篇講演的題目，叫〈對於左翼作家聯盟的意見〉。

當時只有 24 歲的潘漢年，和比他年長一倍的左翼文化運動的旗手魯迅坐在

一起，代表黨中央出席會議並作了〈左翼作家聯盟的意義及其任務〉的報告，這篇報告，發表在 1930 年 3 月 10 日出版的《拓荒者》雜誌上。

在左聯成立之後，潘漢年又相繼組織籌建了中國自由運動大同盟、上海戲劇運動聯合會、中國社會科學家聯盟、中國反帝大同盟，此外還擔負着《自由運動》、《文化鬥爭》、《紅旗日報》、《真理》等報刊的主編工作。他依然保持着當「小夥計」時那種旺盛的精力，和超常的活動能量。

中共六屆四中全會後，潘漢年出任中共江蘇省委宣傳部部長。從懵裏懵懂闖上海到此時，不過五年的時間，他已經從憤怒、浮躁的文學青年，成為中共在文化和宣傳戰線上相當成熟的領導者了。正所謂艱難困苦，玉汝於成。

潘漢年同魯迅探討左翼文學運動的發展方向及創作原則、道路；同李立三商議如何使陣容可觀的中國反帝大同盟，更好地配合中共的行動；同王稼祥（1906-1974）、秦邦憲（1907-1946）議論如何圍繞黨的中心工作展開宣傳……

他正在成長為黨在白區文化宣傳工作獨當一面的領導人，而就在此時，中共突然面臨十分嚴峻的事變，一下子大大改變了潘漢年的人生。

第四章
突然轉換的人生

一　中央一位負責人指示潘漢年，迅速移交工作，斷絕同許多老關係的往來　／出現在漢口街頭的魔術大師「化廣奇」　／中共漢口特委籌措刺殺蔣介石的失利，成全了「鏟共專家」蔡孟堅　／顧順章口氣很大地說：請馬上安排我見蔣介石

　　1931年，對在上海的中共中央，是經受嚴峻考驗的一年；也是潘漢年的人生，出現決定性轉折的一年。

　　這年5月的一天，中共中央一位負責人突然召潘漢年談話，要他在最短的時間內移交原來的工作，離開宣傳系統；除了特別指定外，斷絕其他曾與他保持密切往來的以左翼面貌活動於社會的同志和友人的聯繫，去接受一項他從未想像到、也極不熟悉的工作。

　　關於此事，在筆者讀到的一部關於潘漢年的傳記中，有這樣一段文字：

　　就在重組中央保衛機關的第一次會議上，周恩來鄭重地宣佈：新的中央保衛機關由陳雲、康生、潘漢年三人組成，由陳雲負總責，並兼任一科科長，直接領導總務、財務、交通等項工作；康生副之，兼任三科科長，直接負責指揮、執行保衛或警報工作；潘漢年擔任二科科長，負責搜集情報、偵察敵情以及反間諜等方面的工作。

　　……然而真的情報戰線上的鬥爭究竟是什麼樣的呢？他的腦海裏是一片空白……當他聽完周恩來代表黨中央宣佈對他的任命之後，他那一向十分自信的心突然加快了跳動……

　　周恩來同志向來是善解人意的，他完全猜透了潘漢年的心事。他嚴肅地指出：黨的保衛工作是一項保密性很強、組織紀律性極其嚴格的特殊工作，它容不得半點私人情感和漫無邊際的幻想，因為我們的對手是國民黨中一些既聰明，又兇狠的劊子手。

我們必須戰勝他們，而且也一定能夠戰勝他們，因為除去我們的事業是不可戰勝的以外，我們都有一顆為共產主義獻身的決心。這就決定了我們不僅會有戰勝他們的聰明才智，而且在我們的周圍還有同情我們的各界群眾。最後，他以關切的口吻對潘漢年說道：

「黨信任你的忠誠和才幹，你也要相信自己的聰明和能力，在黨中央的關懷下，在陳雲同志的直接領導下，你一定會成為我黨隱蔽戰線上的一名優秀的戰士。」

這段頗為詳盡的對話過程和內心活動的描寫不知究竟出自何典，有什麼依據，但其中有一點卻是有文獻資料印證的，即潘漢年工作的突然變更，與中共秘密工作的創始人、中央特委三成員之一周恩來的拍板相關。

當時，潘漢年在文化宣傳領域正幹得有聲有色，突然要他轉移陣地，到一個他生疏的崗位，似乎有些不合情理。這一是因為中共中央面臨突如其來的嚴峻事變；二是面對突變，周恩來基於形勢的變幻對昔日的特殊工作及時進行了反思總結，感到必須對從事這方面工作的人選做及時調整。這正反映了周恩來的機敏與知人善任。

在敘述潘漢年接手他全然陌生的新工作之前，我們在此稍費些筆墨，對導致他人生突然轉變的背景原委以及他即將進入的特殊部門做一番交待。

1931 年 1 月，中共六屆四中全會，在許多人反對的情況下強行召開。還不是中央委員的王明（1904-1974），在儼然以大家長身份與會的共產國際代表米夫（1901-1939）的支持下，一躍成為左右中共中央的政治局委員。

此前主導中央的瞿秋白（1899-1935）、李立三、李維漢（1896-1984）被逼出政治局，周恩來也受到嚴厲的批評。米夫連譏帶諷地說：「恩來同志自然應該打他的屁股，但也不是要他滾蛋，而是在工作中糾正他。」從此，王明的左傾冒險主義，在中共黨內逐漸佔據了統治地位。

王明居領導地位後，李立三主持中共中央工作時的城市暴動和飛行集會等冒險行動，不僅沒有得到遏制，且有過之而無不及，連王明的夫人孟慶樹都時常出

現在街頭撒傳單、聚眾演講，使中共白區黨組織遭到進一步破壞，中央機關在上海的處境，更趨險惡嚴峻。而中共武裝割據的蘇區，則因第一、二次反圍剿的勝利，有所拓展。

鑑於這樣的形勢，中共中央決定將工作重點轉向紅軍和蘇區，甚至開始考慮中央政治局也遷往蘇區。當時議決向忠發（1880-1931）、周恩來、張聞天（1900-1976）等到江西蘇區，張國燾、陳昌浩、沈澤民（1900-1933）等到鄂豫皖蘇區。4月1日，張國燾、陳昌浩等在特科實際負責人顧順章（1903-1934）護送下先行離滬。

顧順章，原是上海南洋兄弟煙草公司的工人，五卅運動中成為工人領袖。1926年，他曾與陸留、陳賡（1903-1961）三人同赴蘇聯，接受政治保衛和秘密情報工作訓練，歸國後即任中央政治保衛局局長。上海三次工人武裝起義時，他是糾察隊總隊長；「八七」會議上，他當選為政治局委員，還是與向忠發、周恩來組成的中共三特委之一，並具體主持中共特科的工作。他直接指揮着中央特科的行動科和紅隊，曾親自參與了武裝營救羅亦農（1902-1928），嚴懲叛徒賀家興夫婦，武裝劫持彭湃（1896-1929）等人囚車，鎮壓叛徒白鑫等行動的策劃和實施，是一度令敵特和叛徒聞之膽寒的人物。

從上海到漢口的旅途，在顧順章的打理下安然無事。但抵達漢口後，顧順章打探到原定歇腳的聯絡點，已在特務監視中，另有幾個聯絡點也遭到破壞。於是，顧順章告訴張國燾，上海大世界遊藝場聲名卓著的大魔術師「化廣奇」就是他，漢口也有一些人曾拜在他門下，因而建議張國燾住到一個跟他學過藝的大商人家中。

直到4月8日，顧順章才將張國燾、陳昌浩等交給鄂豫皖蘇區來的交通員。但在送走張國燾等安全離開漢口後，顧順章沒有按中央的要求，立即返滬，而是長時間滯留漢口。

作為長期從事特殊工作的顧順章，按理應該對幾個聯絡點均遭破壞有所警覺，可他卻並未對此深究；更嚴重的是他絲毫沒有意識到國民黨CC系特務，已

左圖：曾經是中央特科領導人的顧順章（前左）。右圖：抓獲顧順章的國民黨特務蔡孟堅（左）。

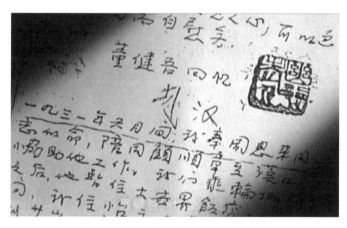

董健吾回憶顧順章被捕的文字手跡。

經在武漢撒開大網，正等待中共人員落進來。

這究竟是怎麼一回事呢？原來在 1930 年深秋，中共湖北省委和漢口地下黨獲悉蔣介石將到漢口，參加當地商界舉辦的蔣介石對馮玉祥（1882-1948）、閻錫山（1883-1960）大戰獲勝的祝捷大會，便倉促謀劃刺殺蔣介石的行動。這個行動方案是，以 100 餘人混入大會會場，用手榴彈炸死蔣介石。

然而，在運送手榴彈和申請入場券的準備過程中，卻露出了一系列破綻，國民黨中央黨部調查科即 CC 系駐武漢特派員蔡孟堅發現後，順籐摸瓜，在祝捷大會前夕挫敗了這個刺蔣行動，並相繼破獲了中共湖北省委和漢口地區的一些組織，蔡孟堅亦因此獲「鏟共專家」之稱。

不久，中共漢口地區負責人尤崇新被捕叛變。蔡孟堅給尤崇新限定必須在短時間裏指認並捕捉到中共人員，否則性命難保。結果尤崇新被逼得整日在漢口街頭四處遊蕩，正好撞上了與中央軍委駐武漢交通站主任張崧生接頭的顧順章。

有傳聞說顧順章被捕時，還攜帶着一箱變魔術的道具。但抓捕顧順章的國民黨武漢行營偵緝處處長蔡孟堅本人則對此敘述十分簡略，還不到 40 個字：「由尤崇新在漢口高爾夫小球場前，指認顧順章為上海暴動總指揮，進而捕到了一條大魚。」

讓人百思不得其解的是，身為中共中央政治局候補委員、特科負責人的顧順章，其工作地在上海，為何突然逗留武漢不走呢？為何要冒着被捕的危險拋頭露面地在漢口登台表演魔術呢？

據和顧順章一起執行護送張國燾任務，事後又僥倖逃脫被捕之劫的特科人員董健吾的回憶和分析，也許有助於我們解開這一謎團。

董健吾回憶說：送走張國燾後，他就敦促顧順章趕緊回滬，但顧順章不僅自己不走，還要他也留下，跟他一起登台演魔術。因為他知道董健吾在上海聖約翰大學讀書時，曾跟美國的魔術大師布特能學過魔術。4 月 20 日兩人再碰頭時，顧順章身邊還跟了一個着白裙、戴白帽、穿白皮鞋看似舞女的人。董健吾見顧順章仍無要走的意思，就編謊話說接到母親病重電報，一定要趕回上海。顧順章

23 日與董健吾在碼頭再次見面，給董買了 24 日漢口到上海的建國輪船票。但兩人分手後董健吾去見了一個在漢口的朋友，朋友說建國輪又小又髒條件很差，並熱心地幫他買了 25 日的洛陽輪船票。董健吾 25 日乘的洛陽輪既大且快，在過九江碼頭時追上了早一天開出的建國輪，董在洛陽輪甲板上看到有國民黨軍警上建國輪搜查，事後他估計那些軍警是抓他的，是顧順章叛變後出賣了他。

據董健吾推測，顧順章之所以滯留武漢不走，一是因為與那個白裙、白帽、白鞋的女人纏綿難捨，二是在荒唐中花光了所帶的盤纏，遂想憑藉自己變魔術的一技之長掙一筆錢。他與漢口新市場遊藝場簽了演出合同，連魔術大師化廣奇的表演廣告也貼到了漢口街頭。

曾任中央特科二科科長的陳賡對顧順章流氓無產者的做派很看不慣，曾私下對特科成員柯麟（1900-1991）說過一句狠話：你我只要活着，就肯定會看到顧順章叛變的一天。

沒想到陳賡的話果然成讖。顧順章被捕後，開始一直對逼問沉默相對，然而待蔡孟堅把他的身份說得一清二楚，並反覆曉以利害後，他就改變了態度。

他口氣很大的說：我能夠提出一套將中共中央機關一網打盡的計劃，但這不能對別人講，必須親自向蔣介石面陳。

為了證明與國民黨合作的誠意，顧順章隨即出賣了中共駐武漢的交通站、鄂西根據地和紅二軍團駐漢口辦事處，以及協助他護送張國燾等去鄂豫皖根據地的地下交通員。同時他要求武漢國民黨特務機關盡快把他解往南京。他一再提醒蔡孟堅，不要將他被捕的消息電告南京 CC 系特務總部。

二　「完了，完了，捉不到周恩來了」　／錢壯飛給徐恩曾留下一封警告信　／打入國民黨情報系統的中共特工，紛紛撤離非常有利的崗位　／周恩來相中了潘漢年　／潘漢年從往昔時常出沒的場合、非常熟悉的圈子內銷聲匿跡了

急於表功的蔡孟堅等，沒有理睬顧的一再囑咐，他對顧順章的審訊每有一點進展，便迫不及待地致電南京國民黨中央黨部。結果中共重要人物黎明（即顧順章）已被捕獲，其已表示願與國民黨合作並提出全部肅清中共中央機關的計劃，不日即將顧順章解送到南京等訊息次第傳到了南京。

數日後，當顧順章得知蔡孟堅的行徑，急得擊掌頓足，連連歎息：「完了，完了，捉不到周恩來了！」

蔡孟堅不知何故，顧順章這才告訴他們，深得國民黨中央黨部特務頭子徐恩曾（1896-1985）重用的機要秘書錢壯飛（1895-1935），就是中央特科打入的情報人員。他此前不願跟蔡孟堅捅破這一層，是不想讓蔡孟堅把功勞都搶了去。

武漢綏靖主任公署給南京發報的時間，是 4 月 25 日，恰逢週末的夜晚。通常此時，有聲色犬馬之癖的徐恩曾，不是泡在酒吧間、夜總會內把盞擁嬌，就是到上海去與他的情人「Miss 王」幽會，辦公室裏只有機要秘書錢壯飛值班。

這天入夜之後，守在辦公室的錢壯飛，接連收到 6 份來自武漢綏靖主任公署的來電，且份份都是絕密急電，這頓時引起了他的警覺。

當他用自己乘徐恩曾嫖娼時偷拍下的密碼本，將急電的內容譯出一看，不由驚出一身冷汗。

顧順章在中共黨內的地位和職責，錢壯飛再清楚不過了：所有在上海的中共中央最高首腦的保衛工作，他們的辦公地點及住所，所有反敵特的工作，包括自己和李克農（1899-1962）等安插在敵人營壘的諜報人員，都是由顧順章掌握的。

左圖：國民黨CC系特務頭子徐恩曾（右一）。**右圖**：20世紀20年代末打入國民黨特務組織的「龍潭三傑」之一的胡底。

左圖：「龍潭三傑」之一的錢壯飛。**右圖**：「龍潭三傑」之一的李克農。

如果他叛變的消息屬實，而中共中央不能及時獲悉，採取緊急措施，那一網打盡之說，絕非大言不慚的誑語。

驚異之後的錢壯飛，不由得暗自慶幸，武漢的電報來在這個時間，又偏偏碰上是他值班。

依常例，徐恩曾在週末離開後，是不會在星期一之前回到辦公室的。這就還有把情報及時送出去，佈置應對措施的餘地。他立即找到自己的女婿劉杞夫，要其連夜乘特快火車趕往上海。考慮到自己過早地離開，萬一有什麼事找不到他，會引起敵特猜疑，錢壯飛遂仍留在南京，同時迅速做好一切善後工作。

然而，劉杞夫雖於 26 日清晨到上海，但由於當天並非預先約定的碰頭日子，他把在上海李克農可能出現的所有地方都找了一遍，也沒有找到李克農，他考慮到此時不能耽擱，便匆忙趕回南京，將此情況報告自己岳父。

眼看時間越來越緊迫，錢壯飛只得自己前往上海。行前，他向打入國民黨情報系統的胡底等人，發出了情況危急的信號；並給徐恩曾留下一封信，警告徐恩曾若加害自己的家人，就將徐的所有見不得人的秘密公諸於社會，這樣一來，國民黨內其他特務系統必會借此置徐於死地。

錢壯飛到上海後，終於找到了李克農。但獲知這刻不容緩情報的李克農，卻無論如何找不到平日裏就神龍見首不見尾的陳賡，因為只有負責情報的陳賡能盡快與周恩來取得聯繫。

在這特殊時刻，也顧不得以往規定的聯絡程序了，李克農決定先找到江蘇省委機關，通過省委的渠道與陳賡或直接與周恩來聯繫。4 月 27 日早晨，李克農終於在一家汽車出租公司找到了陳賡。一聽情況，陳賡也急了，立即找周恩來報告。

時處千鈞一髮，但周恩來指揮若定，在陳雲（1905-1995）等協助之下，馬上召集到聶榮臻（1899-1992）、陳賡、李克農、李強等有關人員開會，迅速決定採取果斷措施，搶在敵人行動之前，一天之內就完成了中央機關和有關負責人的大轉移，保衛了黨中央和江蘇省委的安全。

國民黨 CC 系首腦陳立夫。

　　據李克農回憶，按照緊急會議的佈置，他迅速找到了王明和秦邦憲，一手拉着一個，把他們護送到了新安排的住所。

　　就在這同一天，顧順章被送到了南京，見到了蔣介石、CC 系首腦陳立夫（1900-2001），並向徐恩曾供出了在上海的中共首腦機構。徐恩曾立即派國民黨中央黨部調查科總幹事張沖赴上海，組織對中共中央機構的圍捕。

　　然而，讓張沖等沮喪的是，他們的人每到一個中共重要機構抑或某位領導人的駐地，看到的都人去房空。

　　雖說由於錢壯飛及時截獲情報，周恩來的果斷安排，使顧順章叛變帶來的損失降到了最低點，但所有由顧順章掌握的中央特科情報系統，卻從此幾乎陷於癱瘓：

　　身為國民黨中央黨部駐上海特派員的楊登瀛，曾為中共提供了大量重要情報，因未能迅速安排好退路，遭到國民黨當局的羈押，被囚禁了整整 6 年；

　　打入國民黨淞滬警備司令部成為「第四號政治密查員」的宋再生、弟弟宋啟華，雙雙被捕入獄，被判處無期徒刑；

　　打入國民黨特務情報系統的錢壯飛、李克農、胡底等，都被迫放棄做了大量鋪墊才佔據的關鍵位置，甚至無法繼續留在白區工作；

　　許多長時間同顧順章共事的特科各部門領導人，如陳賡、洪揚生、李強等，也不得不撤離上海，秘密前往江西中央蘇區。

　　如此一來，中央特科特別是情報系統，必須重組，補充新的領導骨幹。在 6 月 10 日舉行的中央政治局會議上，周恩來就中央特委的工作進行了總結，檢討了顧順章叛變一事，對特委以後的組織、紀律、工作方針提出新的建議。時任中共江蘇省委書記的陳雲、任江蘇省委宣傳部部長的潘漢年被調參與中央特科的領導、重組工作。

　　早在特科初建時，當時任中共淞浦特委組織部部長的陳雲，就將其領導下的部分同志輸送到特科，並一直對特科的工作給予了全力的支持。而周恩來相中潘漢年，顯然與總結顧順章的教訓和未來情報工作的特點相關。

　　出身流氓無產者、沒有受過多少教育又不重視理論修養的顧順章，在擔任特科領導，工作有所建樹之後，便露出其意識深處的劣根，居功自傲，生活墮落，缺乏政治頭腦，熱衷單純恐怖主義行動。

　　一次，為了消滅十幾個危害中共的包打聽頭目，顧順章竟弄了幾箱子炸藥，要把上海一品香飯店夷為廢墟。幸被周恩來及時制止，否則將殃及眾多無辜，使中共陷於孤立。

　　周恩來當年把因作戰負傷在上海治療的陳賡調到身邊，作為自己從事情報工作的助手，就有對顧順章行事不太放心、不甚滿意的因素。此刻，周恩來更清楚地意識到，雖勇武過人但政治素養較為欠缺的人，是不適合被賦予特殊工作領導職務的。

　　潘漢年在文化宣傳領域磨礪經年，理論積澱日厚；走上更高領導崗位後，時需高屋建瓴地審時度勢，政治上更趨成熟。考慮到情報工作的發展，要獲取更核心、更高質量、更準確的情報，必須同敵對營壘的上層、社會名流建立曲折的管道和廣泛的聯繫，因此除了政治立場堅定外，具有非凡的溝通交際和社會活動能力的、智力型的博學儒雅之士，方能在今後更趨複雜的特殊戰線工作上游刃有餘。

　　周恩來慧眼相中潘漢年，正是基於對未來情報工作趨勢的敏銳感覺。潘漢年

固然沒有情報工作的經驗，但他具有成為優秀情報工作者所需要的素質。這種優良素質，可以迅速彌補經驗的不足，相反有太多傳統經驗的框囿，反倒是順應新趨勢難以逾越的障礙。

當時並沒有人給潘漢年作如是的分析、解釋，那個時期的真正的共產黨人，對組織的決定，就如同軍人服從命令一樣，討價還價的細菌感染不了他們。潘漢年就這樣在以往經常出沒的場合和他熟悉的圈子裏突然銷聲匿跡了。

連潘漢年一入黨就同在一個支部的樓適夷，猛然間也覺得他彷彿變了個人似的：

「再沒有地方去找他聊天了。但有時會偶然碰到，笑笑，點點頭，三言兩語。如果是在馬路上，則大家不理，也不知他在幹什麼。總之，是很機密的。」

三 特科，直至20世紀90年代談及猶覺神秘的機構 ／ 1927年末，周恩來親手創建中央特科 ／特科二科，功勳卓著的情報系統 ／初識「王先生」的廬山真面目

在上海誕生的中央特科，是個人們直至20世紀90年代談及猶覺神秘的機構。作為中共江蘇省委宣傳部部長的潘漢年，雖說對特科的存在是早已知之，並與特科的某些人打過交道，但對其內部構成和如何運作的了解，卻是到特科以後的事。

寧漢合流後，中共中央政治局決定，中央機關遷回上海。重返當時最是腥風血雨、風聲鶴唳之地，是考慮到上海城市人口眾多，成份複雜，流動性大，不查戶口，租房方便，工廠店舖林立，水陸交通發達，加之中央機關在滬常駐經年，有眾多關係，特別是上海租界連片，華洋雜處，政出多門，軍警分屬不同系統的格局，有利於中央機關的隱蔽。

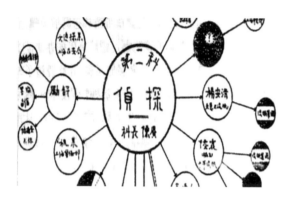

中央特科二科結構圖。

　　當然，還有一個重要原因：就是在當時多數中共領袖心目中，蘇聯革命模式的影響甚深，他們企盼着革命在一省或數省的首先勝利，而這種勝利是以籌策暴動奪取中心城市為工作重心的，他們的着眼點從未離開過城市。

　　中央機關要在凶險環伺的處境下立足、運轉和工作，急需建立一個執行特殊任務的秘密機構，以防衛敵特，懲處奸細，搜集情報，交通聯絡，保衛黨的首腦機關的安全。於是，中共中央軍委書記、中央特別委員會三委員之一的周恩來，在 1927 年末，親手創建了中央特科。

　　中央特科的前身，是在武漢成立的中央軍委直屬特務工作科，當時的科長是顧順章，下分特務股、情報股、保衛股、打擊土匪的土匪股。在上海創建中央特科後，吸收了部分原軍委特科的成員，如李強等。特科由中央特別委員會領導，周恩來直接指揮，顧順章是常務負責人。

　　中共中央賦予中央特科的職責是：保衛中共中央領導機關和領導人的安全，收集情報掌握敵人動向，營救被捕人員，鎮壓特務叛徒，建立秘密電台，向革命根據地通報敵情。它是一個兼具保衛和情報雙重職能的機構。

　　在組建、完善和發展中央特科的工作中，周恩來傾注了大量心血。他主持制

定了一整套中央特科工作的制度和措施，親自編寫了以「伍豪」命名的電傳密碼。在條件極為險惡的情況下，他堅持要特科人員進行 20 餘天的訓練，並與惲代英等親自授課，講述政治形勢、對敵鬥爭的方針政策和秘密工作紀律。

訓練人員在短期內掌握了化裝術、偵察與反偵察、密寫技術及密碼破譯、開鐐技術等，並乘船去海上進行射擊訓練，使得受訓人員提高了對革命事業的忠誠和特工人員必備的業務素質。

1927 年底在上海誕生的中央特科下分四個科：一科是總務科。第一任科長是洪楊生。負責總務，例如租住房、選擇會議地點、掌管財務、營救被捕同志的資金籌集使用等。

二科是情報科。它成立於 1928 年 4 月，第一任科長是功勳卓著的名將陳賡。二科的主要任務是搜集各種情報，及時掌握敵情，並對敵方的偵探機構進行反間諜工作。經陳賡的籌劃安排，一批忠誠勇敢的共產黨人打入了國民黨的情報機構。錢壯飛成為國民黨組織部黨務調查科主任徐恩曾的機要秘書；李克農成為在上海的國民黨特務情報機構的實際負責人；胡底成為國民黨華北情報網的實際負責人；宋再生成為國民黨淞滬警備司令部的政治密查員。也是通過陳賡的工作，國民黨中央駐上海特務機構的特派員楊登瀛，成為中共情報系統的得力內線。

三科是行動科。科長是由顧順章親自擔任。三科的主要構成是令國民黨特務和出賣組織的叛徒失魂落魄的紅隊，主要任務是保衛黨中央及其領導人的安全，例如在會議期間進行保衛；營救被捕的中共領導人；鎮壓出賣組織的叛徒和對中共構成威脅的奸細、特務。

四科是交通科。科長是李強。主要任務是保障上海及全國各地的秘密交通網的正常運行，同時負責中共第一座地下無線電台報務，李強還是第一任台長。此外每當中央重要會議召開，四科還要承擔與會人員的護送和會議文件的傳遞等工作。

潘漢年調到特科，被指定擔任情報工作的領導。由於原負責人陳賡已不能在上海久留，他們馬上約定了交接工作的時間和地點。

在法租界臨郊區的一所單幢房子裏，經過化裝的陳賡和潘漢年見面了。這裏

是中共地下黨的一處秘密工作站，由劉鼎和他的夫人吳先清駐守，只有極少數幾個人知道這個工作站。

在會面之前，陳賡和潘漢年，都已是中共在不同領域工作卓有成績的佼佼者了。

陳賡，是中共第一批受陳獨秀派遣赴蘇聯學習秘密保衛工作的人，和他同時去受訓的，還有顧順章和綽號「改造博士」的陸留二人。中共特科剛成立，他即出任二科科長，主管情報工作，並作為周恩來的助手，與顧順章配合領導整個特科的工作。

關於他，有許多機智勇敢、與敵周旋的美談在同志中流傳。他通過「打進去」、「拉出來」等方式，獲取大量準確的情報，使中共清晰地掌握了敵特的動向，幾度化險為夷。前文所敘的中共避免了顧順章叛變帶來的損失，就是因為他直接領導的錢壯飛及時截獲了情報；他還利用他在敵特內部的關係，成功地解救了被捕的中共重要負責人任弼時（1904-1950）、關向應（1902-1946）等；也是由於他的準確情報，中共剪除了像何家興、戴冰石、陳尉年、白鑫等一批嚴重危害組織的叛徒……

一次，陳賡去某大戲園參加中共召開的大型會議。會議剛開不久，就發現許多巡捕房的警探和國民黨特務包圍了戲園。陳賡見警探中有幾個相識的人，便主動迎上去打招呼，竟被警探委託把守戲園的一個出口。結果與會的中共人員，都從陳賡把守的出口溜之大吉。

這些美談，潘漢年以前略有耳聞，但人們都把這位特工英傑稱作「王先生」。這一天，潘漢年終於識得了「王先生」的廬山真面目，眼前的陳賡，就是化名王膺的王先生。

陳賡對潘漢年也不是一無所知，當時在黨內領導崗位的幹部中，同時主持着幾份報刊，連篇累牘地發表雜文、社會評論，且時有小說問世的人，畢竟還沒到指不勝屈的地步。更何況陳賡一生雖多在行伍之中，但其書卷內蘊，詼諧幽默，不讓一般文人，對潘漢年的政論、美文，自然有所領略。

惺惺惜惺惺，英雄敬英雄，交接的二人對對方都感到滿意。陳賡向潘漢年有

條不紊地交代着，鄭重其事得失去了往日的幽默詼諧。劉鼎在一旁不時做些必要的解說，劉鼎的夫人吳先清則在門外為他們望風。

陳賡把二科系統保留下來的工作人員，以及所屬的情報網絡全部移交給潘漢年。無庸諱言的是，由於顧順章的叛變，幾乎全部骨幹都從原崗位撤離，潘漢年接過的是張殘破的情報網絡，以致最重要的關係，只剩下兩個在青紅幫圈內不能小覷的人物。

此時此刻，潘漢年還根本體會不到，這個曾經被陳賡經營得雲起龍驤、左右逢源的攤子，在他接手時，對履行中央賦予的職責已是力不從心。他面臨着怎樣繁重的修補網絡，另闢溝渠的艱巨工程。而敵對陣營又因為從李克農、錢壯飛等中共人員的打入中吸取了教訓，築起了更為森嚴的壁壘。

潘漢年還沒來得及去估量，也不知該如何估量。也許是因為太陌生，太不了解，而也恰恰因為陌生和不了解，才沒有畏難的感覺。他只是一言不發地聽着陳賡的敘述。

最後，兩人商定，除少數以上海為活動中心的重要人物劃歸潘漢年親自領導外，其他關係仍由劉鼎聯絡，對潘漢年負責。交接結束，兩人互相用力握了握對方的手告別。

四　劉鼎，潘漢年到特科後的主要幫手　／出賣周恩來的黃第洪受到了嚴懲　／國民黨中央黨部特派員推薦的「文件甄別」專家　／中共提出一石數鳥的鎮壓任務　／一張照片觸動了敏感的神經，鎮壓目標確定了

潘漢年接手特科情報科工作後，劉鼎成為他的主要幫手。

潘漢年在中央特科工作時的得力助手劉鼎。

　　劉鼎，原名闞尊民，1903 年生於四川南溪。早年受五四風潮的影響，在中學讀書時和李碩勳（1903-1931）、陽翰笙等同學一起參與新文化運動，並拜同鄉著名革命者孫炳文（1885-1927）為師，學習革命道理。後考入浙江高等工業學校，苦讀三載，學業精良。再轉入上海大學，並加入了中國社會主義青年團。正當他尋找中國革命出路的時候，恰逢時在德國和朱德（1886-1976）一道留學的孫炳文回國探親，他遂於 1924 年隨孫赴德留學，並由孫炳文介紹結識朱德。不久，由孫炳文和朱德二人介紹由團員轉為中共黨員。1926 年受組織委派赴蘇，曾在蘇聯空軍機械學校學習軍事工程。1929 年底秘密回到上海，向中共中央軍事部負責人周恩來報到，當即被分配到特科二科任副科長。

　　作為陳賡的助手，他協助陳賡建立了上至青幫大亨杜月笙，下至國民黨軍、警、憲、特中的普通工作人員的情報網系。特別是與陳立夫、張道藩（1897-1968）有着特殊關係的楊登瀛，就是由劉鼎直接負責聯絡的。

　　在潘漢年轉入中共隱蔽戰線前，劉鼎已是屢立功勳了。

　　1930 年 7 月，生活上日益墮落的中共地下黨員黃第洪，對革命的前途徹底喪失了信心。當他約見周恩來的要求得到同意後，立即以黃埔一期學員的身份，給蔣介石「校長」寫了一封密信，表示要脫離中共，並說有重要機密稟報。

　　蔣介石見信後，將此事交給 CC 系負責人陳立夫處理，陳立夫又批轉給了徐恩曾，徐恩曾又派楊登瀛具體辦理。楊登瀛立即約見了黃第洪，當黃第洪得知楊登瀛是國民黨中央黨部駐滬特派員後，隨即告訴楊自己和周恩來約見會面的時間和地點。黃第洪做夢也沒想到，楊登瀛早已是陳賡發展過來的關係。

　　楊登瀛連夜找到負責同他聯繫的劉鼎，通報了黃第洪叛變投敵，並出賣周恩來的情況。劉鼎感到此情報事關周恩來的安危，即刻向特科負責人匯報。幾天後，叛徒黃第洪就被特科設計除掉了。

　　就在潘漢年到中央特科的前夕，中共中央長江局軍委書記關向應在上海被英國巡捕房逮捕，被捕時有一大箱文件也被抄走。關向應被捕時身份並沒有暴露，然而巡捕房一旦弄清了那箱文件的內容，關向應的身份就無法隱瞞了。英國巡捕房很想通過文件弄清關向應的面目，可又苦於他們自己沒有能力對那些文件的性質進行甄別。

　　陳賡馬上請楊登瀛出面，主動找英國巡捕房西探長蘭普遜，表示可幫助甄別文件。蘭普遜正求之不得，有留洋背景的劉鼎，遂以「甄別專家」的身份被楊登瀛推薦給蘭普遜。就這樣，劉鼎不僅悄悄帶出了幾份可能暴露關向應身份的重要文件，還對英方詭稱箱中的文件全是學術研究資料，被捕的人是一位學者。結果關向應被租界法庭判得很輕，不久就經中共疏通出獄。

　　有這樣一位出色的特工人員輔佐，使初到隱蔽戰線的潘漢年，在熟悉和展開工作上得益匪淺。

　　接任情報科科長不久，中共中央便指示中央特科在短期內組織一次突擊行動，鎮壓一名在敵特機構中有一定影響、又對中共構成威脅的人物，以消除顧順章叛變後給革命陣營內部帶來的心理上的不利影響，及打擊敵人的囂張氣焰，顯示革命的力量不僅依然存在並仍在進行有效的鬥爭，同時為組織新的內線工作創造有利的條件。

　　任務確定之後，情報必須先行，首先要由潘漢年負責的二科在最短的時間內，選擇出合適的鎮壓對象，並做好一切偵察準備工作，協同行動部門制定實施

方案。但作為新手的潘漢年，對敵情尚不了解，對選擇誰為鎮壓對象心中茫然無數，副手劉鼎在此時給了他非常有力的支持和協助。

在與劉鼎共同商議研究選擇鎮壓對象的問題時，劉鼎先向潘漢年介紹了上海租界上巡捕房的一些警探頭目，但對這些人更具體的情況，例如平日行蹤、生活習性、家庭住所及周圍環境等也不甚了了。

僅憑手中掌握的有限情況，他們感到是不能坐在屋子裏推敲出鎮壓對象的，必須盡快展開調查，理出頭緒。兩人遂匆匆劃定了一個範圍：以國民黨上海市黨部或淞滬警備司令部等機構為重點，尋找出一個專任破壞中共地下活動，反革命氣焰囂張的首惡分子。

一天，劉鼎辦事途經南京路，當走過一家照相館的櫥窗之際，抬眼瞥見裏面陳列的一張大照片，是淞滬警備司令部的官員們的合影。自從與潘漢年商議了如何完成上級佈置的任務後，選擇鎮壓對象的意念便整日縈繞在劉鼎的腦際，因此一見到櫥窗裏的照片，他便下意識地駐足觀看起來，發現其中一個人的面孔有些眼熟。

凝神思索了半天，才記起那人叫王斌，時下正在警備司令部督察長任上。霎那間，劉鼎那敏感的神經被觸動了，他立即約見潘漢年，向他匯報了自己突然的發現及由此產生的想法。

劉鼎向潘漢年介紹說：「在租界區，國民黨當局不能隨意地捉人，所以中共的機關及領導人寓所，都安排在租界區內。如果國民黨方面偵知活動在租界區內的中共人士或設在租界區內的中共機構，必須先同上海租界當局交涉，由租界當局出面查辦或實施逮捕，然後國民黨當局再向租界當局提出引渡。現任警備司令部督察長的王斌，就是專門辦理與租界當局交涉和引渡的主管。」

潘漢年默默地聽着，劉鼎又說：「我提議組織考慮將王斌作為懲處目標。過去國民黨當局在租界上逮捕共產黨員或破壞革命組織的許多案子，都是通過王斌交涉和引渡的，他是個窮兇極惡的反革命頭面人物。現在我們可以設法搞到他的照片，供給我們的行動部門，以利於我們實施鎮壓。」

潘漢年認為劉鼎的分析很有道理，選擇王斌作嚴懲對象，從鼓舞鬥志、震懾敵特、社會影響幾方面看，都是合適的。

在與陳雲、康生（1898-1975）的碰頭會上，潘漢年將劉鼎的建議和自己的思考都端了出來。經過慎重研究，三人均認可了這一選擇，並決定迅速報請中央批准。中央也很快表示同意。

五 沒有情報的鋪墊，鎮壓行動就無從談起 ／王斌的照片，得來全不費力氣 ／在電話簿上，潘漢年沒有找到捷徑 ／想到了張靜廬、沈松泉兩位老闆 ／張靜廬竟怔了一下，問：「你這是從哪弄來的」 ／王斌被處決，頓時成為報界熱炒的新聞

特科總部在中央意見返回後，又詳細討論了具體實施的計劃和人員的分工，議決由康生為此次鎮壓行動的總指揮；潘漢年分管的二科負責查明王斌的具體地址、起居行止，特別要將他每天出家回歸的時間、路線、乘什麼車子等等調查清楚，準確把握；設法弄到王斌的照片，以便執行任務的人員能夠毫無差錯地識別其面貌特徵。

很明顯，沒有二科的情報鋪墊，鎮壓行動就無從談起。潘漢年對情報要先行的特點有了更深切的感受，同時認識到自己被放置在一個怎樣重要的位置，感到壓力和責任之大。但這才是開始，在相當長時間以後，他才真正了解到情報戰線，是一個多麼龐大和複雜的系統。

二科的任務已經非常明確，但一着手操作，潘漢年立即感到事事棘手。

就拿調查王斌一事來說，若在陳賡時期，將此比喻為探囊取物毫不過分。在

新中國成立後，宋再生與子女合影。

淞滬警備司令部，有成功打入的特科人員宋再生，他通過淞滬警備司令熊式輝（1893-1974）的老師蔣伯器的介紹，成為警備司令部的「政治密查員」。就是他利用其特殊地位，截獲了國民黨特務偵知中共在上海英租界赫德路召開全國蘇維埃代表大會，準備在會議期間將代表一網打盡的情報，使中共避免了一場滅頂之災；他還利用特殊的身份，將出賣李立三、李維漢的兩個叛徒及時處決，保衛了這兩位中共領導人的安全。

可自顧順章叛變後，原特科打入敵特部門的人員幾乎全部轉移，而曾深入淞滬警備司令部的宋再生、宋啟華兄弟，此刻已身陷囹圄，以致在現存的情報網絡中，居然找不到一個與王斌稍有過從的人。

以潘漢年昔日積累的經驗和所有的關係，在調查王斌這件事上皆無可利用。要弄清楚王斌的住址、行蹤、出入路線，和在大海裏撈針幾乎沒什麼兩樣。

但知難而退，不是潘漢年的性格。當年創造社出版部被封，幾個小夥計遭囚禁，他為恢復出版、營救小夥計而奔波時，不也是無依無傍，前景渺茫嗎？可在竭盡努力之後，出版恢復了，小夥計們也脫離了囹圄。

事在人為，只要把心思用到了，辦法總會出來的。

第一個主意很快被他想出來了，他隨即派人去照相館，冒充警備司令部的人員，以同仁需要留作紀念為藉口，要求照相館加印那張有王斌在內的合影照片。此事辦得相當順利，被派去的人打着警備司令部的旗號，態度從容，沒露絲毫破綻。而照相館的老闆對生意，總是來者不拒，沒遇到什麼麻煩就將照片弄到手了。

但第二個主意施行起來卻頗費周折。潘漢年挖空心思，想到在文化宣傳戰線工作時，與文化名流聯絡，往往能從電話簿上找到一些線索，順着一點線索，就可能摸到更多的信息。他找來上海市的電話簿，可真翻閱起來才發現，私人電話通常都以「某宅」登錄，並不透露宅主的真名實姓。簿中以「王宅」、「王公館」登錄的電話數以百計，而王斌是否在其中只有天知道！

就在苦惱這條聯想之路走不通之際，報紙上一條不起眼的消息，卻勾起潘漢年新的聯想，使他踅上了完成任務的通途。那是一條查禁某某書刊的消息，這在當時是司空見慣的常事，但此時讀到這條消息，卻讓他的思緒信馬由韁：

幾年前，他在從事左翼文化工作時，曾經和光華書局的經理張靜廬（1898-1969）、沈松泉（1904-1990）兩位先生相識，後來便有了在一起海闊天空閒聊的經歷。潘漢年記得他們閒聊時曾幾次談起為疏通官方撤銷對某些書刊的發行禁令，許多書店的經理們不得不時而宴請警備司令部或國民黨市黨部的有關官員，求他們網開一面……

那麼作為書店經理的張、沈二人，是否也曾遇到類似的事，通過類似的手段與警備司令部的官員建立了一定的聯繫呢？應當去訪問他們一下，或許能從他們那裏輾轉打探到一些有關王斌的人和事。

他與張、沈二人相約敘舊，趕到了光華書店。一番寒暄之後，潘漢年有意把話題引向查禁書刊：「近來又有什麼被查禁發行的書刊嗎？」

「怎麼沒有啊。」一說起這話題，張、沈二人就牢騷怨言滿腹，書刊發行商們最頭疼的就是這事，一趕上這事，本來可變成鈔票的書刊，便成了廢紙。

「那麼，是市黨部還是警備司令部主管這類事呢？」

「查禁的決定權是在市黨部方面，但具體執行則是通過警備司令部，警備司

令部負責這事的是王斌督察長。」張、沈兩位知無不言。

潘漢年聽到王斌的名字，不禁暗喜，但他不露聲色地接着問道：「你們過去請客，也請過王斌嗎？他怎麼樣？好說話嗎？」

「不僅請他，連他的部下也得請一些呢。逢年過節還得給他們送點禮物。幫助的情況當然也有，他們在執行時稍稍做點手腳，我們就可以少受點經濟損失。」

「哦，是這樣。」潘漢年隨即把話題又引向別處。既然他們和王斌有來往，通過他們辨認照片，打聽住址，就都有希望。此事不可操之過急，張、沈二人都是普通的文化出版商人，窮追不捨地刨根問底，就會露出痕跡，引起猜疑，一旦他們擔驚受怕，把話路堵死，就鑄錯難挽了。他繼續應酬了一陣，便起身告辭了。

幾天後，潘漢年醞釀好了一套說詞，便帶上那張王斌等人的合影照片，又來到光華書店。他讓張、沈二人隱約地感到自己左翼文化人的身份，然後說明是受某位被捕的左翼文化人的家屬委託，來請二位幫忙的。

潘漢年一本正經地說：「XXX 被捕後被引渡到警備司令部了，他的家屬到處託人營救，至今不見成效。打聽到王斌在這方面能說上話，想送一點錢，求他通融通融，卻摸不着門路。最後找到我這裏，我不便推託，只好向您們二位求教，懇請二位幫個忙，代為從中斡旋。」

「保人的事我們從未和王斌拉扯過，實在沒有把握。事關捉人、放人，我們出面人家也未必肯通融，你們還是再託託更硬些的關係吧。再說這是行賄買放的事，插手的人多了，王斌也會有顧忌，不如由家屬直接找王斌。」張、沈二人說得也入情入理。

對此潘漢年似乎早有對策，馬上裝作訴苦狀說：「唉，難就難在他的家屬不認識王斌，不知道他的住處，也找不到同他有淵源的人，現在是病急亂投醫，找着誰就託誰唄。」

張靜廬聽到這裏，覺得不盡點力，也太說不過去，就找出自己的記事本，查出王斌的地址、電話號碼，抄給了潘漢年。並好心告訴潘漢年：「此人早出晚歸沒有定時，每天下班後，常去四馬路一帶的妓院，和他的同類常在那裏密商他們

的事務，也在那兒做受賄的交易。」

王斌的住址、電話號碼、時常活動的場所知道了，潘漢年重負釋去了一半。他又取出那張照片，邊指給張靜廬看邊問道：「你看看，是這個王斌吧？」

張靜廬對着照片一看，竟怔了一下，問潘漢年說：「你這是從哪裏弄來的照片？不仔細看還真認不出來呢！大概是幾年前照的吧，他現在發胖成了一個大塊頭，可沒有這麼漂亮啦。」潘漢年只好支吾其詞，說這是託他的人提供的。

掌握了上述情況後，潘漢年又佈置有關人員，進一步觀察了王斌每天乘車出入的必經路線，經綜合分析，連同設法翻拍的王斌的照片，一起交給了行動部門。

行動部門立即根據潘漢年提供的情況，對王斌的住所環境和行止規律，進行了實地勘查和摸底。他們發現王斌的居所在法租界的腹地，四周崗警很多，且只有一條狹窄的馬路，平素行人稀少，槍聲響過之後，周圍崗警很快就能趕到，難以迅速隱蔽和退卻。

但以動態觀察，王斌出門和回家必經英法租界毗連的龍門路，南通長濱路（屬法租界），北通西藏路（屬公共租界），來往行人車輛很多，經常擁擠不堪，一邊緊靠跑馬廳（今人民廣場），也是人流不斷，是設伏狙擊的理想地段，行動之後極易於混入人群隱退。這一路段還與二馬路（今九江路）、三馬路（今漢口路）、四馬路（今福州路）等街道毗鄰，周圍弄堂密佈，四通八達，警探即使趕到，也難於圍堵。根據以往的經驗，交界處發生事故，英、法兩租界崗警往往互相推諉，追捕不會很認真。

不久，一個在龍門路狙擊王斌的方案，縝密地制定了出來並付諸實施。敵特首腦人物王斌，在光天化日之下被處決，頓時成為報界熱炒的新聞，上海的街談巷議一時皆以此為話題。

顧順章投敵後曾經揚言，說他曾是中共保衛機關的首腦人物，有把握動員一些中共重要幹部到南京自首，轉而為國民黨服務。他還吹噓說自己曾參與許多中共中央的重要機密工作，他將在短期內破壞中共首腦機關，即便不能一網打盡，也將使上海和幾個重要省市的中共組織土崩瓦解。

　　不料話音未消，王斌殞命，可見中共活躍如故，顧順章在敵特眼中價值急劇下滑。

　　王斌被鎮壓，給敵特心理造成一定的震懾，上海租界巡捕房政治部的高級華人警探，淞滬警備司令部的一些專門對付共產黨的要員，從南京派到上海來專事破壞革命組織的叛徒、特務，有的稍稍收斂了原先的猖獗和肆無忌憚。一部分人甚至感到了自危，感到堅決與中共為敵暗藏的危險。

　　敵特的惶恐情緒，為中共特工部門爭取、收買、利用和分化敵特，建立新的情報關係，創造了有利的條件；也使中共保衛機關反特防奸工作，置於較好的氛圍。後來的實踐，逐漸證實了這一點。

第五章

「小開」代號正式啟用

一　「我現在是不怕敵人，最怕的倒是找房子」　／煤球廠非同一般的幾位老闆：陳雲、康生、潘漢年　／「小開」的代號，是使用最久最經常的　／潘漢年和助手歐陽新，通常坐守在北京路的一個弄堂內

在執行中共中央鎮壓敵特任務的同時，剛剛就任中央特科首腦的陳雲、康生、潘漢年，一刻都沒有放鬆對特科的恢復和重組工作。

恢復和重組工作包括物色一批新的骨幹，接手被迫撤離幹部的崗位，並迅速完成交接工作；在舊的關係再難發揮作用的部門，發展新的關係；在特科人員撤離的敵特機關，設法重新打入，使殘破的情報網絡得以修復；此外還要重新選擇總部辦公地點，設置新的基層情報網點。

重組工作緊張且頭緒繁多，且為了可靠安全，事無鉅細，均由幾位首腦親自操持。好在除了康生年紀稍長，陳雲、潘漢年那時都在二十五六的年紀，血氣方剛，精神十足。

只是潘漢年感到與習以為常的工作方式有些差異。過去熬夜、伏案疾書的情況多一些；而今則多為事務性的接洽、交際，四處穿梭奔波。但他似乎根本無需適應期，許多看似紛繁費神的事，他做起來卻頗順當，也許他早就具有這方面的潛能，只是沒有充分施展的機會和空間，就知人善任而言，周恩來不愧是慧眼獨具的伯樂。

選擇機關地點，設置工作站，對隱蔽戰線來說是非常有講究的。掛出的招牌，要與房子的所在環境，房子的面積、結構，常駐和來往人員給人的感覺相契合，否則很容易引起懷疑。長期伴隨陳賡從事隱蔽鬥爭的陳賡夫人王根英，就曾詼諧地說過：「我現在是不怕敵人，最怕的倒是找房子。」

因環境險惡，中共在上海的各地下機關，實際處於經常變動的狀態，隱蔽得再好，人員往來多了，就可能暴露一些問題。例如毛澤民（1896-1943）、錢之

1938 年，曾經在上海一起從事地下工作的鄧穎超（右三）、博古夫人張越霞（左三）、周慧年（左二）、王明妻子孟慶樹（右四）等，在武漢的八路軍辦事處合影。

光（1900-1993）等領導的秘密印刷廠，從 1931 年春到 1932 年冬，就更換了 5 個地方。

而中共領導人的棲身之地，在一處持久不變容易引起別人注意，搬遷就更加頻繁。鄧穎超（1904-1992）也在回憶中說到搬家之事：「有的地方住半個月，有的地方住一個月，有的長一點，能住一年就了不起了。」

潘漢年進入中央特科後，就由他重新選定租賃了總部辦公的房屋。那是在五馬路（今廣東路）上的一個寫字間，為了做掩護，掛出了煤球製造廠的招牌。既然是煤球製造廠，就得像那麼回事從事煤球業務。又由潘漢年出面，在中山路賃了塊廠基，訂購機器，組織煤球生產。

於是每天上午，陳雲、康生和潘漢年這幾位「老闆」，就可堂而皇之地到煤球廠上班了。當然，在辦公室裏，他們並不談論煤球生產和銷售的業務，而是研究和部署特科的工作。

為了再次防止出現顧順章一人叛變，就有可能導致中央主要機關幾乎全部遭到破壞的危險，潘漢年擬定了一系列更為嚴格的防範措施：所有辦公地點、每個工作人員的住所，都安置了警號，安全與否遠遠一望便知；每個工作人員的住所，

嚴格限制人員往來，不得將住所地址隨意透露給非指定的人員；每個工作人員都有化名、代號，並且不時地變換，工作和聯絡時，必須使用化名或代號。

在文化領域活動時，潘漢年曾被人戲稱「小開」，於是他即將此綽號當作正式代號啟用了。後來，他曾用過「嚴開」、「嚴陵」、「蕭淑安」、「胡越明」等化名和代號，但「小開」這個代號用得最久，最經常。讓他萬萬沒有想到的是，當他後來辭別這個世界的時候，居然也無法使用真名，而是用了他此時用過的化名「蕭淑安」。

潘漢年領導的情報科，也在與南京路平行的北京路一個弄堂內，設置了新的辦公地點。潘漢年和他的主要助手歐陽新，通常在此坐守。

潘漢年規定情報科的工作人員，不得直接到科辦公處來，有事用電話聯繫，但談話內容僅限於聯絡、報警、約定見面地點和時間，不能談及工作內容。即便是電話聯繫，也必須使用化名和暗語。

然而，中央特科的恢復和重組工作尚未停當，新的險情卻突如其來。

二　一度風光無限的國民黨婦女部部長，竟是中共地下黨員　／周恩來要黃慕蘭留在上海　／巡捕房捉到一個兩手九指，鑲金牙的湖北人　／向忠發擔任中共總書記，實在是一個歷史的誤會　／顧順章又撲了一個空　／向忠發把同周恩來的約定拋到了九霄雲外

1931 年 6 月 22 日下午，有一男一女，正坐在霞飛路霞飛坊（今上海淮海中路淮海坊）附近巴黎電影院邊上的東海咖啡館內，一邊喝着咖啡，一邊閒聊着什麼。

　　那男士，是年輕有為的上海灘著名大律師陳志皋。那女士，是大革命時期駐武漢的國民黨婦女部部長黃淑儀，那時的她儀態萬方、風光無限。除了這段不凡經歷，陳志皋還知道黃淑儀是清末著名的「瀏陽三傑」之一黃秉章的長女，另外二君子是戊戌變法時慷慨赴死的譚嗣同（1865-1898），策動自立軍起義的領袖唐才常（1867-1900）。

　　實際上，黃淑儀不過是中共地下黨員黃慕蘭的化名。黃慕蘭曾是中共著名才子、中共中央機關報漢口《民國日報》主編宛希儼（1903-1928）的夫人。而宛希儼曾將毛澤東〈湖南農民運動考察報告〉一文易名〈湖南農村鬥爭內容之分析〉，最早發表於他主編的《民國日報》。

　　1928 年 4 月 4 日，時為中共贛南特委書記的宛希儼在江西贛州衛府里英勇就義，黃淑儀隨後與中共「脫鈎」，到上海來尋找工作。表面上她是一個孀居在家的獨身美貌女子，實則為中共中央委員會的機要秘書、中央特科成員。

　　在中央機關工作期間，她遇見了在武漢時就認識的賀昌。在緊張工作和賀昌勸慰下，黃慕蘭漸漸從丈夫犧牲的悲痛中解脫出來，並與賀昌的感情日漸深厚。在徵求周恩來意見、得到組織同意後，黃慕蘭與賀昌結為夫婦。

　　1931 年 1 月，在中共六屆四中全會上，賀昌被指為執行立三路線，遭到王明等人的無情打擊，被開除出中共中央委員會。賀昌遂提出赴井崗山工作，黃慕蘭想起當年與宛希儼一別之後再沒能相見，執意與賀昌同行，但組織考慮到旅途的安全問題沒有同意。

　　正在這時，中共中央政治局委員關向應在上海被捕，中央迅速展開營救，周恩來考慮到黃慕蘭有廣泛的社會關係，活動能力很強，人又長得漂亮，在社交場合上很有人緣，於是便任命她為互濟會特別營救部部長。

　　她與大律師陳志皋周旋，就是受周恩來委派，託請陳志皋為被關押在英租界巡捕房的關向應辯護。關向應被捕時用的是化名李世珍，身份沒有暴露，請個好律師辯護，就有望從輕量刑，以便於日後營救出獄。

　　陳志皋與黃慕蘭正交談着，與陳志皋關係相當好的老同學曹炳生走進咖啡

20 世紀 30 年代在上海的地下黨員黃慕蘭。

20 世紀 30 年代，黃慕蘭與陳志皋的結婚照。

館。曹炳生在法租界盧灣捕房政治部擔任翻譯。

看見老同學，陳志皋便招呼他一起喝咖啡。寒暄幾語後，陳志皋順嘴問曹炳生：「這幾天你那裏有什麼新聞嗎？」

曹炳生啜了口咖啡，低聲說道：「今天巡捕房裏出了一樁大事情，早上嵩山的巡捕房捉到了一個共產黨的大頭目，押送到盧灣來了。這人 50 多歲的樣子，湖北人，一雙手九個指頭，鑲着金牙齒。」黃慕蘭聽聞有中共領導人被捕，便有些坐不住了，推說身體有點不大舒服，匆匆告退。

黃慕蘭回到家中，立即給負責情報和營救工作的潘漢年打了電話。因電話中不能談細節，潘漢年放下電話便匆匆趕來黃慕蘭家。

他聽了黃慕蘭的描述後，不覺一驚：「難道是中共中央的總書記向忠發？」這是他擔任特科領導工作以來，第一次遇到如此緊急、重大的情況，必須馬上向中共在上海的實際負責人周恩來報告，潘漢年不敢多耽擱，就匆忙離去。

潘漢年首先找到了康生，向他說出了自己的猜疑。康生一聽也不敢遲疑，隨即直奔小沙渡路周恩來的棲身之所。

周恩來聽了康生的敘述，感到事態嚴重。已經決定撤離上海的向忠發，這些天始終和周恩來住在一起，可昨天向忠發執意要和與他同居的楊秀貞見面，周恩來無力阻止，就要求他入夜前一定返回。

向忠發應允得很好，可直至今天仍未回來。此刻，潘漢年得到這樣的消息，基本上可以肯定向忠發已被捕了。

向忠發出任中共中央總書記，實在有着比較多的偶然因素：

向忠發是湖北漢川人，1921 年中共成立初期，他參加了由共產黨員林育南（1898-1931）、許白昊（1899-1928）等領導的武漢工團聯合會。1922 年 8 月擔任了漢陽鋼鐵廠工會副委員長。同年加入中國共產黨。作為中國共產黨武漢區執行委員會委員，他參加了中共四大，並出任湖北省總工會委員長。

中共五大召開，由於應對蔣、汪叛變革命不利，使中共蒙受巨大損失，陳獨秀這位建黨領袖，受到猛烈批判。在此次會議上，向忠發成為新當選的 31 個中

央委員中的一員。1927 年 7 月 12 日，根據共產國際執行委員會的指示，中共中央改組，臨時中央常務委員會成立。陳獨秀離開最高領導崗位，書生政治家瞿秋白嶄露頭角。不久，共產國際新代表羅明納茲來華，帶來了莫斯科的新指令：提出在革命中，無論何人都不及由工人出身的人來擔當領導。儘管羅明納茲本人更欣賞瞿秋白這樣的知識分子，但他帶來的指令卻對中共領導層的構成產生了影響。工人出身的領袖，受到重視，向忠發的地位從此持續上升。

瞿秋白主持中央後，所組織發動的武漢暴動、長沙暴動、廣州暴動、上海暴動等無一不遭失敗，他的威信隨之下降，陷入困境，更換領袖又勢成必然。恰在此時，向忠發等前往莫斯科祝賀十月革命節，正好這時共產國際也在物色工人出身的中共高級幹部，以擔任中共的領袖。

辦事與用心皆稟賦過人的向忠發靈敏地察覺了共產國際和蘇共中央的這一傾向，他連寫兩封信給共產國際和蘇共中央，談中共幾任知識分子領袖的問題。兩封信立即引起了斯大林和布哈林的重視，他們於 2 月 21 日，專門聽取了向忠發的有關陳述。向忠發的言談與分析，給斯大林和布哈林留下了好印象，認為他是塊當領袖的好材料。

陳獨秀和瞿秋白都是知識分子，一個右，一個「左」，被視為知識分子不易更改的動搖性的有力證據。因此斯大林批評此時的中共還是瞿秋白、張國燾等幾個「大知識分子」起領導作用，應當更多選拔工人到中央。結果在此後不久召開的中共六大上，36 人的中央委員會，工人佔了 21 人，向忠發則繼陳獨秀、瞿秋白之後成了中共的新領袖。

向忠發主政後，做過兩件對中共歷史有重要影響的決定。

第一件，是沒讓張國燾到江西蘇區當蘇區中央局的書記。當時共產國際遠東局曾建議派將從莫斯科回國的張國燾去江西任職。向忠發以張國燾長期不在國內，對國內工作不熟悉，同時與江西蘇區的毛澤東過去在一些問題上有矛盾，難以合作，不利於工作。從以後張國燾到鄂豫皖蘇區後大搞一言堂的情況來看，向忠發這個決定顯然為毛澤東減去了一個頗具威脅的政治對手。

再一件，是讓毛澤東做中華蘇維埃共和國中央政府的主席。當時有人認為蘇維埃主席需要全國有威信的，除向忠發「沒有別的人更有威信」來做這個主席。但向忠發卻以自己在上海，又不能到蘇區去，沒有必要當這個主席，說「我覺得澤東可做主席」。他的主張得到了中共六屆三中全會和共產國際的批准。毛澤東當了蘇維埃政府主席，為其以後在政治上的發展創造了十分有利的條件。

但隨着國民黨白色恐怖日甚一日，一些中共領袖遇害，顧順章等人的叛變，向忠發變得消沉起來，把日常工作推給周恩來，自己與一個叫楊秀貞的風塵女子同居。他的被捕，就緣於他與楊秀貞的纏綿悱惻。

顧順章叛變情報被錢壯飛截獲後，周恩來立即安排向忠發等中共領導遷往新居，使顧順章一網打盡中共首腦的計劃落空。但熟知向忠發習性的顧順章覺得，他還有把握捉住向忠發。向忠發與楊秀貞同居時，顧順章曾為之僱了一個女傭，只要找到那女傭，就能順籐摸瓜找到向忠發。

功夫不負有心人，顧順章找到了已和向、楊分離的女傭。在顧順章威逼利誘下，那女傭供出楊秀貞可能於數日後到一裁縫舖取衣服。顧順章逼她尾隨楊秀貞，探明楊的新住址。

數日後，楊秀貞果然到裁縫舖取衣服，女傭遂尾隨其後跟蹤。巧的是這一切被躲在楊秀貞住所的向忠發看見了，顧順章又撲了個空。

周恩來得知這一情況，出於對黨的最高領導的責任，要硬拉着向忠發和自己同住在小沙渡路的住所，楊秀貞則暫時借住在任弼時夫人陳琮英那裏。中央出於對向忠發的安全考慮，決定向忠發立即轉移到根據地。

可向忠發卻鬧着非要和楊秀貞見面，說不見楊秀貞就不離開上海。周恩來無奈，只好同意他去和楊秀貞見最後一面，但約定見了面就走，不得在外過夜。

但是，向忠發一見楊秀貞，便把和周恩來的約定拋置九霄雲外，當晚在楊秀貞那裏留宿。第二天他租車返回時，在出租車行被人指認並遭逮捕。

三　周恩來指示潘漢年，設法阻止法租界當局將向忠發引渡給國民黨當局　／華人探長趙子柏的名字，被列入鎮壓名單　／法租界巡捕房未能阻撓引渡向忠發　／向忠發是否叛變，突然變得撲朔迷離

雖說向忠發是個很不稱職的總書記，但得知他被捕，周恩來心情十分沉重。此事必會給處於革命低潮的中國共產黨帶來重大影響，黨中央會暫時失去重心，反動當局也會借此大作文章。

按照通常遇到如此緊急情況的作法，周恩來首先佈置好有關部門和人員轉移；隨後指示潘漢年，設法在法租界展開營救工作。他考慮到國民黨當局此次逮捕向忠發，沒有事先會同租界巡捕房緝捕，違反了在租界逮捕人的慣例；要潘漢年設法、甚至不惜出重金賄賂法租界巡捕房，使之拒絕將向忠發引渡給國民黨政府。

潘漢年根據周恩來的指示，立即行動。他又通過黃慕蘭，聘請陳志皋出面。陳志皋遂以向忠發代表人的資格，找到法租界有關當局，從法律的角度進行合法活動，阻止國民黨當局引渡向忠發。

與此同時，潘漢年又通過趙子柏向法租界巡捕房暗中打通關節，阻擾引渡。經組織同意，他送給趙子柏一筆可觀的見面禮，並許諾事成之後還有重金酬謝。

趙子柏何許人也？潘漢年與他又是什麼關係呢？

趙子柏是上海法租界政治部的華人探長。他原籍山東，在上海混跡多年，與黃金榮（1868-1953）、杜月笙等黑道人物深有瓜葛，且積極參與過摧毀中共地下組織的行動。在顧順章執掌特科時期，曾把他列入鎮壓的名單。顧順章叛變後，趙子柏反共也更顯張狂，特科遂再度將對趙子柏的處治提上日程。

在討論是否除掉趙子柏這個極具破壞性的敵特分子時，潘漢年認為除之固然簡便，但也可能產生負面影響，激怒法租界當局，使之更積極地搜剿中共，反而不利於中共在租界地區隱蔽和活動。倘若換個角度看，越是破壞性大的人，其在

敵對陣營中越是被重用和信任的人，一旦為我所用，價值也非同一般。

記得一位從事情報工作的長輩同筆者說過：「我最喜歡和死硬的反共分子打交道，一旦策反成功，對我作用極大，反過來對其原來所在營壘則能構成極大威脅。」英雄豪傑，都不願與兔子、綿羊似的對手過招，那根本刺激不起他求勝的慾望。

潘漢年此時萌生將趙子柏這個敵對分子轉而為我所用的念頭，也是出於適應當時對中共極為不利的客觀形勢。

顧順章叛變，國民黨當局才吃驚地發現，其一些核心機構，都滲入了中共人員，因而加強了對中共地下人員打入其內部的防範。在短期內，重新打入敵人核心部門的可能微乎其微；應該適時地將策略調整到以「拉出來」為主。

趙子柏能否為我所用，關鍵在於能否找到有懈可擊的突破口。

突破口很快找到了。趙子柏其人沒有過深的政治背景，幾乎不識字，江湖氣濃厚，重利輕義。他貪戀錢財，只要不危及探長的位置，受賄徇私是說幹就幹，毫無顧忌。那麼，就用金錢打倒他。

在潘漢年的授意下，通過黃慕蘭—陳志皋這條線，展開了對趙子柏的爭取工作。難以抵受利慾引誘的趙子柏，隨之表示可以為中共情報部門做些力所能及的事情。然而，潘漢年他們並沒有馬上託付趙辦什麼具體事情。

為了營救向忠發，潘漢年決定動用趙子柏這一直隱而未發的關係。潘漢年要求趙子柏在租界巡捕房內打通關節，巡捕房部分管事頭目得知有重金酬謝，隨即表示如果國民黨政府要求引渡向忠發，他們一定設法作些手腳加以阻撓。

但事情的發展並不像巡捕房幾個頭目想像的那麼簡單。知曉向忠發在中共黨內地位的淞滬警備司令熊式輝，得到向忠發被法租界方面拘捕的訊息，便以國民黨政府的名義與法租界最高當局交涉，法方見國民黨當局如此重視，遂下令將向忠發移交淞滬警備司令部。

向忠發被解送到淞滬警備司令部後，未等特務動重刑，就屈膝變節了，還供出和楊秀貞住在一起的任弼時夫人陳琮英。特務們隨即逮捕了楊秀貞和陳琮英。她倆均遭受特務的嚴刑拷打，然而連楊秀貞都同中共黨員陳琮英一樣，始終不說

向忠發的真實身份，結果倒是向忠發出面要她不必隱瞞。

這其間的細節，中共當時還沒有掌握，營救向忠發的工作還在全力進行中。然而不久，有關渠道就傳來向忠發叛變的消息。周恩來對此將信將疑，但具有高度警惕性的他還是與李富春一道，迅速躲入四馬路由外國人開的都城飯店。

周恩來清楚向忠發知道自己的寓所，且有鑰匙，如若被捕，必會帶領特務們前來搜捕。他親自佈置特科三科的負責人譚忠余，帶人在其原寓所附近，化裝監視。

譚忠余帶領了幾位紅隊隊員，在周恩來居住的小沙渡路擺了個餛飩攤。半夜時分，他們發現有一群特務模樣的人來到周恩來原寓所，用鑰匙打開後門。但這夥人離去時，並未逮捕什麼人。

接着，潘漢年從法租界巡捕房得到消息：向忠發在引渡之前已供出陳琮英所住的旅館和戈登路（今江寧路）恒吉里中央秘書處機關，導致陳琮英及看守秘書處的張紀恩、張越霞夫婦先後被捕；他還供出了周恩來、瞿秋白、博古等人住處。

當特務們闖入周恩來的另一處住所時，看守這裏的鄧穎超母親楊振德和趙世炎岳母夏娘娘，曾受到特務們仔細盤問。由於兩位經驗豐富的老人，跟特務們裝糊塗，特務們以為這兩位老人毫不知情，便放過了她們。根據這一系列情況，中共中央判斷向忠發可能已經叛變。

在核實向忠發是否叛變的日子裏，周恩來和鄧穎超暫時分開了，他躲避到譚忠余新建立的小家庭中。據譚忠余妻子周惠年回憶：周恩來來後，和譚忠余同在大牀歇息，她則搬出小牀睡到另一處。

由於風聲很緊，那些日子周恩來只能晝伏夜行，等天色昏暗後才化裝外出活動。周惠年說：「周恩來化裝後像個日本人。有一次，周恩來因事急匆忙更衣，結果把兩隻腳伸進一個褲腿裏了，逗得在場的人直樂。」

可就在向忠發被捕後的第三天，潘漢年收到了向忠發已經在警備司令部被槍殺的確切消息。他立即把這一消息報告了黨中央和周恩來。

向忠發被處決的消息來得太突然了，再加上國民黨方面對向忠發的死散佈了大量的謊言，使中共對向忠發是否叛變又生疑竇。

抓住中共最高領袖這樣有價值的人，在其叛變後居然不加以利用，就立即處死，這太不符合常理了。於是，中共暫且擱置了向忠發叛變的判斷，甚至還準備動員各地方黨組織，舉行紀念向忠發的追悼會和抗議國民黨當局暴行的「飛行集會」。

一時間，準確掌握向忠發被捕後的真實情況，成了非常關鍵的問題。周恩來再次向潘漢年佈置任務：務必查清向忠發被捕後的表現，拿到最有力的證據——審訊記錄。

四　潘漢年、歐陽新都熟悉的一個人　／吳漢祺的胃口被吊起來了　／「再拿不到有價值的情報，失去信用，就不好交待了」　／中共曾準備以追悼會和「飛行集會」等方式悼念向忠發「遇害」　／周恩來親自審閱了向忠發的供詞　／潘漢年解開了又一個謎團

聽了周恩來的親自佈置，潘漢年感到完成這一任務難度很大，必須動用他近期剛剛發展的一個關係。

自從思考將獲取敵方情報的方式，從打進去為主轉為以拉出來為主後，潘漢年就想到了一個叫吳漢祺的人。

吳漢祺在大革命時期，是北伐軍中的政工人員，潘漢年認識他，他也知道潘漢年的中共黨員的背景。潘漢年接手情報工作時，吳漢祺投靠在國民黨上海市社會局局長吳醒亞手下做情報工作。潘漢年不便直接試探吳有無可能為中共所用，但巧的是當他同助手歐陽新談及吳漢祺時，歐陽新說他同吳漢祺也不陌生。

潘漢年時代，歐陽新為其助手，在第一次大革命時期，歐陽新曾在武漢國民

政府外交部部長陳友仁（1878-1944）手下從事翻譯工作，同吳漢祺打過一些交道，相互間都有印象，但國共分裂後就一直沒有來往了。歐陽新1929年到特科從事情報工作後，一直以新聞記者身份為掩護，因此他提議由他出面與吳漢祺接觸，潘漢年認為可以一試，隨即和他擬定了相關方案。

當時的陳友仁已經與國民政府脫鈎，和國民黨左派人士宋慶齡（1893-1981）、鄧演達（1895-1931）等一道，是反對蔣介石反共獨裁政策的積極活動家；並同被蔣介石視為異己的十九路軍將領陳銘樞（1889-1965）、蔣光鼐（1887-1967）、蔡廷鍇（1892-1968）及桂系將領李濟深等多有來往。社會上風傳陳友仁是中國社會民主黨人，潘漢年讓歐陽新打着社會民主黨幹部的旗號，同吳漢祺接觸。

其實當時並沒有社會民主黨這麼個黨派，所謂社會民主黨，是陳立夫的CC系捕風捉影捏造出來的，但社會上，甚至連國民黨及其特務體系也不知底細。吳漢祺得知歐陽新是社會民主黨幹部，很想通過歐陽新，打探有關社會民主黨的情報。

潘漢年、歐陽新見吳漢祺上鈎了，立即又製造了一些假象對吳引誘。當時恰巧有個國際勞工組織的代表團在華活動，歐陽新便對吳漢祺詭稱自己現在很忙，國際勞工組織正要他收集中國赤色工會和中共的情況。同時，潘漢年動用幾方關係，四處張貼署名社會民主黨的歡迎國際勞工組織代表團的標語，又借此寫了若干新聞稿件，投往《字林西報》、《大美晚報》等報紙上發表。

吳漢祺看到報紙上的報道，更認定社會民主黨的存在，黏着歐陽新套有關社會民主黨的情況。歐陽新故意透露說：他正受國際勞工組織委託，搜集有關中國赤色工會和中共的情報，該組織願以高額報酬收買這類情報。歐陽新放出的空氣，這些都撓在吳漢祺的癢處，他一再表示願與歐陽新合作。

潘漢年決定繼續吊吊吳漢祺的胃口，讓歐陽新以聯絡國際勞工組織的事務太忙為藉口，與吳若即若離。吳漢祺有些急了，幾次主動找歐陽新交換情報。

歐陽新將潘漢年為他準備的所謂社會民主黨宣言、決議、指示及活動簡報一類的文件，給了吳漢祺。吳漢祺告訴歐陽新，他可以推薦一個叫周全平的人，這

個人因擁護羅章龍路線，被中共開除，但他在黨內還有許多好友，仍可以搞到中共的情報。

這個周全平，就是當年和潘漢年一起在創造社的「小夥計」。據樓適夷回憶：周全平在革命轉入低潮後，裹帶了一筆中共的經費逃跑了。還有一種說法是他參加中國革命互濟會後，因其管理的經費失竊無法交代，一度逃離上海。總之，像這樣的角色，是絕不可能提供什麼有價值的情報的。歐陽新思忖吳漢祺在敷衍，便流露出對此不感興趣的神情，起身欲走。

見歐陽新要走，吳漢祺慌忙拉住他，向他吐露了一些從上司那裏聽來的關於蔣介石與汪精衛、陳濟棠、李宗仁、白崇禧之間矛盾的情況。顯然，吳是急於通過向歐陽新提供情報，以換取高額酬勞。

吳漢祺也不再隱瞞，實話告訴歐陽新：他最近剛娶了個姨太太，不敢讓妻子知道，只好為她另租了一套寓所，因此開銷驟增，急需錢遮掩捉襟見肘的窘況。歐陽新當即給了他50元錢，分手時說若如能提供真有價值的情報，還可得到更多的報酬。

歐陽新將這次接觸的情況匯報後，潘漢年認為爭取吳漢祺合作的時機已經成熟，可以加緊進行。

當他們再見面時，歐陽新很大方地又給了吳漢祺100元錢，但敲打他說：「這筆錢是預付的，若拿不到有價值的情報，失去了信譽，就不好交代了。」他暗示吳漢祺，可以設法通過專門對付中共的軍警系統打探情報。

聽到提示，吳漢祺一下想起自己有位姓徐的朋友，在法租界巡捕房作翻譯；他還有個哥哥，是淞滬警備司令部的總務長，這兩處都是可開掘的情報資源。歐陽新遂要求吳利用這兩個關係，套取情報，吳漢祺則因拿人錢財，便表示會竭盡全力。

也就在這個時候，向忠發被捕消息傳來。潘漢年在得到周恩來營救向忠發的指示後，先通過趙子柏的關係，要法租界巡捕房設法阻撓引渡；阻撓引渡失敗後，又試圖通過吳漢祺的關係，打探淞滬警備司令部往南京押解向忠發的時間，以便劫車救人。

　　可不久，吳漢祺便轉來他通過徐某得到的消息，向忠發已被槍決。潘漢年接受了周恩來務必得到向忠發審訊記錄的任務後，感到除了吳漢祺的關係，似乎沒有其他渠道可以搞來審訊筆錄，而弄到這份筆錄，也只有重金收買一策。

　　剛剛因通報向忠發之死得到一筆報酬的吳漢祺，又被告知向忠發的審訊記錄可以換得更大數額的報酬，即與在法租界巡捕房當翻譯的徐某四處活動，最終找到了警備司令部保管向忠發供詞的文書。經過一番討價還價，該文書同意帶出向忠發供詞抄件，開價 1000 元。

　　向忠發的供詞終於到了中共領袖的手中，向忠發變節的事實也因之板上釘釘。周恩來仔細審閱了這份供詞，發現其中敘說的有關中共中央的機密事項，是僅為主持中央工作的少數核心領導才掌握的。特別是中央特科領導改組的情況，更是只有向忠發、周恩來等幾個人知曉。這類內容，敵特方面是偽造不出來的，結論只能是向忠發叛變了。周恩來立即指示各地黨組織，中止一切籌備中的悼念活動。

　　既然向忠發已經變節，國民黨當局為何還要將他槍決呢？這其中的蹊蹺，最後也是由潘漢年察清的。他通過徐某的哥哥，淞滬警備司令部的總務處處長得知：向忠發剛被捕，熊式輝即密電坐鎮江西「剿共」的蔣介石，請示如何處治。蔣介石絕想不到中共的總書記會變節，怕擱置久了生出意外，致使到手的中共最高領袖脫逃，便立即覆電「就地秘密槍決」。

　　熊式輝拿到向忠發變節的口供後，沒有向蔣介石再行呈報，就依照蔣介石的覆電，將向忠發槍決了。

　　這其中還有一個原因，熊式輝對陳立夫、陳果夫（1892-1951）兄弟在蔣介石左右借威弄權素來不滿，故而對向忠發的審訊始終對 CC 系保密，甚至連向忠發口供筆錄事後也沒讓 CC 系特務看上一眼，結果蔣介石、陳氏兄弟根本不知向忠發變節之事。

　　敵特未借向忠發變節做文章，以及中共迅速得到情報做好善後，黨的機構沒受什麼破壞。因此直至 1980 年代，依然有人認為向忠發變節是不實之詞，以致當事人鄧穎超、陳琮英等頻頻撰寫專文予以澄清。

第六章

更艱難的日子

一　中共特委三成員，僅存周恩來　／國民黨的「前方剿共，後方也剿共」，使中共白區組織蒙受嚴重打擊　／潘漢年感到前所未有的壓力　／內部代號「老槍」的人　／潘漢年一次次傳話：放長線釣大魚　／「老槍」送來的情報很難利用

由於顧順章的叛變，向忠發的被捕，原中共特委三成員，僅存周恩來一人。白區工作的特性，又不容特委這重機構處於名存實虛的狀態，在周恩來主持下，中共特委進行了重組。

中共特委重組後，中央特科的工作由周恩來、陳雲、康生、潘漢年、鄺惠安五人主持，陳雲負總責，潘漢年依然主管情報方面的，鄺惠安則領導紅隊。

在圍繞中共總書記向忠發被捕後的一系列動作中，如獲取消息、組織營救、核實情況等等，潘漢年都顯現出一個情報工作領導者的非凡才幹。但是，他對情報部門時下只能被動地應急並不滿足。

他已經不是當年的「小夥計」，辦成一兩件事務即沾沾自喜；此刻，他負責着在上海的整個中共情報系統，而現在這個系統比陳賡主持時期，有着不小的差距。那時在敵特的核心部門，有堅定的共產黨人李克農、錢壯飛、胡底、宋再生，有同情革命的楊登瀛……有什麼針對中共的行動，馬上就可掌握；需調查什麼情況，更是左右逢源。

但如今在敵特核心層，已沒有一個共產黨員，即便是同情中共的人，一時也難以發現並加以爭取；暫時為我所用的人，多是毫無信仰的反共人士，像趙子柏、吳漢祺這些人，他們僅僅是因為利慾驅使，才與中共做幾筆交易，同他們的關係是不可能長久維繫的。

因此，必須在敵特內部加緊尋找可以長期合作的對象，同時還是要盡力爭取讓忠誠的中共黨員打入敵對營壘，這樣才便於及時完成中央佈置的任務，才能保

證情報的質量和可靠性。

此時的國民黨當局，在「前方剿共，後方也剿共」策略指導下，特務組織急劇擴充，對白區中共組織打擊的力度，也更趨強化。

1931 年後，中華全國總工會執委兼秘書長林育南、中共江蘇省委委員何孟雄、中共南京市委書記惲雨棠、中共山東省委組織部部長王青士、中共上海滬中區委書記蔡博真，以及著名的左翼作家、中共黨員李求實、柔石、馮鏗、胡也頻、殷夫等，相繼被捕遇害。只有掌握敵情，才能有效保存自己，中共情報工作的恢復和拓展，更迫切地擺在潘漢年面前。

在昔日，無論是抨擊腐敗專制的統治者，還是鞭撻國民的某些醜陋的劣根性，潘漢年總是那樣的隨心所欲，那樣地揮灑自如；可自從進入隱蔽戰線後，他感到前所未有的壓力。他的前任們幹得太出色了，而在如今一天惡劣於一天的環境下，要恢復原來的境界實在很難。

然而，此時的潘漢年畢竟比以往成熟了，他並未因有壓力和難度而焦灼不安。他依然風度翩翩，依然坐在幽雅的咖啡廳安閒地呷着咖啡，思考着如何展開工作，有條不紊地佈置着任務。他心裏明白，萬事皆得由人去做，只要耕耘，就會有收穫，奇蹟不會自己從天上掉下來。

他把目光盯在了國民黨上海市黨部，逐一審視着中央特科的死對頭。終於，在 CC 系得力幹將吳開先的周圍，有一個人進入了他的視野。此人在吳開先手下當文書，名叫沈壽亞。

此人早期曾任中共嘉定縣委書記，內部代號「老槍」，與陳雲相當熟悉，和此時的中共上海滬東區委委員吳仲超（1902-1984）是老鄉。四一二事變蔣介石反共清黨之後，曾是中共黨員的吳開先投靠 CC 系，到上海市黨部任職時，沈壽亞不知怎麼跟上了吳開先。

據調查，沈壽亞雖在吳開先手下做事，但無任何反共、反革命的行為，也許是因為一時失去了同組織的聯繫，暫時覓得一個安寧的棲身之所；雖說他游離在黨外，暗中卻還與幾位中共人物，保持着藕斷絲連的關係。

作為文書的沈壽亞，在反共機構內的職務並不高，工作也不重要，且不為吳開先重用，幾乎不讓他參與外部事務活動。時下想從他那裏獲取太多有價值的情報，是不現實的。但若妥為安排，讓他長期埋伏，穩步發展，就有可能接近吳開先的核心部位。這比派一個同吳開先沒有絲毫淵源的人，輾轉打進去並得到重用要容易得多。

這是一個應予重視的有潛力的關係，潘漢年認為應該及早和他溝通聯絡。經過熟悉沈壽亞的同志去做工作，沈壽亞立即表示願繼續為中共工作，甚至提出要離開國民黨上海市黨部這個反共巢穴。

潘漢年託人轉告沈壽亞，要耐心潛伏在敵對營壘中，他專門派了一位同志負責同沈壽亞聯繫。沈壽亞急於提供情報的心理，潘漢年一再通過聯絡員告誡他不必急躁，首先要取得上司的信任，以進入更為機密的部位，中共組織對他的部署是「放長線釣大魚」。

沈壽亞漸漸領會了潘漢年的意圖，隨之安心潛伏，等待時機。在過了一段時間後，沈壽亞的處境開始有了變化，吳開先提升他到組織部一個科裏去做登記工作。雖說這一工作還不能接觸到有關反共活動的資料，但畢竟向這類秘密靠近了。

潛伏終於見成效了，沈壽亞被他的上司認為是忠實可靠的分子，讓他參加組織部門涉及革命陣營內秘密自首分子的登記工作，整理和保管部分登記資料。這對潘漢年是個意外的喜訊，堡壘最易從內部攻破，處於白色恐怖中的中共地下黨幾次受損受挫，皆因出現變節自首分子，掌握這方面的情況，幾乎等於掌握了自己生存的一條命脈。

不久，沈壽亞便將他所登記的秘密自首分子的姓名，陸續通報給中央特科。經核查，有些是準確的，這印證了他佔據的位置確有價值。但同時潘漢年他們發現，沈壽亞所提供的一些自首分子的姓名，在內部核查時很難對應，有的人根本找不到，使他的情報失去了意義。

這其間的原因是當時中共地下黨員和一些秘密革命人士多用化名，而且這些化名還經常更換，以致許多人的真實姓名反被隱沒，不為人所知。

到國民黨上海市黨部秘密自首的人，在登記時，有的只登其真實姓名，而不詳報其曾用過的化名；有的又只登某個化名，而不報其真實姓名。此外他們所在具體部門、所擔任的職務，登記得也不甚翔實，通常只是籠統地登一個大的單位。例如只登「在反帝大同盟工作」，或「在上海滬東區委工作」等等，範圍太大，對處於分散工作、單線聯繫的地下組織來說，查對起來實有海底撈針之累。

沈壽亞此時只負責整理和保管登記資料，並不直接和自首分子見面，而登記卡上又沒有照片，因此無法對秘密自首者的形象做出描述。因此，潘漢年他們僅憑登記的文字材料，很難快速地核准相應人員並着手有針對性的防範。

二 潘漢年想出了應對妙計 ／實施妙計的機會出現了 ／CC系特務們一個長期隱伏計劃的破滅 ／沈壽亞終於可以充分地發揮作用了 ／張浩的處境危險

在新的難題面前，潘漢年再次顯示出敏捷和睿智。他通過和沈壽亞聯繫的同志，向沈壽亞提出了解決這一難題的方略。他要沈壽亞在適當的情況下，以改進登記工作的名義向其上司建議，自首分子在登記卡片檔案時，要貼上本人的半身照片，填寫清楚自己的真實姓名和曾用過的化名，對其在中共黨內和革命組織內所擔任的職務和工作簡歷，要做更翔實描述。

潘漢年還特別囑咐聯絡人，一定要向沈壽亞強調，這個建議，必須在敵人認為確有必要時，方可提出，切不可過早而後過於主動，否則很容易露出馬腳。

確有必要的時機終於出現了。

一次，CC系特務在閘北地區破獲一個正在召開會議的罷工行動委員會。在被捕的人員中，有一個做過秘密自首的叛徒，這次會議被破獲、一批革命活動分

子被捕，正是這個叛徒出賣的結果。

然而，當 CC 系的特務們到現場捉人時，負責與這個叛徒秘密聯繫的人恰好不在上海，叛徒本人為了慎重起見，也沒有把登記的證件帶在身上。他被捕之後，立即悄悄地告知捉他的特務，要他們盡快將他放出去，以便繼續長期埋伏，並說明這是負責與他聯繫的特務交代過的。

可因為他當時拿不出證據，捉他的特務不敢輕信，立即請示市黨部 CC 系負責人。該負責人並不知道有這麼個人，吩咐登記處查對姓名。由於這個叛徒登記時用的是真實姓名，而被捕現場錄口供時他報的卻是化名，特務們一時難辨真偽，只得等那個負責與他聯繫的特務回到上海，才核實了他的身份。

如此一折騰，就耽誤了釋放他的時間。這個叛徒在被關押期間因沒能及時得到釋放而精神有些失常，加上特務們對他到底有些另眼相看，終於引起了同時被捕入獄的一些同志的注意和懷疑，並將這一情況秘密通知了外面的地方黨組織。地方黨組織迅速在那個叛徒出獄前，切斷了所有同他有關的秘密聯繫渠道。

後來，這個叛徒同另外幾個沒有判罪的人一起被釋放出來了。他費盡心機尋找地下組織關係，可再也沒有接上頭，喪失了他繼續充當「內線」的作用。最後，敵特只好將他安排到黃色工會，徹底失去了原有的利用價值。

這件事發生後，上海市黨部 CC 系特務們互相推諉埋怨，最後也沒有人為此承擔責任。沈壽亞看準了這一機會，便向吳開先提出了改進登記工作，增設照片存底項目的建議。

這一建議立即得到了很多特務的贊同，吳開先也認為這個建議很好，更覺得沈壽亞是可信任的，又讓他與秘密自首分子直接見面，經手辦理登記等事宜。

從此，沈壽亞可以及時而準確無誤地掌握叛徒們的具體情況了，而且還能夠提供秘密自首分子的照片，供中共情報部門比照核查。這些重要情報，對於保衛機關及時處理和懲處叛徒，保衛中共黨組織的安全起到了非常重要的作用。

1932 年初的一天，沈壽亞在接待上海某區一中共黨員秘密自首登記時，得知他向 CC 系特務提供了全國總工會常委，全總、海員總工會黨團書記張浩（即

林育英）的職務和住處。敵特要這個叛徒繼續與張浩來往，進一步了解張浩上下左右關係，以便順籐摸瓜，更大範圍地破壞中共組織。

沈壽亞感到事態嚴重，立即通過關係將此情況通知中央特科。此人的登記表和照片等翔實資料，也如期送到潘漢年手中。潘漢年掌握了這些資料，很快就核實了情況認定了人。張浩夫婦隨即安全轉移，而那個叛徒則受到應得的懲罰。

三　中共最高領導崗位出現空缺　／年輕的王明，在政治運籌方面倒頗為老到　／周恩來離開白色恐怖日烈的上海，潘漢年生出幾分凌虛懸空的感覺　／「敵人等深信中國共產黨目前所取之手段⋯⋯有違本人從事革命之初衷」　／張沖給中共、給周恩來出了一道棘手的難題　／周恩來出現在瑞金，他的手和毛澤東、朱德握在了一起

向忠發死後，中共最高領袖的位置，突然出現空缺。這為本來就有共產國際背景、已經處於實際中共領導地位的王明，從幕後走到台前，提供了機會。但此刻的王明，似乎並不想馬上坐在總書記這個位置上。

上海的環境，越來越惡劣。向忠發遭捕被殺，赤色職工國際駐華代表瑞士人牛蘭夫婦也陷入囹圄，而就是他們曾在 1930 年出面營救了被捕入獄的王明。

此刻，王明和妻子孟慶樹悄然隱身在上海郊區的一個療養所，由特科紅隊隊員周密護衛着，基本不能外出活動。

這種隱伏的日子，使王明更容易嚮往那「紅色保險箱」——莫斯科。他向共產國際提出請求，要離開上海，重返蘇聯，擔任中共駐共產國際代表團團長。如果擔任中共總書記，長期駐在國外，顯然是不合適的。

　　那麼，由誰出任中共最高領袖呢？在 1931 年 1 月的中共六屆四中全會上確定的三位中央政治局常委中，向忠發死了，張國燾已去了鄂豫皖蘇區，留在上海的只有周恩來了。

　　留在上海的中共中央政治局委員，除周恩來外，只有王明和盧福坦（1890-1969）。王明要去蘇聯了，新的中共中央總書記，似乎應在周恩來、盧福坦這兩位留在上海的政治局委員中選擇。

　　無論是資歷還是才幹，周恩來無疑都是第一候選人。在中共領導層中周恩來具有較高的理論素養，且富有組織才華和實際工作經驗。可是，周恩來向來謙遜，中共六屆三中全會本應由他主持，他卻把瞿秋白推到了前面。此刻，他依然溫良恭儉讓，對有共產國際背景的王明的領導慾望，他看得非常清楚。

　　周恩來不爭，王明欲走，總書記的人選彷彿是非盧福坦莫屬了，儘管他的聲望、能力、影響，都不那麼盡如人意，無奈他處在近水樓台。

　　但王明跟工人出身的盧福坦沒有什麼淵源關係，也不希望由此人出任總書記。王明希望由一個能受自己控制的人，坐在總書記的位置上，而且這個人選王明也早已物色好了，他便是博古。

　　博古，原名秦邦憲，江蘇無錫人。1925 年加入中國共產黨。1926 年赴蘇聯，入莫斯科中山大學學習，和王明是同班同學，是名噪一時的「二十八個半布爾什維克」之一。他曾經和王明一起反對過立三路線，一起批評過瞿秋白。因此，王明視他為最親密，最可信任的夥伴。

　　可 24 歲的博古，太稚嫩，資歷也太淺了，他在黨內地位和知名度比起盧福坦要低得多。即便在米夫、王明控制的中共六屆四中全會上，他也未能進入中央委員之列。這年 4 月，他才剛剛被任命為中國共產主義青年團中央委員會書記。一下子讓博古躍居中共總書記的位置，顯然是不孚眾望的。

　　年輕的王明在政治運籌方面，確有過人的老到，他感到直接把博古推上總書記的位置，肯定要招來物議，遂以集體領導的方式，規避了總書記制的傳統。在共產國際遠東局的建議下，中共中央決定成立臨時中央政治局，經王明提名，共

產國際批准，由博古、張聞天、盧福坦、李竹聲（1903-1973）、康生、陳雲六人組成臨時中央政治局；常委三人，博古、張聞天、盧福坦，由博古負總責。

博古一下子擢為中共中央臨時政治局常委，而且名字還排在了原政治局委員盧福坦的前面。

人事安排妥當了，王明登上了日本的大和丸客輪，向蘇聯的海參崴駛去；而此時處境最危險的周恩來，還不能馬上離開上海。

自大革命時期始，周恩來就是著名的政治活動家，擔任過黃埔軍校政治部主任，長時間處於公開狀態，國共雙方許多人都認識他。上海工人三次武裝起義時，他作為主要的領導者指揮了武裝起義，以後又長期在上海從事革命活動，認識的人就更多了。

中共中央特委成立後，顧順章、向忠發與周恩來平時朝夕相處，幾乎每天都要見一次面，每個人的生活習慣、活動規律，相互間幾乎瞭如指掌。因此在顧順章叛變、向忠發被捕後，周恩來的活動也基本被敵特凍結了。鑑於這種情況，中共中央決定，周恩來停止工作，等待轉移到中央蘇區。

1931 年 12 月上旬，周恩來動身離開上海。周恩來離去之際，潘漢年心頭泛起一陣難捨難分的情愫：

他從輕車熟路的文委轉入陌生的隱蔽戰線，就是周恩來點的將。最初的日子裏，是周恩來的耳提面命，使他逐漸適應了新的工作崗位和鬥爭方式。

在那個時期的周恩來，還是銳氣十足，處事果決的青年領袖。他那臨危不亂的鎮定，他那把散沙凝聚一團的組織能力，他那將籌謀變為現實的幹練，他那不知疲倦的充沛精力，他那任勞任怨寵辱不驚的氣度，都給潘漢年留下極深的印象。他把周視為自己的良師兄長，當他得知周恩來要離開上海，甚至突然冒出一種凌虛懸空的感覺，他覺得還需要這位兄長的扶助。

可是，現實並不容他太久地沉湎於感傷，紛至沓來的事務又逼着他去忙碌了；現實也不容他更多地讓人牽帶着行走，腥風血雨的環境逼着他早熟為獨當一面的幹才。

也就是兩三個月的時間內，中共經歷了顧順章、向忠發兩次被捕叛變的劫難，差一點遭受毀滅性的打擊，但在周恩來的若定指揮、周密安排下，危難災厄都一一化解。

敵特們感覺到了，粉碎他們陰謀的真正組織者，是周恩來；同時通過顧順章、向忠發，敵特們也了解到了，真正在上海指揮中共機構運作的，還是周恩來。因此除掉周恩來，才能給中共最有力的打擊，使中共在上海的機構處於癱瘓。

於是，國民黨當局採取了一系列針對周恩來的行動。9 月 1 日，下令懸賞通緝周恩來等；11 月底，在上海各報再次刊登〈顧順章懸賞緝拿殺人兇手周恩來等緊急啟事〉，企圖用金錢收買叛徒告密。但這一切均徒勞無功。

除之不成，敵特們又生一計，即通過對周恩來形象的貶損，混淆視聽，造成混亂，打擊中共。

1932 年 2 月 16 日至 21 日，上海的《時報》、《新聞報》、《時事新報》、《申報》等報刊，連續刊登〈伍豪等 243 人脫離共黨啟事〉：

敝人等深信中國共產黨目前所取之手段，所謂發展紅軍牽制現政府者，無異消殺中國抗日之力量，其結果必為日本之傀儡，而陷於中國民族於萬劫不回之境地，有違本人從事革命之初衷。況該黨所採之國際路線，乃蘇聯利己之政策。蘇聯口口聲聲之要反對帝國主義而自己卻與帝國主義妥協。試觀目前日本侵略中國，蘇聯不但不嚴守中立，而且將中東路借日運兵，且與日本訂立互不侵犯條約，以助長其侵略氣焰。平時所謂扶助弱小民族者，皆為欺騙國人之口號。敝人良心之覺悟，特此退出國際指導之中國共產黨。

這則〈伍豪啟事〉的炮製者，是時任國民黨中央組織部調查科總幹事的張沖。顧順章到南京和盤供出中共機構後，就是張沖率領調查科的特務，赴上海進行搜捕的。由於錢壯飛截獲情報，周恩來及時處置，張沖雖有顧順章指引，卻處處撲空，所獲甚微。他對此頗為忿忿，歎言：「如果沒有錢壯飛，定能一網打盡，周

恩來也難倖免。」

人捉不到，便造謠生事，這反正都屬特務工作的範疇；離間之計，在兵家韜略中更是古已有之。於是，後來被周恩來稱讚為聰慧敏銳、能言善辯的張沖，一揮而就杜撰了這則居心險惡、蠱惑人心、有確確實實給周恩來的一生帶來極大麻煩的〈啟事〉。「伍豪」是周恩來曾用的名，黨內許多同志都知道。張沖寫成〈啟事〉後，由 CC 系特務黃凱派人送往上海各報刊出。

張沖對自己幹的這一手頗為自得：〈啟事〉落款者 243 人，均為顧順章等叛徒提供，多數居中共中央、各省、市地下機關的負責崗位，姓名基本無誤，很能亂真。中共方面如若登報聲明，勢必落入當局預伏的圈套；中共若聽之任之，則黨內、各區域的中共組織必然對周恩來等失去信任，甚至因誤會引出更嚴重的政治事件。這的確是給中共、給周恩來出了一道棘手的難題。

但是，張沖全然不知，周恩來已於兩個多月前，就離開了上海，經廣東汕頭、大埔，進入福建永定游擊區。12 月底，他已經出現在瑞金，並把自己的手和創建這片中央蘇區的毛澤東、朱德的手握在一起了。

四　毛澤東首先為周恩來闢謠　／數年後為共同禦辱成為國共聯絡橋樑的張沖、潘漢年，此刻是國共兩大營壘交鋒的主角　／潘漢年感到對謠言的反擊還不夠有力　／陳志皋面露難色　／李一氓說：「這個小動作很妙」　／巴和律師說：「我的當事人是周少山」

周恩來在中央根據地的事實，使敵特製造的謠言不攻自破。但這一事實公眾不知，在共產國際的中共代表團不知，況且當時的周恩來，是在國共兩黨乃至全

國各地實力派、各界社會賢達之中都具有相當影響的領袖人物，因此必須採取措施，反擊國民黨的造謠誣衊。

在中央革命根據地，毛澤東以中華蘇維埃臨時中央政府主席的名義，發佈了中華蘇維埃臨時中央政府佈告，指出：所謂〈啟事〉是虛假的，「事實上伍豪同志正在蘇維埃中央政府擔任軍委會的職務，不但絕對沒有脫離共產黨的事實，而且更不會發表那個啟事裏的荒謬反動的言論，這顯然是屠殺工農兵士出賣中國於帝國主義的國民黨黨徒的造謠誣衊」。

與此同時，中共中央責成中共中央特別委員會着手澄清謠言的工作，而主要承辦者，就是潘漢年。在幾十年後，陳雲回顧說：

當時，我雖在上海臨時中央，但已離開特科到全總任黨團書記，所以我只知道報上登出《伍豪啟事》時，恩來同志已去中央蘇區，這個啟事是敵人的陰謀，而不了解地下黨設法揭露這個陰謀的情況。那時接替我負責特科工作的是康生。據他說揭露國民黨偽造《伍豪啟事》的任務，那時是交給潘漢年辦的，由此也可以說明潘漢年同志在黨的歷史上是有很大功勞的。

張沖、潘漢年這對在數年之後為抵禦外侮的民族大義而攜手合作的「冤家」；在此時成為兩大營壘交鋒的主角，他們在武鬥之外展開了一場文鬥，雙方都為自己的營壘竭盡全力，而對前者則又都「後」料不及。

2月20日，上海的中共中央機關報《鬥爭》最先有所反應，發表關於〈啟事〉的闢謠聲明，直斥這是「國民黨造謠誣衊的新把戲」。

同日，中共組織在上海散發傳單。傳單由中國共產黨江蘇省委宣傳部署名，題為〈反對國民黨的無恥造謠〉。傳單揭露說：「最近在《時報》、《新聞報》各反動報紙堆中所刊登的伍豪等 243 人脫離共產黨的廣告，就是帝國主義走狗國民黨無恥造謠的一例⋯⋯」

蘇維埃政府的佈告、《鬥爭》雜誌的闢謠和散發傳單，影響的範圍都是有限

的，擔負澄清謠言重任的潘漢年感到：要維護他所尊敬、信賴的周恩來及中共的形象，有必要以合法的、公開的方式，向民眾以至整個社會做進一步的澄清。

他通過《申報》顧問陶行知（1891-1946），做《申報》總經理史量才（1880-1934）的工作，幾經交涉，使被迫刊登〈啟事〉的《申報》，在 2 月 22 日，刊出一則事實上是闢謠的小廣告：「伍豪先生鑑：承於本月 18 日送來廣告啟事一則，因福昌牀公司否認擔保，手續不合，致未刊出。申報館廣告處啟。」陳雲數十年後曾對此解釋說：「當時臨時中央設法登了一個小廣告，用廣告回答伍豪先生的方式，間接說明伍豪有一個否認並揭穿國民黨造謠的聲明，但因為保人的關係，不能登出。用這個小廣告使白區和全黨同志知道國民黨的陰謀，不受其欺騙。」

2 月 27 日，在上海出版的中共黨報《實報》的第十一期，刊登了中共擬寫的另一篇〈啟事〉，同期《實報》還發表了題為〈國民黨造謠誣衊的又一標本〉的文章。文章指出：「瘋狂的白色恐怖，以卑鄙的造謠，……假借伍豪同志的名義來誣衊伍豪同志（共產黨的領袖之一）、誣衊中國共產黨。」

做了這一切之後，潘漢年覺得對偽造謠言的反擊仍不夠有力，他還應該再努力一下，採取更加明確有力的公開闢謠措施。

何為更明確更有力的措施呢？只有以其人之道還治其人之身，以「啟事」對「啟事」。這樣做，在當時的上海難度太大了。可潘漢年覺得不如此便不能算是圓滿地完成了為周恩來闢謠的任務。

他似乎有點喜歡知難而進，他的這種性格對他爾後在情報戰線取得一系列卓越成就，具有非同一般的意義；但同時也是導致一些不應有的失誤出現的重要原因。在此刻，這兩種情形在他身上還不是特別明顯；他此刻還只是想把組織上交給自己的任務完成得稍微出色。

潘漢年通過黃慕蘭，找到法租界巡捕房律師陳志皋，希望他能代表伍豪登一個否定啟事的啟事。但陳志皋對此感到很為難，他告訴黃慕蘭：自己雖任法捕房律師，但畢竟是中國人，萬一國民黨找上門來，便難以為自己開脫。

但陳志皋也沒有甩手不管，而是建議由他委託人找法國律師巴和，讓巴和出面代表周少山（也是周恩來的曾用名）刊登啟事。

潘漢年經與康生商議，決定用重金延聘巴和律師，在3月4日《申報》上以醒目大字標題刊出〈巴和律師代表周少山緊急啟事〉：

> 茲據周少山君來所聲稱：渠撰投文稿曾用別名伍豪二字；近日報載伍豪等243人脫離共產黨啟事一則，辱勞國內外親戚友好函電存問；惟渠伍豪之名除撰述文字外，絕未用作對外活動，是該伍豪君定係另有其人；所謂243人同時脫離共黨之事，實與渠無關；事關個人名譽，多滋誤會，更恐有不肖之徒，顛倒是非，籍端生事；特委請貴律師代為聲明，並答謝戚友之函電問者云云前來。據此，合行代為登報如左。
>
> 事務所：法大馬路（今金陵東路）41號6樓5號

曾與潘漢年幾度共事的李一氓，在事隔多年後著文回憶說：

> 這個啟事沒有用伍豪的名義而用周少山的名義，又說伍豪是周少山自己的筆名。這個小動作很妙，因為啟事登出後，國民黨曾派人去找巴和，問伍豪在哪裏。巴和說：我的當事人是周少山，僅僅別名叫伍豪，你們要找的伍豪當然不是這個，而且他自己也登有啟事，你們可以直接去找他。這個啟事的內容，明顯地分辨出來那個伍豪啟事是偽造的，因而我們沒有很瑣碎地去反駁他那些反蘇、反共的言論。同時黨內也有一些油印刊物上刊登了反駁的文章。
>
> 在當時來說，這個啟事花100兩銀子是貴了一點，但達到了我們的目的。

巴和啟事公開刊登後，〈啟事〉事件在黨內外得到了澄清。能為自己敬重的良師兄長拂去敵人塗抹的污穢，潘漢年感到由衷的欣慰。關於伍豪事件，國民黨沉默了；然而在數十年後，在中共黨內卻有人借此向周恩來頻頻發難，可惜的是彼時的潘漢年已經「沒有資格」為之置喙。

五 一聲槍響，叛徒黃某倒在了血泊中 ／敵特們正等着中共的人員自投羅網呢 ／潘漢年、康生不約而同地想到了「紅色牧師」 ／他們大搖大擺地接近了黃某的病房

在潘漢年等白區的中共黨員與敵特苦鬥周旋之際，毛澤東等領導的中共武裝卻在江西的根據地，連續三次取得了反圍剿的勝利。為了配合反圍剿作戰，中共中央感到有必要抽調部分有前方戰爭經驗的同志，赴上海參與秘密工作。在江西從事機要工作的幹部黃某，就在這時被派往上海。

不料，此人剛到上海，就被捕變節，並把他掌握的中央蘇區有關的機密報告了敵人。上海的國民黨特務機關認為黃某提供的情報十分重要，決定派人護送他到江西南昌，將他所掌握的機密直接透露給前線剿共的國民黨軍方。

黃某叛變的消息，立即通過內線的耳目，傳到了潘漢年處，他及時向臨時中央政治局做了報告。臨時中央認為：如黃某到江西，必然會給中央蘇區反圍剿鬥爭帶來不良後果，必須在上海處決這個叛徒，具體行動由康生部署特科的三科執行。

康生隨後即與此時三科紅隊的負責人鄺惠安等，就如何完成任務進行了周密的調查和部署。他們決定在黃某離滬登船時，由紅隊成員對其射殺。

那是 10 月上旬的一個傍晚，特科紅隊的幾名成員如期進入狙擊的地點，碼頭上的人流熙來攘往，黃浦江水在仲秋的殘陽夕照下，泛着粼粼的漣漣。

當黃某的身影出現在碼頭，隱藏在人群中的紅隊狙擊手向他開了一槍。隨着槍響，黃某當即倒在血泊中，原本熙攘的碼頭，頓時像炸了窩似的大亂起來，狙擊手們趁亂悄然轉移了。

執行任務的狙擊手以為黃某必死無疑。可在第二天，潘漢年查實的情況是，黃某的確被擊中一槍，子彈從脖頸穿過，可他竟然沒有死去，而是被租界巡捕房救起，已送進仁濟醫院搶救治療。

這一新情況立刻匯報到了臨時中央政治局常委會，很快，潘漢年就接到新的

指示：為了確保中央蘇區的紅軍和地下黨的機密不被黃某出賣，趁其傷勢嚴重，幾度陷入昏迷，不可能再開口之前，把他擊斃在醫院中。特科二科的任務是摸清黃某病房的情況，看護敵特的部署，以確保三科再次行動的成功。

仁濟醫院是一家教會醫院，依傍在一座教堂的後面。以往，醫院就有着良好的醫療秩序，看門診的病人不准進入病房區；對探視住院病人的親屬，也有十分嚴格的規定。進入病房區，尋找和了解黃某病房的情況，原本就不是件容易的事。

更何況敵特非常清楚黃某遇刺的原因，他們分析，既然中共必欲置黃某於死地，知曉其一息尚存，肯定會再次行刺。那麼，此刻的黃某，就是很好的誘餌；他的病房，就是一個大陷阱。巡捕房和國民黨特務，在黃某的病房附近佈置了潛伏人員，就等着中共的人員自投羅網呢。

潘漢年很清楚，進入醫院尋找黃某的病房意味着要承擔很大的風險。他在與康生共同商議時，兩人想到了一處：既然醫院和教會相關，那就設法找一位和教會相關的情報人員或關係，打着宗教的旗號，進入病房區探看。談至此兩人又不約而同地想到了一個人，這個人就是有過牧師經歷的特科成員董健吾。

董健吾，是上海青浦人，曾在美國基督教聖公會所辦的上海聖約翰大學神學系就讀，與國民黨政要宋子文（1894-1971）、顧維鈞（1888-1985）、浦化人（1887-1974）等人同過學。後受基督教聖公會的派遣，到有「基督將軍」之稱馮玉祥軍中擔任牧師，宣講基督教教義。

馮玉祥五原誓師響應北伐後，在其軍中工作的中共黨員浦化人、劉伯堅漸受馮玉祥重用。浦化人在馮軍中的公開身份是牧師，由於馮玉祥的倚重，他借勢向隨軍的神職人員進行革命宣傳和教育。與浦化人有同鄉、同學之誼的董健吾，在浦化人影響下很快轉變了政治信仰，後經浦化人和劉伯堅介紹，於1928年加入中共。

中原大戰後，馮玉祥的西北軍土崩瓦解，董健吾無所依附回到上海。從1929年開始，董健吾參加了陳賡領導下的中央特科二科的工作。他在聖彼得教堂裏謀得了個牧師的職位後，根據陳賡的指示，把教堂變成為中共的一個地下秘密聯絡點。

與此同時，董健吾經常利用他的牧師身份，積極參與有中共背景的互濟會營

中央特科成員董健吾。

救中共和左翼被難者的活動。他還一度受組織之託，將毛澤東的三個孩子——毛岸英（1922-1950）、毛岸青（1923-2007）和毛岸龍（1927-1931），撫養在自己及親屬家中。知道他底細的同志，給他起了個雅號「紅色牧師」。

　　但董健吾的行徑還是引起教會方面的猜疑，並以其戀愛生活觸犯教規為由，革除了他的牧師職務。然而，由於董健吾對字畫、古董頗有鑑賞力，中央特科為了使他更好地從事情報工作，出資讓他開了一家古玩商店。他利用自己懂英文的有利條件，把很多外國人吸引到古玩商店來洽商買賣，以此巧妙地建立起新的情報據點。

　　1931年，他與顧順章一起護送張國燾去鄂豫皖蘇區。顧順章叛變後，潘漢年接管情報工作，他一直同董健吾保持着聯繫。有些一般人不太容易做的事，具有特殊身份和關係掩護的董健吾一出面，往往迎刃而解。在考慮如何對黃某所住教會醫院的情況進行偵察時，潘漢年、康生自然而然就想到這位紅色牧師。

　　董健吾接到潘漢年的指令後，就去找與醫院相鄰的教堂中一位和自己熟悉的牧師。經耐心交談，從牧師那兒得知黃某住在隔離病房，該病房一向由巡捕房警務處監護，防範甚嚴，非經特許，不准接近，而眼下則被看守得更加嚴密。

　　為了親自摸清楚看守的嚴密程度，董健吾以關心病人為名，和那位牧師在整

個病房區轉了一遭。他發現，黃某的病房門口就有兩名武裝巡捕把守。他把自己觀察到的一切，都通過關係向潘漢年做了匯報。

根據董健吾打探的情況，潘漢年感到僅憑特科行動人員獨自打入醫院，進入隔離病房，越過武裝巡捕的看守，去懲治病房內的叛徒，難乎其難。必須有醫院內部的人做配合。

於是，潘漢年再次要求董健吾利用和那位牧師的特殊關係，做有關醫務人員的工作，力爭有醫生或護士的配合。董健吾又一次拜訪了那位有正義感的牧師，並在他的幫助下，說服了值班的護士。潘漢年與他們共同擬定了一個穩妥的行動方案。

在行動的那日夜晚，特科紅隊的人員，化裝成仁濟醫院的醫務人員，在值班護士和牧師的引導下，以查病房做幌子，大搖大擺地接近了黃某的房間。他們以迅雷不及掩耳的動作，制服了看守在病房外的武裝巡捕，闖入病房內。正義的槍聲再次響起，黃某這次是真的命斷黃泉了。

翌日，仁濟醫院的事件，成為各家報紙爭相報道的熱點，成為街說巷議的談資。巡捕房方面驚呼：這種事情在租界內，以前還從未發生過！不過後來中共特科就在這仁濟醫院，重演了與此毫無二致的一幕，又擊斃了一名在此療傷的叛徒熊國華。

六　潘漢年的情報工作已經幹得非常專業　／魯迅、茅盾等知名的文豪，也會被偶爾請來客串一回「特殊交通員」的角色　／即便是睿智超人的毛澤東，也沒能使這一段黯淡的歷史燦爛起來　／史濟美陰險毒辣的「細胞」政策

不過一年的功夫，潘漢年就從對「為了有助於接近敵對營壘中的人物，故意

裝成灰色面目，寫作和發表了一些中間派立場的文章，甚至散佈自己參與過汪精衛的改組派活動的空氣」，「不再公開發表有關文藝方面的文章，連黨內有些同志也不敢去找他了」感到不適應，一變為非常專業、非常自如的情報工作指揮者。

作為領導者，他並不能只充當運籌帷幄的角色，他更多的是「親臨一線，時而西裝革履，時而長袍馬褂；時而短裝工人打扮，時而化裝成瘌三模樣；有時是乘坐小汽車，出入豪華的旅館、酒店，有時只以步當車，悄悄地在街頭巷尾出現」。

他不敢有絲毫的怠懈，白區中央的生存，根據地的反圍剿，都要他迅速織補好由於顧順章叛變而殘破的中共情報網絡，及時地提供以資參考決策的情報。因此除了應對諸如打擊敵特、懲治叛徒、營救被難人員這類突發事件外，他把更多的精力放在利用自身的某些優勢和特長，拓展廣泛的情報關係。

為了搜集蔣介石以及各地方實力派的有關情報，潘漢年除了依靠秘密黨員楊度（1874-1931）、董健吾這些老關係外，還把王紹鏊、胡鄂公（1884-1951）、張秋陽等社會賢達，也納入中共的情報網系。由於這些人的觸角深入到各派系、各幫會、各地方勢力的核心層，往往在社交應酬之間，輕而易舉地掌握一些專門情報人員費盡九牛二虎之力都得不到的戰略性情報；緊急的時候，他們還可充當中共情報人員的庇護傘。

為了更有效地搜集和安全地傳遞情報，潘漢年通過有關負責人，把當年在文化戰線上攜手並肩的同志故友，也拉入自己的體系，夏衍（1900-1995）、李一氓、馮雪峰（1903-1976）、于伶（1907-1997）、丁玲（1904-1986）等相繼和他誓入同一條戰壕；胡愈之（1896-1986）、梅龔彬（1900-1975）、王崑崙（1902-1985）這些與中共有秘密往來或本身就是中共秘密黨員的學者，潘漢年始終不讓溝通的渠道斷塞；魯迅、茅盾等中外知名的文豪，潘漢年也會偶爾請他們客串一回「特殊交通員」的角色。他把自己不拘一格的新思維，帶進了情報領域。

但是，儘管潘漢年在這一時期，為中共情報工作的拓展可謂殫精竭慮，可他的這段情報生涯，並沒有贏得驕人的輝煌。儘管在隱蔽戰線上依然在湧現像他本

人，以及像劉鼎、歐陽新、酈惠安、董健吾、梅龔彬、黃慕蘭等那樣十分出色的情報英傑，但那仍然是一個只有傳奇而沒有輝煌的時期。

當然，這並非潘漢年個人的原因，因為這一時期，正是中共從稚嫩走向成熟付出代價的時期；是中共正在篩選勝任的領袖的時期；是中共校正把馬克思主義理論同中國革命實際結合的路線的時期。

陳獨秀、李立三、瞿秋白、王明以及以他們為首的幾屆領導核心，受多重因素的制約，都沒能承擔起制定一條把中國革命引向勝利的路線的使命。在他們主持中共中央的時期，即便是睿智過人的毛澤東、周恩來，善戰的朱德、彭德懷（1898-1974），也沒能使這一段黯淡的歷史燦爛起來，何況潘漢年。這，也許就是人們為什麼把領導核心和領導路線看得很重的關鍵所在吧。

1932 年下半年，國民黨中統上海行動區正式成立，CC 系大特務史濟美（化名馬紹武）被任命為國民黨中央特派員坐鎮上海，以偵破中共中央在上海秘密機關為行動目標，開始了對上海的中共組織更嚴厲的打擊。

史濟美到上海後，實行了一種更具有破壞力的「細胞」政策：把自首變節分子收為特務基層組織的內線關係，使之成為「細胞」，再讓其返回原所在中共機構。這種「細胞」政策在上海滬西區推行不到半年，就幾乎掌握了中共滬西區整個基層組織活動的情況。此後，中共在上海的各級組織接連不斷地遭到破壞。

9 月，中統上海行動區對設在小沙渡路的滬西區委進行了破壞，逮捕了區委幹部朱秋白夫婦。朱秋白被捕後叛變，得到了史濟美的賞識，介紹他進了中統，成為為虎作倀的特務。

同月，原中央政治局常委、上海工聯委員長、中共江蘇省委常委徐錫根被中統特務跟蹤逮捕，不久叛變投靠了國民黨。在此之後，原中共共產國際代表、全總組織部部長、上海市政工會委員長余飛，原中央政治局委員、江蘇省委書記、全總組織部長王雲程也相繼被捕叛變。

11 月，史濟美帶領中統特務、破壞了共青團中央機關。逮捕了胡均鶴、胡大海、陳慶齋、姜子雲、袁炳輝等共青團領導人，這些人也都叛變了，其中作為

團中央主要負責人的胡均鶴，後來成為與潘漢年命運相關的重要人物。

「滄海橫流，方顯出英雄本色」，正是這些在黑雲壓城、血雨腥風的高壓下，在敵人威逼利誘面前背叛了自己的誓言和信仰的怯懦者；反襯出那些像潘漢年等這樣的不屈共產黨人的偉岸，讓人高山仰止。

說實在的，在彼一時期，彼種氛圍，理想的境界對他們來說是那樣的飄渺，那樣的遙遠，但他們卻能抱定自己選定的信仰，威武不屈，富貴不淫，貧賤不移。而在今天，我們距離理想的境界應該是近了許多，起碼堅守如是信仰幾乎無需以犧牲生命做代價，可仍有不少名義上是共產黨員的人，在喪失信仰的堅守。倘若這些人能讀到本傳記，看到潘漢年那個時代的真正共產黨人的形象，不知會羞赧而汗顏否？

七　劉鼎也被捕入獄　/康生告訴潘漢年：中央同意特科的人員在特殊情況下，可以「假自首」　/顧順章大包大攬地說：「劉鼎的事包在我身上了」　/潘漢年建議讓劉鼎歸隊

也是在上海的中共機關相繼遭敵特破壞的時候，曾被潘漢年視為得力助手的劉鼎，也因其所在情報點的破壞而被捕，這使潘漢年的心情十分沉重。

他通過「內線」輾轉打探，得知劉鼎在敵人的嚴刑拷打之下，始終橫眉冷對，顯示了共產黨人錚錚鐵骨寧折不彎的凜然正氣。就在潘漢年着手營救他的時候，突然傳來劉鼎被上海警備區解往南京憲兵司令部的消息，還聽說叛徒顧順章向敵特打了保票，願親自勸降劉鼎。

潘漢年將此情況向特科此際的負責人康生作了匯報。康生沉吟片時問道：「劉

鼎會聽顧順章的話嗎？」

「我想是不會的！」出於對戰友的了解和信任，潘漢年如是說。

康生微微地點了點頭。接着，他鄭重地告訴潘漢年：鑑於迫切需要在反動統治機構內部，特別是在其特務機關內部建立情報點，中央已決定凡特科幹部被捕後，如被叛徒顧順章及其走卒指認且無法隱蔽真實身份時，在不破壞組織的條件下，可以對敵特實行「假自首」，以便埋伏在敵人內部搜集情報，或者尋找適當的時機潛逃歸隊。

最後，康生像口授指示似的對潘漢年說：「你設法把這一決定的基本精神，轉告給獄中的劉鼎，請他酌情自處。」

潘漢年曾參與這有關假自首策略的商議，但一直沒有得到中央正式批准的下文。眼下，康生正式通知他按這一決定精神營救劉鼎，說明中央是認可這一作法的。事實上也如康生所說，中央此時確已正式批准了這一做法。

經過反覆斟酌，潘漢年派出兩名精幹的特科人員，佯裝劉鼎的親屬，前往南京探監，當面向劉轉告了中央和特科的決定。

劉鼎根據這一決定的精神，編造了一套應付敵人的謊言。在顧順章來勸降時，他假意奉承說道：「你是頭兒，我幹了點什麼，你都清楚；你不在了，什麼也幹不成，我閒在家裏，無所事事。」

顧順章一聽劉鼎的口氣，誤以為劉鼎還願聽從他的，當即大包大攬地對南京憲兵司令部的人說：「他的事我都清楚，都包在我身上好了。」

從此，劉鼎免除了敵人拷打之苦，並獲得了些微的自由。他後來的情況，曾是特科四科第一任科長的李強，在其〈憶劉鼎同志〉一文中有所記載：

1932 年 9 月，劉鼎經康澤等出面保釋出獄。出獄後先住在《中國日報》社，後又搬到一家旅館住。敵人表面上好像給了劉鼎自由，實際上暗中對他監視得很緊。一天黃昏，他從旅館悄悄地溜出來，擺脫了盯梢，找到我黨設在南京的一個交通機關，由那裏的同志護送上了火車，連夜趕到上海。

　　劉鼎到上海後，潘漢年奉命與之接觸，了解他被捕後的有關情形。此後，潘漢年將劉鼎敘述的詳情向中央做了匯報，並提出自己同意劉鼎歸隊的建議。由於劉鼎的身份業已暴露，不適宜繼續留在白區從事情報工作。經中央批准，劉鼎被安排轉移到蘇區去工作。

　　隨着敵特破壞行動的加劇，中共領導機關已難以在上海立足。1932 年底，中共臨時中央政治局總負責人博古從上海消失了。

　　緊接着，臨時中央的第二號人物張聞天和一度主持過中央特科工作的陳雲，也在上海消蹤匿跡。

　　潘漢年繼續在上海堅持着，此時中共特科的領導責任，正由康生和他共同承擔着。陳雲在晚年回溯中央特科的重要歷史作用時，曾說：1932 年一二八淞滬抗戰後，「就由潘漢年具體負責特科」，「應該說潘漢年是一個很重要的角色，不是一般的，實際上他是領導」。

　　終於有一天，中共中央通知潘漢年，立即交接工作，轉移到中央蘇區。

　　那是 1933 年 5 月 14 日，由於與丁玲同居的中共江蘇省委宣傳部幹部馮達被捕後隨即叛變，上海的國民黨特務，逮捕了丁玲和丁玲的入黨介紹人潘梓年（1893-1972），並馬上押送他們往南京秘密囚禁。

　　潘梓年是和潘漢年關係很近的堂兄；丁玲在左聯成立初期，就與潘漢年相識，並有所接觸。潘梓年、丁玲的被捕，既秘密且突然，隨後消息全無。潘漢年估計此為國民黨特務所為，遂積極組織營救，但未能成功。隨後，報章多有丁玲叛變，與一個姓馬的特務在莫干山同居等消息傳佈，一時真假莫辨。中央為了防止意外，決定讓潘漢年立即離開上海。

第七章
紅軍的「使者」

一　「小開」來到了中央蘇區　╱天時地利，都敦促十九路軍易幟反蔣　╱當蔣光鼐、蔡廷鍇舉棋不定之際，潘漢年掌握的兩個關係起到了非常重要的作用　╱被指派為與中共談判的代表徐鳴鴻，有畏難情緒　╱彭德懷、袁國平代表中共，向十九路軍提出了談判的三項先決條件

　　1933 年 5 月下旬，一位青年出現在中央蘇區的心臟江西瑞金。他那白皙的面孔，架在鼻樑上的金絲眼鏡，似乎與蘇區大多數人的裝束不大協調，這就是「小開」潘漢年初到蘇區給人的第一印象。

　　在這裏，潘漢年立即與周恩來、張聞天、陳雲等在上海工作時的老領導和老同事見了面，見面的欣喜，沖淡了他首次進入武裝割據區域的陌生感。

　　臨時中央的領袖們，對潘漢年的到來十分熱情。臨時中央剛剛遷入中央蘇區，適逢中央蘇區四次反圍剿作戰，博古等下車伊始，便把左傾冒險的方針在蘇區推行開來，強化「取得中國革命在幾個省份（湘鄂贛皖）的首先勝利」的宣傳，一味要紅軍冒險進擊。

　　當鄰近中央蘇區的福建省委書記羅明（1909-1986），對左傾路線提出相左意見時，隨即被臨時中央指責為「對革命悲觀失望的右傾機會主義的逃跑退卻路線」的「羅明路線」，並發起鬥爭；當時任江西會昌、尋烏、安遠中心縣委書記的鄧小平（1904-1997）等對冒險進擊提出異議時，也被扣上了「鄧（小平）、毛（澤覃）、謝（唯俊）、古（柏）集團」、「江西羅明路線」的帽子，受到無情打擊。

　　排斥了舊有的幹部，就需要有新的幹部來取代，臨時中央遂給新到的潘漢年兩個崗位選擇：或者到紅軍第三軍團去當政治部主任，與彭德懷共事；或者代替楊尚昆（1907-1998），出任中央局的宣傳部部長，讓楊尚昆去三軍團。

　　在北伐後期，年輕氣盛的潘漢年，還真想過真刀真槍的在戰場上拼殺一回；

但此時此刻，他考慮的取向已經轉為何者做起來更得心應手。文化和宣傳是他的老本行，所以他選擇了後者，當了中央局的宣傳部部長，同他一道工作的有陸定一（1906-1996）。

回到老本行的潘漢年，又拿起了擱置許久了的筆，相繼在中共中央的報紙雜誌《紅色中華報》、《鬥爭》上，發表了〈怎樣完成禦侮自救會的任務〉、〈反對法西斯蒂的白色恐怖〉、〈這樣的工作作風好不好〉、〈十月革命紀念與社會主義的勝利〉等一系列文章。

但在這些文章中，人們已經再難欣賞到潘漢年那生動潑辣的言辭，他的文章多是談具體工作的，或者為應時之作。

後來，潘漢年兼了中華蘇維埃大學委員的職。這所大學的校長是毛澤東，副校長是沙可夫（1903-1961）。也就是這個時候，潘漢年真正地接近了毛澤東，他還記得大革命時期，在武漢聆聽毛澤東關於中國農民問題的精闢闊論。

1934 年 1 月 15 日，中共臨時中央在瑞金的沙洲壩，召開了中共六屆五中全會，會議使王明「左傾」路線達到了頂峰。博古在此次會議上成為中共中央的最高領導人，中共臨時中央也從此被取消。

然而，博古為首的中共中央，沒能在毛澤東、朱德等開創的中央蘇區大好形勢中舒坦太久，嚴峻的時刻就降臨了。7 月，蔣介石又發動了對中共武裝割據地區的第五次圍剿，50 萬大軍向中央蘇區壓來。新的形勢和新的任務，給了潘漢年一次在紅軍史上創了個第一的機會。

在蔣介石發動第五次圍剿前後，中國的時勢出現了重大的變異。中國的東鄰日本，繼 1931 年製造九一八事變，武裝侵佔中國東北三省後，又於 1932 年 1 月 28 日，挑起了淞滬戰爭。1933 年 1 月，日軍又在 10 日間佔據了整個熱河省。中華民族，面臨空前的亡國危機；有識之士，無不呼籲停止內戰，一致對外。國民黨內部的抗日之聲，亦逐日滋長。

當日軍向上海中國守軍發起進攻時，陳銘樞、蔣光鼐、蔡廷鍇率領的十九路軍，拒不執行蔣介石要其撤出防區的命令，奮起反擊日軍的入侵。

蔣介石要張靜江（1876-1950）出面阻止十九路軍的抗戰，蔡廷鍇對張說：「上海是我國領土，十九路軍是中國軍隊，我軍有守土之責，張先生也是中國人，應接納我的意見，向蔣總司令報告。」

結果十九路軍以 3 萬之眾，在上海人民的支持下，抵抗了 8 萬日軍的攻擊。日軍迭次增兵，三易主帥，依然未實現侵佔上海的陰謀。十九路軍不畏強暴的抗敵行動，召喚起了全國民眾更強烈的抗日呼聲；對蔣介石只打內戰，不抗外侮的抨擊此起彼伏。

蔣介石對此非常惱火，他一面不顧國人反對，與日方訂立了妥協的《淞滬停戰協定》；一面逼陳銘樞離職出國，並將十九路軍調往福建，參與對中國工農紅軍的圍剿，企圖在反共內戰中，消耗甚至剪除異己。

十九路軍將領們看透了蔣介石的險惡用心，加之到福建與紅軍幾度交手吃了虧，深感若傾全力剿共，就會陷於兩面受敵的夾縫境地。出於抗日民族大義，出於自身生存發展，都促使他們萌生脫離蔣介石集團的意念。

進入福建後，這裏的天時地利，都敦促十九路軍將領們易幟反蔣。他們的左鄰粵軍陳濟棠（1890-1954）部，也深藏與蔣介石分離的傾向，十九路軍可與之和平共處；處於對峙中的中共紅軍，同蔣介石政府更是勢不兩立。在淞滬抗日時，十九路軍和中共有過一些接觸，對中共抗日的主張有所了解。他們認為以福建為基地，聯粵、聯共，抗日、反蔣，可以一試。

然而推理歸推理，真正與中共秘密聯絡，蔣光鼐、蔡廷鍇等十九路軍將領，不免因心中無底，遲疑彷徨：他們畢竟曾參與過對蘇區的圍剿，現又同中共紅軍處於對峙狀態，通過什麼途徑聯絡？中共會不會借聯手之機，向十九路軍滲透，使之「赤化」……

在蔣光鼐、蔡廷鍇等舉棋不定之際，原來由潘漢年掌握的、已與十九路軍上層建立了良好關係的兩位中共情報人員梅龔彬、陳公培（1901-1968），發揮了特殊的作用。

梅龔彬 1925 年初即加入中國共產黨，曾任中共徐家匯支部第一任書記。二

次北伐時期，他被任命為北伐鐵軍第四軍第十二師的政治部主任，與同在四軍後來成為十九路軍將領的陳銘樞、蔡廷鍇、蔣光鼐相識。1932 年，梅龔彬表面上是在政治、經濟方面論著頗豐的大學教授、灰色文化人，實際上已歸到潘漢年領導的中共地下情報系統。一二八淞滬抗戰時，他受邀成為十九路軍將領陳銘樞的幕僚，向潘漢年傳遞了許多得自十九路軍的政治、軍事情報。

通過梅龔彬的聯絡，潘漢年和曾經也是中共黨員的十九路軍政治部主任徐鳴鴻見面，就中共發動民眾支援十九路軍抗敵，中共與十九路軍建立統一戰線關係諸事項，進行過洽談。雖沒有什麼結果，但起碼向十九路軍將領們透露了一個信息，即中共願意與國民黨方面的軍旅就抗日進行合作。

此後，梅龔彬受潘漢年指派留在十九路軍中，長期隱伏，繼續發展與十九路軍將領們的良好關係。特別是後來，他成為中共與陳銘樞保持聯絡的重要關係。

梅龔彬發現十九路軍將領們，既有聯共之想，又心存顧慮，便積極展開說服工作。他以一二八淞滬戰時，中共對十九路軍的支持為例，證明在一致對外基點上實現與中共的合作的可能。

同時，他還向十九路軍將領分析：如果能與中共紅軍協同行動，紅軍可以牽制蔣軍的主力，既可減輕對十九路軍的軍事壓力，又能為十九路軍主動出擊創造良機。倘若沒有紅軍的配合，十九路軍獨立反蔣，則難操勝券。與中共有過接觸的徐鳴鴻，積極附和了他們的見解。

蔣光鼐、蔡廷鍇終於堅定了聯共的決心。恰在此時，中國共產黨最早的黨員之一陳公培帶着陳銘樞的親筆書信，來到了十九路軍軍部。

陳公培曾赴法國勤工儉學，與周恩來、鄧小平等熟悉。大革命時期入黃埔軍校，曾在蔣介石執掌的軍委會中任職。最初，中共給他佈置的任務，是在蔣軍中伺機策動大規模的軍事譁變，但這在當時根本不着邊際。由於在軍委會無所作為，陳公培只好藉故離職。

1932 年，上海形勢日趨險惡，負責與他聯繫的地下黨員李一氓離滬到江西

20 世紀 30 年代打入國民黨桂系軍中的地下黨員陳公培。

中央蘇區，陳公培遂與黨失去聯繫。由於在上海立足困難，他前往香港。在香港，他遇到老相識陳銘樞。幾經長談，陳銘樞建議他前往福建十九路軍駐地。

陳公培因與黨失去聯繫，一直在尋找和黨接頭的機會。與陳銘樞的交談使他了解到十九路軍有與中共接觸的想法，到福州後他主動向蔡廷鍇表示，願做十九路軍的代表與紅軍接觸。其內心其實是希圖借此進入蘇區，和黨組織接上關係。

陳公培對自己第一次進入紅軍轄區的回憶十分簡單：蔡廷鍇寫了委派他與紅軍聯繫的書信，還給了他與十九路軍聯絡用的密碼。他隨後隻身前往紅軍前沿部隊，在王台見到了彭德懷。由於紅軍使用陳公培帶去的密電碼未能與十九路軍聯繫上，彭德懷就寫了一封信，讓陳公培帶給蔡廷鍇。

陳公培回到福州後，將彭德懷的信交予蔡廷鍇。此時，蔣光鼐、蔡廷鍇終於堅定了聯共的決心，指派徐鳴鴻作代表，赴蘇區與中共談判，並請陳公培與徐鳴鴻一同前往。

許多有關的研究文章卻對陳公培第一次進入紅軍轄區，以及和彭德懷等的見面做了很詳細的描述。我們不妨做一個較詳細的摘錄：

　　9 月 22 日，陳公培攜帶蔣光鼐寫的〈十九路軍與紅軍聯絡證明書〉，穿越軍事封鎖線，來到延平（今南平）。時任中央革命軍事委員會副主席的彭德懷、中革軍委政治部副主任袁國平，遵照周恩來的電示，在王台八角樓紅三軍團總部，與陳公培進行了會談。

　　彭、袁二人，向陳公培敘述了蘇區中央局同十九路軍談判的三項先決條件：

　　一、十九路軍停止對蘇區的軍事進攻和經濟封鎖；

　　二、釋放在福建監獄中的政治犯，保證反帝運動和反帝組織的活動自由；

　　三、發表反日反蔣的政治宣言。

　　陳公培代表十九路軍表示，中共提出的三項條件可以接受。彭德懷對十九路軍願與紅軍合作，表示歡迎。他在向中共中央匯報了同陳公培接觸的情況後，給蔣光鼐、蔡廷鍇寫了一封信，交陳公培代轉，信中邀請十九路軍派正式代表，到中共中央所在地，與中共進行正式談判。

二　周恩來把潘漢年推到了「前台」　／張聞天、周恩來、毛澤東、朱德都關注着談判的進展　／中共最高領袖逐漸失去同十九路軍談判的興趣　／紅軍派駐原槍炮相向的敵軍中的第一位使者　／蔣介石親任「討逆軍」司令　／機械的「左派」幼稚病患者

　　十九路軍的正式代表徐鳴鴻和陳公培進入紅軍轄區後，由一位叫傅伯翠的人負責引領他們前往中央蘇區的中心瑞金。他們翻山越嶺，先到了長汀。在這裏，陳公培見到黨內的老熟人張鼎承（1898-1981）和阮嘯仙。從長汀到瑞金的路，有馬騎了，清晨出發，撐燈時便進入瑞金。

　　當徐鳴鴻在瑞金坐在談判桌前時，他見到代表蘇維埃中央政府和工農紅軍與他談判的人，正是當年在上海代表中共和他接觸的人——潘漢年。

　　在張聞天、毛澤東、朱德、彭德懷等人的敦促下，中共中央的最高負責人最初對同十九路軍的談判給予了一定的重視，決定由周恩來負責這項工作。周恩來隨即將潘漢年推到了前台。

　　潘漢年在上海工作期間，就掌握着在十九路軍上層安置的梅龔彬、陳公培等情報關係，熟悉十九路軍的情況，談判的促成，梅龔彬、陳公培二人在其中又起到了非常重要的作用；此次十九路軍的談判代表，又是潘漢年接觸過的徐鳴鴻，可謂知己知彼；特別是擔任特科領導工作的兩年多，他已經積累了與敵對營壘人物打交道的豐富經驗。因此，潘漢年是個難能替代的合適人選。

　　十九路軍確實懷有良好的合作願望，加之有內線的支持，潘漢年的談判工作進行的比較輕鬆。中央也沒給他過大的壓力，他得到的精神是：談判是一項重要的政治舉動，為了表示中共的誠意，不向對方提出過分的、以及一切不能接受之條件，以期盡快達成停止武裝衝突，合作反蔣抗日的協議。

　　談判很順利，只一個星期，就擬出了中共與十九路軍抗日反蔣的初步協定，即後來的《中華蘇維埃共和國臨時中央政府及紅軍與福建人民政府及十九路軍反日反蔣初步協定》，並予以草簽。該協定共有 11 條，其中包括雙方立即停止軍事行動，恢復商品貿易往來，福建方面釋放政治犯，允許福建境內的革命組織的活動，保障出版、言論、結社、集會、罷工自由，雙方互派常駐代表等等。

　　張聞天、周恩來、毛澤東、朱德對此次談判，自始至終給予了極大的關注和支持，毛澤東、朱德在會談期間，也與徐鳴鴻、陳公培會面、交談。林伯渠（1886-1960）還出面宴請徐鳴鴻、陳公培。但是，中共的最高領袖卻逐漸失去了同十九路軍談判的興趣，好在此時他還沒給予更多的干預。

　　初步協議簽署後，十九路軍方面，隨之逐一履行了協議有關條文，雙方實現了停火，經濟的封鎖也及時解除，在福建被關押的政治犯得到釋放。潘漢年對談判取得實際成效，頗感欣慰。就在這時，他被任命為中共常駐十九路軍的代表。

在桂粤軍中頗具聲望的李濟深。

10 月末，與蔣介石集團決裂的福建「中華共和國人民革命政府」的籌組，更加緊鑼密鼓，徐鳴鴻奉命回福州參與準備工作。潘漢年與徐鳴鴻同期離開瑞金，張聞天、毛澤東、林伯渠、鄧發（1906-1946）等親自為他們送行。他們在與潘漢年握手的瞬間，傳遞了對他此行寄予的厚望。這是國共分裂後，中共第一次與國民黨軍的一部的攜手合作；潘漢年，成為紅軍派駐此前槍炮相向的敵軍中的第一位使者。

11 月 20 日，中華共和國人民政府（簡稱福建人民政府）在福州成立，公開宣佈抗日反蔣，在桂粤軍中頗具資望的李濟深，被推為政府主席。這就是史稱的福建事變。

事變的當天，潘漢年即草寫了情況簡報，由秘書黃火青（1901-1999）翻譯成密碼，致電中共；並不失時機地在事變的第二天，即代表中共，與新誕生的人民政府簽定了抗日停戰的四條協定。根據中共中央電示，黃火青趕回瑞金，詳細報告福建事變的經過。

在張聞天、周恩來、毛澤東、彭德懷等人力促下，為了加強雙方合作，中共又派了張雲逸（1892-1974）和方方到汀州，與福建代表陳小航談判，簽訂了《閩

西邊界及交通條約》，開闢了從中央蘇區經閩西、閩南到達福建沿海的通道，以利於中共爭取共產國際和蘇聯對中央蘇區的援助。此後，張雲逸作為中共的軍事聯絡員常駐福州。

福建事變發生後，南京政府極為恐慌。蔣介石馬上拼湊了 20 餘萬討逆軍，自任司令，向十九路軍駐防區進擊。

與此同時，蔣介石又使出了當年制服地方軍閥的故伎。他一面製造輿論，派人到福建周邊拉攏地方軍閥，孤立福建的人民政府；一面派人對十九路軍內部進行分化瓦解，通過重金收買，使動搖分子倒戈。

結果，毗鄰的粵軍陳濟棠部，拋棄了原本的默契，加入了圍攻十九路軍的行列；同時因為十九路軍內部派系繁雜，不僅難以實行統一指揮，且有部隊長官在蔣介石說客威逼利誘下，拒不執行命令；加之在 20 餘萬大軍面前，十九路軍有些寡不敵眾。很快，福建的人民政府就陷入困境。

根據十九路軍的請求，潘漢年兩次打電報給中共中央，要求派紅軍支援。周恩來、毛澤東、朱德等都認為應對十九路軍施予援手，因為只要福建人民政府存在，蔣介石就得分兵對應，不可能專注地圍剿紅軍。蘇區與福建人民政府之間，內存着一種兩相依存的關係。另外，就履行雙方已簽定合作協定的道義而言，也不該坐視福建人民政府的覆滅。

可是，當時中共中央的最高決策人博古，竟認為出兵鉗制蔣軍，是用紅軍戰士的軀體，給「小軍閥」當擋箭牌。在最初，博古等對十九路軍的反蔣行動，雖然表示了支持與合作的態度，但對他們反蔣抗日的積極性始終持懷疑態度。只實用地考慮軍事上暫時停戰，緩和蘇區的壓力，根本沒有建立真正的長久的統一戰線的打算。

特別是當時「左傾」領袖們，機械地總結大革命失敗的教訓，認為至多只能與下層人士結成統一戰線，而不相信能與中間勢力、國民黨營壘中分化出來的愛國高級將領攜手合作。他們將十九路軍的將領們視為「小軍閥」，聯合十九路軍，就等於聯合「小軍閥」反對蔣介石這個「大軍閥」。

雖然與十九路軍達成了協議，但在黨內傳發的文件中，則把十九路軍領袖的抗日反蔣傾向，斥之為是在「極端困難」的情況下，「維持其崩潰垂死的國民黨統治」，其目的是「為了阻止革命的發展」。

事變發生之後，福建人民政府在政治民主、經濟民生、對外抗日等方面都作了不少事情，但中共中央在《為福建事變告全國民眾書》中，卻指責福建人民政府在反帝、反軍閥、反官僚、反地主、反豪紳等方面，只不過是一些「空喊」；其所作所為不過是「過去反革命的國民黨領袖們與政客們企圖利用新的方法來欺騙民眾的把戲」；斷言福建人民政府「沒有絲毫革命意義」。

所以當福建人民政府危在旦夕，急派嚴時中到瑞金，並通過潘漢年請求紅軍予以軍事支持時，博古等固執地拒絕了張聞天、周恩來、毛澤東、彭德懷等的正確意見，採取了袖手旁觀的態度。致使十九路軍和福建人民政府陷入孤立無援的境地，其失敗已成定局。

眼前的一幕幕現實，使得作為紅軍使者的潘漢年在福州處於十分尷尬的境地。十九路軍、福建人民政府與中共及紅軍的合作，是經過耐心的工作和卓有成效的談判實現的，作為經歷了整個過程的潘漢年深感來之不易。特別是在蔣介石一次比一次更具規模圍剿的情況下，有一個盟軍協同對付蔣介石，以鉗制和分散其軍力，具有多麼重要的意義。

可博古的決策，把耗費了許多心智和努力才構建的聯盟輕易地解構了。曾經善於用言辭和文字作戰的潘漢年，此刻卻苦於找不到有說服力的言辭和事例，去平息十九路軍和福建人民政府方面對中共失信和沒有誠意的詰問指摘。面對如此情景，潘漢年感到從未有過的束手無策。他只能等待中共中央最高決策人有朝一日幡然醒悟，做出有眼光的決斷，以有效的軍事行動策應十九路軍和福建人民政府。

三　慌亂之中，中共的常駐代表和聯絡員們被遺忘了　／出現在福州街頭的熟人賴祖烈　／「你可能被妥協分子出賣」　／談起福建的中華共和國人民政府，「老相識」們不禁俯仰而息

在福州，焦急地等待着紅軍對蔣軍做出鉗制行動的潘漢年，等到的卻是蔣軍的步步逼近福州。福建人民政府和十九路軍的上層人物，已經紛紛準備轉移出走，慌亂之中，他們似乎已經顧不到中共的常駐代表和聯絡員潘漢年、張雲逸、黃火青。

由於博古的決策等於放棄了同福建人民政府的合作，已經無所作為的潘漢年、張雲逸等面對一天天嚴峻的局勢，感到沒有必要繼續在福州城中坐以待斃，他們決定分散行動，設法回蘇區。張雲逸通過一個相識的桂籍軍官，混入撤退中的桂軍走了；黃火青也通過熟人，離開了福州。潘漢年則因住所是福建人民政府方面秘密安排的，有軍警監護，反而不便脫身。

正當他苦思脫身的辦法時，突然有一天，碰上蔣軍的轟炸機又飛臨福州。潘漢年借躲避空襲走出他的住所，在尋找隱蔽之處時，忽然看到一個熟悉的面孔在用目光向他示意。

潘漢年定眼一看，原來是他在上海做地下工作認識的中共地下黨人賴祖烈（1907-1983）。賴祖烈此時被安排在福州，做着為根據地秘密採購物資的工作。當他獲悉紅軍談判代表潘漢年仍被困在福州時，一直在千方百計地設法接應。可直到此時，他才得到接近潘漢年的機會。

賴祖烈約潘漢年當晚在福州商業中心的一家廣東商店見面。見面後，賴祖烈告訴潘漢年形勢已經異常危急，要他盡快脫離福州險境：

「支持福建人民政府的部隊，都已作好撤退準備了。有一位師長要委託我去香港幫他安置家屬和財產。我不日也要離開福州。據這位師長透露：一些高級將

領已同蔣介石達成了妥協的默契，你作為紅軍代表，有可能被他們出賣，你要千萬注意。」

潘漢年說：「我已經注意到這一點了，正在謀求脫身的辦法。眼下海上出走的路比較可靠，可自福建事變後，中外輪船一般已不在福州靠岸，福州、汕頭之間，只有日本商船還在航行，你能否幫我辦妥手續並買好到汕頭的船票，使我能先到汕頭再轉赴香港呢？」

賴祖烈用手指了指他們晤面的商店說：「這家商店歷史悠久，和汕頭有很多業務關係。我這次去香港，一切也都是託這家商店的老闆代辦的。我想你就假扮上海某鐘錶行到福州來設分號的商人，因遇事變計劃落空，打算同我一起去香港。我呢，再請這位老闆幫一下忙，問題就解決了。」

接着，賴祖烈引領潘漢年和商店老闆見面，隆重介紹了一番，並向老闆提出了安排他們一起去香港的請求。老闆同賴祖烈的關係看來非同一般，他一口答應了下來。

潘漢年此時還不知道，賴祖烈是中央蘇區秘密派駐福州採購物資的代表。他同這家商店有大宗貿易關係，所以商店老闆會積極相幫。賴祖烈的目的只在設法掩護潘漢年脫險。按秘密工作規定，他沒有向潘漢年說明自己當時的真實身份。

幾天後，賴祖烈為潘漢年辦好了一切必要的手續。動身的那一天，福州的局勢已經是一片混亂了。蔣介石大軍已經逼近福州近郊，十九路軍的高級將領們匆忙地乘軍用飛機飛往漳州，一批高級文職官員也爭相擠上日本商船逃離。福建人民政府已是名存實亡，沒人有心思「照管」潘漢年這位中共代表了，正好使他行動更自由了。

在安排了隨行人員的退路之後，潘漢年悄然離開了住所。賴祖烈幫助他化裝成一位普通商人，帶着他一起登上了去汕頭的一艘日本商船。為了避免和佔據在頭等、二等艙位裏的那一批福建政府的高級文職官員碰面，潘漢年和賴祖烈混入了統艙。一路倒也平安無事。

到汕頭後，因賴祖烈事先已做了安排，所以他們沒登岸就直接換乘上一條由

汕頭赴香港的日本輪船。此時已經比較安全，潘漢年遂與同船的幾位福建人民政府文職官員見了面。已經成為老相識的章伯鈞（1895-1969）、王禮錫（1901-1939）、胡秋原（1910-2004）等人，在與潘漢年攀談時，都不免為福建人民政府的如此結局俯仰而息。

潘漢年何嘗不是如此感受，當他參與談判、離開蘇區前往福州前，與毛澤東、朱德等的幾次談話，使他感到了與十九路軍及福建人民政府合作的意義所在。他到福州後，為了維繫雙方的關係，同李濟深、陳銘樞、蔡廷鍇、陳友仁多次晤談，並積極向中共反映他們的要求，可這挺好的局面，卻被白白的斷送了。

然而歡息之餘，潘漢年並沒忘記自己的職責。他又和梅龔彬、陳公培等秘密工作者取得了聯繫，向他們交代了到香港後的任務，即繼續隱伏，利用他們已經在陳銘樞等人那裏取得的信任，立足在上層開明人士中伺機策動反蔣活動。

四　實施戰略轉移，是死中求生的唯一選擇　／毛澤東、朱德、周恩來、王稼祥想到了一處　／井崗山「老人」中有談判經驗的人　／一位徐姓的粵軍參謀潛入中央蘇區　／葉劍英說：談不成，也不要緊，關鍵是要沉着、靈活　／「你餵的鴿子飛了」　／陳濟棠果然很守信用

主導中共最高領導層的左傾關門主義和冒險主義者們，不僅使福建人民政府誕生不過兩個月，便壽終正寢了。他們無論如何也沒想到，當十九路軍和福建人民政府陷入孤立無援的絕境的時候，他們也在把自己導入孤立無援的險境。

紅軍喪失了逼迫蔣介石不得不分開兩個拳頭，借勢打破其第五次「圍剿」的

時機，而是坐看蔣介石從容不迫地整垮了蔣光鼐、蔡廷鍇之後，又全力以赴對付中共。

在第五次反圍剿作戰中，博古一直倚重根本不了解中國國情的、由他以共產國際代表名義請來根據地的德國人布勞恩，徹底排斥了毛澤東行之有效的作戰方略，一意孤行地以堡壘對堡壘，堅持「禦敵於國門之外」的作戰指導思想，使紅軍屢受重創。彭德懷忿忿地罵這個布勞恩，是「圖上作業的軍事家」，「崽賣爺田不心痛」。

廣昌戰役後，紅軍力量急劇削弱，中央蘇區迅速萎縮，敗勢已不可逆轉，實施戰略轉移是死中求生的唯一選擇。然而轉移的路線如何確定呢？

其實此時已經沒有什麼選擇的餘地。被剝奪了軍事指揮權，只得旁觀第五次反圍剿失敗的毛澤東，和雖然在職，卻起不了決定作用的中央革命軍事委員會主席朱德、副主席周恩來、王稼祥，都想到了向蘇區西南角突圍，取道湖南，再翻過大庾嶺，經湖南宜章、通道，去和湘西的賀龍紅二方面軍會師。

選擇這條行動路線，原因是在這一地段構築封鎖線的，是陳濟棠的粵軍。而陳濟棠與蔣介石積怨甚深且由來已久，這裏面大有利用的文章可做，說不定能夠不經戰鬥減員，就借道跳出蔣介石佈下的包圍圈呢。

陳濟棠雖然也參加了對中央蘇區的圍剿，且有與中共為敵的歷史。但與蔣介石打了多年交道的陳濟棠，更對蔣介石消除異己之心懷有警惕。他不願意為蔣介石編織圍堵紅軍的防線，使自己的兵力遭到損耗，更不希望蔣介石借突破紅軍防線而乘機威逼廣東，威脅自己的地盤。陳濟棠還清楚知道，他曾經三次參與通電反蔣，蔣介石不會輕易忘記這段歷史。因此用自身利益去衡量，蔣介石的威脅，比之中共和紅軍要大得多。

形成向粵軍借道思路的毛澤東，隨即就想到由誰赴粵軍談判借道事宜的使者的問題。他邀來了粵贛軍區司令員兼政委何長工（1900-1988）。

當年初創井崗山革命根據地時，他就委派何長工，去做過說服當地兩股武裝力量的首領袁文才、王佐的工作，是井崗山「老人」中有談判經驗的人。

「長工同志，上一次福建事變的良機已經喪失掉了，如果這次轉移再不利用陳濟棠與老蔣的矛盾借條出路，那我們真要無路可走了。」毛澤東一向舉重若輕。

何長工馬上明白了毛澤東找他來的意圖，他考慮有頃說：「蔣介石為人奸詐，反覆無常，居心叵測，去年鎮壓福建蔣、蔡十九路軍時，就將重兵放到閩西南而對廣東虎視眈眈，還秘密用重金收買陳濟棠的部下，迫使陳附和討伐十九路軍。」

毛澤東又向何長工分析了陳濟棠會記住蔣介石一口吃掉福建的前車之鑑，對蔣介石「一箭雙鵰」詭計保持警惕；其參與圍剿紅軍，是因為蔣介石控制着南京政府，實力強大，陳濟棠不得不在不損害自身利益的情況下依附敷衍於蔣。

何長工對毛澤東的分析表示贊同，毛澤東告訴他：從考慮到可能要被迫實施戰略轉移的問題時起，他就開始琢磨轉移的方向和借道的問題了。眼下借道之事必須立即着手了。除了分析利害之外，還應向陳濟棠及粵軍宣傳抗日救國一致對外，中國人不打中國人的道理。最後，毛澤東透露了希望何長工做談判代表的想法。

他們交談後，即將所談內容傳遞給了周恩來和朱德。不久，朱德、周恩來等就以中央革命軍事委員會名義發出指示，要求南線紅軍部隊暫停對陳濟棠粵軍的進攻，利用多種渠道對粵軍進行「共同反蔣，團結抗日」的宣傳，並散佈出中共願與粵方合作的信息。

此舉果然奏效。1934 年 9 月，一位徐姓的粵軍參謀潛入中央蘇區，他帶來陳濟棠的一封親筆信。陳濟棠的信表露了願與中共就抗日和兩軍相處關係進行談判的意願：

……我對貴黨共同抗日的主張，表示贊同。為了協調雙方關係，我決定派參謀長楊幼敏、師長黃旭初、黃質文三人為談判代表團，建議你方最好派粵贛省軍區司令官何長工唯總代表，進行秘密談判。現派徐參謀前來商定談判地點、時間及其他有關事項。

　　周恩來接待了這位徐姓的粵軍參謀，並代表紅軍總部，與他商定了雙方談判的時間和地點。

　　與此同時，周恩來在與朱德經過溝通達成默契之後，即以朱德的名義給陳濟棠寫了一封信。信中揭露了蔣介石一心內戰，對日不抵抗，致使國土淪喪的行徑；闡明了中共抗日救國的主張，對陳濟棠願意合作反蔣抗日的態度表示歡迎。信中還就雙方停止作戰行動、立即恢復貿易自由、開展反蔣反法西斯政治運動等問題提出了意見，建議雙方切實作好抗日反蔣之各項軍事準備。他還希望粵軍能幫助紅軍代購軍火，並經筠門嶺運入蘇區。為實施上述事項，朱德還提議「為順暢通訊聯絡起見，務望約定密碼、無線電呼號波長，且可接通會昌、筠門嶺之電話。」

　　徐參謀懷揣朱德的親筆信，於 9 月 27 日返回粵軍司令部。

　　陳濟棠閱信後立即按密碼給朱德覆電：「為適應環境，應付時局計，先行商定軍事，以免延誤時機，希派軍事負責代表前來會商軍事，以利進行，並盼賜覆。」

　　就在中革委與粵軍秘密聯絡之際，潘漢年已從福州經香港輾轉回到了蘇區。也許是因為已經有過一次與國民黨軍談判的經驗吧，當中央革委決定與粵軍正式談判後，潘漢年成為首選的中共代表。他將與何長工一道前往粵軍前線指揮部，與陳濟棠的代表進行秘密談判。

　　時間緊迫，而且任重千鈞，如果不能及時與粵軍陳濟棠部達成協議，使紅軍迅速跳出包圍圈，蔣介石及其德國軍事顧問賽克特對中央蘇區箍成的「鐵桶」，就將真的連一條縫隙也沒有了！潘漢年來不及稍作休整，便打點行裝準備上路。

　　10 月 4 日，中革委副主席周恩來、紅一方面軍參謀長葉劍英（1897-1986），召見了即將出發的潘漢年、何長工。

　　周恩來緊緊握了握潘漢年、何長工的手，說道：「中央信任你們，此次談判任務重大，希望你們勇敢沉着，見機行事。」

　　葉劍英接着說：「你們此行肩負重任，談成了，是很有益處的，要盡力爭取；談不成，也不要緊，關鍵是要沉着靈活。」

潘漢年又緊緊地和周恩來、葉劍英握了握手，他不太善於誇海口、打包票，他用這有力的一握手表達了他將不遺餘力地完成任務。

臨行的那一天，潘漢年、何長工二人來到紅軍總部，朱德把一封親筆介紹信交給他們兩人。

潘漢年看了一眼，這是寫給粵軍獨立第一師師長、談判代表黃質文的介紹信：

黃師長大鑑：

茲應貴總司令電約，特派潘健行（即潘漢年）、何長工兩君為代表前去尋烏與貴方代表幼敏、宗盛兩先生協商一切，予接洽照拂為感！

專此，順致

戎祺

朱德手啟

10 月 5 日

潘漢年與何長工來到筠門嶺，這裏原本是紅軍據守的地方。後來，由於紅軍四面迎敵，消弱了駐守的兵力，頂不住粵軍的攻擊，撤出了會昌城的南大門。

此處已經有人在等候，為首的是粵軍獨立一師特務連的連長，名叫嚴直。他對潘、何二人說：「黃師長遵照陳總司令的訓示，專派我們特務連前來保護你們二位貴客。為了安全和保密，還是請你們二位上轎子吧。」

夜色降臨的時候，他們來到了尋烏的羅塘鎮，潘漢年、何長工被安頓在一幢僻靜的兩層小樓二樓上，粵軍方面的代表已在一樓住下，他們是保定軍官學校出身的兩位師長。

就在這幢小樓裏，雙方代表進行了長時間的磋商。粵軍的兩位師長誠懇地向潘漢年、何長工表示，紅軍和粵軍不應該繼續敵對下去了，「中國再打內戰，就要亡國了；倘若粵軍協同蔣介石打敗了紅軍，蔣介石接着就會收拾粵軍。」

顯然，由於已有共識，無需講太多的大道理，談判很快進入實際條款的商洽。

當第三天的薄暮餘暉將盡之際，潘漢年臉上掠過一絲不易察覺的欣然。他沒有讓組織的寄託落空，與粵軍達成了令人滿意的協議。

協議共有五款：

一、就地停戰，取消敵對局面；

二、互通情報，用有線電話通話，以防被蔣介石方面竊聽；

三、解除封鎖，互相通商；

四、必要時紅軍可以進入陳濟棠粵軍的防區，設立後方醫院；

五、可以互相借道。紅軍如有行動，可以告訴陳濟棠部，陳部撤離 40 華里，紅軍人員可以進入粵軍的防區，並用陳的護照。

在談判尚未簽署時，潘漢年、何長工收到了一份事先商定的密語電報：「你餵的鴿子飛了。」

參與談判的粵軍參謀長楊幼敏看到電文，很敏感地問潘漢年：「健行先生，你們是不是要遠走高飛了？」

「不是，這是我們中央政府的賀電，預祝我們兩方談判成功。」潘漢年機敏地答道。

「真是這樣嗎？」楊幼敏再次追問。

何長工笑了笑說：「哈哈，我看楊先生是聰明一世糊塗一時呵，談判成功意味着我們兩家能和平共處了，和平鴿飛上了天，這不是很好理解的意思嗎？」

「哦，原來是這樣……不過，你們如果真要走，我們也會履行承諾，網開一面的。」楊幼敏依然確信自己的直覺。

這密電的意思果然就是「紅軍要開始戰略轉移了」。這是中共中央在提醒潘、何二人，加快談判進程，在簽定協議後迅速返回蘇區。

協議簽定了，談判結束了，潘漢年、何長工再次坐上大轎，回到了筠門嶺。在紅軍一側，中革委早已為他們準備了快馬。當天，潘漢年、何長工便趕到了于都。

「周副主席，你看，這是昨天剛簽定的協議。」

　　潘漢年把與粵軍簽定的協議，遞給了周恩來。周恩來看後滿意地說：「很好！談判的結果出乎我的意料，粵軍能網開一面，這對於我們紅軍和中央機關的突圍轉移很重要！你們為挽救紅軍立了特大功勞，我代表中革委感謝你們！」

　　紅軍行動了。根據必要時「互相借道」的協議，當紅軍準備突圍時，紅軍總部先向陳濟棠發去了密電：部分紅軍欲向貴部防區借道，請按協議之約定予以方便為盼。

　　陳濟棠一收到密電，便立即將與紅軍談判達成協議的內容要點及時傳達到了前線部隊少將以上軍官，要求各部切實履行協議，讓路給紅軍通過，並嚴格命令：「敵不向我襲擊不准出擊，敵不向我射擊不准開槍。」

　　於是，在蔣介石、賽克特精心構築的欲置紅軍於死地的封鎖線上，其西南方悄然打開了一個口子，一條通途向紅軍敞開了。在五次反圍剿中元氣大傷的紅軍，終於衝出了「鐵桶」，並連續穿越粵軍的三道封鎖線，拉開了震驚世界的二萬五千里長征的序幕。

　　需要追加幾筆的是，在穿越這三條封鎖線後，紅軍依然保持着出發時的 8 萬多人馬。但在緊接着突破由湘、桂兩軍在湘江結成的第四道封鎖線時，8 萬多紅軍因激戰而一下銳減至 3 萬餘。這就是說，僅此一道封鎖線，紅軍即付出了近 5 萬人的犧牲。那麼由此再觀潘漢年與粵軍達成的一紙協議的價值，人們才能感覺其珍貴，它意味着時間，它意味着生命。

第八章

從莫斯科開始穿針引線

一　博古同志冷靜一點，走火了可不是鬧着玩的　／張聞天對潘漢年說：如果你們在上海聯繫不上，就到莫斯科去　／販賣鴉片的商人們，把潘漢年當作了義士俠客和救命恩人　／堂弟潘渭年來函：陳雲已到上海，速來上海會面　／陳雲趕上了斯大林等蘇共領袖對與會中共代表的接見

脫離了中央蘇區的中央紅軍，彷彿是在波濤洶湧的大海中失去舵手的航船。當然，若說失去舵手，也並不完全確切，中共中央的總負責人博古、軍事「太上皇」布勞恩，都在紅軍中。但他們都不具備導引航船渡過急流險灘，駛入正確航線的舵手稟賦。

當紅軍從8萬多銳減至3萬餘；原定的轉移路線，再次為蔣介石調兵遣將封堵之際，那個在五次反圍剿中剛愎跋扈，先後把毛澤東、張聞天等打發到觀眾席上的博古，心頭已被一片渺茫全然籠罩。他幾次用手槍，對着自己的腦袋比劃。以致聶榮臻不得不一次次提醒他：博古同志冷靜一點，走火了可不是鬧着玩的。

就在這危急的當口，中國共產黨人進行了新的選擇，在具有歷史意義的遵義會議上，毛澤東被推上了中國革命的最高領導層。

在長征時被任命為紅軍總政治部宣傳部部長兼地方工作部部長的潘漢年，從內心擁護在遵義會議上出現的這一歷史性轉折。回溯在中共建黨以來經歷的幾度波折中，毛澤東幾度顯示了過人的膽略和睿智；到蘇區後，潘漢年更清楚了解根據地的興衰與毛澤東在黨內地位起落的關係；特別是他親自經歷的與十九路軍、粵軍的談判，毛澤東對兩次談判的預見、關注和促成，給了他極深的印象。由毛澤東來掌舵，來指揮軍事鬥爭，讓人感到踏實。

果然，在毛澤東剛剛確立軍事領導地位後，就指揮紅軍取得一渡赤水的勝利。然而，潘漢年沒能更多地欣賞毛澤東的軍事傑作，當紅軍二渡赤水，再入遵義城之際，張聞天找到了潘漢年，他是代表中央來與潘漢年談話的。

「潘漢年同志，中央研究決定，讓你和陳雲同志一起離開部隊到白區去，在上海長期埋伏，並設法在上海打通和共產國際的關係。中央紅軍現在和共產國際的聯繫已經中斷多時了。你知道，我們同國際的聯繫是至關重要的。你們如在上海聯繫不上，就得設法到莫斯科去。總之，應當盡快地和國際打通聯絡線，向共產國際報告遵義會議的結果以及中央紅軍的近況。」

潘漢年聽着張聞天的敘述，頓時感到肩頭的任務很重。他離開上海時，上海的地下工作已經很難堅持了。後來又聽說上海的中共機關幾乎全被敵特破獲，劫後的僅存者處於冬眠狀態。此次中央派陳雲和他重返上海，是否意味着重整上海地下組織？

但聽張聞天的最後交代，他感覺重點還在於與共產國際聯絡：「遵義會議後，考慮到今後的軍事行動更為艱難和嚴峻，中央曾考慮將黨中央機構轉移到南洋地區去活動，但沒有最後定下來。現在派陳雲和你先出去，就是要使黨中央和共產國際保持有效聯繫，不致被長久隔絕在邊遠、閉塞的地區。」

在這之後，陳雲也和潘漢年談了話。他們在中央特科工作時期，就已經有了主管和助手的關係，彼此都很了解和信賴。陳雲告訴潘漢年：「我們這次要分開走，中央決定讓你先行一步，到上海之後我們再設法會合。」

從被蔣介石數十萬大軍的圍追堵截中，潛往白區上海，絕不是件輕而易舉的事情。因此走哪條路線，如何走法，潘漢年很費了一番籌謀。

當時在紅軍的俘虜營中，關押着一些廣東籍的販賣鴉片的違法商人，他們是在貴州被紅軍捉住的。潘漢年了解到這一情況後，隨即形成了自己如何走，走什麼路線的妙算。

通過中央政治保衛局局長鄧發，他與看守這批商人的部隊取得了聯繫，經一番商議後，潘漢年也成了一個被捉來的不法商販，和那些商人關押在一起。沒有多長時間，潘漢年就憑着他豐富的社會閱歷、能言善辯的口才，和商人們打成了一片，甚至在商人群中樹立了威信。

當紅軍再次開拔時，商人們又被押着隨部隊一起行動。潘漢年故意策動他們

行動時磨磨蹭蹭，漸漸落在了紅軍大隊人馬的後面。在途經一個偏僻的村莊時，潘漢年便帶着商人們一哄而逃。

押送這些商人的部隊戰士，根據事先的約定，裝模作樣地乒乒乓乓放了幾槍，吶喊着追趕了一陣，就收兵了。

就這樣，潘漢年和這些逃跑的商人們，一起離開貴州地界。在往廣東進發的路上，商人們把潘漢年當作義士俠客和救命恩人，處處給予照顧和保護。這些在這一帶經商的商人，沿途都有些關係，所以他們一行順利地經貴陽、獨山、柳州、梧州，到達了廣州。到廣州之後，潘漢年依舊靠着商人們的幫助，轉而到了他赴上海的第一站香港。

在香港，有許多潘漢年過去熟悉的關係，但他沒有馬上動用這些關係，而是立即給表妹呂鑑瑩寫了封信，詢問堂弟潘渭年的情況。呂鑑瑩是中共地下黨員潘渭年的妻子，潘漢年與陳雲分手時約定，他們在呂鑑瑩的家中會合。

很快，呂的回信到了香港，信中說潘渭年在上海很好，家中沒有發生危險。於是潘漢年寫信給潘渭年，並約好在上海見面。

潘漢年到了上海，見到了潘渭年，但並沒有得到有關陳雲的消息。他通過潘渭年的聯繫，見到了剛剛成立的臨時中央上海局的負責人浦化人。

此時，上海的形勢異常險惡，上海中央局的三屆領導連續遭到逮捕，其中相繼出任書記的盛宗亮、李竹聲叛變。連共產國際遠東情報局駐上海的負責人華爾敦（又名勞倫斯），也陷入囹圄。

浦化人告訴潘漢年：「由於形勢的惡化，共產國際方面的人已在上海銷聲匿跡，聯繫起來很不容易。鑑於上海目前嚴重的白色恐怖，你在此很不安全，因此你最好仍回香港去等候消息，等我們設法和莫斯科的中共駐共產國際代表團接上關係後，再和你聯繫。」

上海之行，無功而返，但潘漢年並不氣餒。一向工作主動的他，不準備在香港坐等上海方面的消息，決意通過自己在香港熟悉的關係，另闢一條與共產國際聯繫的渠道。

以醫生身份作為掩護的中央特科成員柯麟。

　　他先設法聯繫上了潛伏在這裏的情報關係梅龔彬、錢鐵如等，後來又通過1930年來香港開設南華藥房擔任聯絡工作的老特科成員柯麟（1900-1991），會見了與中共失去聯繫多時的葉挺（1896-1946）。通過這些熟人，潘漢年得知共產國際下半年將要在莫斯科召開代表大會。潘漢年尋思，與其這樣等待，或曲曲折折地與共產國際聯絡，還不如直接去莫斯科。

　　於是，潘漢年讓梅龔彬安排他與前十九路軍統領陳銘樞、蔣光鼐會面。在會面交談時，潘漢年請他們利用兩廣的關係尋找出國的門路。同時，葉挺也為潘漢年的事，找到了廣州警察局專管出國旅行護照的關係，為潘漢年辦理出國手續。

　　就在這時，潘渭年來函：「陳雲已到上海，速到上海會面。」潘漢年看了來函，隨即中止了從香港直接去莫斯科的準備，乘船趕到上海。

　　潘漢年終於和陳雲在上海見了面，此時已經是1935年8月。陳雲告訴潘漢年，他並沒能按原計劃在潘漢年動身後緊接着離開紅軍，而是隨紅軍長征了一段，在參加了於瀘定縣城附近召開的中共中央負責人會議後，才在四川中共黨員席懋昭（1912-1949）的掩護下，潛來上海的。

　　陳雲告訴潘漢年，他在上海了解了一些情況，並據此認為目前上海的形勢，不具備大力恢復工作的條件。他準備從上海赴莫斯科，並已通過與共產國際駐上

海聯絡員有聯繫的瞿秋白夫人楊之華（1901-1973）、何叔衡（1876-1935）女兒何實嗣，辦理好有關的事宜。去莫斯科的路線初定為乘蘇聯的商船，由上海出發經海參崴，再轉陸路去莫斯科。

就在他們商議赴蘇事宜之際，具有重大歷史意義的共產國際七大已在莫斯科召開。組成中共代表團的有王明、康生、張浩（1897-1942）、吳玉章（1878-1966）、趙毅敏、籐代遠、高自立（1900-1950）、歐陽生等人，他們出席了此次會議。

會議期間，王明將由他執筆起草、中共駐共產國際代表團集體討論的《為抗日救國告全體同胞書》，即著名的《八一宣言》，翻譯成俄文，送斯大林、季米特洛夫審核，隨之得到他們的贊同。

與陳潭秋（1896-1943）、楊之華一道乘蘇聯商船先行的陳雲，在 8 月中旬抵達莫斯科。因此他趕上了共產國際第七次代表大會 20 日結束時，斯大林等蘇共領導對中共代表團的接見。

二　王明起草了影響深遠的《八一宣言》　╱日內瓦路線、東京路線、莫斯科路線，及尋找與中共聯繫渠道的多邊的柔性斡旋，同時在暗中展開　╱日方通過媒體發出試探性消息，蘇聯、蔣介石兩方都十分緊張　╱又出現了什麼變故，使蔣介石中途改變了初衷呢

以「水番三郎」化名的潘漢年，搭乘蘇聯東方號貨船赴蘇聯，直到 9 月上旬才到達莫斯科。他雖然沒能趕上共產國際第七次代表大會，但卻立即看到了由王明起草的《八一宣言》。

在反覆閱讀和體味中，潘漢年感到這是一篇影響深遠的宣言，比較完整地闡

述了中共的抗日民族統一戰線立場，確定了國共第二次合作的重要原則。同以前的統戰口號、主張相比，有許多新的特點：

首先，宣言不再是局限於過去的下層統一戰線或工農兵學商的聯合，而是擴大為各黨各派各行各界各個民族的聯合；

其次，宣言提出「有錢出錢、有槍出槍、有糧出糧、有力出力、有專門技能出專門技能」的口號，把地主、資產階級、一切軍隊都包括在統一戰線之中；

再者，宣言所主張的聯合抗日，已不再止於訂立協定、停止衝突、互相支持、而是要建立「統一的國防政府」、「統一的抗日聯軍」，組成「統一的抗日聯軍總司令部」，要求更有成效、更高級的聯合；

第四，宣言雖未把蔣介石包括在統一戰線之中，但卻號召各黨派拋棄過去的成見，以「兄弟鬩於牆，外禦其侮」的精神，為「抗日救國的神聖事業而奮鬥」。

負責過黨的宣傳工作，又曾兩度代表中共，與國民黨非主流勢力進行過抗日合作談判的潘漢年，在咀嚼這份宣言時，敏銳地感到：隨着民族危機日重，隨着中共一致抗戰宣傳的強化，蔣介石「攘外必先安內」的反共政策將難以持續不變地推行，國共關係可能出現新的變化。這些認識使得他對未來可能發生的變化，對他後來所擔當的角色，並不感到突然。

1935年春季以來，日軍不斷地在中國華北挑起事端，6、7兩月，相繼逼迫國民黨政府簽署了《秦土協定》及《何梅協定》，直欲將華北變成第二個「滿洲國」。日益惡化的華北局勢，激起中國民眾更高的抗日吶喊，也威脅到國民黨統治的穩定與安全，蔣介石先剿共後抗日的政策，面臨來自國民黨內外的壓力。

就在這時，《八一宣言》在國內外傳播開來。

張學良（1901-2001）、楊虎城（1893-1949）看到《八一宣言》，在西北醞釀與紅軍實現停火，同中共聯合抗戰。

息影泰山的馮玉祥，看到《八一宣言》，極為贊同中共的主張，公開提出內

和全國、外聯蘇聯的 8 項動議。

當年參與福建事變的章伯鈞（1895-1969）、黃琪翔（1898-1970）、彭澤民（1877-1956）分別在日本、德國、香港看到《八一宣言》，他們在來往的信函中表示：除非不革命，要革命就要聯合共產黨。他們積極醞釀成立組織，確定了聯共抗日的方針。

蔣介石倚重的陳果夫、陳立夫的親信張沖，也都看到了《八一宣言》，並將之轉給了蔣介石，他們的用意不言自明。以宋子文為首的親英美派，也萌生了聯共抗日的想法。

不久，在北平發生了震動全國的一二九運動。

善於權謀的蔣介石感到，不能不考慮稍稍改弦易轍，不能不舉一舉抗日救亡的旗幟，為我所用，對外遏制日本咄咄逼人的侵略勢頭，對內收編中共武裝。左右逢源，一石三鳥，才稱得上是政治高手。於是，日內瓦路線、東京路線、莫斯科路線，及尋找與中共聯繫渠道的多邊的柔性斡旋，同時在暗中展開。

12 月，蔣介石派陳立夫、張沖秘密出使蘇聯。為了對外保密，陳立夫化名「李融清」，張沖化名「江淮南」。也是出於保密，蔣介石要他們在歐洲兜一個大圈子，法國、德國、瑞士、意大利、捷克、匈牙利、南斯拉夫，在大施障眼法後伺機前往莫斯科。陳立夫還在行前趕寫了一大堆親筆信，讓兒子在他出行後，每隔幾日就給親友發一封，以製造他在杭州養病的假象。

然而，儘管陳立夫、張沖的行動如此詭秘，可還是讓日本特務偵知了。

1936 年 1、2 月間，日方通過媒體發出試探性消息，故意做出陳立夫歐洲之行意在訪蘇的推測。消息一出，蘇聯、蔣介石兩方都十分緊張。蘇聯怕影響日蘇關係，將攻擊矛頭指向蘇聯，使自己處於德、日兩面夾擊境地。蔣介石則唯恐與中共接觸的秘密公開，便再難以實施反共部署。

蔣介石立即召回了陳立夫、張沖。他並不懊喪陳、張受挫，因為即便沒有日方的敏感，他也已準備發出召回令了。在此之前，他就下令在莫斯科同中共接觸的鄧文儀（1906-1998），中止與中共的接觸。

　　而一個月前，即在佈置陳立夫、張沖出行之際，他剛剛向回國述職、即將返任的駐蘇聯大使館武官鄧文儀，做了與陳、張相同的與蘇聯及駐共產國際的中共代表團秘密接觸的交代。

　　鄧文儀與中共已經開始了較順利的接觸，此刻究竟是突然出現了什麼變故，使得蔣介石中途改變了初衷呢？

三　中共代表團開會研究，是否同蔣介石的秘密聯絡員鄧文儀見面　／王明即向潘漢年打招呼：「中共代表團決定由你以中華蘇維埃中央政府外交人民委員會副委員長的身份與鄧文儀會面」　／「我們在南京曾召集過幾次高級幹部會議，蔣先生親自提出統一全國共同抗日的主張」　／鄧文儀為蔣介石對國共第一次合作的背叛，找了一套微妙的開脫說詞　／鄧文儀的三點要求，都藏着很深的伏筆　／鄧文儀感到與潘漢年的談判很累

　　一個多月前，領受了蔣介石秘囑的鄧文儀，一返回莫斯科，便積極尋找與中共聯絡的渠道，他通過時在莫斯科為抗日救國積極奔走的胡秋原，傳遞出願與中共接觸的信息。

　　中共代表團得到消息後，專門就是否同鄧文儀見面的問題，召開小規模的會議進行研究。會上，多數人對國民黨與中共接觸的目的表示懷疑，但最後還是決定與鄧見面，以了解其真正動機。會上商定先派一位代表與鄧文儀接觸，王明則視接觸結果，再考慮有無繼續晤談的必要。

　　會後，王明即向潘漢年打了招呼：「中共代表團決定由你以中華蘇維埃中央

政府外交人民委員會副委員長的身份，出面與國民黨駐蘇大使館武官鄧文儀會面。」

他還告訴潘漢年，他自己是否與鄧文儀見面，要看潘漢年與鄧文儀面談的結果而定。接着，他倆對會面可能談及的問題，做了簡單的推測。

潘漢年過去曾見過鄧文儀，對這位蔣介石親信也略有了解。為了知己知彼，他又將掌握的情況梳理了一遍：

鄧文儀是黃埔第一期學員，1925 年被國民黨送往蘇聯，在莫斯科中山大學學習，和蔣經國（1900-1988）有同窗之誼，並任國民黨特別黨部在該校的監察委員。當時學校裏國共兩黨學生常有激烈論戰，他逢論必辯，人送雅號「赤都反共先鋒」。1927 年回國後，即任蔣介石的侍從秘書。四一二事變後，追隨蔣介石左右，受命組建諜報科、第三科等軍事特務機構，越來越受蔣介石重用。據說鄧文儀出任駐蘇使館武官，不僅是為了加強對蘇聯的工作，還肩負着蔣介石的私人囑託，即設法打聽蔣經國在蘇聯的下落，並敦請蘇聯方面允許蔣經國回國。

此外，潘漢年還通過其他渠道了解到，此次國民黨方面採取主動，是因為蘇聯當局已經向國民黨政府作了暗示，若要商談如何援助國民黨抗日的具體事宜，需待國共兩黨合作有了相當眉目以後。經過這番疏理，潘漢年感到，自己與鄧文儀的接觸，處於一個較為有利地位。

1 月 13 日晚，潘漢年來到胡秋原在莫斯科的寓所。他和胡秋原是老相識了，1933 年福建人民政府成立時，胡秋原因積極主張抗日，反對蔣介石獨裁，受蔣光鼐、蔡廷鍇之邀，到福州出任福建人民政府文化部部長。而潘漢年則以紅軍代表的身份，也置身福州。

潘漢年到時，鄧文儀已經在那裏了。幾位都不是生疏之人，故而沒有太多的寒暄，即轉入了國共分裂後，第一次較高層秘密接觸的正題。

讓我們耐心地看看，國共兩黨在經歷了分裂和相當時期冰炭不容的敵對之後，再度踅回合作之途的第一次晤面，兩位代表是如何唇來舌往的吧！

根據潘漢年對這次會面的記載，他們幾乎沒有禮節性的寒暄，潘漢年便有一

番先聲奪人的開場白：

「王明同志聽說你要找他談國共兩黨合作抗日救國問題，委託我先來了解一下，你與他的晤談，是以私人的資格，還是正式代表南京政府？我黨在數年前，就公開宣佈願在三個條件下與一切軍隊談判共同抗日救國問題，可惜除十九路軍曾與我們初步談判合作以外，南京、西南、四川等各方將領，都沒有作出積極反應。紅軍西征到雲南時，朱、毛兩同志已經注意到日本帝國主義進攻華北的明顯企圖。雖然，當時南京的軍隊還在不斷進攻紅軍，但朱、毛兩位領導人始終相信，聯合起來抗日救國的主張，一定會得到全國同胞的擁護。所以朱、毛臨時派我離開部隊，向各方表示我們抗日救國的主張。可惜我到上海時，日本帝國主義實際上已經佔領平津了。而蘇維埃中央政府與中共中央號召全國各黨派團結一致共同救國的主張，不僅沒有得到國民黨的響應，而且國民黨還不斷地逮捕和槍殺抗日救國的同胞，更加殘酷地進攻紅軍。在這種情況下，我不僅沒有可能向各方面具體表示我們蘇維埃政府與紅軍抗日救國的主張，就連人身安全都毫無保證，不得不離開祖國。」

但潘漢年也沒有一冷到底，在開場白結尾時，表示了幾分溫和：「我很高興今天能在這裏會見鄧先生，很想知道國民黨與南京政府在全國同胞一再要求停止內戰，一致要求抗日的今天，到底有什麼表示沒有？」

鄧文儀顯然是有備而來，他的辭令和辯解，不過是將預先準備好的腹稿背誦一過：

「我這次來莫斯科，完全是受蔣先生的委託，要找到王明同志討論彼此間的合作抗日問題。我們曾經在上海、南京等地找過共產黨的關係，進行了一週時間，全無結果。後來，我們想到四川和陝北直接去與紅軍進行談判，但事先毫無聯繫，恐怕進不去。最近蔣先生看到王明同志在共產國際七次大會上的講演，以及最近發表在《共產國際》雜誌上的文章，立即決定派我來找王明同志談判彼此合作的問題。我們在南京曾召集過幾次高級幹部會議，蔣先生親自提出統一全國共同抗日的主張，大家全都同意蔣先生的主張。可以說聯合共產黨的原則是已經定了。

因此我可以說，是代表蔣先生與你們談判合作的初步條件。具體的合作條件，雙方當然還要請示。」

國民黨方面是否真如鄧文儀所說，曾幾番尋找中共，謀求合作事宜，潘漢年覺得只有天知道。第一次接觸，他不想直接揭破，但也不能讓鄧認為中共是愚盲可欺，便不慍不火地說：

「我們在你們五次大會之前，曾有過一個通電，蔣先生看了為什麼沒有提出討論呢？」

「在那種會議上實際根本不可能討論這種問題。因為幾百人的會議，沒有人知道裏面會有多少漢奸。現在，我們只是在內部有聯俄聯共、共同抗日的討論，即使這樣，日本人已經到處宣傳，並向南京進行威脅了。因此，我們將來如果合作，具體實現合作的方式，仍是一個相當重要的問題。蔣先生主張，現在要抗日，首先是要集中 80 個師的人馬，否則必然受日本所制。可現在這 80 個師的人馬全都被紅軍牽制住了，因此我們兩黨需要合作。不過即使我們的談判成功，國民黨的軍隊也不能一下子就撤離，非有三個月的時間準備不可。我們得到情報，知道日本今年一定要進攻外蒙，它對華北自然也會有新的動作。日本留給我們的時間很少了，可惜我們兩個主要的力量至今還沒有找到聯合的道路。」

鄧文儀的解釋很牽強，但潘漢年已覺得無必要窮追，便話題一轉：

「有人誣衊我們統一戰線的口號是玩弄手腕，毫無誠意。我想你一定注意到巴黎《救國時報》轉載的王明的文章，我黨對這個問題已經有了明確的說明。在這裏我想強調，全國民眾都知道，兩黨繼續內戰必將便利日本向北向南地併吞整個中國。紅軍是中國人民的軍隊，抗日救國是它一貫的主張，雖然我們過去政見不同，但遭受亡國之恥辱，我們大家是一樣的。所以我們認為，在內政問題上的歧見，彼此可以暫時放在一邊，首先來救國。假如你們誠心誠意地想與我們共同抗日，我們不會玩什麼手腕。只有那些不想抗日，企圖利用抗日口號欺騙民眾的人才會這樣做。」

「國內只有我們與你們兩種力量，假如能夠聯合起來，就像 1925 年的合作

那樣，一定可以有辦法對應民族面臨的危難。」鄧文儀為蔣介石對國共第一次合作的背叛，找了一套開脫的說詞：「過去是因為鮑羅廷的錯誤，使我們在 1927年不得不分裂。我們的領導人常說，朱、毛那時對於分裂是沒有責任的。」

潘漢年再次表示現在不是計較前嫌的時候：

「過去的不要說了。究竟誰對誰錯，歷史會回答的。現在我們唯一希望的，就是國民黨能夠按照孫中山先生的反帝主張，來制定政策制止日本帝國主義吞併中國的陰謀得逞。我可以代表中國蘇維埃與紅軍的領袖朱、毛兩同志和王明同志，向全體國民黨員以及南京軍隊的全體將士宣佈說：只要你們立即停止進攻紅軍，表示抗日，我們願意與你們談判合作問題。」

「我們最近召開的六中全會和五次大會，已經表達了團結對外的一致願望，這也是國民黨有史以來所沒有過的團結現象。現在政權也開放了，比如銀行界張公權、教育界蔣廷黻等，都不是國民黨的，現在也吸收到政府裏來了。言論自由也有了明確的規定。今年 5 月要召集國民大會，說明我們準備把政權交給人民。近來對你們紅軍的進攻也減弱了。由此可見我們不是不願意與你們合作，而是許多問題阻礙我們沒有辦法直接作出這樣的表示。今天我們能夠會面是很好的開端，希望我們能夠找到彼此意見接近的辦法。」

潘漢年不想詰問鄧文儀的飾非之詞，但有些無法迴避的問題必須挑明：

「朱、毛的通電你們為什麼沒有討論呢？同時，上海、武漢等地也沒有停止逮捕抗日分子與共產黨員。你想，朱、毛他們怎麼能夠知道你們想抗日呢？」

鄧文儀對潘漢年的質詢有些答非所問，估計是言談中的潘漢年漏記了片言段語，但鄧文儀把國民黨軍與紅軍對峙，歸結為糧食之爭，多少令人啼笑皆非，此後，他又一次諉過於蘇聯：

「這也難怪紅軍。就是為着糧食，他們不打也不行。我們曾兩次找過鮑格莫洛夫，向他說明我們要找你們談判，但他表示不願意過問我們國內的問題。因此不待過陰曆年我就匆匆來此，預備從《真理報》、《共產國際》雜誌轉信給王明，又怕沒有結果，又擔心日本特務會知道，所以我直接寫了一封信給共產國際秘書

處轉王明同志。他不知收到沒有？」

「沒有。可能還沒有寄到吧。」

鄧文儀想到蔣介石佈置的任務，是要他面見中共駐共產國際的負責人王明，便將話題往這方面引：

「我在上海時從上海領事館裏找到最近出版的《共產國際》雜誌，把王明那篇文章連夜找人譯出來，連同王明在七次大會上的發言一起交給了蔣先生。因此他要我來和王明談談。」

潘漢年考慮到王明的交代，他是否出面，要觀此次會談的結果而定，他個人無法定奪，便沒有接鄧的話題：

「我們今天能見面，這很好。希望你能夠具體說明一下，你們對於與我們合作的意見。如果你有什麼問題，也可以提出來。」

「要合作這一點是確定了。不過有三個問題比較難解決。一是聯合以後對日作戰非統一指揮不可；二是我們現在子彈和糧餉都只夠三個月的，如果要打持久戰，就非另想辦法不可；三是外交方面我們對英美是有些辦法的，但英美離中國太遠，遠水不救近火，無論如何沒有蘇聯與我們那樣方便。最近我們得到消息，日本今年肯定要打外蒙，因此我們應當與蘇聯合作，讓他們幫助我們軍火和糧餉。這一點很重要。」

鄧文儀的三點要求，都藏着很深的伏筆：統一指揮，可以引申出中共交出武裝或接受改編；子彈、糧食準備不足，可以引申出暫時還不宜高喊抗日；第三個意思，則引申出蘇聯援助是先決條件。為了敦促蘇聯援助，他又編造了一個假情報。

對這段可多重解釋、有很大周旋餘地的話，潘漢年回覆得也恰到好處：

「如果真心抗日，這三個問題應該都不難解決。我們可以討論一個雙方都能接受的好辦法。抗日應當利用英美的幫助，這一點我們不會反對。關於找蘇聯幫助，這確很重要，根據他們一貫幫助被壓迫民族反抗帝國主義侵略的原則，只要南京政府堅決站在團結全體民眾反對日本的立場上，我個人相信蘇聯對中國的民

族運動是會同情的。你們從外交方面去努力不會沒有結果的。至於說日本最近關於進攻外蒙和內蒙的宣傳，它很大程度也是故意吸引南京政府的注意視線到蒙古問題上去。因為蘇聯國防力量雄厚，全國團結一致，日本沒有歐美帝國主義的幫助，實際上是不敢冒險進攻蘇聯的。日本進攻外蒙，恐怕不比進攻南京政府更容易。我們沒有必要討論日本究竟是先進攻外蒙，還是先進攻中國。我們現在應當努力團結一致對付日本，這是刻不容緩的事情。」

潘漢年再次強調當前的事實是：

「朱、毛和王明同志 8 月 1 日即發出宣言，最近紅軍又發通電，南京政府除汪精衛被刺，組織上略有變動以外，看不到有任何真正抗日的準備。」

在交談中屢屢處於被動地位，讓鄧文儀感到很累，可又不得不再次為領袖辯解：

「要抗日其實政府早有準備，不然的話，日本為什麼總是要威脅蔣先生呢？關於我們抗日的準備問題，將來會有文件來證明蔣先生的。現在情況非常迫切，日本可能只留給我們三個月時間，而我們之間尚未停戰。即使停戰後，80 個師的部隊也不可能馬上集中起來，何況為了避免日本人知道國共妥協，先發制人，各個擊破，與紅軍接觸的部隊還不能立即撤退。但我敢說，我們與紅軍停戰之日，就是與日本宣戰之時。因此我希望能夠與你們早日談判成功。」

在晤談臨近結束時，潘漢年說：

「希望今天我們初次交換意見之後，下次你能夠具體地代表南京政府提出你們的想法。」

鄧文儀不失時機地再次提出見王明之事：

「當然。不過，雖然我們談話也是一樣，我還是希望見一見王明，因為來莫斯科時，蔣先生特別叮囑要我會見王明的。」

這次談判未取得任何實質性的成果，於是，雙方約定了 3 天後再談。

四　共產國際對王明親自與鄧文儀接觸，表示了基本肯定的意見　／蔣介石和他的政府被日本的宣傳欺騙了　／王明指責了蔣介石把內蒙古劃為紅軍的根據地和活動區域的建議　／鄧文儀此時還不知，蔣介石已經改變了主意　／蔣介石反覆勸說長達80分鐘　／與蘇聯締結軍事聯盟的計劃隨之胎死腹中

　　根據潘漢年的記錄和匯報，王明將中共與國民黨當局接觸的情況，分別向共產國際總書記季米特洛夫、負責聯絡工作的書記處書記皮亞尼茨基做了報告。接着，中共代表團再度召開會議，又一次對王明是否親自見鄧文儀進行討論。

　　在中共代表團會議上，與會者們意見分歧。然而，共產國際的領導人，對王明親自與鄧文儀接觸，則表示了基本肯定的意見。於是，王明與鄧文儀之間的正式談判，便再無什麼障礙了。由此可見，當時共產國際和蘇共中央對中國共產黨決策的影響依然是很大的。

　　1月17日，王明與鄧文儀進行了第一次正式的談判。在這次談判過程中，鄧文儀代表蔣介石明確提出了在蘇維埃改制、紅軍改編的基礎上，實行國共合作共同抗日的建議，但是蔣介石提出的部分條件比較苛刻，讓王明感到難以接受。

　　有關他們會談的經過和內容，目前只有蘇聯研究中蘇問題的專家季托夫在其著述中有簡約的記載，但主要是鄧文儀所談的內容，而有關王明的態度描述較少：

　　照王明的話說，鄧文儀同他進行接觸是在 1936 年 1 月底或 2 月初。第一次會見時，鄧文儀說：蔣介石和他的政府被日本的宣傳所欺騙了。他們認為，日本不會而且也不可能把中國變為它的殖民地，所以他們決定不抗日，以便同日本一起首先反對西

方強國，然後再對付日本。鄧文儀繼續說，然而這個打算是錯誤的，日本進攻威脅到中華民族，因此不抗日中國就會滅亡。其次，鄧文儀告訴王明，蔣介石收到他在共產國際第七次代表大會上的發言和他關於中國抗日統一戰線的文章以後，決定同中國共產黨談判。鄧文儀提出三項初步建議供討論：1. 取消中國蘇維埃政府，這個政府的所有領導人和工作人員參加南京政府；2. 改編中國紅軍為國民革命軍，因為同日作戰必須有統一指揮；3. 國共兩黨間恢復 1924 年至 1927 年存在的合作形式，或任何其他形式。在這種情況下，中國共產黨繼續獨立存在。

鄧文儀在說明這個建議時聲明：南京政府將實行革新並開始實行 1935 年 8 月 1 日中國共產黨宣言中提出的國防政府的十點綱領。鄧文儀在談到改編中國紅軍時說：「當然，紅軍不會接受南京政府的軍事工作人員，但紅軍和南京政府間應交換政治工作人員以表示互相信任和尊重。蔣介石知道，紅軍沒有彈藥、武裝和糧食。所有南京政府能夠給紅軍一定數量的武器和糧食，以及派出若干軍隊幫助紅軍，以便紅軍開到內蒙古前線，而南京軍隊將保衛長江流域。」王明指責了蔣介石把內蒙古劃為紅軍的根據地和活動區域的建議，實際上內蒙古並不在蔣介石的控制之下，這對共產黨來說是不嚴肅和不能接受的。鄧文儀說，考慮到內蒙古遠離中心和那裏缺乏糧食，南京政府還可以劃給紅軍其他地區作為基地，其中包括「西北部分地區」。同時，鄧文儀指出，這使中國共產黨有可能建立「國際聯繫」，暗示中國共產黨可以同蘇聯建立聯繫。同時，鄧文儀承認，在中日戰爭情況下，日本將會封鎖中國所有海岸線，那時中國將不能從歐洲和美國買到武器和彈藥，其主要來源將變成蘇聯。鄧文儀繼續說，所以我們想經過西北從蘇聯方面得到武器和彈藥。

王明聽了鄧文儀的談話並同他討論了某些問題後，向他建議，他所代表的那些人可以同處在國內的中國共產黨和紅軍的領導建立直接聯繫，以便同他們談判簽定抗日和停止內戰的具體條件。

在 1 月 18 日中共代表團會議上，當王明敘述了與鄧文儀晤談的情況後，多數與會者明確反對在南京政府所提條件下進行談判，要求王明務必堅持中共在共

產國際七大所宣佈的關於「國防政府」和「抗日聯軍」的政治目標。

因此，在 1 月 22 日王明與鄧文儀的第二次談判時，王明對南京政府的所謂合作誠意，明確表示了懷疑的態度。但最後考慮到鄧文儀宣稱蔣介石已經來電，表示歡迎中共代表前往南京，王明遂表示同意安排中共代表前去談判。雙方還議定，中共代表同鄧文儀一起，於 1 月 25 日從莫斯科出發，前往南京。

不料，第二天，即 1 月 23 日，鄧文儀找到了王明，告訴他蔣介石又發來電報，指示他立即前往柏林，去參加由李融清（即陳立夫）主持的中蘇軍事互助條約的談判，與中共談判代表共同前往南京的計劃恐怕要落空。

但鄧文儀認為談判仍將進行，只是可能仍要在莫斯科舉行，因為蔣介石希望國共雙方首先在莫斯科達成協議，然後再拿到國內去拍板定案。因此，他估計李融清將參加在莫斯科的兩黨談判。26 日，鄧文儀寫信給王明，說他將於次日出發前往柏林，並再次保證他將同李融清一起回來與王明進行具體談判。但鄧文儀此一去便杳如黃鶴。

事實上，鄧文儀此時還不知，蔣介石已經改變了主意。早先，蔣介石想找莫斯科的中共代表團談判，是因為他於 1935 年 12 月 19 日從蘇聯大使鮑格莫洛夫口中得知，蘇聯政府已經同意與南京政府締結軍事互助條約；同時他得知在蘇聯的中共代表團，放棄了籠統地反對國民黨和南京政府的政策，開始提出建立全國範圍的抗日統一戰線的主張。

蔣介石估計蘇聯政府是出於自身利益的考慮，決定支持他統一中國的努力，並正在迫使中共改變政策。據此，他立即派駐蘇武官鄧文儀前往莫斯科，找中共代表團談判，同時秘密派陳立夫（化名李融清），攜其親信張沖（化名江淮南），坐船趕往柏林，伺機與蘇聯交涉軍事合作問題，並與在蘇聯的中共代表團接觸。

但鄧文儀、陳立夫二路人馬先後出國赴歐之後約一個月，蔣介石才得知，蘇聯政府並無支持他政治解決中國共產黨問題的想法。

1 月 22 日，蔣介石與蘇聯駐華大使鮑格莫洛夫會談，蔣再三要求蘇聯政府在國共兩黨的衝突問題上，表明立場，勸告蘇聯務必通過向中共施加壓力，支持

南京政府統一中國的方式，取得他的信任。

　　然而，鮑格莫洛夫明確轉達蘇聯政府的意見說，蘇聯與中共並非蔣介石想像的那種關係，解決國共兩黨衝突是中國內政，蘇聯政府絕不會對其中一方施壓。蔣介石反覆陳說長達 80 分鐘，但全無結果。

　　蔣介石終於感到，借用蘇聯壓力政治解決中共，實屬一廂情願；遂對與蘇聯締結軍事聯盟也失去興致。他擔心如果蘇聯繼續暗中支持中共，一旦中日戰爭爆發，蘇聯軍隊依照條約進入中國，受益者不是他蔣介石，而將是中共，與蘇聯締結軍事聯盟的計劃隨之胎死腹中。

　　因此，蔣介石在 1 月 23 日突然致電鄧文儀，通知他立即停止談判。不久，日本輿論暗示陳立夫的歐洲之旅，有赴蘇聯之嫌，蔣隨即致電正在柏林準備伺機入蘇的陳立夫，放棄與蘇聯政府秘密談判的計劃，轉道歐洲回國。

五　潘漢年也以中華蘇維埃中央政府人民外交委員會副委員長的身份致信蔣介石　／毛澤東、彭德懷均已明確表態：「目前不應發佈討蔣令」　／陳雲說：此事決策的是王明、康生和我　／「你到香港之後，給陳果夫、陳立夫先生直接寫信」　／鄧文儀提出唐突的問題　／胡愈之得到指示：「你今後的工作由潘漢年領導」

　　由於王明與鄧文儀在第二次晤談時曾商定，雙方將返回國內，繼續就聯合抗戰事宜進行磋商；甚至有鄧文儀回國進入陝北蘇區，直接和毛澤東、朱德等人談判的設想，王明即於 1 月 23 日，致信毛澤東、朱德、王稼祥。

　　信中說：「南京軍事委員長介石先生於本年 1 月曾派駐蘇武官鄧文儀為代表，

親與弟及漢年面談數次，表示同意我們所提出之抗日救國統一戰線原則。惟對於抗日救國多具體合作辦法有待與蔣與諸同志直接商洽。」

同日，潘漢年也以中華蘇維埃中央政府人民外交委員會副委員長的身份致信蔣介石：對鄧文儀進入陝北蘇區談判時的「自由及身體安全之保障，我代表蘇維埃政府主席及紅軍總司令負完全責任」。

就在這期間，毛澤東率領紅一軍團東渡黃河，發動了含義多重的東征戰役。在短短的時間裏，紅軍就取得殲敵 7 個團，擴軍 8 千餘的輝煌戰果，使進入陝西威脅根據地的閻錫山軍，退回山西。蔣介石命令陳誠（1898-1965）率數路嫡系蔣軍入晉，妄圖一舉殲滅東渡的紅軍；又命令張學良的東北軍陳兵黃河西岸，堵截紅軍返回陝北根據地。

形勢如斯，使中止了國共談判的王明及中共代表團，感到與蔣介石聯合是一種幻想，遂發表專文指出：「蔣介石已成為全國人民團結和抗日救國的最大障礙。不肅清這一障礙，中華民族抗日救國的神聖事業便無從實現。」

他們斷定蔣介石派鄧文儀秘密和中共駐共產國際代表團接觸，是「企圖乘機收編紅軍的陰謀」。決定取消潘漢年充當國共兩黨談判聯繫人的使命。此時已在回國途中的潘漢年，又被急電召回莫斯科。

3 月後，中共駐共產國際代表團，收到了來自國內的通報：陝北的紅軍，同張學良、楊虎城業已開始秘密接觸，並達成了共同抗日救國的口頭協議；同時，國內的中共與國民黨當局，已經秘密地開通了幾條聯繫通道；中共中央在晉西會議上，雖未放棄同蔣介石鬥爭的方針，但亦強調不排除與蔣介石聯繫；毛澤東、彭德懷已明確表態：「目前不應發佈討蔣令。」「我們的基本口號不是討蔣令，而是討日令。」

共產國際根據中共在國內的新情況，於 3 月下旬，「決心改變抗日與反蔣的口號，主張對蔣介石南京政府採取相應靈活的措施」。中共代表團根據共產國際的指示，經過會議討論，商定修改「抗日反蔣」的口號，以「反日討賊」取而代之。

就在這時，活躍在上海文化界的中共秘密黨員胡愈之（1896-1986），輾轉

經香港、巴黎，來到莫斯科。他再次帶來了有關敦促正在西北剿共的東北軍和西北軍舉起抗日救亡大旗，南方兩廣的軍事實力派李宗仁、白崇禧、陳濟棠以及寓居在香港的原十九路軍愛國將領蔡廷鍇等，也在借抗日的旗號，積極密謀軍事反蔣的消息。

胡愈之沒想到，他到達莫斯科時，竟是老相識潘漢年來火車站接他。他提供的消息，由潘漢年轉給了中共代表團團長王明。不久，王明約見胡愈之，詳細地聽取了有關國內情況的報告。

在了解了大量國內情況後，中共代表團認識到：面對全國一派高漲的抗日情緒，蔣介石出於其政權的穩固和利益考慮，終將被迫接受聯共抗日的事實。同時聯蔣抗日的實現，對中共武裝的發展和壯大，都是有利的。中共代表團經反覆研究，決定再派潘漢年充當國共合作談判的秘密聯絡員。

具體任務，是由王明親自向潘漢年佈置的。他對潘漢年說：

「組織上決定派你回到國內去執行新的使命。主要任務是兩項：一是同國民黨中央黨部負責人陳果夫、陳立夫等接洽兩黨談判合作抗日的事宜，前期主要是進行聯絡工作；二是尋覓機會進入陝北找紅軍和黨中央，設法恢復他們同共產國際中斷已久的電訊聯繫。」

最後，王明告訴潘漢年，行前和鄧文儀見一次面，商洽一下回國後如何與國民黨當局聯絡。

由於指派潘漢年擔任國共合作談判秘密聯絡員一事，是中共駐共產國際代表團的最高層決定的，此事極為機密，故而知道的人屈指可數。1979 年，陳雲在致當時的中共中央秘書長胡耀邦（1915-1989）的信中，提到了此事決策的情景。其大意是：

1936 年，當時中央駐共產國際代表團的代表和主管同國民黨接觸的有三個人：王明、康生和我，如今只剩我一個了。我再不說話，沒有人知道了。

潘漢年和鄧文儀的這一次會見，是在莫斯科大都會飯店的一間客房裏。潘漢年由共產國際的一位蘇聯同志陪同。他們雖然中斷了一段時間的聯繫，但鄧文儀依舊表示當局仍願意就合作抗日問題，繼續進行談判。只是目前這方面的工作，已移交別人主持了。

「現在國內戰爭仍在進行。此次我奉命回國和貴方聯絡談判事宜。可是我連進入國門的自由也沒有，該怎麼辦呢？」潘漢年問道。

「這很容易。你到香港之後，給陳果夫、陳立夫先生直接寫信通知他們，他們就會派人到香港去找你聯繫的。」鄧文儀隨即答道，彷彿對此早有安排。「眼下，中共對於進行新的國共合作持何基本態度？」他隨口提問。

「現在國民黨軍隊還在追剿紅軍。紅軍當然要自衛反擊。內戰還沒有停止，所以還談不上國共合作。停止軍事行動應當是國共合作的前提。」潘漢年向鄧文儀透了點風。

「對國內的重大問題，到底是由在莫斯科的中共代表團決定，還是由在國內的共產黨中央決定呢？」

鄧文儀提出如此唐突的問題，是因為以王明為首的駐莫斯科共產國際中共代表團，當時一直以太上皇自居；而共產國際和中共的關係，當時被外人習慣地被看作是互為統屬的上下級關係。蔣介石要與中共談判，總要與有決定權的一方談，所以鄧文儀也很想搞清楚這一點。

潘漢年感到這個問題很難應答，因為中共黨內對此一直還沒有一個明確的說法，黨內某些認知、提法的變化，需要有一個正常的程序通過。但在戰事緊迫和抵禦外侮形勢急切的情況下，這個程序運行還提不上日程。但他還是根據自己的認識做了說明：「在莫斯科的中共代表團，是中國共產黨的一個派出的工作機構，重大問題，理應服從中共中央領導的決定。」

由於這次會面主要是解決聯絡的技術問題，故而很短促。

4月，準備停當的潘漢年被告知，正在蘇聯逗留的胡愈之與他同行。而胡愈之也得到指示：「你今後的工作由潘漢年領導。」

　　在特科時期的老助手歐陽新的護送下，他們從莫斯科出發，以公開旅遊者的身份，乘坐國際列車前往巴黎。歐陽新到巴黎即返回莫斯科，潘漢年、胡愈之則取道馬賽，在那裏登上直達香港的輪船。

第九章

「挖牆腳」的專家成了合作的橋樑

一　特務頭子劉健群、張道藩來和鄒韜奮談話，並以死來恫嚇　／給鄒韜奮先生覆電，就說等你回到香港後，再擇吉開張　／章乃器嫌文字太「右」，堅持要修改　／張聞天本人曾打算親自去上海，重建機構　／聽馮雪峰如是說，潘漢年興奮了起來　／這個「黃毅」是誰呢？是曾經打過交道的人嗎

　　當列車行駛在莫斯科至巴黎的中歐平原，當客輪劈波在馬賽赴香港的地中海、印度洋，潘漢年、胡愈之這兩位在左翼文化運動時期就已熟悉，現在又增加了一層直接工作關係的老朋友，以傾心的長談，驅除着長途跋涉的舟車勞頓。

　　潘漢年在莫斯科已經逗留了半年有餘，特別是在面臨如何扮演好國共新一輪合作談判秘密聯絡人角色後，對國內新的形勢、對國民黨內、對國內各派政治勢力的情形和變異，他更渴望能了解掌握得越詳盡越好。故而在這漫漫的旅途，在他倆的深談中，就彷彿白駒之一蹴。

　　輪船在香港碼頭泊定時，潘漢年看到了自己久別的弟弟、中共地下黨員潘渭年。潘渭年告訴潘漢年，已經為他們安排好了下榻的寓所。

　　胡愈之稍事安頓，便根據潘漢年的指示，去看望了原《生活》週刊主編鄒韜奮（1895-1944）先生，因為鄒韜奮有件急事要與他們相商。

　　早在負責文委工作時，潘漢年即與鄒韜奮相識。潘漢年撤離上海不久，鄒韜奮就加入了魯迅、宋慶齡等發起組織的中國民權保障同盟，反對蔣介石踐踏人權的行徑，因受到國民黨當局的迫害而流亡國外。1935年歸國後，又創辦《大眾生活》週刊，積極參與推動抗日救亡運動。

　　他的活動再次引起國民黨當局的恐慌，「先是派特務頭子劉健群、張道藩來和鄒韜奮談話，並以死來恫嚇；後又由杜月笙出面來約鄒韜奮去南京和蔣介石面談，要鄒韜奮到蔣介石身邊去工作，企圖以高官厚祿來籠絡他。在這種情況下，

為避免意外，鄒韜奮又一次流亡。

1936 年 3 月，鄒韜奮來到香港，長於辦報刊的他打算在香港辦一份報紙。其時，兩廣的國民黨實力派正策劃反蔣，所以對鄒韜奮辦報表示願意在經濟上給予支持，但前提是報紙要為兩廣的反蔣做些宣傳」。

胡愈之在歸途經過巴黎時，收到了鄒韜奮的電報。他邀胡愈之速往香港，幫助他辦報。胡愈之見電報後，即與潘漢年相商，潘漢年沉吟有頃，對胡愈之說：

「你立即給鄒韜奮先生覆電，就說等你回到香港後，再『擇吉開張』。」

胡愈之後來才明白，潘漢年為何要他急電鄒韜奮將創報之日往後拖延。

鄒韜奮與蔣介石的不抵抗政策勢不兩立的態度潘漢年是很清楚的；同時他得知兩廣軍人實力派欲資助辦報，必是想借助報紙為其反蔣製造政治輿論。在此背景下匆匆創刊的報紙，難免與中共新近的不討蔣的精神拉大距離。從這件事上，可以看出，經過一段時期為國共新一輪合作的奔波和歷練，潘漢年在這一方面的政治反應已經相當機敏，十分注意在相關問題上把握政策的分寸感。

經過在莫斯科和歸國途中，潘漢年對共產國際關於建立反法西斯統一戰線及中國革命路線問題的介紹解說，胡愈之對回到香港後如何展開工作，已逐漸明晰；對鄒韜奮所邀辦報一事，也形成了定見。幾十年後，他在有關回憶中追述了他和潘漢年剛到香港及有關與鄒韜奮辦報的情形：

5 月初我們到了香港，我向鄒韜奮介紹了共產國際關於建立國際反法西斯統一戰線的方針，告訴他我們報紙的宣傳也應由反蔣抗日向聯蔣抗日轉變。這樣我們辦的《生活日報》就沒有接受兩廣派的經濟資助，報紙在 6 月 7 日創刊，也不提兩廣的反蔣運動，不久兩廣的反蔣活動也因被蔣介石分化收買而失敗。這是我從共產國際回來，執行黨的抗日民族統一戰線政策，促進國共合作的最初行動。

5 月 31 日至 6 月 1 日，全國各界救國聯合會在上海召開，成立了全國性的救國會組織。但參加這次大會的代表，有一些是地下黨員，還有一些是國民黨反蔣實力派

的代表⋯⋯民族資產階級和真正的中間派的代表很少。所以會議的宣言、口號多比較「左」，對蔣介石國民黨不能起爭取團結的作用。根據這個情況，潘漢年特地找了在香港的鄒韜奮和陶行知做了說服工作，由我幫助起草了一個《為抗日救亡告全國同胞書》。這個文件基本上和《八一宣言》的調子相近，是站在中間派立場上寫的，主張國民黨要停止內戰，共產黨要廢除蘇維埃和工農紅軍，要團結民族資產階級。

由胡愈之起草的這份文件，被送到上海，請在那裏的抗日救亡運動領袖沈鈞儒（1875-1963）、章乃器（1897-1977）簽名聯署。沈鈞儒很快就簽了，可章乃器嫌文字太「右」，堅持要修改。修改後的文章題目叫〈團結禦侮的幾個基本條件與最低要求〉，章乃器的名字署在最前面，在鄒韜奮辦的《生活日報》上發表了。

陝北的中共領導人從報端看到了這篇文章，毛澤東隨之給章乃器等寫了封信，依照《八一宣言》的精神對章等做了一番解釋，此信與胡愈之根據潘漢年的意見起草的《告同胞書》基調基本一致，足見潘漢年對當時中共的大政方針把握得相當準確。

在那段日子，潘漢年並不常和胡愈之在一起，他要忙碌得多。他經常出沒在「飯館以及高級咖啡店裏」，「他時常到中國人不大去的外國咖啡店找一些國民黨的重要人物或特務頭子談話」。

這一方面是要把中共在新形勢下有所變化的主張最大限度地擴散出去；一方面也是盡可能地掌握各方面的情況和信息，為與國民黨最高層的談判，做充足的準備和鋪墊。

潘漢年為了獲悉兩廣實力派正在醞釀的反蔣內幕，通過關係約見了李宗仁、白崇禧派駐香港的代表王公度（1895-1937）、劉仲容（1903-1980），向他們介紹了共產國際建立的國際反法西斯統一戰線的新精神，中共《八一宣言》的內容，希望桂、粵軍方的反蔣行動，不要拘泥於報復蔣介石的軍事壓迫，而應高舉抗日大旗，召喚更多的救國力量，以軍事手段迫使蔣介石放棄專制獨裁統治。

　　依然是通過老關係梅龔彬、胡鄂公等人，潘漢年還會見了當年策動福建事變的十九路軍將領陳銘樞、蔣光鼐等人。當他得知這些將領的認識，仍舊停留在當年以反蔣為主的水平上，並積極籌謀聯合各地軍事力量，發動反蔣抗日統一行動後，便向他們耐心地講解了形勢的變異，強調應突出抗日大主題的意義。

　　在向具有愛國熱情的地方實力派宣傳聯合抗日思想的同時，潘漢年一刻也沒有忘記他此行的主要任務。他一面根據與鄧文儀商妥的辦法，向陳果夫發出了聯繫的信件；一面設法同在陝北的中共中央接頭。

　　將近一年半了，潘漢年中斷了同中共中央的聯繫。而對大革命後中共的歷史非常清晰、並和毛澤東有過接觸的潘漢年，內心很清楚能把革命引向勝利的統帥部在哪裏。因此他急於前往中央所在的陝北，渴望聆聽毛澤東、張聞天、周恩來等領袖們的教誨。

　　然而從香港到陝北，不單單是路途遙遠、跋涉山川的問題。潘漢年深知沒有「交通」引路，實在寸步難行。這時，他想到了上海。儘管他知道上海的地下黨組織遭受了嚴重破壞，但中共始終沒放棄在那裏恢復組織的努力。

　　1935 年初，中央派陳雲和他去上海，就帶有恢復組織的任務，但當時條件不具備；張聞天本人也曾打算親自去上海，重建機構，但中央沒有同意。那麼如今呢？是否又派去了得力的骨幹呢？是否有了新的轉機呢？

　　他決定派胡愈之先去上海，憑借自己的關係，盡快和那裏的地下黨取得聯繫。胡愈之回滬馬上就有了回音：他通過自己的弟弟、《申報》主編胡仲持（1900-1968）等，和剛從延安到上海，住在魯迅那裏的馮雪峰聯繫上了。

　　潘漢年聽到此訊，分外欣喜，立即傳遞了希望盡快和馮雪峰見面的信息。馮雪峰是當年他在文學藝術界擔任領導工作時的老搭檔。籌備左聯時，馮雪峰是12 籌委之一；他調往特科時，是馮雪峰接替了他在文委的工作。不久，馮雪峰就在胡愈之的陪同下，來到香港與潘漢年見了面。

　　馮雪峰告訴潘漢年，他是 4 月下旬，受中共中央派遣，從瓦窯堡赴上海的。「中央給的任務是 4 個：1. 在上海設法建立一個電台，把所有能得到的情報較快

地報告中央。2. 同上海各界救亡運動的領袖沈鈞儒取得聯繫，向他傳達毛主席和黨中央的抗日民族統一戰線政策，並同他們建立關係。3. 了解和尋覓上海地下黨組織，取得聯繫，替中央將另派到上海去做組織工作的同志先做一些準備。4. 對文藝界工作也附帶管一管，首先是傳達毛主席和黨中央的抗日民族統一戰線政策。」

他還告訴潘漢年，第一項任務，是周恩來親自交代的，「並給了我密碼，約定我用『李允生』這個名字，……眼下上海已經建立與陝北中央聯繫的電台，同時也有了一條秘密通道」。

聽馮雪峰如是說，潘漢年興奮了起來：有電台，有密碼，又有了通道，就可以馬上同中共中央聯繫了。他對馮雪峰說：「請你通過上海的電台，向黨中央報告我回國了，我希望有機會前往陝北匯報我工作的情況。」

在香港，潘漢年與馮雪峰聚也匆匆，離也匆匆。送走了馮雪峰，潘漢年就開始推想：究竟是與國民黨的上層接觸的消息先到呢，還是在此前馮雪峰能與中共中央聯繫上，自己得以先走一趟陝北呢？他倒是很希望能先走一趟陝北，因為領會陝北的中共中央的精神，對與國民黨上層的接洽和談判，肯定將會大有裨益。

正在推想之間，7 月 7 日，潘漢年在《生活日報》上，看到了一則啟事：

「淑安弟鑑：遍訪未遇，速到九龍酒店一敘。兄黃毅啟。」

「淑安」，是潘漢年常用的一個化名，他給陳果夫寫信就是用這個名字；以在報紙上登尋人啟事的方式進行聯絡，也是信中約定好的。一見這則啟事，潘漢年知道：國民黨方面的聯繫人，來了。

然而，這個「黃毅」卻是個非常生疏的名字，他究竟是誰呢？是曾經打過交道的人嗎？

二　「黃毅」正在九龍飯店的一個包間裏，不安地等待着「淑安」的來訪　／他是大特工　／是特工們首先為兩黨新一輪的合作，把手握在了一起　／張沖把電台接收到的《八一宣言》，抄送蔣介石　／蔣介石指示：「派張淮南去香港會見潘漢年」　／一個心虞遭人暗算，一個提防落入陷阱

就在潘漢年揣度着他即將晤面的國民黨聯絡員時。這位署名「黃毅」的國民黨聯絡員，正在九龍飯店的一個包間裏，不安地等待着「淑安」的來訪。但是，他沒有住宿在用「黃毅」的名字登記的那個房間。當然，這並非因為他本人確確實實不叫「黃毅」。

此人比潘漢年年長三歲，真名張沖。就是那個當年顧順章叛變，奉命在顧的指引下，前往上海企圖將中共中央領袖們一網打盡的那個張沖；就是那個一手炮製了〈啟事〉，導致周恩來晚年不得安生的張沖；就是那個化名江淮南，與陳立夫遊歷歐洲伺機訪蘇，差一點就和潘漢年在蘇聯碰頭的張沖。

讓我們看看他的簡歷吧。

張沖原名張紳，字淮南，浙江樂清縣人。他少而聰穎，擅長詩賦，在溫州省立第十中學讀書時，受五四時風挾裹，發起組織了醒華學會，以振興中華為己任。1922 年，他考入北京鐵道管理學院，並加入國民黨。3 年後，他以官費生轉入哈爾濱中俄工業大學，翌年又考入哈爾濱政法大學。在東北期間，他任過國民黨哈爾濱市黨部委員兼青年部部長，曾因秘密組織反對奉系軍閥而被捕。張學良主政易幟後，他獲釋返回南京，追隨陳果夫、陳立夫兄弟。因其才華出眾且俄語講得流利，深得二陳垂青，擢為中央組織部調查科總幹事，成為 CC 系情報主管之一。1935 年，他被選為國民黨中央執行委員，是國民黨中最年輕的執委。

他是大特工。由他出面與中共搭線，是蔣介石親自拍板決定的。

中共《八一宣言》傳出後，張沖屬下的中統南京香鋪營電台很快就接收到了。張沖閱後，對該文件與中共歷來的政策有異十分敏感，隨即將電文抄送蔣介石和其他要員。此後，由於國內外政治氣候的變化，也由於中國共產黨和國民黨內有識之士的努力，兩黨的敵對關係有所緩解，接觸渠道有所疏浚，秘密交往有所增多。

一直在特工戰線同中共敵對的張沖，此時的思想出現了變化，他甚至向部下流露了：「當前日寇侵略日亟，共產黨也是有愛國之心的，為什麼不可以聯合起來一致對外呢？」的看法。對此，他的頂頭上司陳氏兄弟當然清楚。蔣介石派陳立夫秘密赴蘇時，陳立夫即偕張沖同行，這其中當然有張沖「能說俄語」的因素。

蔣介石收到鄧文儀傳來潘漢年奉命回國，將與南京洽商國共合作事宜的密報後，繼而就從陳果夫口中獲知潘漢年已到香港的消息。他指示陳果夫派員赴港面商，並吩咐說：「派張淮南去香港會見潘漢年，具體的事情，請潘漢年到南京來談。」

和張沖一樣，潘漢年也是多年擔任中共情報工作的領袖人物。5 年前，他就與張沖為各自的陣營展開過文武兩面的較量，只是一直沒有面對面地交過手。

特工在通常人的眼裏，是互相挖對方「牆腳」的角色。但在 1936 年，當空前的民族災難降臨，當國共兩大陣營出現聯合的契機，作為雙方最早溝通的人物，竟然都是傑出的特工。

被蔣介石陸續推出場的陳立夫、鄧文儀、張沖，都是國民黨情報系統的掌門人和骨幹；中共方面最早出面的潘漢年，自 1931 年始，就成為在上海的中共中央情報系統的領袖。不論他們冠以什麼名分，他們工作的性質卻是一樣的。就是他們，首先為兩黨新一輪合作，把原先置對方於死地的手，平和地握在了一起。

他們的會面也是頗具特色的。

化名「黃毅」的張沖，根本就沒在用「黃毅」名字登記的房間等待，守在那裏的，是他的一個隨從。他知道自己這樣一個與中共特工為敵的角色，可能會成為中共特工系統的襲擊目標。中共會不會利用這個機會暗算他，讓他難免心有餘悸。

出於同樣的心理原因，潘漢年在看到《生活日報》上的啟事後，也沒冒然去叩「黃毅兄」的門。他也不得不防備國民黨特工可能佈下的陷阱。他通過當年和國民黨情報部門有關的情報人員出面搭橋、聯絡。

直到雙方都解除了不信任和疑懼，他們才在雙方都認為安全的地方見了面。張沖英氣勃勃，志得意滿；潘漢年雖說比張沖更年輕，卻顯得文雅沉靜，他已經經歷了與十九路軍、與陳濟棠、與鄧文儀三次和不同營壘的代表談判的歷練，這方面的經驗甚至比年長的張沖還要老到。

只第一眼，雙方就都感覺到了，眼前的這一位絕非等閒之輩。那種英雄所見、惺惺相惜的感覺，職業的思維定勢，使他們霎那間掠過了把對手爭取過來的意念。

儘管初次見面，相互間內心已掠過好感，但由於以往都懷着深深的敵意，便沒有什麼太多的客套寒暄。潘漢年把自己回國的使命，以及中共駐共產國際代表團關於建立抗日民族統一戰線的理論、條件，扼要地講述了一遍，旋即直截了當地問道：

「我很想知道國民黨最高當局在這些問題上的立場，請張先生賜教。」

張沖的直覺告訴他：在潘漢年這樣的談判對手面前，與其虛與委蛇，不若開門見山，便用自己的話，敘述了蔣介石的指示：

「潘先生是知道我黨內情的，有些事說難辦也真難辦，說不難辦也的確很容易辦，這都取決於蔣先生。為了盡快促成國共兩黨攜手抗日的政治局面，希望潘先生隨我去南京，向國民黨最高當局和決策人，陳述中共駐共產國際代表團的全部意見。」

「那張先生本人的見解呢？」潘漢年彷彿漫不經意地問。

「一、我是一個真正的促進派，歷史必將證明這一點；二、正因為如此，我會盡全力溝通雙方的共識，縮小差異，使國共兩黨真的做到『兄弟鬩於牆而外禦其侮』。」張沖回答得乾脆且誠懇。

潘漢年遂答應與張沖同赴南京，和國民黨最高當局會談建立抗日民族統一戰線事宜。他們二人決定先一起乘船到上海，然後再轉赴南京。

三 他似乎忘記了對面坐着的是中共的聯絡員 ／25歲以前不幹共產黨是沒有出息 ／蔣介石說：「我們最後犧牲的時候」 ／陳立夫對蔣介石的指示方略，心領神會 ／陳立夫要張沖告訴潘漢年，這次他就不同潘漢年見面了

依然是雲濤一線的大海，依然是漫漫的海上旅途，但潘漢年卻不能像與胡愈之偕行似的，可以漫無邊際地傾心相談。他和張沖相互都懷着戒備，但長久的沉默不語又未免尷尬。

潘漢年、張沖，都是活躍在第一線的英俊幹才，他們不可能像政治老手那樣正襟危坐，故作矜持。何況在初次見面時，他們就相互留下好感，都閃過把對手爭取過來的念頭。

作為迎接中共聯絡員的主方，還是張沖首先打破了沉寂，他以閒聊的口吻，談起了自己的過去，有意無意之間，便言及自己從信仰共產主義，轉而成為三民主義信徒的經歷。說到加入國民黨以後的騰達得意，他流露出對有知遇之恩的陳果夫、陳立夫兄弟的感激。

他似乎忘了對面坐着的是中共的聯絡員，兀自感慨起來：「每當我回憶起這段人生轉折的歷史，我就會想起胡適先生的一句名言：25歲以前不幹共產黨是沒有出息；30歲以後再幹共產黨是傻瓜。」

因為是閒聊，潘漢年感到沒有必要就信仰的是非，跟張沖辯個面紅耳赤。但張沖提起胡適，倒讓他想起當年在三德里的「小夥計」周全平對胡適的不恭：「討好反動派的胡適之……是想當現在的官！」

而這位很敢藐視反動派的「小夥計」，卻在革命轉入低潮，白色恐怖籠罩之際，因為財務上紕漏，脫黨而去。看來在變幻詭譎的形勢環境下，不變地堅守某種信仰，需要何等的勇氣和意志。但在如今，在國難當頭之際，不論抱何種信仰之人，不論政見如何分歧，都應以拯救民族危難為大義，聯合對敵。

於是，潘漢年把話題引導到合作抗日上來，他談了他近幾年的經歷，談到了他同十九路軍、陳濟棠等的談判：

「在我們的信仰中，無疑是有相異成分的，但又都有使中華民族自立於世界民族之林的要義。當年，蔡廷鍇、蔣光鼐、陳銘樞等將軍在福建揭竿討伐蔣先生的時候，我曾受命和他們建立了反對蔣先生的統一戰線；而今，我又受共產國際之命回國，和蔣先生的代表張先生進行秘密的國共和談。我看，這不是誰放棄了自己的信仰，而是我們在實現民族自強自立，不能容忍國土淪喪的大義上，有共同點。」

潘漢年這番有關民族大義和尋求共同點的實在之論，贏得了有意為抗日救亡推波助瀾的張沖的好感。經過幾天共同的旅途生活，這兩位曾經敵對的特工，關係似乎已經除去了那重公事公辦的生分。

7 月中旬，他們最終到達國民政府所在地南京。張沖把潘漢年安排在有名的南京揚子飯店下榻，兩人於談笑風生中的政治角力也暫告一段落。

此時，南京正在召開國民黨五屆二中全會，其主題是為準備抗戰謀求國內政治、軍事上的統一和團結。蔣介石在此次會議上，第一次比較明確地表示了抗日的態度。他指出：

「對於外交所抱的最低限度，就是保持領土主權的完整。」「假如有人強迫我們簽定承認偽國等損害領土主權的時候，就是我們不能容忍的時候，就是我們最後犧牲的時候。」

因此，潘漢年的到來，引起了南京方面的高度重視。張沖奉命轉告潘漢年，將中共駐共產國際代表團有關國共兩黨談判的主要意見寫成書面材料，由張沖轉呈國民黨高層。

潘漢年的材料草成後，張沖將之送交陳果夫、陳立夫及部分中央黨部負責人過目。張沖還向二陳報告了香港之行的經過。陳立夫在閱看了潘漢年的材料並聽了張沖的匯報之後，立即和蔣介石商議了談判的步驟和方略。對此，蔣介石在《蘇俄在中國》一書中，作了簡要記述：

潘漢年代表共產國際，到達上海與張沖會商。當時我得到這個報告，對於潘漢年代表共產國際一切甚為懷疑。但據立夫考驗後，知道潘持有他與共產國際通電的密碼，及其來往電報無誤。我認為此事真偽虛實，對本案不甚重要，故亦未再追問。潘漢年乃即到南京與陳立夫談判，政府對中共所提的條件為下列四點：

一、尊奉三民主義；

二、服從蔣委員長指揮；

三、取消「紅軍」，改編為國軍；

四、取消蘇維埃，改為地方政府。

陳立夫對蔣介石的指示方略是心領神會的。但是，他認為要落實蔣介石這四點指示，僅僅和潘漢年談判是不能根本解決問題的。潘漢年來自莫斯科，他所寫的書面材料只代表中共駐共產國際代表團的願望，並不能代表國內的中共中央和中央紅軍。

根據他和蘇聯駐華大使鮑格莫洛夫多次會談的感覺：共產國際不能完全指揮中國共產黨，尤其是「朱、毛紅軍」。他認為應當直接和周恩來舉行會談。這不僅是外交談判中的所謂對等禮儀，而且也是解決實際問題的關鍵。如果中共一定要潘漢年作合作談判代表，則必須在潘漢年赴陝北，取得國內中共中央和紅軍方面正式談判代表資格和有關合作談判條件後，他再考慮同潘漢年談，這次他就不與潘見面了。

他派張沖向潘漢年轉達他的三點意見：

一、二陳對潘漢年回國奔走國共合作談判表示歡迎。潘的安全不成問題，但請他保守秘密，以免傳出去引起麻煩；

二、二陳目前不便向蔣介石提出國共談判的事，因為蔣正在洛陽前線指揮戰事。蔣堅持在解決「武裝割據」之前不停止軍事行動；

三、二陳決定派曾養甫（1898-1969）做代表先和潘漢年談。等潘漢年到陝北和毛澤東、周恩來等見面之後，將中共中央和紅軍的談判條件帶來南京，然後

再和二陳正式談判。

四 潘漢年對陳立夫的決定，既意外又表示理解 ／宋子文的老同學曾養甫出場了 ／他主持着國民黨與中國共產黨秘密聯絡的兩條渠道 ／講究實際的蔣介石，更為重視握有兵權的在陝北的黨中央 ／「紅色牧師」應宋慶齡之託，秘密進入中共陝北根據地 ／潘漢年發現，帶他秘密前往陝北根據地的交通員，竟然是他 ／劉鼎搖身一變

當張沖將陳立夫的三點意見如實向潘漢年做轉達時，潘漢年初聽感到有些意外，後仔細一揣度，感覺陳氏兄弟如此安排的動機也在情理之中。他隨之回覆張沖，同意先與曾養甫做接觸性的會談。

曾養甫，原名憲浩，養甫是字，廣東遠平縣人。他早年畢業於北洋大學礦冶系，隨即赴美入讀匹茨堡大學，並當選學生會會長。北伐前夕，他自美回國抵粵參加大革命，很快升任為農礦部次長。他屬於 CC 系，但始終在不相干的建設部門任職，1935 年，又出任鐵道部政務次長。

曾養甫與宋子文關係密切，政治觀點傾向英美派，贊同宋子文聯共抗日主張。當蔣介石把打通和共產黨的聯繫渠道的工作交予陳立夫時，陳立夫即請曾養甫奔走。曾養甫知道其北洋大學的同學諶小岑（1897-1992），與中共早期領袖張太雷（1898-1927）、周恩來均為故交，推測其有些能和中共說得上話的朋友，就拉諶小岑幫忙聯絡。

諶小岑贊同團結禦侮的大計，因而願意為之積極奔走。他先通過著名歷史學家翦伯贊（1898-1968），邀請有「紅色教授」之稱的史學家呂振羽（1900-1980）

和曾養甫會晤。其後又由呂振羽出面，請中共北方局負責人周小舟（1912-1966）南下，促成了曾養甫、周小舟的會談。

此外，諶小岑還通過地下黨員左恭（1905-1976），與張子華取得聯繫。張子華為此親去了一趟陝北，溝通了和中共中央的關係。曾養甫因此成為當時國民黨與中共秘密接觸四渠道中兩個渠道的主持人。陳立夫要他出面與潘漢年談判，是很自然也很放心的。

由於有陳立夫的關係，曾養甫很清楚蔣介石與中共打交道的真實目的和態度。就在不久之前，陳立夫來到曾養甫家中，和曾商議過一封回覆中共領導人的密信。根據當時在場做筆錄的諶小岑回憶，陳立夫、曾養甫商定了四項談判的條件：

一、K方（代表國民黨）歡迎C方（代表共產黨）的武裝隊伍參加對日作戰；

二、C方武裝隊伍參加對日作戰時，與中央軍同等待遇；

三、C方如有政治上的意見，可通過即將成立的民意機關提出，供中央採擇；

四、C方可選擇一地區試驗其政治經濟理想。

因此，曾養甫受命和潘漢年進行會談，對如何把握尺度，是心裏有底的。他為了穩妥起見，又親自登門徵詢了陳立夫對這次談判的宗旨和要求，才隨張沖赴揚子飯店，與潘漢年會面。

潘漢年對曾養甫不乏了解，早在中央特科工作期間，就知道曾養甫和陳立夫的關係。和曾養甫會談，信息馬上就可以轉送到陳立夫那裏。在張沖為相互間做了介紹後，潘漢年向曾養甫亮出了中共中央方面關於實現國共合作的三條意見：一、停止內戰；二、釋放政治犯；三、軍隊聯合抗戰。

主持着兩條與中共接觸通道的曾養甫，對和中共代表打交道，已經積累了一些經驗。他十分客氣地說：「潘先生提出的三條意見，我定會向國民黨中央報告。」接着，他也代表國民黨向潘漢年提出了兩條意見：

「一、國民黨對抗日是有決心的，但要作好準備。蔣介石反對空談抗日。目前外交問題險惡，希望中共方面不要利用目前的秘密來往搞對外宣傳；

二、歐洲各國共產黨都沒有武裝，中共目前擁有武裝力量。這是談判中最難解決的問題。能否像北伐時期那樣，中共不搞軍隊，只搞政治活動。」

曾養甫要求潘漢年將上述兩條意見向毛澤東、周恩來、朱德等轉達，國民黨中央將等待陝北方面帶來具體談判意見後，再繼續進行實質性的談判。

從鄧文儀在蘇聯提出駐蘇中共代表團、陝北中共中央誰說了算，到陳立夫方面一再傳來要等待陝北中共的意見，潘漢年越發感覺到：他這個談判代表，僅僅有共產國際的授權還是不行的，因為講究實際的蔣介石，更為重視握有兵權的在陝北的黨中央。而他自己也正盼着能盡快去一趟陝北，他也渴望聽到黨中央的聲音。

「那就按曾先生說的意見辦吧。請問，今後誰代表貴黨和我聯繫呢？」

「我們仍然派淮南先生作代表，負責聯絡工作。」曾養甫肯定地答說。

潘漢年結束了首次南京之行，返回上海，馬上着手前往陝北之事。他記起馮雪峰到香港時，曾告訴他上海、陝北間的秘密交通線已經建立，就請馮雪峰盡快幫助安排自己去陝北的行程。

在等候去陝北的時間裏，潘漢年住到了主張聯共抗日的英美派頭面人物宋子文家中。不習慣閒散的潘漢年，通過馮雪峰的聯繫，和久違了的宋慶齡、沈鈞儒等前輩和友人會了面。

他們視潘漢年為可信賴的忘年朋友，又隱約得知他是受共產國際派遣，回國和國民黨談判國共合作的，便在同他的交談中，詢問共產國際、蘇聯、中共代表團對時局的看法。潘漢年在向他們介紹有關情形的同時，也不失時機地打探到了一些新的情況，例如通過宋慶齡的關係，開拓一條國共接觸的渠道。

自從宋子文形成聯共抗日的意念後，經與蔣介石、孔祥熙（1880-1967）商議，他於 1935 年底找到宋慶齡。他請宋慶齡物色一名密使，送信進陝北蘇區，直接和中共中央取得聯繫。

1936 年 1 月，宋慶齡把「紅色牧師」董健吾邀至家中，把一封密件和一包禮物交給他，請他帶到陝北瓦窯堡，面呈毛澤東、周恩來。為保障旅途安全，宋慶

齡特意從財政部部長孔祥熙那裏討來一紙由其簽署的委任狀，委任董健吾為「西北經濟專員」，並為他準備了 100 元盤纏。

1 月中旬，董健吾化名周繼吾啟程，但到達西安後，由於遍地冰雪，交通阻隔，無法進入蘇區。他通過自己的關係見到了張學良，請其協助自己赴瓦窰堡。

其時張學良已同中共初步建立秘密統戰關係，遂派飛機送董健吾至膚施（延安），再由東北軍一個騎兵連護送董健吾赴目的地。紅軍邊防司令李景林在蘇區邊境接待了董健吾，他們於 2 月 27 日抵達瓦窰堡。

此時，中央紅軍正渡河東征，毛澤東、張聞天、彭德懷等領導都在前線石樓。留守的林伯渠、張雲逸等中共領導，在瓦窰堡迎接了董健吾。翌日，「董由林伯渠陪同將宋氏密信呈遞博古，傳遞了南京政府要同中國共產黨談判的意向」。

董健吾帶來的信息，立即急電給前線石樓。3 月 4 日，毛澤東、張聞天、彭德懷集中各方面的意見，覆電瓦窰堡：

「甲、弟等十分歡迎南京當局之覺悟與明智的表示，為了聯合全國力量抗日救國，弟等願與南京當局開始具體實際談判。乙、我兄覆命南京時，望懇切提出弟等之下列意見：一、停止一切內戰，全國武裝不分紅白，一致抗日；二、組織國防政府與抗日聯軍；三、容許全國主力紅軍迅速集中河北，首先抵禦日寇邁進；四、釋放政治犯，容許人民的政治自由；五、內政與經濟上實行初步與必要的改革。」

該電報最後說：「同意我兄即返南京，以便迅速磋商大計。」董健吾遂南返。行前，林伯渠將原中央蘇區鑄造的三枚銀幣和一套紙幣交董，要他轉贈宋慶齡。宋慶齡得到這份贈禮，非常欣喜，這條秘密渠道由是開通。

然而在當年，潘漢年並不知道為什麼會有宋慶齡這條國共合作聯絡的渠道，宋慶齡為什麼和中共有着如此親近的關係。直到 21 世紀，隨着蘇聯及共產國際檔案的公開，這個謎才解開，因為宋慶齡早在 1930 年代初即已成為共產黨人。

在共產國際檔案資料中，有這樣一份文獻，是 1934 年 5 月一位將前往遠東的一位共產國際聯絡局代表與共產國際聯絡局負責人的談話備忘錄。在這份備忘錄的最後部分，提到了共產國際遠東局與宋慶齡的關係。

「關於孫新林（即宋慶齡）的問題，她是個好同志，可以留在黨內，但是，把她吸收到入黨是個很大的錯誤。是代表（指共產國際此前駐中國的代表）提出接受她入黨的。……一旦成為黨員，她就會失去其特有的價值了。」

由於宋慶齡入黨是共產國際遠東局吸收的，因此中共方面不知道這一情況。另據 21 世紀初出版的廖承志（1908-1983）《我的回憶》敘述：1933 年 5 月，他剛剛從國民黨監獄獲釋，宋慶齡曾找他談話，她說：「我是代表最高方面來的。國際！共產國際。」這可從側面證明宋慶齡是共產國際吸收的共產黨員。

7 月下旬，馮雪峰領來了帶潘漢年前往陝北的交通員，他不是別人，正是當年潘漢年在中央特科工作時的得力助手劉鼎。此時劉鼎的身份，已經是中共駐東北軍代表，並在西安負責交通工作。馮雪峰把劉鼎這個交通負責人找來，可見對潘漢年這次陝北之行的重視。

他倆一別三載，重逢之際，不免相互問訊一下別後的經歷。

劉鼎這幾年可謂歷盡曲折。從南京逃出和潘漢年見面後，他化名戴良，從上海前往江西中央蘇區，但到了方志敏（1899-1935）領導的閩浙贛蘇區後，便因國民黨封鎖太緊，無法繼續前行。方志敏率紅軍向皖南轉移時被俘後，劉鼎也在 1935 年被俘。他先被解往南昌行營軍法處，後拘押在九江的俘虜營中，但他設法逃了出來。

劉鼎隻身潛入上海，通過原在中央特科一科工作的蔡叔厚，找到長住中國的美國進步作家艾格尼絲・史沫特萊。當史沫特萊聽說劉鼎是來自江西的紅軍後，便把他帶到新西蘭友人路易・艾黎的家裏。劉鼎遂以「周先生」的化名，一直隱藏在路易・艾黎的家中。

1936 年 3 月，史沫特萊帶了一位中國牧師，到路易・艾黎家。劉鼎一看，竟是中央特科的老熟人董健吾。原來董健吾與陝北接上關係回上海後，同宋慶齡

談起張學良曾來上海秘密會見東北義勇軍將領李杜，鄭重委託李杜幫助尋找中共關係，以商談在西北聯合抗日等問題。

宋慶齡聽董健吾說到這個情況，立即表示願意相助。她想起史沫特萊和艾黎曾帶來過一位避難的「周先生」，是個頗有學問、經歷不凡的共產黨員，很適合去從事這項工作，遂促成了劉鼎和董健吾的相見。

董健吾把張學良想建立與中共的秘密聯繫的事說了，徵詢劉鼎是否願意把聯絡的事情擔起來。劉鼎感到事情有點突如其來，不摸底細，就說：「我正急於找到黨中央，而且此事需得到組織的指示。」

董健吾隨即說：「你若到了西安，去陝北就容易了。我前不久去陝北，就是張學良派飛機送到膚施，又由騎兵護送到瓦窰堡的。」劉鼎聽說了這個找組織的途徑很興奮，慎重考慮了一番，便表示同意。

李杜得到劉鼎的答覆，立即電告張學良說：「你要尋找的朋友，已經找到了。」這時，張學良剛剛從洛川會見過李克農，同中共中央已經建立了聯繫。但他仍然很重視李杜的關係，立刻選派自己的親信、高級參謀趙毅到上海迎接劉鼎。

從此，劉鼎搖身一變，成了中共派駐張學良身邊的代表，在促進第二次國共合作的同時，還利用他的職務之便，在徵得張學良默許後，建立起從西安到陝北的安全交通線。

五 張聞天的夫人劉英，曾和潘漢年在一起悄悄發過牢騷 ／有人認為目前的中共中央領導「對老祖宗不忠」 ／周恩來準備出面，同曾養甫或陳立夫進行會談 ／毛澤東改變了計劃，還是由潘漢年首先出場 ／潘漢年在中共中央政治局擴大會議上的發言，很有意思 ／毛澤東關於談判前途、蔣介石性格的精彩議論

潘漢年隨劉鼎於 8 月初到西安。在這一路上，劉鼎向潘漢年介紹了陝北紅軍和張學良東北軍從戰到和，繼而建立睦鄰合作關係的歷程，以及他親自參加張學良和周恩來舉行的膚施會談的詳細內容，使潘漢年對陝北的情形，有了個大致的了解。

8 月 8 日，潘漢年終於踏上了嚮往已久的中共中央所在地保安的地界。在這裏，潘漢年受到了中共中央很多領導人的熱情接待。是日夜，他被安排住在當時被稱為中共中央總負責人的張聞天的窰洞裏，張聞天夫人劉英為他做了一頓可口的陝北飯菜。

在上海時，張聞天曾是臨時中央的負責人之一，是潘漢年的老上級，長征途中，又是張聞天親自向他交派了去蘇聯的任務；而剛剛和張聞天結婚的劉英，則是潘漢年在江西中央蘇區一道工作過的同事。

在張聞天窰洞裏的這頓飯，是伴着對往事的回憶吃下去的。他們回憶了工作之餘在一起打乒乓球；回憶了潘漢年為張聞天主編的中共報刊寫文章；回憶了劉英對博古的強制擴充紅軍不滿，偷偷地和潘漢年發牢騷……

入夜了，張聞天為潘漢年在炕前支了張行軍牀，但他們都沒有睡，卻做了徹夜的長談。

潘漢年的心情很激動。和許多經歷了 20 世紀 30 年代初大城市鬥爭失敗，又親睹了中央蘇區由盛而衰，不得不進行戰略轉移過程的共產黨人一樣，他們都深切地感覺到了毛澤東的領導，與中國共產黨生存壯大之間的關係。當毛澤東成為

中共及紅軍的實際掌舵人，並立足陝北後，不僅是中國共產黨人，就是國民黨方面，也將陝北視為中國共產黨的核心和真正代表。對此，作為雙方溝通密使的潘漢年，感受更超過了其他人一重。因此當他置身這革命中心的第一夜，他無論如何也不能成眠。

潘漢年匯報了自己在香港、南京與國民黨代表聯絡的情況，談了共產國際對中國建立抗日統一戰線問題的指示。潘漢年是個幹才，他有着過人的記憶力，和精幹的處事能力，他匯報得十分詳盡和具體。

而張聞天則是中共頗有理論修養的領導人，他在莫斯科學習時就得有「紅色理論家」的雅號。他不太干預具體工作的實施，而重視形勢變幻對豐富理論和調整策略的關係和影響的過程、邏輯、結果，他更習慣把現象同理論掛起鈎來。

張聞天實事求是地向潘漢年介紹了中共策略調整的過程。他告訴潘漢年，在全民族掀起抗日潮流面前，共產黨人並不是馬上就完全自覺、自動地調整了自己方略的。由於對客觀事物認識有一個過程，從「反蔣抗日」到「逼蔣抗日」再過渡到「聯蔣抗日」；從注重與下層的聯合，到同國民黨上層建立統一戰線，對中共來說，這種調整並不輕鬆和自覺。

張聞天舉了一個實際的例子，他說變「反蔣抗日」為「逼蔣抗日」，應該說是張學良最先提出來的。在這一提法的轉變上，中共就沒有張學良敏銳。此外，伴隨新的統戰理論的誕生，中共黨內經歷了激烈的交鋒，領導層內部，就曾有人認為聯合了資產階級就是離開了馬克思列寧主義，就是「對老祖宗不忠」。

張聞天的一席話，使潘漢年感到頗有收益。

第二天，潘漢年又向毛澤東、周恩來等領導匯報了 1936 年春在莫斯科和最近在上海、南京同國民黨方面的聯絡的情況，匯報了共產國際執委會書記處剛剛開過的討論中國問題會議的精神，即放棄「抗日反蔣」的口號，以南京為首要談判對手。接着，潘漢年又來到中共中央秘書處，將從莫斯科帶回的共產國際與中共中央進行電訊聯絡的密碼，交給了秘書處的負責人鄧穎超（1904-1992）。

中共中央在聽了潘漢年的匯報後，於 8 月 10 日，在張聞天主持下召開政治

局會議，毛澤東在會上做了「報告」和「總結」。關於這次會議及會後中共的一系列舉措，張聞天夫人劉英，做了如下描述：

8月10日，聞天即主持中央政治局會議，確定和南京談判，明確指出原來的抗日必須反蔣現在不適合了，要與蔣聯合，與南京合作，結成廣泛的抗日民族統一戰線；南京政府真正抗日，我們就承認其統一指揮，同意取消紅軍和蘇維埃名義，但要保證紅軍部隊和根據地在共產黨的領導之下。會後，為實現從「抗日反蔣」到「逼蔣抗日」的轉變，做了一系列的工作。8月12日，毛澤東、周恩來、張聞天等政治局委員聯名發電報給二、四方面軍領導人，傳達會議決定，指出「認定南京為統一戰線之必要與主要的對手，應與南京及南京以外之國民黨各派，同時的分別的進行談判」。8月25日，發表了《中國共產黨致中國國民黨書》，呼籲停止內戰，一致抗日，實現國共兩黨重新合作。9月1日，黨中央發出了《關於逼蔣抗日問題的指示》。

就在中共中央政治局開會，做出同國民黨談判與合作決定不久，中共中央收到了《共產國際執委會書記處致中共中央書記處電》。該電明確指出：

「把蔣介石和日寇等量齊觀是不對的。這個方針在政治上是錯誤的，因為中國人民的主要敵人是日本帝國主義，在現階段，一切都應服從抗日。此外，不能同時有效地進行既反對日寇又反對蔣介石的鬥爭。也不能認為整個國民黨和整個蔣介石的軍隊都是日本的同盟者。為了切實有效地進行武裝抗日，還需要有蔣介石的軍隊參加，或者其大部分軍隊參加。」

對於國共談判，共產國際也做了指示：

「我們認為中國共產黨和紅軍司令部必須正式向國民黨和蔣介石提出建議，立即就停止軍事行動和簽定共同抗日具體協議進行談判。共產黨和紅軍司令部應該宣佈他們準備馬上派出談判代表團，或者在蘇區接待國民黨和蔣介石的代表團。」

來電還具體列出了談判的條件：

「1.停止內戰，聯合中國人民的一切武裝力量真正抗日；2.成立聯合司令

部，制定聯合對日作戰計劃，條件是完全保持紅軍在政治上和組織上的獨立性，
紅軍負責對日戰線的一定地段；3. 向紅軍提供相應的根據地及必要的武器裝備
和補給；4. 釋放在押共產黨人，停止迫害國統區共產黨人。」

　　談判成為排在前列的日程，潘漢年不可能在陝北久滯，他很快就接到了潛回
南京，同國民黨進行談判的指令。然而未及動身，國共另一接觸渠道的聯絡人張
子華突然到達保安。他帶來了陳立夫與曾養甫商定的四項條件。

　　中共中央在聽了張子華的匯報後，經研究決定，由周恩來出面同曾養甫或陳
立夫進行會談。潘漢年也於此時，看到了這份事關國共談判的文件。

　　根據中共中央集體商討研究的精神，周恩來隨即於 8 月 31 日，給曾養甫草
成一書：

養甫兄：

　　黃兄帶回手札，陳述盛意，此間同志極引為幸。

　　國難危急如此，非聯合不足以成大舉。弟方數年呼籲，今幸貴方所表同情，復得
兄出而襄贊，救亡前途實深利賴。弟方除已致送貴黨中央公函，表示弟方一般方針及
建立兩黨合作之誠意和願望外，茲為促事速成，丞願與貴方負責代表進行具體談判。
承允面敍，極表歡迎。

　　惟蘇區四周，弟等外出不易。倘兄及立夫先生能惠臨敝土，則弟等願負全責保兄
等安全。萬一有不便之處，則華陰之麓亦作為會晤之所。但弟身外出安全，須貴方代
為策劃。為慎重秘密計，現仍託黃兄回報，並攜去較妥靠之密碼，至呼號波長一如來
約。凡機密事，統可電中相商。晤期約定，即希告黃兄先來佈置一切，以便弟得代表
弟方兼程前往也。

　　書不盡意，託黃兄面達。專此。順頌
　　時祉！

　　　　　　　　　　　　　　　　　　　　　　　　　　　　　　　　恩來
　　　　　　　　　　　　　　　　　　　　　　　　　　　　　　八月三十一日

　　為了表示中共對國共合作的誠意，周恩來於第二天，又給國民黨方面談判的實際主持者陳氏兄弟，寫就一函，隨即發出：

果夫

立夫兩先生：

　　分手十年，國難日亟。報載兩先生有聯俄之舉，雖屬道路傳聞，然已可窺見兩先生最近趨向。黃君從金陵來，知養甫先生所策劃者，正為賢者所主持。呼高應遠，想見京中今日之空氣，已非昔比。敝黨數年呼籲，得兩先生為之振導，使兩黨重趨合作，國難轉機，實在此一舉。

　　近者寇入益深，偽軍侵綏，已成事實，日本航空總站，且設於定遠營，西北危亡迫在旦夕。乃國共兩軍猶存敵對，此不僅為吾民族之仇者所快，抑且互消國力，自速其亡。敝方自一方面軍到西北後，已數作停戰邀請。今二、四兩方面軍亦已北入陝甘，其目的全在會合抗日，蓋保西北即所以保中國。敝方現特致送貴黨中央公函，表示敝方一般方針及建立兩黨合作之希望與誠意，以冀救亡禦侮，得闢新徑。兩先生居貴黨中樞，與蔣先生又親切無間，尚望更進一言，立停軍事行動，實行聯俄聯共，一致抗日，則民族壁壘一新，日寇雖狡，漢奸雖毒，終必為統一戰線所擊破，此可敢斷言者。敝方之貫徹此主張，早已準備隨時與貴方負責代表作具體談判。現養甫先生函邀面敘，極所歡迎。但甚望兩先生能直接與會。如果夫先生公冗不克分身，務望立夫先生不辭勞瘁，以便雙方迅作負責之商談。想兩先生樂觀事成，必不以鄙言為河漢。

　　臨穎神馳，佇待回教。專此。並頌

　　時祉！

周恩來
九月一日

　　因有邀請國民黨方面派代表赴陝北根據地一說，潘漢年也致信最初與中共聯絡的鄧文儀：

文儀先生：

閱報悉，大駕已返本國，弟在目前亦返部隊。前在莫談雙方停戰共同抗日救國問題，當時未得具體辦法。此次歸來，弟將貴方意見報告諸負責同志。一致認為目前日寇策動內蒙漢奸，積極侵犯我綏遠寧夏，際此國難日緊，雙方立即停止戰爭，繼續鞏固國防與抗日救國刻不容緩，甚願先生來前線繼續談判。事關民族存亡，想貴方不致繼續置之不聞不問也。

余不盡言，佇候駕臨。

潘漢年

然而，因談判之事早已移交陳立夫，故潘漢年未等到鄧文儀的回信，即從瓦窰堡出發，經西安南下。9月中旬，中共中央改變了由周恩來匆忙外出談判的決定，毛澤東親自電召潘漢年回瓦窰堡：「南京政府已切實開始轉變，我們政策重心在聯蔣抗日。」「現急需兄去南京並帶親筆信與密碼去，談判方針亦需面告。」要潘漢年「取道膚施」，速歸陝北。

潘漢年應召返回時，正趕上中共中央擴大政治局會議，中央讓他出席了這次有30餘人參加的會議。張聞天在會上做了〈目前政治形勢與一年來民族統一戰線問題〉的報告。

據張聞天夫人劉英回憶，由於潘漢年是剛從共產國際回來的，因此他在這個會議上成了比較突出的人物，也做了重要的發言，「他是剛從共產國際那邊回來的，說話有影響」。

然而有意思的是，人們從潘漢年的那次發言記錄中，看到的更多的是擁護毛澤東領導地位的內容：

「他批評四中全會以來對幹部問題在幾個問題上是犯了嚴重錯誤的。

他說：對自群眾中產生出來的領袖的態度是不正確的。如朱德、毛澤東同志，是全中國以至全世界群眾信服的領導。他們有很好的經驗，在國際都少有的。我們應該尊重他們，應該贊助他們。」

會議期間，中共中央決定派葉劍英去西安，與張學良談判中共、東北軍及楊虎城為首的西北軍三方進一步合作的事宜。考慮到潘漢年的社會活動能量，加之他隨時待命南下與國民黨方面談判，中央要他作葉劍英的副手，同赴西安。

行前，毛澤東召見了潘漢年。他沒有對潘漢年的如何同國民黨方面談判做什麼具體的指示，潘漢年參加了政治局擴大會議，中央的精神在會上已經討論得非常清楚了。但毛澤東卻對此次談判的前景，對蔣介石的性格作了一番精彩的分析：

「廣州事變就要以蔣介石的勝利而告終了，我看等着蔣某人從南方完全倒出手來以後，他很有可能又要改變對我們的辦法，那就是變文談為武打。對我們急需進行他的軍事『圍剿』計劃。我的根據是：一、中國有句俗話，叫狗改不了吃屎。蔣某人想消滅我們的本性也是難移的；二、據最新的消息說，他已經決定把和我們進行談判的大將——就是和『小開』你進行會談的曾養甫，調到廣州去任市長。這樣身在南國的曾養甫，還能擔負起和我們談判的重任嗎？顯然是不可能的。我們怎麼辦呢？也只好跟着他蔣某人變，而且力爭走到他變的前面。為此，我們決定改派你去西安，先幫助劍英同志開展工作。一旦發生了變化，你立即由西安趕赴上海，繼續和張沖、陳立夫談判。」

毛澤東這裏說的廣州事變，是指1936年6月1日，由廣東、廣西兩省地方實力派發動的、打着北上抗日旗號的反蔣兵諫。由廣東的陳濟棠、廣西的李宗仁領頭，西南的將領數十人附和，他們揮兵湖南。蔣介石一面立即調軍備戰湖南，一面以分化離間手段，不久便瓦解了廣東各軍，繼而準備集中兵力對付李宗仁。但後來迫於國內要求抗日反對內戰的輿論壓力，於9月以和平方式消弭了一觸即發的蔣桂內戰。

自從潘漢年和毛澤東有接觸以來，便對毛澤東的超然預見深為折服。此刻，他還不知道毛澤東同他講的這番話，是他這些天來根據形勢細微的變化，經過深思熟慮的，他沒有坐待蔣介石態度的可能變異，而是考慮了相應的對策。

就在這些天裏，毛澤東連續給宋慶齡、章乃器、陶行知、沈鈞儒、鄒韜奮、蔣光鼐、蔡廷鍇、李濟深、李宗仁、白崇禧、蔡元培（1868-1940）等社會知名

人士、反蔣地方實力派，一一寫了信。

這些信，此刻就擺在毛澤東的桌案上。他在信中希望他們合力促蔣抗日，逼蔣坐到聯合的談判桌上來。「逼蔣抗日」，精髓是個「逼」字，毛澤東抓住了這個精髓。

然而，此刻潘漢年對這個「逼」字，還沒有太深的感受，但他相信毛澤東的分析。因此他進一步問道：「在未來的談判中，您對我還有什麼指示嗎？」

「我不是諸葛亮，沒有什麼錦囊妙計給你。」毛澤東總是舉重若輕，他從桌案信堆中揀出幾封，遞給潘漢年：「這是寫給宋慶齡、章乃器諸先生的信，或許對你的談判，能從旁助一臂之力。」

六　張將軍是一位識大體、顧大局、有着強烈民族感的無私愛國者　／後來獲得斯大林文學獎的丁玲，沒有接受潘漢年的「誤導」　／善於根據形勢變幻翻雲覆雨的蔣介石，果然如毛澤東預料，從文談移向了武打　／他將要去體驗逼蔣抗日這個「逼」字中的深深含義　／「當民族危亡之頃，作狂瀾逆挽之謀」　／中共代表團給他的另一項任務遺憾地未能完成

9月24日，潘漢年攜《中共中央致國民黨書》、《國共兩黨抗日救國協定草案》（又稱《八項條件》）、毛澤東致宋慶齡、章乃器、陶行知、沈鈞儒、鄒韜奮的信以及周恩來致陳果夫、陳立夫的信等有關國共兩黨合作談判的重要文件，隨葉劍英等一同前往西安。

在西安，中央給潘漢年的任務是向張學良轉達中共關於聯蔣抗日的方針及其

重要性，以及同張學良商議蔣介石企圖將東北軍調離西北開往福建的對策。此前毛澤東曾致電潘漢年，要他轉告張學良，「繼續保持與南京的統一是必要的」，但未及轉述潘漢年就被匆匆召回保安了。

重返西安後，潘漢年在孫銘九、苗劍秋的陪同下，秘密會晤了張學良。在交談過程中，潘漢年感到張將軍是一位識大體、顧大局，有着強烈民族感的無私愛國者。

在與張學良接觸的同時，潘漢年一刻也沒耽擱與南京方面的聯絡，這是中共中央部署給他的最重要的使命。他急電南京的張沖，告知張他需在西安作短暫逗留，方能赴南京進行國共合作的會談。

南京方面顯然急於了解中共對談判的態度和條件，張沖在接到電報之後，旋即飛往西安。在向潘漢年了解了在陝北的中共中央對談判定下的方針和基本條件後，他又匆匆返回南京，向國民黨當局報告。

潘漢年在西安分外忙碌，但他精力充沛，當得知上海的左翼作家丁玲、聶紺弩（1903-1986）在西安，等待進入陝北根據地時，便到他們寄居的旅店去看望了他們。剛剛從根據地出來的潘漢年，對根據地的艱苦情況深有感觸，他同張學良商談的諸事之一，就有請張學良以財力物資支援根據地一事。

於是當他和丁玲見面時，他勸丁玲做一件更有益於根據地的工作：

「我以為你不要進去了。我希望你能到法國去，那裏有很多事等着你去做，你是能發揮作用的。你知道嗎？紅軍需要錢，你去國外募捐，現在你有最有利的條件這樣做。」

但丁玲一心想進入陝北。潘漢年分析說，她及聶紺弩這樣的作家到陝北，目前大概發揮不了多大的作用，不如在國統區作用大。聶紺弩聽了潘漢年的勸說，但丁玲固執己見。她的固執成就了她，她並沒像潘漢年預見的那樣，發揮不了多大的作用，而是在後來根據她多年熟悉的生活，寫出了生動反映根據地現實的小說《太陽照在桑乾河上》，獲得了當時榮譽甚高的斯大林文學獎。

然而，就在潘漢年準備動身的這段時間，善於根據形勢變幻翻雲覆雨的蔣介

石，果然像毛澤東預料的那樣，把對中共政策的重心，從文談移向了武打。

蔣介石消滅共產黨的基本意圖是一貫的。1935 年蔣介石命鄧文儀到蘇聯，主動與中共代表團接洽兩黨合作談判問題，主要是試圖借用蘇聯壓力政治解決中國共產黨。當這種可能化為烏有後，國共兩黨的秘密接觸就冬眠了一段時間。

1936 年後，國共兩黨雖然就合作談判問題，進行了一系列的接洽與聯絡，但蔣介石對紅軍的進攻和對根據地的封鎖與圍剿，並未因之而有一刻的停止。只因隨着日本帝國主義侵略步伐的加快，中國人民抗日熱潮的高漲，特別是國民黨內部鬥爭的激烈化，陳濟棠、李宗仁、白崇禧打出「北上抗日」旗幟，發動兩廣事變，顧此失彼的蔣介石為全力解決兩廣事件，才被迫對西北採取和緩政策，對國共談判給予了更多的投入。

但此時，兩廣事變以有利於蔣介石統治的結局告終了，他已經解除了後顧之憂。當然，蔣介石態度變異起碼還有三重原因：

其一是中共與張學良、楊虎城的統戰關係日益密切、廣泛，使蔣介石難以容忍。他驚呼：「這一事態的發展，如不設法防止，勢必演成叛亂。」

其二是紅軍三個方面軍在甘肅會寧會師，三支紅軍加上張、楊兩軍的強大實力，將可能改變蔣介石獨大的政治格局。

其三是英美在蔣介石表示抗日後，給予蔣積極的支持，使蔣介石減少了在國際上的孤立感，以及對蘇聯的依賴程度。

於是，蔣介石調集了 30 萬大軍壓向平漢線，發出了對紅軍的總攻擊令。但他並沒有把談判的大門關死，他的如意算盤是：軍事壓迫和政治談判，雙管齊下。

對此，中共中央冷靜的認為，要着眼民族矛盾日益嚴重的總趨勢，不能隨着蔣介石的變異而變異，放棄既定的方針和為合作談判進行的大量鋪墊：「總觀各方面的情況，目前時局正處在轉變交點，我應不失時機，爭取國民黨轉向抗日。對於蔣介石的企圖，我黨針鋒相對，從政治、軍事兩方面迫蔣與我妥協，逼蔣抗日。中央一方面令潘漢年即去南京和陳立夫直接會談，並向南京方面建議，如果實現停戰，在確保安全條件下，周恩來可以赴廣州會談，另方面準備反擊蔣介石

的軍事進攻。」

10 月 11 日，潘漢年從西安動身赴上海，此時此刻他感到：合作談判的前景，正被濃濃的陰雲籠罩着，他將要去體驗逼蔣抗日這個「逼」字中的深深含義。

行前，潘漢年又得到了一系列指示：到滬、寧後，與中共中央的聯繫通過劉鼎轉遞；在上海就任中共上海辦事處主任，積極展開各項統戰活動；以中共正式代表資格與南京談判；並向宋慶齡借款等等。

考慮到國民黨官場的積習，潘漢年估計到南京向國民黨當局轉交中共的信件後，必會有一段等待會見的空隙，故在途中即給張沖去電，要他在浦口車站接站，將中共的信件轉南京當局，自己則先赴上海等待張沖的回覆。

蔣介石得知潘漢年南來，對此給予了相當的重視，他在《蘇俄在中國》一書中說，潘漢年既代表中共，又代表共產國際，因此將潘漢年這條渠道，視為國共談判的主渠道，潘漢年隨之成為西安事變前，中共與國民黨方面談判的最高代表。

潘漢年於 10 月 14 日抵達上海，他抓緊等待談判的有限時間，不停頓地展開工作。經與馮雪峰等會面商議，立即宣佈成立中共上海辦事處。接着，匆匆趕去拜訪宋慶齡、章乃器等人。

在宋慶齡寓所，潘漢年向宋慶齡面呈了《中國共產黨致中國國民黨書》，以及毛澤東的親筆書信。宋慶齡拆封細細閱讀着：

慶齡先生左右：

武漢分別，忽近十年。每從報端及外來同志口中得知先生革命救國的言論行動，引起我們無限的敬愛。1927 年後，真能繼續孫中山先生革命救國之精神的，只有先生與我們的同志們。目前停止內戰聯合抗日之呼聲雖已普及全國，然而統率大兵之蔣氏及國民黨中央迄今尚無徹底悔禍之心。這種違反孫中山先生革命的三民主義與三大政策之行為，實為國民黨大多數黨員所不應容許而應立起糾正才是。因此，我想到要喚醒國民黨中樞諸負責人員，覺悟於亡國之可怕與民意之不可侮，迅速改變其錯誤政

策，是尚有賴於先生利用國民黨中委之資格作具體實際之活動。茲派潘漢年同志前來面申具體組織統一戰線之意見，並與先生商酌公開活動之辦法，到時敬求接洽，予以指導。付上我們致國民黨中央的信以作參考。同時請先生介紹與先生比較接近的諸國民黨中樞人員，如吳稚暉、孔祥熙、宋子文、李石曾、蔡元培、孫科諸先生，與漢年同志一談，不勝感幸。順問

　　近安

　　　　　　　　　　　　　　　　　　　　　　　　　　　毛澤東

　　　　　　　　　　　　　　　　　　　　　「九一八」五週年紀念日

　　開闢了國共聯繫四渠道之一的宋慶齡，在 1934 年前即加入了共產黨，她和共產國際及中共有着特殊的關係，與蘇聯駐華大使鮑格莫洛夫也始終保持着接觸，對於中共由「反蔣抗日」轉變為「逼蔣抗日」的過程是了解的。

　　作為一名政治家，宋慶齡立即領會了毛澤東寫致信的意思，即借重她特殊的社會地位和政治聲望，在國民黨上層人士中，施加逼迫蔣介石停止內戰、一致抗日的影響。她欣然表示：此類關乎國家大義的事，她是很樂為的。

　　與宋慶齡晤面後，潘漢年又馬不停蹄地奔波於章乃器、陶行知、沈鈞儒、鄒韜奮等之間，轉呈上毛澤東的信件。在信中，毛澤東告諸賢達：「要實際的停止國民黨軍隊對紅軍進攻，實行停止內戰一致抗日，先生們與我們還必須在各方面做更廣大的努力與更親密的合作。」「因此，我委託潘漢年同志與諸位先生經常交換意見和轉達我們對諸先生的熱烈希望。」

　　潘漢年還設法轉交了毛澤東致蔡元培函。毛澤東在信中希望蔡元培持抗日救國大義，「以光復會、同盟會之民族偉人，北京大學中央研究院之學術領袖，當民族危亡之頃，作狂瀾逆挽之謀，不但坐言，而且起行，不但同情，而且倡導，痛責南京當局立即停止內戰，放棄其對外退讓對內苛求之錯誤政策，撤廢其愛國有罪賣國有賞之亡國方針，發動全國海陸空軍，實行真正之抗日作戰……」

　　就在這期間，發生了一件重大的事，即被稱為中國文化革命主將、民族之魂

1932 年的胡愈之（右）與魯迅。

的魯迅病逝了。

從 1934 年底起，魯迅的身體情況就每況愈下。因此，潘漢年被中共駐共產國際代表團委任為與國民黨談判的代表，離開蘇聯返回國內時，中共代表團同時還交代給他一項任務，就是到上海後，相機敦請魯迅到蘇聯療養。

潘漢年到上海後，曾與胡愈之等為魯迅赴蘇療養，作了許多準備工作。但魯迅此時的健康狀況已經不起長途旅程的顛簸勞頓，使得中共駐共產國際代表團交給他的這項任務未能完成。1936 年春季以後，魯迅先生病情日漸嚴重，潘漢年對魯迅的病情一直十分關切。

1936 年 10 月 18 日，魯迅的病情突然惡化。當晚，潘漢年和馮雪峰商量了挽救魯迅生命的具體辦法，決定第二天去請宋慶齡聘更好的醫生為魯迅作進一步的治療。

不料 10 月 19 日早晨 5 點，魯迅便與世長辭。潘漢年得到馮雪峰的報告，心情十分悲痛，隨即將這一消息向中共中央通電報告。

七　談判桌上的風雲，總是根據實力地位的消長而變幻的　／第一次見面，潘漢年就分明地感到陳立夫語調的冷淡　／一開局就亮出一張如此激人忿忿的牌，很令人懷疑其談判的誠意　／陳立夫安靜地把眼睛閉上，想了一想　／「這豈不是要我騙周恩來出來」　／「必須在唯一領袖意旨下來進行工作」

　　周恩來精力充沛，使他的手下們，都鍛鍊出了不知疲倦的本事。在沒日沒夜的忙碌間，張沖來到了上海，潘漢年遂在他陪同下立即前往南京。次日，他即與陳立夫見了面。

　　談判桌上的風雲，總是根據實力地位的消長而變幻的。蔣介石的大兵壓境；陳誠關於「中共目前困難已極，如國軍再給以嚴重打擊，則將來妥協時條件更低」的狂言，自然影響着陳立夫的態度。第一次見面，潘漢年就分明地感到陳語調的冷淡：

　　「貴黨中央給國民黨的信和周先生給我的致函，都已經拜讀了。現已呈報到蔣先生那裏。蔣先生還沒有正式召集會議，研究決定正式的談判意見。我現在僅就我個人的看法提幾點意見，請潘先生向毛澤東、朱德、周恩來諸先生轉達。」

　　接着，陳立夫生硬地、一板一眼地說道：

　　「一、抗日問題，蔣先生是早有打算和準備的。但不能空談抗日，而要做好準備。否則宣傳空談，反而會被日本利用；二、貴黨問題中提出的組織抗日聯軍的建議，好像是兩個國家談判的口氣，這使我們感到不快。西歐各國都有共產黨，但沒有軍隊。而中共既有軍隊又有政府，形成了『封建割據』狀態。這個問題不好辦，但應當解決；三、我們的意見希望中共放棄『割據』，交出軍隊由國民政府統一指揮抗日。至於中共的幹部和毛澤東、朱德等先生的位置都好解決。幹部可以適當安插。毛澤東、朱德先生如感不便，可以先出國考察一個時期。」

　　潘漢年感到在經歷了幾個月後，國民黨的立場幾乎沒有什麼變化，甚至有些倒退。然而這是一個非正式會見，陳立夫既然不說這是國民黨政府的意見，而說是他個人的意見，就說明這是一次試探，還有迴旋的餘地。因此，他未做任何申辯，只表示會將陳立夫的意思向中共中央轉達。

　　會面結束後，潘漢年隨即離開南京，返回上海，並立即就國民黨方面政治上的倒退，向中共中央作了詳細匯報。

　　11 月 7 日，劉鼎轉來中央的指示：潘漢年全權負責與南京的談判。

　　來電同時重申中共方面在 10 月提出的四項條件：

　　一、日寇進攻甚急，我方願以全力為助，希望寧方堅持民族立場，不作任何喪權之讓步；

　　二、我方首先執行停止對國民黨軍隊進擊，僅取防禦方針，等候和議談判集力抗日；

　　三、欲圖和議談判早日實現，請蔣暫時以任何適當名義停止進攻，以便開始談判，若一面進攻一面談判，似無此理；

　　四、在進攻未停止，恩來未出去以前，準備派在滬之潘漢年同志進行初步談判。

　　接到電報後，潘漢年即與張沖相約正式開始談判。11 月 9 日，潘漢年依張沖安排，去南京等候與陳立夫正式會談。可到寧後，張沖告以陳立夫已飛往上海找潘去了，潘漢年遂與張沖即刻趕回上海。

　　10 日，潘漢年與陳立夫首輪正式會談，在上海滄州飯店開始了。

　　談判前，潘漢年先將周恩來 9 月 22 日致陳果夫、陳立夫的書信，交給了陳立夫。陳立夫當場拆閱了周恩來的書信：

立夫、果夫兩先生：

　　前由黃君奉陳一書，想已入覽。關於雙方負責代表具體談判事，迄今未得覆示，不勝繫念。日寇圖我益急，弟方停戰要求已至再至三。乃蔣先生於解決兩廣事變之後，

猶抽調胡軍入陝，阻我二、四方面軍北上抗日，豈停止內戰可以施之於西南，獨不可施之於西北耶？竊以內戰不停，一切抗日準備無從談起。養甫先生曾數以書信往還，弟方更屢次竭誠相告，而蔣先生遷延不決，敵對之事非但未變，且更加深。此徒長寇焰，絲毫無益於國難之挽救者也。

兩先生為貴方黨國中堅，領導黨議。倘能力促蔣先生停止內戰，早開談判，俾得實現兩黨合作，共禦強敵，則兩黨之幸，亦國家之幸也。現為促事速成，特委潘漢年同志前來詳申弟方誠意，並商雙方負責代表談判之地點與時間（漢年同志是聯絡代表，他不負任何談判責任），到時希賜接洽。臨穎匆匆，不盡欲言。即頌

時祺！不一。

周恩來

九月二十二日

陳立夫讀罷，揮了揮手中的信，問潘漢年：

「潘先生此次來談判，是代表周恩來先生呢？還是毛澤東先生？」

「周恩來先生的信是早些時候寫的，前些天與張沖先生聯繫時已講明，中共中央已電告我為正式談判代表，即我是代表蘇維埃和紅軍與南京政府及中央軍來談判的，並非代表任何個人。」

潘漢年還應陳立夫之請，向陳闡述了毛澤東起草的《國共兩黨抗日救國協定草案》的八項條件，以及中共有關談判的具體條件。接着，潘漢年請陳立夫陳述一下國民黨方面對中共的提議有什麼意見。

與上次不同，陳立夫此次開口便聲明是代表蔣委員長做答覆的，他的語調比上次緩和些了，但所說的條件卻比上次更為苛刻：

「委員長認為：第一，既願開誠合作，就不好有任何條件；第二，對立的政權與軍隊必須取消；第三，目前可保留3000人之軍隊，師長以上領袖一律解職出洋，半年後召回按材錄用，黨內與政府幹部可按材適當分配南京政府各機部服務；第四，如軍隊能如此解決，則你們所提政治上各點都好辦。」

陳立夫似乎自己心裏也明白,一開局就亮出一張如此激人忿忿的牌,很令人懷疑其談判的誠意,所以剛剛講完,便尷尬地笑了笑問潘漢年:

「這條件恐怕不易接受吧?」

潘漢年沒有讓進門時的微笑從臉上消逝,但綿裏藏針地答道:

「這是蔣先生站在剿共立場的收編條例,不能說是抗日合作的談判條件。請問陳先生,當初鄧文儀在俄活動,曾養甫派人去蘇區,所談均非收編,而是合作,蔣先生為甚目前有如此設想?大概是錯誤地認為紅軍已到無能為力的時候;或者受困日本防共協定之提議,磋商合作條件尚非其時?」

此時,潘漢年的微笑才漸漸退去,然而他的話卻沒有停頓:

「這樣消耗國力的內戰,眼見一時尚無停止可能,日本乘機進攻之野心當亦繼續無已,南京日來標榜之決心抵抗,不知從何做起?歷史上未見對外對內兩重戰爭可以同時並進,先生以為如何?」

一直看着潘漢年的陳立夫,此刻安靜地把眼睛閉上,他想了一想,用很輕很輕的聲音說道:

「是的,條件很苛刻,談判恐一時難於成就。不過周恩來如能全權代表軍事出來與蔣面談,或者保留的軍隊數目尚可斟酌,如由 3000 可擴大為 10000 人。無論如何,蔣先生中心意旨,必須先解決軍事,其他一切都好辦。你我均非軍事當局,從旁談判,也無結果,可否請恩來出來一次?以前他曾有電給養甫說可以去廣州,所以已派張子華帶着護照回去了,你想他能不能出來呢?」

「如果蔣先生認為無談判合作之必要,我想他是不會來的。」潘漢年說。

陳立夫有些不死心:

「蔣先生答應如周先生出來,他可以和周先生面談,或許那時蔣先生的條件不致太苛也難說。」

潘漢年笑了笑問陳立夫:

「那麼要不要把蔣先生所提收編紅軍的各點,同時打電報都說明在裏面呢?」

陳立夫聽出潘漢年話裏有話，語塞有頃說道：

「這樣恐怕周先生就不能來了，我也這樣估計。暫時不提也好，看周先生到底願不願與蔣親自談。」

「如不把貴方意見提出，僅說蔣先生願見他，豈不是我騙他出來？何況正在交戰激烈之際，暫時停戰問題不解決，我想他是無法出來。」潘漢年感到陳立夫的建議很不現實。

「能否停戰，蔣先生的意思，是要看你們對軍事問題能否接受來決定，而軍事問題，雙方談了必須負責，因此必須雙方軍事直接負責人直接見面談。」

潘漢年覺得在這無法達成統一的問題上，反反覆覆毫無結果，便改變談話中心，要求先談停戰，無條件的，暫時的都行，為了雙方軍事負責人面商起見，先討論如何迅速實現暫時各守原防地的休戰。

但陳立夫馬上加以拒絕了。

談判出現了冷場，張沖在旁建議：

「如周先生願出來，我方負責保障安全，請不必懷疑。」

陳立夫隨即接上說：

「這不成問題，如周先生答應出來，倘若認為張子華帶進去的護照還不夠，還可以另想辦法。請潘先生還是先打一個只提要周恩來先生出面，與蔣介石先生談軍隊問題的電報，至於蔣先生所提的其他各點，看你們中共有無覆電再說。」

潘漢年對再糾纏這他不可能讓步的事情，已經失去了興趣，便撇下這個話題，提出新的建議：

「雙方當局對整個問題恐一時難於接近談判成熟，可否與陳先生直接所負各種政治的、群眾的運動，以至於反對政學系漢奸等部分問題進行局部統一運動的談判，以形成將來整個合作的基礎？」

陳立夫、張沖沒想到潘漢年會有如此提議，相互對視，表示驚異，過了很久，陳立夫才答覆：

「這是不可以的，必須整個來談，必須在唯一領袖意旨下來進行工作。還是

請你先打一個請周先生出來的電報。」

潘漢年感到：再談下去，也是這幾句。若斷然拒絕，有可能使談判陷於僵局或嘎然而止，便說同意將南京方面的提議向中共中央匯報請示。

八　給中共中央起草了一份長達5000言的電報　／對負責轉遞消息的劉鼎，嘖有煩言　／在軍事上給蔣介石必要的反擊　／日德正在拉蔣先生加入反蘇陣線　／陳立夫彷彿聞所未聞，一幅吃驚的面孔　／搞政治需要表演，但他覺得陳立夫今天演得有些蹩腳　／張沖委婉地告訴潘漢年：「陳先生也左右為難」

滄州飯店的談判一結束，潘漢年立即給中共中央起草了一份長達5000言的電報，詳細匯報了談判的情況。同時將他在滬寧搜集到的有關蔣介石對中共政治、軍事政策的情報，附了在電報中。

由於蔣介石自信有強大的軍事壓力做後盾，中共最後只能屈從其苛刻的條件，潘漢年談判談得很艱苦，且前景不容樂觀。在這種時刻，他更感到及時聽到中央指示，對他具有多麼重要的意義。可限於當時的環境條件，中共中央還不能迅速得到信息，立即做出反應，並把指示傳遞給潘漢年。這就使他因不能及時得到中央指示，對負責轉遞消息的劉鼎，嘖有煩言。

中共中央因及時得到了潘漢年的情報，更清晰蔣介石政治瓦解，軍事壓迫中共和紅軍的企圖，決定在軍事上給蔣介石必要的反擊，以推動合作談判。11月18日，中共中央軍委下達了粉碎蔣軍進攻的動員令。當天，紅軍即在豫旺擊潰胡宗南部一個旅；三日後，又在環縣山城堡，殲滅胡宗南部一個旅又兩個團，打

擊了蔣軍的氣焰。

就在紅軍動員令發出的第二天，潘漢年與陳立夫進行了第二次正式會談。

會談一開始，氣氛就不佳。陳立夫面上毫無表情地說：

「首先，我向潘先生轉達蔣先生的意見：他堅持原提各點，無讓步可能。並請潘先生把我上次傳達的蔣先生的意見，電告你們的中央。」

潘漢年隨即拒絕了他的要求，指出上次會談時他已經表明，中共不可能接受蔣提出的條件，要他再向中共重複這些條件，無異於把談判推向決裂。為了防止談判陷入僵局，潘漢年在此提出，暫時擱置難以取得一致的條件，先談停戰問題。

「軍隊的條件不解決，無從停戰。」陳立夫有些以勢壓人的味道，他繼而又攤出一張日德簽訂反共協定的牌。

「日德正在拉蔣先生加入反蘇陣線，說不定中蘇關係會變得惡劣，那時紅軍的境況豈不是更糟糕？」

「我們要討論的，是如何一致對日的問題，是否反蘇，南京政府自己決定。當然，如果蔣先生要加入反蘇陣線，就不可能抗日了，那我們今天的談判，似乎也沒有必要了。」潘漢年嚴正地表示了在這一問題上絕不放棄原則的立場。

陳立夫見以中蘇關係交惡，中共將孤立無援的要挾起不了什麼作用，遂把話鋒一轉：

「我們不希望中國加入反蘇陣線，因此更希望紅軍方面能為民族、為國家捐除成見。」

潘漢年聽陳立夫的口氣，還不想使談判決裂，便再次將中共草擬的《國共兩黨抗日救國草案》交給陳立夫，鄭重地說：

「這是我黨對民族、對國家最負責、最盡職的意見，供國共兩黨合作參考。如雙方能在草案原則精神下商討合作，則不難有成果；否則合作抗戰將成泡影。國共對立將無休無止，日本必乘虛而入，其後果蔣先生不能不預想一下。如蔣先生堅持剿共，甚至聯日反蘇，那麼前途如何，輿情如何，全國人民對蔣先生的稱

謂如何，實堪杞憂。養甫先生轉告我們關於合作的辦法，關於軍隊一點，離我們所提原則尚遠，今蔣先生所提較養甫先生所講更遠，這怎麼談呢？」

聽潘漢年提到曾養甫提出過的條件，陳立夫彷彿聞所未聞，一幅吃驚的面孔：

「養甫提出了什麼條件？」

潘漢年無法相信，陳立夫會不知道曾養甫託張子華帶給中共的合作談判條件，認為他是在裝糊塗。但他還是把張子華轉告中共中央的 4 條談判意見說了一遍，接着又問了一句：

「難道陳先生真的不知？」

「純屬子虛，蔣先生並未對第二個人講過同你們中共談判的條件，你們的信息不可靠。」

看着陳立夫斬釘截鐵的樣子，潘漢年認為談判已經無法再繼續下去。搞政治需要表演，搞政治需要承受倫常不能承受之情景，對這一切，潘漢年已經習以為常，但他覺得陳今天演得有些蹩腳。雙方不歡而散。

當晚 10 點，張沖來到潘漢年的住所，他委婉地告訴潘漢年，此事陳立夫也做不了主，「陳先生也左右為難」。接着，他勸潘漢年還是把蔣介石提出的條件，轉告中共中央，請周恩來出面談判。

潘漢年向張沖解釋說，這樣的條件，周恩來是不會來談的。張沖說陳立夫也向蔣介石如此說了，但蔣介石似乎很有把握地說不妨事，周恩來會來談的。張說陳立夫認為，如果周恩來真出面，條件可能會有所改變。

幾次談判下來，潘漢年感到：如果蔣介石的軍事行動未能遭受有力的挫敗，如果沒有有利於中共和紅軍的急轉形勢，在談判桌上將不會有什麼進展的。儘管如此，當陳立夫再次邀他會談時，他依然抱着再做努力的心理，坐在了談判桌前。

此次陳立夫的態度有所緩和，對紅軍數量的限制，從上次的 3000，放寬到30000，「要求絕對服從南京的指揮」。但其他條件，仍然沒有鬆動的餘地。潘漢年理所當然地再次拒絕了陳的條件。

不久，中共中央給了潘漢年明確的態度，這是毛澤東親自發出的聲音：

　　「蔣氏對外妥協對內苛求」，我「根本拒絕其侮辱紅軍之態度」，「紅軍僅抗日救亡之前提下改換抗日番號劃定抗日防地服從抗日指揮，不能少一兵一卒並須擴充之」，「我們願意以戰爭求和平，絕對不作無原則的讓步」。肯定了潘漢年在談判中的立場。

第十章
烘托巨星耀眼亮度的衛星

一　僅憑口舌創造談判奇蹟，那只是奢望　╱「先生何不清夜捫心一思其故耶」　╱宋美齡聞訊，如「晴天霹靂，震駭莫名」，當場昏厥　╱宋慶齡欲與「何香凝老太太同行」，飛往西安

　　任何折衝樽俎的高手，也明白談判桌上的輝煌取決於談判桌外的籌碼。氣候未形成，條件不具備，僅憑口舌創造談判奇蹟，那只是奢望。因此當談判冷落的時候，潘漢年便將更多的精力置於談判之外的努力。

　　為了既堅持中共不作無原則讓步的宗旨，又把國共兩黨的談判繼續下去，在這段時間裏，潘漢年與四川的劉湘（1890-1938）、廣西的李宗仁、十九路軍的蔣光鼐、山西的閻錫山等各地實力派，就中國共產黨有關國共合作的政治主張廣泛交換了意見，以求與他們共同推動蔣介石抗日。

　　就在這時候，與潘漢年一直保持着聯繫、積極為統一抗日呼喚奔走的上海救國會領導人沈鈞儒、章乃器、鄒韜奮、李公樸（1902-1946）、沙千里（1901-1982）、史良（1900-1985）、王造時（1902-1971）等 7 人，遭到蔣介石當局的逮捕，此即史稱的「七君子」案。潘漢年又走動於宋慶齡等著名的愛國人士之間，發起了轟轟烈烈的營救七君子的群眾運動。

　　面對蔣介石的步步倒退，中共中央分析了國內外的形勢，依然認為「迫蔣停止剿共，是目前統一戰線的中心關鍵」。為了達到此目的，毛澤東、朱德等 19 位紅軍高級將領於 12 月 1 日，聯名致信在西安部署剿共的蔣介石，敦促其翻然醒悟，蹬上合作抗日正途：

介石先生台鑑：

　　去年 8 月以來，共產黨、蘇維埃與紅軍曾屢次向先生要求，停止內戰，一致抗日。自此主張發表後，全國各界不分黨派，一致響應。而先生始終孤行己意，先則下令「圍

剿」，是以有去冬直羅鎮之役。今春紅軍東渡黃河，欲赴晉察前線，先生則又阻之於汾河流域。吾人因不願國防力量之無謂犧牲，率師西渡，別求抗日途徑，一面發表宣言，促先生之覺悟。數月來綏東情勢益危，吾人方謂先生將翻然變計，派遣大軍實行抗戰。孰意先生僅派出湯恩伯這8個團向綏赴援，聊資點綴，而集胡宗南、關麟徵、毛炳文、王均、何柱國、王以哲、董英斌、孫震、萬耀煌、楊虎城、馬鴻逵、馬鴻賓、馬步芳、高桂滋、高雙城、李仙洲等260個團，其勢洶洶，大有非消滅抗日紅軍蕩平抗日蘇區不可之勢。吾人雖命令紅軍停止向先生之部隊進攻，步步退讓，竟不能回先生積恨之心。吾人為自衛計，為保存抗日軍隊與抗日根據地計，不得已而有11月21日定邊山城堡之役。夫全國人民對日寇進攻何等憤恨，對綏遠抗日將士之援助何等熱烈，而先生則集全力於自相殘殺之內戰。然而西北各軍官佐士兵之心理如何，吾人身在戰陣知之甚悉，彼等之心與吾人之心並無二致，丞欲停止內戰，早上抗日之戰場。即如先生之嫡系號稱勁旅者，亦難逃山城堡之慘敗。所以者何，非該軍果不能戰，特不願中國人打中國人，寧願繳槍於紅軍耳。人心與軍心之向背如此，先生何不清夜捫心一思其故耶？……吾人敢以至誠，再一次地請求先生，當機立斷，允許吾人之救國要求，化敵為友，共同抗日，則不特吾人之幸，實全國全民族唯一之出路也。今日之事，抗日降日，二者則一。徘徊歧途，將國為之毀，身為之奴失通國之人心，遭千秋之辱罵。吾人誠不願見天下後世之人聚而稱曰，亡中國非他人，蔣介石也，而願天下後世之人，視先生為能及時改過救國救民之豪傑。語曰，過則勿憚改，又曰，放下屠刀，立地成佛。何去何從，願先生熟察之。寇深禍急，言重心危，立馬陳詞，佇候明教。

　　然而一意孤行的蔣介石，卻視中共的委曲求全為軟弱，對西安民眾的抗日請願，張學良等東北軍、西北軍將領的「哭諫」置若罔聞，執意強令張學良、楊虎城的東北軍、西北軍，把槍口對準紅軍。

　　被逼上梁山的張、楊二將軍，在別無選擇的情況下，於12月12日，以「兵諫」方式，軟禁蔣介石，迫其接受統一抗戰。同時通電全國，剖陳兵諫原委，提

1936 年西安事變前夕，蔣介石與張學良（前左）等在西安合影。

出抗日救國「八項主張」。此即聳動一時的「西安事變」。

事變發生，舉國震驚。在南京主持軍務的何應欽（1890-1987），在戴季陶（1891-1949）、吳稚暉（1865-1953）、葉楚傖（1887-1946）等支持下，力主討伐張、楊。他一面調集 10 餘個師向西安進逼，並派飛機轟炸渭南、富平等地，揚言「炸平西安」；一面電促在意大利養病的親日派汪精衛迅速回國。

有史家指出，何應欽這是欲置蔣介石於死地，實現架空汪精衛，自己掌實權的陰謀；亦有史家認為何應欽是武力救蔣，他並未直接轟炸西安，後得蔣介石指令均一一遵行不悖。這些有待史家進一步論證。

然而當時國民黨內並非一片討伐張學良、楊虎城之聲，林森（1868-1943）、孔祥熙、宋子文等堅決反對討伐，尤其是宋、孔，怕如此會置蔣介石於死地。

據史載：張學良於事變當天，就給留守南京的行政院副院長孔祥熙以及宋美齡發去電報。不巧孔、宋二人均在上海。南京孔祥熙辦公室的秘書慌忙打長途電話，向孔祥熙報告張學良電報內容。孔夫人宋靄齡（1889-1973）隨即打電話告訴小妹宋美齡。宋美齡聽說蔣介石被軟禁在西安，如「晴天霹靂，震駭莫名」，

當場昏厥。

　　醒來之後，宋美齡要孔祥熙帶她星夜馳赴南京。為制止何應欽下令轟炸西安，宋美齡使性大罵他「不是東西」，並要中央軍校教育長張治中（1890-1969）出面，阻止何蠻幹；孔祥熙則舌戰主張討伐及親日的文臣武將；他們還以「委婉相商」口吻致電張學良，對其「愛國心切，必有不得已之苦衷」，表示理解，以穩住張、楊；同時他們又急着與英美使館磋商，並央請曾為張作霖（1875-1928）顧問的澳洲人端納（William Henry Donald, 1875-1946）赴西安調解。

　　孔祥熙、宋美齡等人經研究張、楊通電，認為張、楊主要是要求抗日，大有交涉餘地，應全力爭取「不流血的和平與迅速之解決」。同時他們認為張、楊此舉大概是受中共抗日宣傳的影響，甚至推測中共和紅軍可能介入了兵諫。

　　因此，他們感到在與張學良、楊虎城周旋的同時，還必須了解中共的態度，查清中共在此事件中扮演的角色，聯絡中共敦促張、楊釋放蔣介石。然而，如何與中共聯絡，又如何對中共施加影響呢？

　　他們想到了共產國際和蘇聯，想到了在南京、上海之間跟國民黨談判的中共代表潘漢年。他們數管齊下，宋美齡請孔祥熙約見蘇聯駐華大使鮑格莫洛夫，請求蘇聯政府從中斡旋，促中共為說服張、楊放蔣而努力。此外，宋美齡又請她的二姐宋慶齡和共產國際聯繫，請他們出面幫助和平解決西安事變；同時通過她的關係與潘漢年聯絡。

　　宋慶齡從團結抗戰的民族大義出發，也力主和平解決西安事變，不知這其中有無來自共產國際的意向。宋慶齡明確提出，釋放蔣介石的條件是他必須答應停止內戰，實行抗日。她不念個人恩怨，不顧自身安危，準備「要胡子嬰陪伴，要何香凝老太太同行」，親自飛往西安，「勸說張學良釋放蔣介石」，以促成事變的和平解決。但後因何應欽不配合，不安排飛機，故未成行。

　　與此同時，宋慶齡根據宋美齡的囑託，立即約見了在上海的潘漢年。

二　毛澤東笑着對葉子龍說：「有好事情了」　/他沒有按常規在南京下關車站下車　/宋子文堅定了積極為和平解決西安事變的決心　/應宋美齡之請前往西安的端納，來電通報了蔣介石在西安很安全的真相　/潘漢年主動聯繫，與陳立夫會面　/我們的確還應該記住另外一些名字，如潘漢年、劉鼎、王炳南等

這時，潘漢年已經收到中共中央的電報，他從電文中獲悉，「中共事前不知『西安事變』」，遂將此告知宋慶齡。據當時中共中央軍委機要科科長葉子龍（1916-2003）回憶：張學良、楊虎城發動「兵諫」時，曾致中共密電。他收報時，因電文中有文言詞彙，他沒有看懂電文的意思，遂送交毛澤東。毛澤東看罷，笑着對葉子龍說：「有好事情了。」葉子龍還是不明白，直到張、楊發表通電，葉子龍才知道發生了西安事變。

不久，潘漢年又接到以毛澤東名義發來的電文：「請向南京接洽和平解決西安事變之可能性，及其最低限度條件，避免亡國慘禍。」並要他轉告宋慶齡，中共和張學良、楊虎城方面已決定歡迎南京方面派代表到西安面商和平解決的消息，主張勸宋子文前往西安。

宋慶齡了解這一情況後，即與宋美齡、宋子文聯繫。潘漢年隨即接到秘赴南京的邀請，宋家要和他進一步商討赴西安談判之事。

潘漢年在赴南京途中，考慮到當時南京政局的動盪，為避免遭到親日派何應欽等人的阻攔及破壞，他沒有按常規在南京下關車站下車，而改由堯化門小站下車，然後乘車進城住進事先約定的宋子文家中。

住進宋子文公館的潘漢年，再次向宋氏兄妹陳述了中共中央及張學良、楊虎城關於和平解決西安事變的主張。不久，他收到了《中共中央關於西安事變致國民黨中央電》，他立刻交予宋子文，並請宋子文轉呈國民黨中央委員會。

宋子文仔細閱畢這則電文，認為這是一篇十分重要的文件。電文中全面剖析了西安事變起因，並提出了對事件的具體處理善後辦法。宋子文遂通知宋美齡、孔祥熙來自家公館共商應對之策。

為自身計，孔祥熙是不希望親日派何應欽以及準備動身回國的汪精衛掌權的。而今能制約走親日路線的中樞顯貴者，唯蔣介石一人。所以他力主和平解決西安事變，以使蔣介石能安全返回南京。

因此，當孔祥熙看到中共致國民黨中央電文中：「貴黨果欲援救蔣氏，則絕非調集大軍討伐張、楊所能奏效，實屬顯然」一語，感到很對心思。他們在對中共的這一文件研讀了一番後，更堅定了積極為和平解決「西安事變」的決心。

為了了解南京的動向，以及使潘漢年為西安事變的和平解決採取配合行動，中共將一些指示和相關的文件都及時電傳潘漢年。1936 年 12 月 19 日，《中共關於西安事變及我們的任務的指示》、《中華蘇維埃中央政府及中共中央對西安事變的通電》聯翩而至。

《指示》對西安事變產生前的形勢、意義、發展的兩個前途及其擁護者等方面作了科學的分析，使潘漢年明確了自己應該「利用一切方法聯合南京左派，爭取中間派，反對親日派，以達到推動南京走向進一步抗日的立場，揭破日寇及親日派利用擁蔣的號召，發動內戰的陰謀」。

因此，他及時將中共根據西安事變進展發出的指示、所表明的態度，通報給宋氏兄妹和孔祥熙等，並積極參與他們同親日派鬥爭的商議。宋美齡等人敢於力排眾議，堅持和平解決西安事變，是與潘漢年的積極活動相關的。

就在此時，應宋美齡之請先期前往西安進行調解的端納，來電通報了蔣介石在西安很安全的真相，並轉告「西安方面歡迎派人來陝磋商釋蔣問題」。宋氏兄妹遂決意親赴西安，和張學良、楊虎城、中共方面舉行直接會談。正在商議之間，潘漢年送來了《中華蘇維埃中央政府及中共中央對西安事變的通電》：

自西安提出抗日綱領以後，全國震動，南京的「安內而攘外」的政策，不能再續。

平心而論，西安諸公愛國熱心，實居首列，其主張是立起抗日；而南京諸公，步驟較緩，可除親日分子外，亦非毫無愛國者，其發動內戰，當非心願。以目前大勢，非抗日無以圖存，非團結無以救國，堅持內戰，無非自速其亡！當此危急存亡之秋，本黨本政府謹向雙方提出如下建議：

一、雙方軍隊暫以潼關為界，南京軍隊勿向潼關進攻，西安抗日軍亦暫止陝甘境內，聽候和平會議解決；

二、由南京立即召集和平會議，除南京、西安各派代表外，並通知全國各黨各派各界各軍選派代表參加；

三、在和平會議前，由各黨各派各界各軍先提抗日救亡草案，並討論蔣介石先生的處置問題，但基本綱領，應是團結全國，反對一切內戰，一致抗日；

四、會議地址暫定在南京。

上述建議，實為解決目前緊急關頭之合理有效方法，南京諸公，望立即決定國策以免值此國家混亂中日寇竟乘虛而入也！並望全國人民各黨各派，立即督促當局召集和平會議，討論一定國策，共赴國難！

這份《通電》對宋子文堅定去西安的決心，無疑起到了推動的作用。他終於成行，「以私人資格飛赴西安，營救蔣公」。他的西安之行，為後來他作為正式談判代表，偕宋美齡再赴西安做了必不可少的鋪墊。

宋子文剛走，毛澤東的電報又來了。該電吩咐潘漢年立即向陳立夫等提出：

目前最大危機是日本與南京及各地親日派成立聯盟，借擁蔣旗幟造成內亂奴化中國。南京及各地左派應迅速行動起來，挽救危局。共產黨願意贊助左派，堅決主張在下列條件基礎上成立國內和平，一致對付日本與親日派。（甲）吸收幾個抗日運動之領袖人物加入南京政府，排斥親日派。（乙）停止軍事行動，承認西安之地位。（丙）停止「剿共」政策，並與紅軍聯合抗日。（丁）保障民主權利，與同情中國抗日運動之國家成立合作關係。（戊）在上述條件有相當保證時，勸告西安恢復蔣介石先生之

自由，並贊助他團結全國一致對日。

　　潘漢年主動聯繫，與陳立夫會面，向他轉達了中共中央新提出的有關合作抗日的五項要求。

　　當宋子文安然返回南京，當國民黨政要們弄清了中共及張、楊有關事變的態度後，於 22 日正式派宋子文、宋美齡為談判代表赴西安面見張、楊。此時，西安方面的各派政治力量在周恩來的艱苦說服下，基本上在和平解決西安事變的問題上達成了共識。

　　12 月 23 日至 24 日，蔣方代表宋子文、宋美齡，西安方面代表張學良、楊虎城、周恩來，就周恩來提出的中共和紅軍的 6 項主張進行談判，最終雙方達成協議，西安事變得到和平解決。

　　協議內容為 6 條：

　　1. 停戰，撤兵至潼關外；

　　2. 改組國民黨與國民政府，驅逐親日派，加入抗日分子；

　　3. 釋放上海愛國領袖，釋放一切政治犯，保證人民的自由權利；

　　4. 停止「剿共」政策，聯合紅軍抗日；

　　5. 召集各黨各派各界各軍的救國會議，決定抗日救亡方針；

　　6. 與同情中國抗日的國家建立合作關係。

　　從西安事變發生至和平解決的過程中，人們都把目光集中到了西安這個政治焦點，集中到了毛澤東、周恩來、張聞天、張學良、楊虎城這數枚無疑是當時最耀眼的政治巨星身上。在我們通常所閱讀到的歷史教科書上，我們通常也只能看到這些如雷貫耳的名字。

　　但是，我們的確還應該記住另外一些名字，如潘漢年、劉鼎、王炳南等等，他們當然是遵循那些政治巨星們的指示在行動的，但沒有他們富有創造性的工

作，西安事變從發生到解決的歷程，就不一定像我們今天讀到的這般精彩，是他們的烘托，增添了巨星的亮度。

三　西安事變，並沒有劃上句號　／一向處亂不驚的周恩來也感到事情棘手　／請宋子文實踐諾言，出面勸阻蔣介石違反協議的行徑　／周恩來向潘漢年連發兩電　／我意蔣介石不妨讓張學良來陝一次　／誰也無法準確地揭示蔣介石的居心　／西安陷入了東北軍袍澤喋血的殘殺　／賀衷寒大概是想立功贖罪

　　西安事變，並沒有因南京、西安、陝北三方代表，在那份協議上簽了字便劃上句號。反而因張學良送蔣介石返南京即被軟禁並受審，國民黨重兵再度向西安進逼，如巨石擊水，在全國各界又激起層層波瀾。

　　由於張學良被扣，東北軍少壯派的反蔣情緒驟然激烈，要求出兵與進逼之蔣軍決一死戰。他們與軍內主和派發生了尖銳對立，新的內戰、東北軍內的火併呈一觸即發之勢。一向處亂不驚的周恩來也感到事情棘手。他非常清楚：平息內戰和東北軍內的自相殘殺，最簡便而有效的辦法，就是蔣介石放張學良回西安，停止蔣軍對西安的進逼；但蔣介石既然採取了這種以怨報德的作法，是絕不會輕易回轉的。

　　然而不論怎樣，中共必須盡全力幹旋，讓潘漢年在南京積極奔走！周恩來雖覺得希望渺茫，但不能不盡力一試。

　　他和毛澤東聯名，數次致電潘漢年，要其與陳立夫商洽蔣介石退兵：

　　南京的進軍，僅有利於政學系及日本，對民族國家及國民黨則是「極大損害」，

西安事變和平解決，於國事極有利，但聞親日派極力阻礙蔣介石新政策的實施，不執行撤兵命令，企圖重新挑起內戰，將給國家民族以極大損害。共產黨與紅軍堅決站在和平解決國事之立場上，贊助國民黨一切有利於救亡圖存之改革，願與陳立夫、宋子文、孫哲生、馮煥章各方面商洽團結一致挽救危局之方法。蓋今日一切有良心的人，均應團結起來，制裁親日派之禍國陰謀。望本此方針，速與陳立夫先生接洽。

（甲）楊、于、孫通電就新職，並準備取消臨時組織，已表示服從中央，目前只須蔣先生處以寬大，在陝、甘不駐多兵，優待漢卿顯示愛護兩部，釋其疑慮，即可徹底和平解決，我們當以全力斡旋，務底於成。（乙）為要說服紅軍將領起見，如無蔣先生手書甚為困難。因多年對立，一旦釋嫌，此簡單表示在蔣先生為昭示大信，在紅軍即全釋疑慮。且此書即經兄手聲明乘機直飛西安面交恩來，當絕對保守秘密，如有洩露由我方負全責。

與此同時，毛澤東還多次電告潘漢年，告之周恩來在西安與蔣介石、宋子文商定的具體內容，指示潘漢年迅速在上海找宋子文接洽，弄清南京政府近日的變化，並要宋子文實踐諾言，出面勸阻蔣介石違反協議的行徑。

潘漢年還根據張聞天的電示，運用各種關係，分別去策動韓復榘（1890-1938）、孫科（1891-1973）、馮玉祥，以及四川的劉湘、廣西的李宗仁、白崇禧等，請他們發表通電，要求繼續以和平途徑解決問題，恢復張學良的自由。劉、李、白遂於 1937 年 1 月 15 日聯名發表通電，呼籲入陝中央軍停止進攻，採取政治解決辦法。

他還通過宋慶齡，將張聞天「要宋子文繼續負責調解責任，表示我方擁護他調解之誠意」的話，轉告宋子文。同時通過杜重遠（1897-1943）的關係，向熊式輝打探何應欽等親日派的動向，向中共中央匯報，以便於中共中央根據情況的變異，及時調整對策。他並沒有因西安事變的初步解決，蔣介石返回南京，而稍得輕鬆，反而更加忙碌。

1 月下旬，中央社忽大發討伐電訊，引起張學良、楊虎城兩部及西安學生異

常憤激，特別是東北軍方面怒火更甚，認為國民黨中央無合作誠意，抗蔣論又高揚，使在東北軍中做工作的周恩來等陷入困難中，毛澤東再次致電潘漢年：

「望速交涉：第一，中央社改取和平論調；第二，前線中央軍不作引起憤激之動作；第三，對西安合理要求表示讓步；第四，請蔣示意閻百川出面調停，最好閻到西安一行。」

針對釋放張學良的問題，周恩來於1月27日，給潘漢年發去一封電報。電報說：「恩來用全力斡旋，結果楊虎城、于學忠、孫蔚如、何柱國諸人已完全同意服從中央，但東北軍大多數師團幹部堅決要求張學良回西安一行，與東北軍幹部見一面，訓話一次，即行撤兵，否則要打。我意蔣介石不妨讓張來陝一次，仍回南京，使撤兵不生波折，很和平地解決此問題。」

第二天，潘漢年又接到一封周恩來發來的電報：

漢年同志即轉蔣先生：

（甲）我們在西安已盡最大努力，楊虎城已決心服從蔣先生，惟東北軍多數幹部痛於張漢卿不能回陝見面一次，決不肯先撤兵，恩來及何柱國、王以哲等向之說服亦無效。

（乙）除我們繼續努力向他們說服外，務請蔣先生扶念此流亡之師，以手書告東北軍將領，保證撤兵後，即給張恢復公權，發表名義，許張出席三中全會，並許張來陝訓話一次，以安東北軍之心。

（丙）請蔣先生許張漢卿寫親筆信給楊、于、孫、何、王及東北軍將領，堅其撤兵之決心。

（丁）請蔣先生許可西安及東北軍派代表見張一面，然後撤兵。

（戊）時機緊迫，請蔣先生速允辦，否則忍令此抗日之師互耗國力必非蔣先生之所願。

（己）蔣先生有撫慰東北軍其他辦法，我們無不贊同。

周恩來

儉亥

　　不到 24 小時之間連得兩電，潘漢年感到事態嚴重，刻不容緩，便馬上約見張沖。此時，張沖也剛剛從西安回到南京。西安事變發生時，他作為蔣介石以備諮詢的隨員，也被關押了一段時間。

　　然而，就是在西安被扣押期間，張沖看到了中共以民族大義為重、釋放自己宿敵的恢宏氣度；看到了張學良將軍以個人身家性命為賭注，換取統一抗戰的高尚人格。因此，當他讀罷潘漢年送來的電文，當場表示願為此奔走。

　　他旋即趕赴溪口，將周恩來請潘漢年轉蔣介石的電文，送呈蔣介石。然而，蔣介石沒有依周恩來所請，張沖無功而返。蔣介石漫無止期的羈押張學良，始終沒有一個說得過去的名目，國民黨當局始終沒有一個讓人信服的解釋，以致治現代史的專家們，對此做了種種揣測。

　　誰也無法準確地揭示蔣介石的居心，但懲戒儆尤；使東北軍群龍無首在內亂中瓦解；使可能改變中國政治力量對比的張學良、楊虎城、中共三位一體的聯合化為烏有，這三意是自在其中的。蔣某人確實部分地如願以償了。

　　2 月初，正在南京等地積極奔走的潘漢年，突然聽到了不忍聽聞的消息：東北軍中的少壯派軍官，衝動地殺害了在西安事變中功不可沒的王以哲將軍，西安陷入了東北軍袍澤喋血的殘殺。

　　雖然，周恩來以其政治家的膽略，以其超人的智慧，不顧個人安危，日夜奔走在互為對立的東北軍兩派軍官中，最終平息了二二事件所掀起的軒然大波。但中共與張學良、楊虎城構築的三位一體的大好局面，頃刻瓦解。

　　儘管如此，周恩來依舊為維持和平局面，在西安徹夜不眠，運籌善後事宜。潘漢年則為落實蔣介石離開西安時以人格保證的協議，奔波於西安、南京、上海等地，繼續就釋放張學良、撤軍，以及紅軍駐地、給養、西路軍等問題，與國民黨進行了一系列艱苦的談判，以配合周恩來的工作。

　　蔣介石的目的達到後，他覺得有必要對自己的政治允諾，表示一下姿態。他下令「各路前方部隊，未下總攻擊令以前，應力避衝突，勿使接觸」，緩和了軍事對立。接著，他又指派顧祝同（1893-1987）、賀衷寒（1900-1972）、張沖為

代表赴西安，和中共代表周恩來、葉劍英舉行會談。

雙方歷經月餘的談判，始終未達成任何協議。

國民黨代表之一賀衷寒，在西安事變後，被蔣介石臭罵了一頓：「我在西安蒙難，你們在南京討逆，坐地打衝鋒。娘希匹，我還沒有死，你們就不聽我的話了，想改換門庭嗎？」

此時，賀衷寒大概是想立功贖罪了，竟然提出把紅軍人數縮小到兩萬人；紅軍改編後，副職幹部皆由國民黨派遣；取消軍隊中的政治工作人員；服從國民黨方面的一切命令等，依然是一個「收編」性的提案，欲把中共和紅軍變成國民黨的附屬品。

顧祝同則與賀衷寒一唱一和，這兩個人的橫蠻無理行徑，連同為國民黨談判代表的張沖都十分反感。一天晚上，他私下跑到中共代表團的住處對周恩來說：「此等反覆，太不夠格。」「但實權不在我手，無能為力。」離開前，他告訴周恩來：「顧祝同規定你們一個師為一萬人，其底牌實為 12000 人，你們還可力爭超過此數。」

賀衷寒的提案，理所當然地遭到了周恩來的否決。鑑於顧祝同、賀衷寒的橫生枝節，周恩來認為中共應該撇開這些中間環節，直接與蔣介石會談。中共中央同意了周恩來的提議，周恩來遂向顧祝同「申明西安無可再談，要求見蔣解決」。

3 月，蔣介石方面有了回音，請周恩來到杭州，與蔣介石本人直接會談。

四　就在這棲息着各朝各代革新與守舊、賣國與忠貞的靈魂的氛圍中，周恩來與蔣介石開始了第一次國共合作分裂10年之後，兩黨領導人的第一次會晤　／由於蔣介石基於對時局和中共的新認識，在此次談判中表現了向前看的積極態度　／蔣介石承認：中共有民主意識、革命精神，是新生力量　／蔣的談話意圖，中心在領袖問題

　　為赴杭州談判，周恩來先抵上海。被指派為談判助手的潘漢年，已經先期在滬迎候，他把周恩來安頓在四川路新亞酒家。

　　風塵甫定的周恩來，將中共中央書記處提出的有關談判的15點意見，交給潘漢年，讓他馬上轉交宋美齡，以便讓蔣介石能盡早過目。然後，周恩來在上海同宋子文、蔣鼎文進行了初步會談，還會晤了東北抗日名將李杜等人。

　　第二天，周恩來即在潘漢年的陪同下，前往杭州。他們一行到達杭州之際，正是江南的梅雨季節，適逢是西湖「水光瀲灩晴方好，山色空濛雨亦奇」的別番景致。

　　一位記述此段歷史的作家頗抒情地寫到：

　　在美麗的西子湖畔，有一座疊翠交織的煙霞嶺。登臨遠眺，錢塘江縈迴若帶，西子湖清瑩如鏡，杭州景物盡收眼底。煙霞嶺上有一座聞名遐邇的煙霞洞，頂穹有倒掛的石鐘乳千姿百態，堪稱天工之巧；洞壁有五代以來雕造的佛像和羅漢像；洞外有呼嵩閣、舒嘯亭等景觀。如身臨洞外，大有岩石鬥秀，峭壁凌空之感；如登高舒嘯，又有遠引江濤，近俯諸山之勝。而潘漢年和張沖為周恩來、蔣介石選擇的會談地點，就是在「一角夕陽藏古洞，四圍嵐翠遙接村」的煙霞洞附近的那座院落中。

　　然而，對一代政治家周恩來、蔣介石等人來說，西子湖畔給予他們更深印象

和更多聯想的，更可能在於棲霞嶺側，民族英雄岳武穆（1103-1142）忠烈祠「還我河山」的牌匾；南屏山下，舉兵抗清英勇就義的明朝兵部尚書張蒼水（1090-1155）墓；西泠橋畔，那位沉吟「秋風秋雨愁煞人」的鑑湖革命女俠秋瑾（1877-1907）墓；甚至那兩尊讓萬世唾棄的奸臣秦檜（1090-1155）夫婦的跪像……

就在這棲息着各朝各代革新與守舊、賣國與忠貞的靈魂的氛圍中，周恩來與蔣介石開始了第一次國共合作分裂10年之後，兩黨領導人的第一次會晤。

杭州會談就這樣拉開了帷幕，蔣介石和周恩來前後談了數次，歷時一個星期。蔣介石在「西安事變」前後，曾多次邀請周恩來就國共再次合作問題進行面商。在「西安事變」中，周恩來為和平解決事變所作的忠誠努力，亦為蔣介石親眼所見，深有所感。因此，在這次談判中，他態度平和、認真。

在第一天會談時，一見蔣介石，周恩來就先說明：

中國共產黨對國共合作的立場，是站在民族解放，民主自由，民生改善的共同奮鬥的綱領上。中共是為了國家和民族的利益，謀求同蔣介石和國民黨合作，決不能忍受投降收編之誣衊。

周恩來又表示：

「中共反對各省的倒蔣分裂運動，但蔣與南京方面應該給以機會，提高他們對抗日民主的認識，以徹底實現和平統一。」

在交談中，周恩來向蔣介石重申了中共提出的六點聲明：

「一、陝甘寧邊區須成為整個行政區，不能分割；二、紅軍改編後的人數須達4萬餘人；三、三個師上必須設總部；四、不能派遣輔佐和政訓人員；五、紅軍學校必須辦完；六、紅軍防地須增加。」

蔣介石在談話開始時首先承認：

「中共有民主意識、革命精神，是新生力量；幾個月的和平運動影響很好；承認由於國共分家，致使10年來革命失敗，造成軍閥割據和帝國主義佔領中國的局面，要求各自檢查過去的錯誤。」

但蔣介石又說：

「分家這責任，應該歸過於鮑羅廷。」

在講到國共合作時，蔣介石一再強調：中國共產黨不要說同國民黨合作，這是同他個人合作。他表示希望中共這次改變政策後，與他永久合作；即使他死後，也不要分裂，免得因內亂造成英日聯合瓜分中國。因此，蔣介石說要商量一個永久合作的辦法。

周恩來接過蔣的話說：

「共同綱領是保證合作到底（的）一個最好辦法。」

「那就趕快回延安去，商量合作與綱領問題。」蔣介石立刻說。

周恩來問：「蔣先生有什麼具體辦法嗎？」

蔣介石回答說：「沒有，你們中共先商量一個吧。」

當提到一些具體問題時，蔣介石表示了他個人對這些細節的事項沒有太大興趣：「這些都是小節，容易解決。」

接着，蔣介石又說道：中共在幾個月後可以參加國民大會、國防會議；行政區可以是整個的，但須由中共推薦一個南京方面的人來做正的，「以應付各方」；副的以下均歸中共，並由中共自己幹，他不來干涉；軍隊人數不同中共爭，總的司令部可以設，他決不來破壞紅軍部隊，只是聯絡而已；糧食接濟定額設法解決；即使永久合作的辦法尚未肯定，他也決不再打。

看起來，蔣介石這次的表示確實爽快，但周恩來對蔣介石有着多年的了解，一下就看透了他的真實意圖所在。在後來敘述談判情況的一份報告中，周恩來寫道：「總觀蔣的談話意圖，中心在領袖問題。」「他認為這一問題如能解決其他具體問題自可放鬆一些，否則必從各方面給我們困難，企圖逼我就範。」

由於蔣介石基於對時局和中共的新認識，在此次談判中表現了向前看的積極態度，談判的整個氣氛還是相當不錯的。杭州會談雖然沒有達成具體的協議，但雙方最終還是一致商定停止內戰。

在整個談判過程中，潘漢年一直伴隨在周恩來身側，做一些輔助談判的工作。在談判期間，宋美齡曾到潘漢年的寓所，做了禮節性的拜訪。她對潘漢年在

西安事變期間，與宋家的聯絡，以及他為以和平方式解決事變而作出的種種努力，表示了感謝。她還懇切希望潘漢年在今後，能更多地為她幫些忙，就像潘漢年同宋慶齡的關係那樣。

在談判結束前夕，蔣介石告訴中共談判代表，以後有關國共兩黨合作的具體問題，仍由陳立夫負責與中共方面接洽；涉及紅軍的改編和經費的事宜，則由宋子文負責同中共協商。潘漢年作為中共方面的談判代表，此後就這些具體的問題，又同陳立夫、宋子文等人進行了多次磋商。

第十一章
半公開半隱蔽狀態

一　最不願意看到國共攜手這一現狀的，就是中國的東鄰日本　／全面侵華的槍聲，首先劃破了宛平城外蘆溝橋的夜空　／突發事變的第二天，周恩來召見了潘漢年和劉曉　／夏衍坦白地向周恩來表示：這些工作過去不熟悉

　　儘管國民黨與中共的談判總是出現曲曲折折；儘管即便是在全面抗戰爆發，蔣介石發表了對「國共合作宣言」的談話之後，國共兩方也從未達到過精誠合作的境界，但從外部看來，在面對民族存亡的嚴重危急時刻，中國的兩大政治勢力畢竟還是攜起了手。

　　最不願意看到國共攜手這一現狀的，就是妄想侵吞中國的東鄰日本。

　　自明治維新以後，日本就制定了「征服中國，必先征服蒙滿；征服世界，必先征服中國」的大陸政策，覬覦之思便在一代又一代的軍國主義分子心中盤桓不去。為了將覬覦變為事實，他們總巴望着中國長期處於積貧積弱和割據內亂的狀態。

　　正是利用國共對立，張學良東北軍的一半軍力，被蔣介石拖入關內打內戰，日本才得以在九一八一夜之間，佔領中國東三省；同樣是利用國共對立，日軍又佔據了包括北平、天津在內的熱河、察哈爾等省。

　　與此相反，當國內抗日呼聲高漲，當中共調整政策，加緊與國民黨的合作談判之際，也就是在 1936 年初到 1936 年冬這一時期，中國政府在對日本的外交方面也逐步走向強硬。

　　在 9 月的關於中日關係的談判中，日本人分明地感覺到了這種轉變。

　　15 日，日本駐華大使川越茂（1881-1969）與當時的中國外長張群（1889-1990），就所謂「全面改善中日邦交的談判」正式開始。談判期間，他陸續向中國提出了七項要求：

1. 徹底取締一切排日、侮日行為，解散一切抗日團體，停止一切抗日活動；

2. 全面降低日本貨的進口關稅，實行中日雙方經濟提攜；

3. 中日兩國實行共同防共，為此，日本得在其指定的中國地點駐紮軍隊；

4. 中日之間開通直達航線，首先開闢上海—福岡線；

5. 中國政府聘請日本人擔任最高政治顧問；

6. 中國政府取締不法鮮人的活動（指朝鮮抗日運動人員）。其主要犯人應當引渡到日本；

7. 華北實行全面自治，中央政府不得過問華北事務。

這 7 項要求等於要蔣介石不戰而降，因此國民黨當局一直對此採取了拖延敷衍，始終不正面回答日本的要求。

23 日，當川越茂正式向中國重申這 7 項要求，逼着張群立即答覆時，張群明確說這些要求是不能接受的。他對日方的要求進行了逐條反駁：

1. 取締排日的先決條件是日本必須停止侵略中國的一切行動；

2. 降低日本貨進口關稅，純係中國內政，日本似不應干預；

3. 剿滅中國共產黨是中國內政，中國將努力自為，無需日本效力；

4. 中日交通線可以開通，但日本必須首先停止在華北的自由飛行；

5. 聘請日本顧問必須由中國自擇，日本政府不宜提出類似要求；

6. 至於取締不法鮮人的活動，日本如能提供確鑿的證據和具體人名，中國可以協助緝捕，但是否引渡，需要待審問以後，才能依據國際慣例實行；

7. 華北自治係分裂中國之活動，中國政府自然不能承認。

同時，張群還向日本提出 5 項反要求：

1. 廢除淞滬塘沽兩項協定，何梅協定「原無正式手續，自當無效」；

2. 取締殷汝耕的冀東偽自治政府；

3. 停止華北的走私活動，日本人不得干預；

4. 日本飛機不得在華北自由飛行；

5. 解散察東的偽軍部隊，停止在察綏境內的一切非法活動。

參加談判的日本代表，聽完這 5 條反建議後，全體退出會場，以示抗議。此後，日方幾次對中國施壓，但國民黨當局都未予理睬。

12 月 2 日，由於青島日本紡織工廠的工人罷工，日本海軍公然出兵鎮壓，造成了中國工人的重大傷亡，還破壞了當地機場。張群遂於次日約見川越，進行了最後一次談判，向其提出抗議，要求日本軍隊立即撤出青島。川越開始是進行狡辯，繼而向中方遞交一份照會，中止中日談判，後來竟以戰爭相威脅。

面對中國的合作抗日呼聲，中國對日的立場趨向強硬，日本感到其侵華步驟將受到遏制，必須及早對中國下手。否則，不論是蔣介石以武力統一了中國，還是出現國共合作局面，都將不利於日本侵華目標的實現。

1937 年 5 月，負責華北警備的日本海軍第三艦隊第十戰隊司令官下村正助少將（1885-1953），在其對國內的報告中說：「在中國全國抗日、侮日的思潮和抗日戰備的進展情況下，不是全部讓步後退，就是決一死戰。」代表了日本軍方的典型心態。

此後，日本陸軍、海軍對華作戰的叫囂日漸高漲。6 月，近衛內閣上台，戰爭更是迫在眉睫。

未出一個月，全面侵華的槍聲，首先劃破了宛平城外蘆溝橋的夜空。

7 月 7 日，當中國的全面抗戰，由蘆溝橋事變引發之際，潘漢年正在上海做着迎接以周恩來為首的中央代表團的準備，他們是二上蘆山同蔣介石進行國共合作具體事項的談判途經上海。

周恩來等「之所以在談判前先到達上海，是為了向上海我地下黨了解情況，溝通消息，佈置任務」。他們並沒有預料到，國共二次合作的局面尚未正式形成，

抗戰初期的周恩來。

劉曉、張毅夫婦和女兒。

大規模的對日戰爭，便突然地降臨了。

突發事變的第二天，周恩來、博古、林伯渠等剛剛到上海。周恩來隨即在中國飯店的一個房間裏，召見了潘漢年和負責中共上海黨組織恢復重建、剛剛到上海月餘的劉曉（1908-1988）談話。周恩來向潘漢年、劉曉二人交待了兩人的工作關係，及各自的具體工作。

由於潘漢年是中共同國民黨接觸的代表，身份已經公開，當時周恩來安排潘漢年負責公開的統戰等工作，沒有公開活動的劉曉則負責秘密工作。工作劃定後，周恩來又交待說：「要注意時局的變化……不管形勢怎麼變化，統戰工作要大力開展，群眾工作要穩紮穩打，黨要隱蔽。要從長遠打算，不能只看一時現象。」

這次談話整整持續了一個下午，劉曉向周恩來匯報了他在上海恢復黨組織的進展情況。周恩來指示說，組織發展不要操之過急，當地負責幹部要特別注意隱蔽。就在這時，街頭報童叫賣號外新聞的喊聲傳到飯店裏。如此重大的消息，周恩來、潘漢年等竟然是通過這種方式得知的。

不失時機地抓緊統戰工作，是周恩來的一貫作風。在此緊要關頭，他更是席不暇暖、宵衣旰食。

9日，周恩來由潘漢年出面安排，在黃金大戲院的後台，公開和上海的一些著名的上層民主人士以及文化界人士會面。周恩來向這些朋友、民主人士和黨內同志們轉達了中共中央有關抗戰的方針政策，向這些堅持在國民黨統治地區從事民主和進步事業的人們表示了敬意和慰問。

周恩來的講話整整講了一個多小時，隨後就匆匆離開戲院，踏上了去廬山的路。

根據周恩來的指示精神，潘漢年立即以忘我的工作態度投入了緊張的工作。從七七事變到11月2日，上海淪為「孤島」的這一短暫時間裏，由於形勢的急遽變化，是潘漢年最為忙碌的時期。

當周恩來在廬山談判後返回陝北途經上海時，潘漢年約夏衍陪同他一起到蒲

石路周恩來的寓所。據夏衍回憶，這是他第一次和周恩來見面。周恩來親切地問了夏衍許多情況，對他今後的工作做了具體的指示。周恩來對夏衍說：「同蔣介石談判合作的事，大致上已經定了，黨今後要公開，有許多事要和國民黨合作，需要一些過去和國民黨打過交道的人。所以，我們想讓你今後以進步文化人的身份，和各階層、包括國民黨內的人，做統一戰線工作。」

夏衍坦白地表示：這些工作，過去很不熟悉。周恩來耐心地對他進行了開導。最後，周恩來囑咐夏衍：「我明後天就離開上海，今後，由漢年和你聯繫。」夏衍後來回憶說：「這一次談話決定了我今後幾十年的工作方向。」

二　雖說八辦是個公開機構，但許多秘密工作也在這裏悄悄地進行　／潘漢年要夏衍作一段郭沫若在政治上的助手　／國共二潘的文章時常出現在同一個版面上　／韓復榘對日的曖昧問題　／葉挺說：「和那邊聯繫上了，再也不是孤家寡人了」　／葉挺建議這支將要編成的部隊番號為「國民革命軍新編第四軍」，繼承北伐時期「老四軍」的優良傳統　／毛澤東致詞歡迎葉挺

七七事變後，潘漢年在上海有了公開的身份，他繼李克農之後，出任了國民革命軍第十八集團軍駐上海辦事處（即八路軍駐滬辦事處，簡稱八辦）負責人。這個設在福煦路（今延安中路）多福里 21 號的八辦，在那一段時間常是人來人往。

雖說八辦是個公開機構，但許多秘密工作也在這裏悄悄地進行。例如設立秘密電台、交通聯絡站，派遣一部分黨員潛入敵特機關工作，廣泛搜集情報等等。

　　8月裏的一天，潘漢年由馮雪峰陪同，和劉曉一起到王堯山家裏開會。他們都是上海的中共江蘇省委主要負責人。劉曉是中共江蘇省委書記，馮雪峰為八辦副主任，王堯山是中共群眾團體工作委員會書記。

　　這次重要會議主要是商量工作分工和交接事項：哪些人和事由八辦管，哪些應劃歸上海地下黨組織管。同時研究了一些長期失去同黨組織聯繫、包括已經和即將從國民黨監獄釋放出來的同志的工作安排問題，將其中適宜在上海堅持工作的人，劃歸劉曉為首的上海地方黨領導；其餘的轉到中共長江局另行分配工作。

　　作為八辦的負責人，潘漢年的公開統戰工作也頭緒繁多：

　　於7月末獲釋的「七君子」回到上海後，潘漢年立即代表中共，去看望了他們，對他們表示慰問，並向他們轉達了中共關於抗戰的方針政策。此後，潘漢年一直與宋慶齡及「七君子」沈鈞儒、章乃器、鄒韜奮、李公樸、沙千里、史良、王造時等，保持着親密真誠的關係。沈鈞儒曾代表「七君子」說：「我們和你們之間是心心相印的關係。」

　　此外，像與上海文化界救亡協會、上海抗敵後援會、各界救亡協會、國難教育社、難民救濟協會等等社團的上層往來聯繫，都要由潘漢年出面。由於青年時在上海謀生、主持文委和情報戰線經年與上海各界建立了廣泛的聯繫，故而此時的工作雖然緊張且頭緒繁多，但潘漢年卻幹得張弛有序、游刃有餘。

　　八一三淞滬會戰爆發後，群眾組織的抗日團體如雨後春筍紛紛成立，僅與中共有關係的婦女團體就有22個。為了更好地從事抗日宣傳，辦報辦刊出身的潘漢年，又把重點放在了由中共控制的報刊上。

　　也是8月的一天，潘漢年約夏衍一起，到郭沫若的臨時寓所，看望這位剛從日本回來參加抗戰的著名作家和政治活動家。

　　夏衍和郭沫若，還是在1923年見過一面，時隔10年多，已經很生疏了。潘漢年向郭沫若介紹了夏衍在上海團結聯繫文化界人士、組織文化界救亡協會的情況。他向郭沫若建議，以後有關這方面的事，可以多詢問夏衍。同時告訴郭，生活方面的事，已安排由林林等人照管。他請郭安心休息，不要太勞累。

離開郭沫若的寓所之後，潘漢年鄭重地向夏衍交待：「郭先生此次回國，對我黨、對抗戰，都可以起很大作用。但是因為他在日本畢竟過了 10 年之久的書齋生活，對國內微妙的局勢，對 10 年來變化很大的人事關係，自然就很不了解和熟悉。因此，至少在上海這一時期，你要擔任一下他的助手，主要是政治上的助手。例如，有些人要來看他，你可以把這些人的政治態度講一講，讓他談話時有個底……」

然而，潘漢年與郭沫若聯繫的另一重用意，夏衍在幾天之後，才心中有數。這一天，潘漢年向郭沫若和夏衍轉達了周恩來的口頭指示，請郭沫若、夏衍以上海文化界救亡協會的名義，創辦一份日報。同時明確指出，要把這張報紙辦成有國民黨人參加的統一戰線性質的宣傳品。

隨後，潘漢年就偕郭沫若和夏衍，一起去會見了國民黨上海市黨部的負責人潘公展（1894-1975），和他談判共同出版日報的事宜。後經過潘漢年、郭沫若反覆交涉，潘公展終於同意由郭沫若任社長，以上海文化界救亡協會和上海各界救亡會名義創辦此報。8 月 24 日，這份抗戰期間發揮過重要影響的《救亡日報》，在上海正式出版了。

與此同時，潘漢年還拉着夏衍約見與中共關係非同一般的進步文化人士唐瑜，提議由他創辦一家早報，夾帶進行抗日宣傳。他通過夏衍，將 500 元錢交給唐瑜，以作報紙的開辦費。

在此後的兩、三個月裏，潘漢年連續撰寫了〈從敵人封鎖海岸線說起〉、〈「九一八」六週年紀念〉、〈從辛亥以來的抗日運動到今年的全民抗戰〉、〈我們不要辜負了國際的同情〉、〈群眾動員的基本問題〉、〈如何確保抗戰的全部勝利〉等數十篇宣傳抗戰、中共方針政策，分析國內外形勢的文章。這些文章分別在夏衍主編的《救亡日報》和鄒韜奮主編的《抗戰》三日刊上發表，他充分運用他的文字才華，運用他作為一個公開的中共代表的身份，積極推動統一抗戰。他的文章觀點鮮明，語言犀利，頗引人注目，出生了較大的影響。

《救亡日報》作為一張統一戰線的報紙，作為國共合作的產物，理所當然地

要發表國民黨方面一些如潘公展一類要人的有關抗戰的文章。這樣，在當時《救亡日報》的版面上，就經常並列地刊載潘公展和潘漢年，這國共二潘的文章，統一戰線的色彩頗顯濃厚。

馮玉祥被任命為第六戰區司令長官，負責津浦線一帶作戰的指揮後，他通過王崑崙，要求沈鈞儒在全國各界救國會內選派幹部，去幫他推動政治和宣傳工作。潘漢年決定將長期在救國會工作、並且是中共黨員的徐雪寒派往馮玉祥部，希望他能在國民黨軍中站住腳。

臨行之前，潘漢年在錢俊瑞（1908-1985）家中約徐雪寒談話，幫他分析形勢和工作中可能出現的困難以及應注意的問題。潘漢年認為蔣介石任命馮玉祥主持津浦線，是為了制約盤踞山東的韓復榘對日的曖昧問題。並告訴徐雪寒，一旦他站住腳，即派人與他聯絡。

在這一時期，潘漢年還做成了一件極為重要的事情，就是促使葉挺出任新四軍軍長。

1937 年春節後，葉挺帶了全家從澳門遷到上海，住在靜安寺路一座庭院式的小洋樓內。在上海從事國共談判事宜的潘漢年，不久就和葉挺取得了聯繫。再次和潘漢年相聚，令葉挺分外欣喜。

早在 1935 年 5 月，潘漢年受中央委派，赴上海、莫斯科重新與共產國際建立聯繫，在途經香港時，就通過柯麟的關係，與脫黨多年的葉挺見了面。他們曾在彌敦飯店進行了熱誠的交談，比潘漢年年長 10 歲的葉挺，傾聽這位剛值而立之年的同志和朋友侃侃而談。

潘漢年依據中共《八一宣言》的精神，向葉挺介紹了中共已經以聯合國民黨抗日取代了推翻國民黨統治，從反蔣抗日改為逼蔣抗日、聯蔣抗日。他誠摯地希望葉挺能夠運用他在國民黨軍隊將領中的影響，促進團結抗日的目標早日實現；同時還希望他在反蔣的兩廣和其他地方實力派中做一些工作，使他們能夠同意聯蔣抗日。葉挺很贊同中共的新政策，愉快地接受了潘漢年的建議。

自從潘漢年主動約見葉挺，把黨的最新政策主張告訴他，並且主動要求他繼

續為黨工作之後，葉挺心情舒暢，情緒很高。他遇到熟人常常高興地說：「我現在好了，和那邊（指中共）聯繫上了，再也不是孤家寡人了！」

1937 年初，葉挺在澳門會見了張雲逸。張雲逸此刻已是中央革命軍事委員會委員，他受中共中央的派遣，到港澳地區來，向愛國民主人士宣傳中共的方針政策，與他們共商團結抗日大計。葉挺在同這位廣州起義時的老戰友見面時，表示了自己由衷擁護中共爭取國共合作抗日的政策，願為抗日救國貢獻力量。他就是在同張雲逸見面之後，舉家遷往上海的。

七七事變爆發當天，潘漢年在和周恩來見面時，告訴周恩來葉挺現在上海。周恩來是因為到盧山與蔣介石談判途經上海的。他在這裏短暫停留，是要向上海的地下黨負責人講解新時局下的統一戰線方針和工作方略；秘密會見在滬的高層民主人士；還要對今後上海的情報工作進行部署。日程非常之緊，但他還是要潘漢年安排他和葉挺見面。

周恩來和葉挺兩位老友自 1928 年在柏林分手後，已有近 10 年沒有見面了。於此國難當頭之際在上海相逢，自然思緒萬千，但他們已顧不上感歎。

此次周恩來等上盧山談判的中心議題，是紅軍的改編問題，雖然主要議題是陝北紅軍的改編，但思維縝密的談判高手周恩來，早就把在江南數省堅持游擊戰的紅軍的改編，及如何與國民黨就此周旋諸問題，納入了自己的考慮範疇。

顯然，周恩來要潘漢年安排他同葉挺見面不是為了敘舊，而是有所深思。他同葉挺談話的主要內容，就是中共在江南數省堅持游擊戰的部隊的改編問題，他希望葉挺能參與這方面的工作。周恩來提示葉挺可同陳誠、張發奎等人接觸，在適當的時候可以表示自己願意領導這支部隊抗日，並爭取得到蔣介石的首肯。

此後潘漢年與葉挺再見面，所商議的內容皆與周恩來同葉挺提起的在江南數省堅持游擊戰的部隊改編有關。他請葉挺利用自己的舊關係展開活動，通過這個改編，再建一支國民黨認可而由中共掌握的軍隊。

葉挺隨後找到了正在上海的第三戰區前敵總指揮陳誠，向這位當年保定軍校的校友提出自己希望參加改編南方紅軍游擊隊的工作，並建議改編後的部隊番號

為「國民革命軍新編第四軍」，簡稱新四軍，寓意是重振北伐時期「老四軍」的鐵軍聲威。

由於八一三淞滬會戰發生後，上海正處於對日軍的激戰中，未來的江南戰區內，肯定需要一定的軍力與日軍周旋，所以陳誠對此表示贊同，並向蔣介石進言。蔣介石幾經考慮，不得不接受中共提出的將南方 8 省紅軍游擊隊改編為一個軍的方案。

自同意江南數省游擊部隊改編後新組一軍的方案後，蔣介石就一直對由誰出任該軍統帥一事頗費心思。他心中的理想人物是陳誠或張發奎，可他們兩個都各有所慮，軟中帶硬地表示拒絕，並轉彎抹角地推薦葉挺。蔣介石左右權衡，感到與其把改編後的新四軍指揮權交還給共產黨，不如採納陳誠的建議，讓既與國民黨有着較深淵源，又被共產黨冷落了數載的葉挺去當這個軍長。

結果，在不徵詢中共中央意見的情況下，國民政府軍事委員會銓敘廳，就於 9 月 28 日將「任命葉挺為新編第四軍軍長」的委任頒佈了。

以毛澤東為首的中國共產黨人，對「槍桿子」掌握在誰的手裏也是看得非常重的，因此在自己武裝改編後的指揮權問題上，始終堅持不向國民黨政府讓步。由於國民黨突然做出任命，而遠在陝北的中共中央領導人對此一無所知，潘漢年得悉消息後，迅即致電毛澤東、張聞天：

> 南京軍委已委葉挺為新編第四軍軍長，任務為改編與指揮閩贛邊游擊部隊，但也在南京與葉劍英及博古接洽，尚未得最後結論，急待我方答覆，我們是否同意他去。如何？請示。小開五日

毛澤東和中共中央其他領導人接到潘漢年的電報，立即對此事進行了研究。之後，毛澤東等覆電潘漢年，除明確表示同意葉挺指揮閩粵邊張鼎丞、何鳴兩部外，同時提出一系列前提條件。這些條件包括：（一）何鳴部人槍全數交還，並公開聲明錯誤；（二）國民黨不干涉一切內部人事；（三）該兩部在閩粵邊原地，

為保衛地方反對日寇進攻而作戰,不移往他處。其他地區游擊隊,候國民黨交還何鳴部隊人槍並公開認錯之後,再行商量條件。另外還特別強調:江南游擊部隊,「均須中共中央派人親去傳達改編指示,然後集中」。

毛澤東電報中所提到的何鳴的部隊和槍支的事,是當時的一個重大事件。1937 年 7 月,時任中共閩粵邊特委代理書記、中國工農紅軍閩南獨立第三團團長兼政治委員的何鳴,由於對國民黨借談判消滅閩粵邊區紅軍的陰謀喪失警惕,致使其所率部隊近千人被國民黨軍包圍繳械。

潘漢年在接到毛澤東的電報後,馬上與葉挺見面晤談,將中共中央的態度告訴了葉挺。

與此同時,毛澤東等還致電博古、葉劍英,要他們詢問葉挺是否願意完全受共產黨領導而不受國民黨干涉,是否能前往陝北做一次面商等問題。博古、葉劍英向葉挺轉達了毛澤東等人的意思後,葉挺明確表示完全接受中共的領導,並立即徵得何應欽同意前往陝北。

蔣介石本來以為,葉挺在接受新四軍軍長任命後,會先去拜見他這個委員長,因為當軍長的任命是他先發佈的,而且近 10 年來共產黨對葉挺也沒怎麼關照,所以葉挺會對他表示忠心和感謝。不料葉挺在接受任命後,先於身為中共中央政治局常委的副軍長項英(1898-1941)而到延安。蔣介石聞訊後異常不滿,大發脾氣,覺得自己上當了。

葉挺到陝北後,受到中共的熱情接待。毛澤東在歡迎大會上致詞說:「因為他是大革命時代的北伐名將,因為他願意擔任我們的新四軍軍長,因為他贊成我黨的抗日民族統一戰線政策,所以我們歡迎他。」

1938 年初,葉挺正式出任新四軍軍長。然而,一般的人們並不知潘漢年亦在其間做了很多的工作。

現今,潛伏於敵營、隱蔽諜報鬥爭的題材,成為中國影視銀幕的寵兒。但其主要情節大多離不開打打殺殺,成為兇殺加辦公室遊戲的離奇演義。殊不知隱蔽戰線的鬥爭是多維且豐富的。

從 1935 年到 1938 年初的這段時期，隱蔽戰線的英傑們，更多地是活躍在高層的統戰說服、合作談判及創辦報刊向廣大民眾做輿論宣傳之間。而這正是潘漢年主掌隱蔽戰線工作後呈現的特色，這是因為他把大量的有文化、高素質的人帶入秘密工作的隊伍，是他改變了隱蔽戰線最初時期的結構。

也就是在這一時期，中共的隱蔽戰線繼初創時的「龍潭三傑」之後，又湧現出了「抗日三傑」，他們就是「隱傑」梅龔彬、「怪傑」宣俠父（1899-1938）、「英傑」陳希周（1907-1940）。他們或受潘漢年單線領導，或由潘漢年提議調派進行部署。三人均以文采超群、學識淵博、言談懇摯、交際廣泛見長，而打黑槍施拳腳一類的事他們是不幹的。

三　中央的來電強調：潘漢年應完全轉入地下　/ 如果說毛澤東、周恩來是中共創造這一項政治藝術的大師，潘漢年可以說是在他們熏陶和培育下的佼佼者　/ 他不願讓吳鐵城風光獨佔，決定也為自己塑造開明進步的形象　/ 行政院院長孔祥熙的兒子孔令侃聲名狼藉

8 月 13 日，日軍對上海發動了大規模的入侵。中國駐軍在張治中將軍的領導下，奮起抵抗侵略者。潘漢年又參與了如同當年支援一二九淞滬抗戰時的作戰後援工作。

在上海保衛戰中，湧現出大量像謝晉元（1905-1941）率領的「八百壯士」那樣，以寡勝眾，寸土必爭的可歌可泣的民族英雄。然而，上海非固守之地，守軍三面受敵，防線動搖。至 11 月初，上海城破之日，只在屈指之間。

這時，潘漢年接到周恩來的電示，吩咐他和夏衍等人作好《救亡日報》的撤

1939 年，宋慶齡在香港與友人合影。

退工作，準備將該報遷移到廣州繼續經營。

　　由於上海戰勢的結局已經明朗化，潘漢年開始着手結束在上海的工作，準備撤離上海，八辦的結束工作也在操作中。由於上海有着大片的歐美租界區，而日本並未向這些國家宣戰，所以日軍即便佔領了上海，這些區域仍將處在日軍的控制之外，形成「孤島」。因此，中共在上海依然有進行地下活動的空間。

　　根據中共中央電示，在日軍攻入上海後，劉曉仍留下主持中共江蘇省委的工作；八辦秘書長劉少文（1905-1987），也被確定留下來轉入地下活動。中共中央的來電強調：潘漢年從現在起就要完全轉入地下。潘漢年估計到自己可能會被調離上海，他得利用走前的時間，做好交接工作。他把自己過去聯繫的一些統戰對象和一般性的人事關係轉交給劉少文，同時還將自己直接聯繫的一些秘密情報關係，如特科「老人」蔡叔厚等，也介紹給了劉少文。

　　11 月 21 日，上海淪陷。就在這一天，潘漢年還在八辦和劉少文一起，召集了一個有沙千里、胡子嬰等救國會老朋友以及夏衍等參加的會議，研究救國會領導人沈鈞儒、鄒韜奮等人撤離去香港的事宜。在此之前，潘漢年就根據中共中央

的指示，妥善安排宋慶齡、何香凝（1878-1972）、沈鈞儒、郭沫若等著名人士撤退到了香港。

直到 12 月 25 日，潘漢年把各種應做的工作，全部安排就緒之後，才和夏衍等人一起撤離上海，乘坐法國大郵船前往香港。

從 7 月初到 12 月底撤離的四五個月時間裏，潘漢年在上海所擔負的工作任務極其廣泛和繁重。特別是日軍進攻上海以後，潘漢年和上海地方黨負責人劉曉一道，迅速將上海淪陷後中共在敵佔區堅持的各項工作都佈置安頓完畢。

在 1938 年 2 月，潘漢年在香港安頓停當後，即赴武漢，向中共長江局領導，匯報了他在撤離上海前的工作。長江局肯定了他在上海的工作後，曾打算安排他到國民政府軍事委員會政治部第三廳去，做郭沫若的助手。

但國民黨方面以潘漢年「色彩太紅」為由，拒絕他進入第三廳。長江局遂調潘漢年去香港，與廖承志攜手工作。潘漢年並不曾想到，兩年後，他還會重返上海。而他在離開前進行的安插與佈置，對再度坐鎮此地指揮一線情報工作，是多麼地重要和有益。

潘漢年在返回香港途經廣州時，正遇上廖承志在廣州準備成立八路軍駐廣州辦事處。此時，夏衍等人已在廣州恢復了《救亡日報》的出版，並在此展開統戰和文化宣傳工作。

廖承志和潘漢年的先後到來，加強了廣州的統戰工作、文化宣傳工作、以及地下工作的領導，並使之增添了新的活力。廖承志、潘漢年分別以八路軍代表和中共統戰代表的身份，參與了這一區域的一系列抗日活動。

在夏衍、郁風（1916-2007）和黃苗子的建議下，潘漢年和廖承志經預約拜訪了當時的廣東省政府主席吳鐵城（1888-1953）。吳設宴招待了他們，並發表省政府公報，對此事大加渲染。作為國民黨中央政府派到廣東省的省府負責人，吳鐵城是想利用和中共以及其他進步人士的合作，給自己塑造一個開明和熱心抗戰事業的形象。

而中共方面也正需要通過吳鐵城的公開合作，使八路軍辦事處在廣州的活動

更為方便，使抗日和統戰工作的宣傳更能放手地開展。吳鐵城的這種姿態，恰好可以為我所用。

統戰工作是一種政治鬥爭藝術。潘漢年可以說是運用這一藝術的行家裏手。如果說毛澤東、周恩來是中共創造這一項政治藝術的大師，潘漢年可以說是在他們熏陶和培育下的佼佼者。

吳鐵城宴請潘漢年和廖承志，很快引來了反響，引出了他們未曾預想到的政治效果：廣東的軍方實力派人物余漢謀（1896-1981），見此生出了醋意，他以為這是吳鐵城在和他爭奪輿論影響力。

余漢謀不願讓吳鐵城風光獨佔，決定也為自己塑造開明進步的形象，表明自己雖是糾糾武將，但政治和文化宣傳工作、統戰水平均不在他人之下。他請在其軍中負責政工工作的諶小岑出面與中共方面聯繫。諶小岑依舊是通過中共地下黨員左恭（1905-1976），找到了潘漢年和廖承志。

潘漢年知道諶小岑一直與有中共背景的人保持着聯繫，在國共第二次合作前期，他也扮演着積極牽線搭橋的角色，因此得到左恭的傳話後，他隨即同意與廖承志一起見諶小岑。

諶小岑見到潘漢年和廖承志，告訴他們說余漢謀如何如何希望與中共打通關係，共同搞好廣東的抗戰運動，建議潘、廖二人能與余漢謀會面。

潘漢年和廖承志通過對當時廣東的各方面情況和各位當政人物背景的分析，認為在大規模的全民抗戰啟幕之際，適當而有效地擴大中共的政治影響，讓廣大人民群眾以及海外僑胞都能了解中共發展統一戰線和團結一致抗日的立場，實在是當務之急。因此，應不失時機地利用一切機會同國民黨上層人物接觸，向他們表明中共一貫真心誠意擁護團結抗戰的態度。結果，他們不光拜訪了余漢謀，還正式拜會了當時的廣州市市長、潘漢年早就打過交道的曾養甫。

在逗留廣州期間，作為長期從事隱蔽戰線工作的潘漢年，除了積極進行公開的統戰工作外，還通過參與新成立的中共華南局在廣州召開的負責幹部會議，研究中共在華南地區的工作的機會，講述了他在上海接受周恩來指示展開工作的經

驗，協助中共華南局協調了黨的秘密工作與公開工作的關係。

不久，潘漢年回到了香港。這時的香港仍然是一個自由港。由於燦然於東方的明珠上海淪入日軍之手，由於內地大批社會名流、聲名顯赫的財經人士和文化人士的到來，這個曾因上海的崛起而稍顯黯淡的島嶼又逐漸熱鬧了起來，其重要地位驟然回升，成為中國各種政治力量活動的一個重要據點，其中國內地和海外華人聯繫的紐帶作用也再度受到重視。

潘漢年到來時，廖承志正在發起向海外華僑為在抗日前線艱苦奮戰的八路軍募捐寒衣的活動，潘漢年隨即積極參與了進去。由於廖仲愷（1877-1925）的聲望，廖承志一家在海外華僑中很有影響，潘漢年則是公開的八路軍代表，他們聯手合作，使這項活動大獲成功。

有過陝北根據地生活體驗的潘漢年，對根據地的艱苦環境深有感受，在他往返西安，往返上海之際，毛澤東曾幾次指派他向張學良和宋慶齡借款、籌款，以維持紅軍在貧瘠的陝北的生存。

因此，如何為根據地解決一點財政問題，始終縈繞在潘漢年的腦際。他希望在同國民黨的當權派人物打交道時，做些這方面的工作。然而，與國民黨當權人物打交道，是一項既複雜又很講究策略的工作，必須把握好原則性與靈活性的尺度。他一直等待着機會，機會終於來了。

當時行政院院長孔祥熙的兒子孔令侃（1916-1992），正主持一家很大的揚子公司。這位孔家少爺利用承包進口軍需物資掌握大量外匯的特權，中飽私囊，貪贓枉法，久而久之，引得社會輿論沸沸揚揚，自己也聲名狼藉。以致蔣介石都聽到了風聲，孔家也不免為此心生餘悸。

原先和潘漢年有過情報關係的胡鄂公，此時正投在孔祥熙門下，被孔家奉為智囊。他積極為在香港的孔祥熙夫人宋靄齡出謀劃策，要孔令侃出面會見並宴請潘漢年和廖承志，營造孔令侃似乎在和中共代表商議國事，積極關心抗戰大業的印象，以挽回一點這位孔大少爺的名聲。

潘漢年和廖承志對孔令侃的會見和宴請，很難完全拒絕。雖然明知他別有所

圖，但他到底是掌握行政大權的孔祥熙的兒子。中共領導下的陝甘寧邊區政府，當時還沒有得到行政院的所謂正式承認，因而也就得不到應有的行政經費的保證。相反，如果根據地政府得到行政院的承認，有了定期的經費，陝北中央和紅軍的處境就會好得多。因此，對孔祥熙須打拉結合。

出於多重考慮，潘漢年、廖承志赴了孔令侃的宴。但中共掌握的報刊，對孔家的批評和揭露並未因此而止息。倒是孔家不惜巨資，收買了國統區的多家新聞媒體，使攻訐孔令侃的聲音有所弱化。蔣介石遂睜一隻眼，閉一隻眼，沒有追究這位內侄的胡作非為。

然而，中共報刊的輿論影響，還是讓孔家感到忌憚。孔家也明白一頓宴請，並不能止息中共的批評。因此，當潘漢年奉命回陝北述職時，孔家派了一名親信給潘漢年送去飛往武漢的機票，並交給潘漢年一本密碼，讓他交給陝北的邊區政府。

這位孔家親信一再請潘漢年回陝北時，向中共中央解釋：行政院當初未能正式批准承認邊區政府，是 CC 系從中作梗，孔祥熙無能為力。但孔祥熙願意在經濟方面利用救濟、補助的名義，給邊區政府一定的支持。邊區政府除與已在陝北的救濟代表聯絡外，必要時可用密碼直接給孔祥熙本人發電報。

孔家擺出如此友好的姿態是有所圖的，他們轉彎抹角地提出了附加的條件，即請潘漢年向中共領袖疏通，吩咐中共的宣傳機構停止對孔家過於凌厲的批評和指責。

和國民黨打了長時間交道的潘漢年，對孔祥熙願意在經濟上給陝北邊區政府一定的支持，表示了歡迎的態度。然而說到與中共宣傳機構疏通的問題，潘漢年表示回去可以向上級反映，建議作出適當的調整。

1938 年 8 月，潘漢年踏上了返回延安的路。他在途中經過武漢時，將孔祥熙的意見和要求，向在此負責情報工作的李克農作了匯報，由李克農直接向中共中央報告，孔氏提供的那份密碼，他也交給了李克農。

四　組織上安排潘漢年到中央社會部工作　／「照顧一下小廖的工作」　／也許恰恰是這一點，喚起老特工潘漢年的激情

　　延安，歷史上這裏更多的被稱作膚施。一個陝北黃土高原上的貧瘠縣份，千百年來，幾乎不為世人所知。

　　直至 1936 年 4 月 9 日，隨着周恩來與張學良的徹夜會談，膚施終於因與中國的命運政局相繫，出現在歷史的記載中。那個「你們在外面逼，我們在內部勸」的「逼蔣抗日」的方略，就是在這裏的一座普通的教堂中發祥的。

　　不久，根據東北軍和紅軍的一個秘而不宣的君子協定，東北軍撤出膚施，紅軍悄悄地進駐。從此，膚施的名字漸漸地被延安取代了，它繼瑞金之後，成為中國的第二個紅都。美國的大記者斯諾（Edgar Snow, 1905-1972）來了，他稱這裏是照耀中國的紅星。它開始受到國人乃至世界的矚目。

　　兩年前，當潘漢年第一次到陝北，為與國民黨的秘密接觸來向中共中央匯報和請示。彼時，這裏還不屬於中共和紅軍。

　　而 1937 年以後，中共中央和中央軍委的領導機關以及陝甘寧邊區政府都陸續集中在這裏了，它成為中共的心臟，新崛起的政治中心；革命青年、知識分子和文化人也被它吸引，更多地聚集到了這裏。寶塔山下，延河之濱，充滿着蓬勃的革命朝氣。

　　潘漢年到達延安的時候，正趕上中共六屆六中（擴大的）全會召開。他雖不是中委，但他以地區負責人的身份，參加了這次重要的擴大中央全會。

　　毛澤東在會議上作了題為〈抗日民族戰爭與抗日民族統一戰線發展的新階段〉的政治報告。這個報告後來以〈論新階段〉為名，發表在第 57 期《解放》雜誌上。

　　會議批判了王明在統一戰線問題上的右傾錯誤，確定了中國共產黨獨立自主地

領導抗日武裝鬥爭的方針，並把黨的主要工作放在戰區和敵後。「這次會議及其決策，對於潘漢年以後的工作無疑是十分重要的；尤其是黨的工作重點放在戰區和敵後的決策，對於他不久之後重返敵後工作，確是一個重要的因素。」

會後，組織上安排潘漢年到中央社會部工作。據葉子龍回憶：中央社會部原名破壞部，後覺此名既難涵蓋全部工作，也不太文雅，後來就更名為社會部。

中社部設在棗園，距延安城有 10 餘里路。這裏昔日是一個地主的莊園，安寧靜寂，很適合社會部的工作環境。中社部負責人是從莫斯科回國後任中央黨校校長的康生。潘漢年又一次在他的領導下分管情報工作。

除中社部機關的本部工作外，潘漢年以較多的精力放在培訓、鑑定和派遣情報幹部方面的工作上。在中社部辦的棗園訓練班和中央組織部辦的幹訓班上，潘漢年都擔任了授課任務。

他將自己豐富的地下鬥爭和情報工作經驗傳授給年輕的幹部。這些年輕的幹部經過培訓與考察後，一部分人會被派到敵後的香港、上海以及國統區的重慶等地去工作。這些幹部大都是新參加工作不久的熱血青年，不少人後來都成了情報工作的骨幹。如劉人壽、黃景荷、董慧等，後來都曾長期在潘漢年的直接領導下工作。

儘管他此時的工作，與自 1931 年以來他所從事的情報工作，同屬一個範疇，但他的工作特長，在這裏並不能得到充分的發揮；而且一個出色的情報領導，長時間留在大後方，對戰事發展及情報的需要，都是不適宜的。中共中央似乎也注意到了這一點。

1939 年 4 月，潘漢年眼疾惡化起來，他甚至說過「眼睛瞎了，心總不會瞎的」一類玩笑話。因此，他需要及時做手術。然而，當時的延安缺乏必要的治療條件，組織遂決定讓他到香港去治療。臨行之前，中央社會部部長康生找到潘漢年，要他到香港後，順便了解和兼顧一下那邊的情報工作。他給潘漢年透了一點口風：如果香港那邊工作有需要，或許會留你在那邊搞情報工作。

到香港後，潘漢年的眼疾得到初步的醫治。不久，康生從延安發來電報，要

求潘漢年留港安心養病，並「照顧一下小廖（承志）的工作」。

兩個多月一晃就過去了，潘漢年的眼疾已基本痊癒。這時，他又一次收到康生的來電：正式要他留在香港工作，專門搜尋敵偽情報以及英美和蔣介石之間關係的情況。從此，他恢復了熟悉的情報第一線工作。

10 月間，中共中央任命潘漢年為中央社會部副部長，直接在第一線主持情報工作。此後，他一直奔走於香港、上海以及淮南根據地之間。在長達 5 年的時間裏，他成為華東、華南地區中共情報網絡的一線指揮者。

此時，華北、華中、華東、華南的大部分地區，已經淪入日本侵略者手中。潘漢年敏銳地感到：新形勢下的情報工作，已與抗戰前相異甚遠，範圍增大了。以往比較專注於國內，敵方也比較單一。而如今則國內外、敵友我、政治、軍事、經濟、文化等方方面面，都在視野之內，都必須加以關照。多重的互相滲透，你中有我，我中有你，虛虛實實，真真假假，使得情況比以往複雜得多，有許多全新的課題。

尤其是在國共兩黨之間，從過去的尖銳對立到現在的聯合統一戰線，而聯合中又包含着深刻的對立。這一切都沒有以往的經驗可參照，必須創造性地開展工作，這是極刺激而富於挑戰性的。也許恰恰是這一點，喚起老特工潘漢年的激情。

他從來就不是一個頭腦簡單、思想僵化、固守教條和只會直線思維的人，反程式化，是他前半生的人生軌跡。因此，他很快就適應了新狀態下的工作，而且做得相當出色，沒有過大的閃失。

五　對胡鄂公，潘漢年心裏還是有些底　／胡鄂公建議潘漢年和孔祥熙夫人宋靄齡見一次面　／蔣介石是我們的消滅目標，刺殺對象　／誰知蔣介石多疑詭詐，他看到秩序不好，決定不參加開幕式後的攝影儀式　／真正的情報工作者，應該活動在敵對營壘中，甚至敵人的心臟

　　1939年夏秋之際，潘漢年在香港接手華南的情報工作。此刻，他所直接領導或是間接聯繫的活動還並不太多。在香港，由中共直接掌握和有關係的情報點還不算多，主要有以下幾個：

　　一是八路軍駐港辦事處所屬的一個情報點。這是當時剛建立不久但很重要的情報班子。負責人是李少石（1906-1945），主要成員有連貫、柯麟、徐明誠等。在這些人中，除柯麟是中央特科「老人」，為原先在上海工作的潘漢年所熟悉外，其他人潘漢年過去都未打過交道。

　　李少石字默農，與「龍潭三傑」之一李克農只有一字之差。他1926年加入中共，1930年到香港建立聯絡上海中央與蘇區中央的秘密交通站，他的交通站曾接送過鄧小平、蔡暢（1900-1990）等中共領導人。後與著名國民黨左派領袖廖仲愷之女廖夢醒（1904-1988）結婚。1933年調往上海工作，因叛徒出賣入獄，受嚴刑拷打，但堅貞不屈。1937年國共第二次合作後獲釋，繼而與廖夢醒同到華南從事統戰和秘密工作。因廖夢醒的關係，他與國民黨上層有較多關係，有獲取戰略情報的重要來源。

　　連貫是1925年入黨的中共黨員。1927年國共分裂後，國民黨對中共人員大肆逮捕屠殺，連貫曾利用他國民黨黨員的公開身份和大埔同鄉會的關係，在廣州營救了不少被捕的中共人員。1937年他任八路軍駐港辦事處秘書長兼機關支部書記後，潘漢年才與這位長期在廣東活動的同志相識。

　　徐明誠是中共的秘密黨員，抗戰前在國民黨政府的立法院工作，抗戰開始後

20世紀30年代，中共
地下黨員李少石、廖夢
醒在上海合影。

轉入了國民黨軍統所屬的由王芃生（1893-1946）主持的國際問題研究所工作，現在的國民黨榮譽主席連戰的父親連震東（1904-1986）曾任該所所長。研究所專門收集研究日本及後來汪偽政權的情報，徐明誠公開身份是該所情報人員。徐明誠利用工作之便，可將該所發往重慶的重要情報資料做副本送給中共。為了使他能夠更好地取信於他的上司，中共等方面有時幫助他搜集一些於國民黨有用，於中共無損的情報資料，作為他的工作成績向重慶方面匯報。

再就是東北抗日聯軍駐港辦事處所屬的一個情報點。該情報點負責人是董麟閣，他曾是東北抗聯總司令李杜將軍的秘書。在他主管東北抗聯駐滬辦事處時，就負責聯絡和情報工作。潘漢年擔任中共與國民黨談判代表在上海活動時，就與董麟閣有過接觸，還介紹他認識了沈鈞儒、王造時、沙千里、章乃器、史良、鄒韜奮、李公樸等知名愛國人士。後上海失守，董麟閣撤退到香港。董麟閣的情報點除在香港外，還在天津、重慶設有電台，相互聯絡和傳遞情報。董麟閣情報點搜集到的情報，都送李少石的情報點一份。按照中共長江局的指示，八路軍駐港辦事處要對於東北抗聯駐港辦事處給予積極指導和幫助。因此八辦所屬情報點搜集到的情報資料，也同樣給董麟閣的情報點一份。

此外還有由蘇聯駐港的情報人員朱明（朱伯生）負責的一個情報工作點。成員有金仲華（1907-1968）、邵宗漢等。他們的重點是幫助蘇聯搜集國際情報資料。朱明情報點和八路軍駐港辦事處的情報點之間有橫向合作關係，兩家定期交換情報。

除了上述三處情報機構外，潘漢年又將已經在為孔祥熙服務的胡鄂公視為可為己用的情報關係。胡鄂公這時在香港建起了辦事機構，也在搜集情報。在潘漢年重返香港接手情報工作後不久，胡鄂公就主動找上門來。

對胡鄂公，潘漢年心裏還是有些底的。作為辛亥革命元老的他很早就與共產黨人有聯繫，1927年在北京的他，得知張作霖要迫害李大釗（1889-1927），馬上通過章士釗（1881-1973）、楊度轉告李大釗，讓其到蘇聯使館躲避。不料張作霖派兵包圍蘇聯使館，並不遵守外交慣例，逮捕了李大釗。胡鄂公又和章士釗、

楊度等社會名流一起積極奔走，營救李大釗，但未成功。李大釗等遇害後，胡鄂公和章士釗、楊度憤然離京到上海。此後，楊度經周恩來特批成為中共秘密黨員，打入青幫大亨杜月笙公館搞情報；章士釗在滬開設律師所多次幫助中共人員辯護；胡鄂公則因楊度打了招呼，靠杜月笙接濟度日。

其時潘漢年正籌組左聯等革命群眾團體，胡鄂公隨楊度參加了左翼社科聯盟、自由大同盟等團體的活動，與潘漢年結識。後潘漢年接手情報工作，認為胡鄂公與新老官僚政客均有聯繫，發展他為志願情報人員。胡鄂公給潘漢年提供了不少有關蔣介石政權政治、軍事、外交新動向的情報，極具參考價值。

1932年一二八淞滬會戰後，經金融界名人馮耿光撮合，孔祥熙與胡鄂公相識。他對胡鄂公的傳奇經歷和才幹很感興趣，經過推心置腹的交談，胡鄂公同意當孔祥熙的私人經濟顧問。

孔祥熙籠絡胡鄂公，是要求他與在滬日本軍政人物交往，報告接觸情況。胡鄂公照辦後，不明內情的滬上媒體刊文，指斥其「三日兩頭與身份不明日本人交往，行跡神秘，似有漢奸之嫌」，「辛亥元勳何至於如此不知自重、自愛」？軍統、中統特務組織亦派人對其監視，胡鄂公有口難辯，心中異常苦悶。

七七事變後，孔祥熙力主全面抗日，親自物色了一批精幹人員，成立行政院長官秘書處第六組，由長子孔令侃負責，胡鄂公等20人置身其中，分三個小組分佈於上海、天津、廣州。在上海小組的胡鄂公其時公開身份，是老軍閥趙恒惕（1880-1971）的私人代表。

上海即將淪陷，胡鄂公自上海撤退到香港，政治上倒向孔祥熙。在留駐香港孔公館的主人宋靄齡的支持下，胡鄂公在香港建立辦事機構，為孔家搜集各方面的情報。

此時，胡鄂公主動與潘漢年搭關係，自有他的打算：能夠和中共上層人物互通聲氣，一方面可以獲取孔祥熙所需要的信息，一方面也為自己見重於孔家增加一點籌碼。

而潘漢年覺得，胡鄂公作為孔祥熙的幕僚和智囊，對於國民政府方面的情況

是相當熟悉的，從他那裏及時掌握一些情況，對建立了國共合作關係後的中共與國民黨方面打交道是十分有利的。而且胡鄂公手中有一個情報班子，可從他那裏得到一些這個情報班子掌握和收集到的情報。

潘漢年經過深思熟慮，並徵得上級同意，恢復了與胡鄂公的聯繫和合作。前提是這種聯繫與合作是在充分掌握了胡鄂公的底細與意圖的情況下進行的。由於與胡鄂公是一種互換情報的關係，在從胡鄂公處得到情報的同時，潘漢年也不時將中共方面的一些動向，或是中共方面願意提供的一些情報資料，通報給胡鄂公。這種互換情報究竟控制在一個什麼尺度，則由潘漢年親自把關。

一天，胡鄂公來找潘漢年，提議他和孔祥熙夫人宋靄齡見面。在胡鄂公，是為了提高自己的身價；在宋靄齡，以孔祥熙夫人和代表的身份，直接會見中共的要人，也有其做姿態、提高政治影響的多重考慮。

潘漢年此刻雖已不負責統戰工作，但不失時機地多做工作是理所當然之事；況且統戰工作向來是同情報工作相關的，多建立一重關係，說不定以後用上了。加之宋氏三姐妹在中國政治舞台上的地位與能量，是人盡皆知的。宋慶齡早已是

抗戰期間，蔣介石與宋氏三姐妹在重慶合影。

中共的親密朋友，宋美齡也在西安事變後有過某種程度的合作，現在再會見一下宋靄齡也無何不可。

在香港，潘漢年的身份是公開的，並不擔心出頭露面會有什麼不方便。也許公開會見宋靄齡，對自己的秘密一面，還能起某種掩護作用。於是，經胡鄂公安排，潘漢年和宋靄齡在香港孔家的官邸見了面。

這種純粹做姿態的會面，沒有什麼實質性的議題，談話的內容泛泛。

宋靄齡對潘漢年說：孔院長（孔祥熙時任國民政府行政院院長）希望國共能夠友好合作。還說：中共有很多的人才，希望以後能到重慶的國民政府裏去擔任官職，將來能在中國實現英美那樣的議會政治。

對這種夫人外交，潘漢年也應對得體。他表示他也希望國共能夠真誠友好合作，現在最需要發動民眾實行全民抗戰，贏取抗戰勝利，國民政府必須給人民以民主、自由，改善人民生活。

根據形勢需要，在 1939 年秋末，延安中社部決定設立華南情報局，並指派潘漢年負責組建工作，從組織上將原有各系統的情報班子統一掌握起來，並實行統一領導。

為了完善組織機構，除原有的李少石、徐明誠和董麟閣的情報班子外，潘漢年又從廖承志那裏，把張唯一（1892-1955）調到情報局，掌管內勤和機要，相當於秘書長的角色。

張唯一，外號「老太爺」，是一位久經考驗的老共產黨員，周恩來、李克農等對他都很熟悉和信任。由他來坐鎮華南情報局中樞，處理日常事務，是很適合的。

在潘漢年提議下，張唯一又新建立了一個包括陳曼雲（負責對外聯絡）、梅黎、高志昂（負責電台發報、譯電）等人構成的情報班子。這個情報班子，後來一直是潘漢年在香港的主要工作據點，在香港堅持活動了很長時間，直到 1941 年太平洋戰爭爆發，香港淪陷後才轉移。

後來，潘漢年親自為這個情報班子，吸收了兩名頗為得力的情報幹部，發揮了很大作用。

　　一位是簡竹堅，是著名實業家簡玉階（1875-1957）的女兒。這位名門閨秀被革命所感召，甘冒風險參加了中共的秘密工作。她參加中共組織後，還動員了她的兄妹，把她家創辦的一所學校作為秘密工作的據點。

　　另一位是張建良，他加入中國共產黨是由潘漢年、廖承志介紹，毛澤東親自批准的。他原名叫華克之，其極具傳奇色彩的經歷頗值得一敘。

　　我們不妨看看他自己的回憶：

　　我在中學時代，接受了「五四」反帝愛國運動的洗禮。1924 年，我在南京金陵大學就讀時，已是一個年輕的國民黨員，並曾作為工作人員隨國民黨江蘇省代表到廣州參加了國民黨第一次全國代表大會，親聆孫中山先生的教誨，衷心擁護聯俄、聯共、扶助工農的三大政策。經過「五卅」鬥爭的鍛鍊，我成為國民黨南京市黨部的青年部部長。這個市黨部有 7 名委員，其中共產黨員 4 人，國民黨左派 3 人。在幾年的並肩戰鬥中，我同江蘇、南京的一些知名的共產黨人結下了深厚的情誼。我佩服共產黨員堅定的信仰和無私奉獻的精神。隨着北伐戰爭的節節勝利，國民黨右派背叛中山先生遺訓，破壞國共合作的陰謀活動也在升級。1927 年 4 月 9 日前後，蔣介石指使流氓搗毀了南京市黨部，蕭楚女、侯紹裘、宛希儼（於 1927 年 4 月 4 日在江西贛州犧牲）等共產黨人先後犧牲在蔣介石的屠刀之下，我也險遭毒手。接踵而來的「四一二」「七一五」反革命政變，用鮮血教育了我這個國民黨員，誓與中山先生的叛徒不共戴天。當然，蔣介石決不會容忍我這個年輕的國民黨員在他鼻尖底下與他作對，特務機關曾經逮捕我三次。第三次竟將手槍和《組織農民暴動計劃》等宣傳品塞在我住處，栽贓誣人。我在南京待不下去了，1929 年秋遷居上海。在上海，我和小學同窗陳處泰（即陳惘子，中共黨員，曾任上海文總書記兼社聯黨團書記）同住 5 年，互相切磋探討馬列主義著作和反蔣救國之道。我的周圍，還有幾個原來是國民黨左派或對蔣介石極度失望的知交。大家激昂慷慨，各抒己見，中心議題就是討論拯救民族的良策和反蔣抗日的道路。最後不約而同地得出一個共識：「慶父不死，魯難未已。」蔣介石是我們的消滅目標，刺殺對象。陳處泰對我們的政治見解是完全了解的，他作為黨組

織與我們之間的聯繫人，對我們愛護備至，肝膽相照。為我們的「五步流血」的計劃和大家爭辯得面紅耳赤，並且帶來了黨組織的意見：無產階級政黨不能鼓勵去做暗殺的事；既然革命目標一致，說服我們最好能參加黨的工作。但我們這些血氣方剛的青年聽不進這些意見。陳處泰將我們的態度再向上級匯報後，表示黨組織不能用任何方式支持我們這一行動；但也不會當蔣介石的保鑣；即說服不了我們，只能預祝成功。我們則再三表示：事前事後都與共產黨無關，也不要求共產黨提供任何支持。

1934 年 11 月，我們成立了掩護這一計劃的行動機構——「晨光通訊社」，正式在南京開張。由我擔任社長，化名胡雲卿，是一個「出資資助的華僑富商」；總務兼編輯主任張玉華（即張保京），採訪主任賀坡光（即賀少茹），記者孫鳳鳴（即孫鳳海，原是國民黨軍隊一名排長，槍法高超，膽識過人）。我們 4 人組成了一個有特定奮鬥目標、行動綱領和工作紀律的戰鬥集體。1935 年日本帝國主義侵華步伐加緊，而蔣介石在簽訂媚日投降的《塘沽協定》後，全力以赴指揮內戰，迫使工農紅軍撤離中央根據地，進行長征。國內形勢的惡化，更加促使我們加快步伐，早日誅滅元兇。1935 年 11 月 1 日，國民黨四屆六中全會在南京召開，我們就預定在這次會上動手。那天，在國民黨中央黨部大禮堂舉行會議開幕式時，孫鳳鳴混在 60 多個記者中進入會場。誰知蔣介石多疑詭詐，他看到秩序不好，決定不參加開幕式後的攝影儀式。孫鳳鳴根據集體的決定，只好以汪精衛代替蔣介石，射出了仇恨的子彈，他自己也中彈被捕，翌日就在醫院犧牲。這一政治巨案帶來的當然是多方株連，殘殺無辜。不但張玉華、賀坡光等相繼被捕，連孫鳳鳴的妻妹、賀坡光的胞兄和老母以及毫不相干的人都遭到逮捕。11 月 16 日，不是晨光通訊社成員的陳處泰，在探望從香港回來搭救戰友的崔正瑤（孫鳳鳴夫人）時一起被捕。敵人雖查清陳並未參加晨光社活動，但認為他是共產黨要犯，將他秘密處死，屍體也被投入鏹水池中。陳處泰、崔正瑤等犧牲時都是 30 歲不到的有為之士。而我這條漏網之魚從此成為被通緝追捕的「在逃匪徒」，懸賞金額高達 5 萬至 10 萬，過着隱姓埋名、晝伏夜行的流浪生活。

後來，張建良進入了延安，毛澤東接見了他，並要他擔任中共與李濟深、陳銘樞等之間的聯繫人，帶着毛澤東、朱德致李、陳等人的信赴香港。在香港，中共黨員連貫將他介紹給廖承志、潘漢年。

他們在與張建良會面時說：多少年來，你一直在打個人游擊戰，費力不討好；我們希望你歸隊，共同工作。後潘吸收他為秘密黨員，專門從事情報工作，成了潘漢年在香港和上海工作的一個得力助手。

這一時期，潘漢年的主要任務是負責華南情報局的工作。但也參與一些公開活動，和廖承志一同出面從事統一戰線工作。這是潘漢年和多數情報人員的一個明顯不同的特點，因此他的工作方式方法上也顯得有些特殊。

但香港畢竟太侷促了，太靠後且遠離敵對營壘了，而真正的情報工作者，應該活動在敵對營壘中，甚至敵人的心臟。在當時，要獲得更多的有價值的敵偽方面的第一手情報，那就必須到敵偽統治的中心地區，把觸角伸到敵特機關集中的上海去開展工作。

因此，當延安方面一再指示，要加緊搜集敵偽方面的情報時，潘漢年立即將工作重點轉向他早就覬覦着的上海，開始着手建立上海的情報工作據點，並逐漸拓展敵後情報網絡。

六　他猛然感到這中國最繁華的十里洋場，竟是如此的迷亂龐雜　／在策劃汪精衛叛逃投敵、充當日本漢奸的過程中，影佐起了重要作用　／後來「76號」，就成為汪偽特工總部的代稱了　／此公可展視的幅度很大，絕不是等閒之輩的一般領導　／把尋找的目光，盯在敵對營壘中的一些關鍵部位和高層人物身上

　　上海，是潘漢年走上革命道路，走上情報工作崗位，並為抗戰前的準備親自參與了部署的地方。在這個地方，他如魚得水一般的自由，他作出過足以自慰的功績，他有足夠的自信。

　　1939 年秋季，當潘漢年在離別近兩年之後，重返這他熟悉的地界時，他竟生出一種物是人非的陌生感。他參加情報工作後，由於對手一直是單一的蔣介石集團；又由於涉及國際情報，另有共產國際的一套情報系統，他並沒有對其他的、特別是外國勢力過多的兼顧。但此時，站在抗日的基點，重新對上海的各種勢力做一番審視之際，他猛然感到這中國最繁華的十里洋場，竟是如此的迷亂龐雜。

　　其實，自近代以來，自五口通商以後，上海就成為中外往來的重要門戶及外國入侵中國的重要跳板，是一個各種政治力量爭奪的地盤，也是一個從事特工活動、情報搜集的重要據點。

　　1937 年 11 月，上海淪陷之後，這裏更成了一個很特殊的地方。大部分地區被日軍佔領了，只有市中心的租界區，日軍尚未染指，因而被稱為「孤島」。直至太平洋戰爭爆發，日本與歐美為敵，「孤島」才不復存在。

　　但就整個上海而言，日本人已經在這裏建立了一系列無孔不入的特務統治機構。其中最著名的是梅機關，它成立於 1938 年 10 月，初在上海，後擴展至江浙。有史家對之做過如是的描述：

這是一個龐大的特務機構，包括了日本的陸軍、海軍、外務省的代表以及其他方面的代表人物在內，它是當時日軍大本營派駐華中的最高特務機關，直接受日本內閣和陸軍總部指揮，它的首任機關長影佐禎昭中將是著名的日本特務頭子，也是著名的中國通。1931 年他在日本駐華使館工作時，就和中國的親日派人物有過秘密的接觸。1938 年到 1939 年間，在策劃汪精衛叛逃投敵、充當日本漢奸的過程中，影佐起了重要作用。他親自到越南河內迎接汪精衛到南京組織汪偽政權。1940 年汪偽政權正式建立後，他出任了汪偽政權的最高軍事顧問，成為控制此政權的一個核心人物。

由於以一個大特務頭子，作偽政府的顧問，名聲不大好聽，故而影佐禎昭（1893-1948）辭去了梅機關最高長官的職務，由柴山兼四郎（1889-1956）繼任。

除了梅機關外，還有蘭機關、靜安機關、兒玉機關等等。此外，日本駐上海的總領事館下設的特別調查班，對外稱「岩井公館」，是具有戰略情報意味和從事文化活動的情報機構。其主要負責人，就是 1938 年起先後擔任副領事和領事的岩井英一。

和日本特務機關互相配合，並受日特機關控制的，還有汪精衛偽政權的特務機關，其最大的特務機關特工總部就創建於上海，設在極司菲爾路（今萬航渡路）76 號，後來「76 號」，就成為汪偽特總部的代稱了。

「76 號」創始人是原 CC 系特務李士群（1905-1943），他自覺資歷不夠，又把也曾是 CC 系特務的丁默村（1901-1947）推到前面。他們 1938 年起就都投靠了日本侵略者，充當漢奸。1939 年以後，丁、李又與汪精衛合流，成了汪精衛漢奸政權最大的特務頭目。丁默村先後擔任了汪偽政權的社會部部長、交通部部長、特工總部主任的職務。李士群則先後擔任了汪偽政權的警政部次長、警政部部長、特工總部副主任、清鄉委員會秘書長，軍事委員會調查統計部部長等職。

在「孤島」內，情況也相當複雜。英、法、美等國都有自己的情報機構和情報人員在這裏活動，觀察中國的抗戰形勢，各種政治力量的消長，同時也很注意搜集有關日本的情報資料。蘇聯和第三國際，也有駐遠東的情報機構人員在這裏

活動。中共地下組織及其所支持的進步文化藝術團體，也利用「孤島」的特殊環境，開展反日活動。重慶的國民黨政府當然也在利用它的中統和軍統原有在上海的根基，並且不斷派出特工人員在這裏積極進行活動。

彼時的上海，是一個大規模情報戰的戰場。這裏沒有硝煙瀰漫，這裏沒有刀光劍影，但卻有一種看不見的恐怖。各方面力量的部署與針對的目標都錯綜複雜，相互交叉，彼此滲透；你中有我，我中有你，一個人具有二重甚至幾重身份的情況不在少數。

作為中共派往敵佔區的高級情報人員，潘漢年對於上海的上述情況，並非在一開始就掌握得一清二楚的。他必須憑借自己建立起的機構和網絡，去滲透，去搜集，以看清自己的對手，尋找可借助的力量。

最先隨潘漢年從香港到上海的，是從延安派出來的劉人壽和董慧，他倆都是剛剛接受過培訓的年輕新手。到上海之後，潘漢年很快就和一直堅持在那裏工作的劉少文聯繫上了。他又通過藍蘭，和以于伶為首的劇藝社一部分黨的積極分子聯繫上了，他們原來是由夏衍聯繫的。通過于伶，潘漢年馬上和在上海的江蘇省委負責人劉曉聯繫上了。在後來的一段時間裏，于伶擔任了潘漢年、劉曉之間的聯絡人。

不久，潘漢年就在江蘇省委的支持和幫助下，以劉人壽等人為骨幹，在上海建立了幾處情報工作據點，並且設立了能夠和延安以及香港、重慶等地聯絡的秘密電台。1939 年，張建良（即華克之）等人也來到上海，參加這裏的情報工作。在潘漢年調配下，上海與香港之間建立起有效的交通聯繫。

上海畢竟是潘漢年長期經營過的地方，初始的籌建工作進行得很順利。行色匆匆的潘漢年在他的新部下眼裏，幾乎是個無所不能、被神化了的人物。他多變的外表神氣，讓人生出多種揣度：「你可以認為他是個小買賣字號的掌櫃的，也可以認為他是個大買賣跑街的，甚至可以認為他是個吃白相的。同時，你也可以認為他是某個股票市場的闊佬，某個行幫的大輩，某個財團的代理人，甚至某個政治集團的決策人。總之⋯⋯此公可展視的幅度很大，絕不是等閒之輩的一般領導。」

「他可以坐豪華的一等船艙，坐飛機，坐火車軟臥，在上海可以坐某些名人的私人小汽車。他來無影去無蹤，不知什麼時候會突然出現和離去。什麼場面他都能應付，因為凡他出現的所有場面，都有人為他暗中預先作了安排和部署。」

情報工作據點建立起來了，情報幹部班子配置整齊了，餘下的就是更艱巨的任務，解決情報來源了。

搞情報工作的人都知道，解決情報來源這一問題的關鍵，是必須建立內線關係，也就是俗話說的「孫悟空鑽進牛魔王的肚子裏去」。沒有一定的內線，只靠公開的搜集或是收買，是遠遠不能滿足需要的。特別是核心機密或具有重要價值的情報，沒有內線關係，則很難到手。

而要在敵對營壘中建立內線，無論是派遣進去或是策反過來，都不是一件輕而易舉的事。這其中不僅有風險，而且必定要付出代價。明智的政治家、情報高手，決不會因為風險和代價，而放棄必須的努力和嘗試。

1930 年代初，潘漢年在中央情報機構工作時，已經積累了一些建立內線關係的有效經驗。如利用各種渠道和關係，利用敵方內部的矛盾，曉以利義，予以分化，故設疑陣，誘敵上鈎等等，這也是情報戰中常用的手段。

為了獲取高度的機密，自然就會把尋找的目光，盯在敵對營壘中的一些關鍵部位和高層人物身上，要把我方的情報人員安插到他們的身邊。潘漢年離開延安前，他和中央社會部的一些領導人就曾經專門研究過這方面的問題。

要把獲取情報的觸角，向能獲取高度情報的位置延伸，利用一切途徑，把有可能接近關鍵位置的人員，輸送到這樣的位置。哪怕不能一步就位，也不放棄努力，他對迂迴但必要的鋪墊始終持有耐心。也許，在相當一段時間裏，都看不到什麼成果，拿不到什麼有價值的信息。可一旦時機成熟，機遇來臨，就可能有意想不到的收穫。

許多年前，潘漢年就開始了這樣的鋪墊。這次到上海籌組情報機構，他感到有些長時間潛伏的情報人員，該讓他們發力了。

第十二章
到敵人心臟去

一　袁殊在「暗遞秋波」　／袁殊向潘漢年提出過難題　／當時上海軍統方面時有殺手出沒，刺殺叛離軍統的鐵桿漢奸　／「要是岩井要求我將你介紹給他怎麼辦」

　　潘漢年此刻想到的一個將在今後情報工作中能發揮重要作用的人，就是袁殊（1911-1987）。袁殊是潘漢年最早發展的秘密黨員，潘漢年對他的情況可以說是知根知底。

　　袁殊是湖北圻春人，1925 年曾參加過無政府主義的活動，並加入過國民黨。後去日本留學。1930 年代初回國，參加了左翼文藝活動。他主編的《文藝新聞》雜誌，得到了中共地下黨和左聯負責人極大支持，他由此結識了夏衍、馮雪峰、樓適夷等，被吸收參加左翼組織，繼而成為左翼文化界一位活躍人物。

　　對革命產生極大熱情的袁殊，主動向馮雪峰、夏衍表示了加入中共的願望。也許是發現在當時白色恐怖嚴重，國民黨大肆查禁左翼書刊的環境下，袁殊主編的《文藝新聞》雜誌卻能持久辦下去，還發表了不少左翼作品，與袁殊和上海市社會局局長、軍統特務頭子吳醒亞（1892-1936）有同鄉之誼、受到某種庇護有關。所以代表中共地下黨正式吸收袁殊入黨的人，是時為中央特科負責人之一的潘漢年。

1931 年《文藝新聞》創刊時，編輯人員與贊助者合影，後排右一為袁殊。

1931 年 10 月，潘漢年和他的助手歐陽新 (化名王子春) 在靜安寺一家白俄咖啡館與袁殊見面。潘漢年對袁殊說：「你加入的是秘密組織，普通組織成員是不知道你的身份的。今後要漸漸褪去紅色，偽裝成灰色小市民，尋機打入敵人內部。」

王子春說：「在敵人內部做分化瓦解工作是危險的，你很可能被捕入獄，也可能親眼看着組織成員被敵人嚴刑拷打，但無論怎樣都不能暴露自己。你甚至可能永遠揹負反動罪名死去，但黨是知道你的。」

潘漢年還對袁殊說：「你要遵守自己的信念。一個共產黨員要把自己的一切都獻給黨的事業，除了生命，還有更難的，就是會毀掉自己的名譽。歷史上有許多可歌可泣的無名英雄，我們就是要做這樣的無名英雄。」

成為中央特科成員後的袁殊不常去《文藝新聞》雜誌社了，這引起同事樓適夷的不滿和懷疑。許多熟悉袁殊的人以為他被白色恐怖嚇怕了。可對友人們的誤解，袁殊卻不能予以解釋。

1932 年春，袁殊通過表兄賈伯濤的關係，聯繫到吳醒亞。吳醒亞是湖北黃梅人，為了鞏固和擴大自己勢力，他拉攏一批湖北籍的人組成「湖北幫」，以政治和同鄉雙重關係相維繫。與此同時，他又夥同潘公展、吳開先組織幾乎與著名的反共組織復興社齊名的幹社，袁殊擔任幹社情報股股長。

在潘漢年的示意下，袁殊通過吳醒亞弄到了個新聲通訊社記者的身份，能經常出席南京政府的記者招待會，了解一些國民黨政府的內幕消息，同時，也有機會出席日本駐滬領事館的記者招待會，亦由此結識了岩井英一。

此後，袁殊又根據潘漢年的指示有意識地接近岩井英一，岩井英一也正需要在中國人中尋找情報關係。由於有留日的經歷，能說流利的日語，袁殊很快受到岩井英一注意。兩個人各有所需，一拍即合，不久悄然建立情報關係。袁殊答應將通訊社若干不便發佈的新聞材料提供給岩井，岩井則答應把領事館將要發佈的新聞信息提前告知袁殊，幫助袁殊搶新聞。經過一段交往，岩井表示滿意，遂向袁殊每月提供 200 元所謂的交際活動費。於是，袁殊開始了為日後潛伏進入日本

諜報系統的鋪墊。

1935年，袁殊與第三國際遠東情報局負責人華爾敦建立聯繫，但不久華爾敦便與袁殊的交通員陸海防同時被捕。華爾敦鬥爭經驗豐富，被捕後一言不發，被稱為「怪西人」。可他帶在身上的筆記本中卻有袁殊的名字和電話，加之陸海防叛變指認，袁殊的身份就暴露了。

袁殊被捕後，夏衍等立即着手營救，因當時國民黨對日退讓，夏衍就用日文寫了未署名的信，將袁殊被國民黨逮捕消息透露給日方。上海兩家日文報紙隨即同時登出「知日派袁殊被藍衣社綁架」的消息，並說「帝國政府正在考慮必要的對策」，給國民黨當局造成壓力。袁殊父親一面聘請律師，一面以老同盟會員的資格給陳立夫寫信，積極營救。

被關押的袁殊根據中央特科有關「在被叛徒指認無法隱瞞真實身份時，以不出賣同志和黨的機密為原則，可以實行『假自首』以保存力量」的精神，作了避重就輕的自白，敵特已掌握的如實說，敵特不知道的不涉及。國民黨特務從袁殊身上一無所獲，遂以「危害國民緊急治罪法」的罪名，把他關押在南京的反省院。

由於有多方出面營救，袁殊實際服刑不足一年就獲釋。離開反省院時，特務要袁殊到南京去見陳立夫。袁殊想若一獲釋就去見陳立夫，即意味着自己投奔了CC系。因此他首先設法盡快與中共聯繫上。他通過與潘漢年熟悉的孫師毅（1904-1966）聯繫上了馮雪峰。由於當時上海的黨組織幾遭嚴重破壞，潘漢年也不在上海，袁殊根據上級的精神決定先去日本學習一段時間。

1937年春，袁殊回到上海，因他曾拜師加入青幫，遂以青幫身份寫信向杜月笙求援。此時，由於淞滬抗戰爆發後，國民黨向大後方撤退，戴笠 (1897-1946)正在佈置潛伏任務。急需懂日語的情報人員。杜月笙告訴戴笠：袁殊是留日學生，現在生活正無着落。

一天清晨，戴笠突然親臨位於武康路的袁殊妻子馬景星的私宅，要袁殊第二天9點去面談，同來的軍統上海站站長周道三留下地址後便登車而去。袁殊感到十分意外，立即向潘漢年匯報。潘漢年分析戴笠是要袁殊為他做事，認為「機

會難得」。從當前看，國共合作共同抗日，參加軍統敵後工作有利於抗日；從長遠看，在軍統打入一個楔子，以後在情報方面也可以發揮積極作用。因此，潘漢年同意袁殊趁機進入軍統。

得到潘漢年指示後，袁殊如約往見戴笠。戴笠毫無客套，劈頭就問：「你現在靠什麼生活？」袁殊早有準備，回答說：「靠老婆生活。」戴笠說：「那你就給我做事。」袁殊問：「不知戴先生要我做什麼事？」戴笠說：「留日學生不做抗日工作做什麼？」

戴笠向袁殊交代了工作，給了兩項具體任務：一是收集日本方面的情報，二是將來時局無論怎樣變化都要堅持留在上海。這樣，袁殊就打入了軍統，被委任為軍統上海站國際情報組少將組長。

八一三淞滬抗戰後，戰事進展並不如日方想像的那樣順利，遂不斷增兵上海。到 9 月中旬，派往上海的日軍已近 20 萬人。10 月初，日軍第一零一師團、第九師團、第十三師團又先後抵滬，企圖迅速進入蘇州河一線消滅上海北部的中國守軍。

為配合守軍打擊侵略者，袁殊化裝成日本學生，冒着生命危險親臨日軍陣地偵察。他操着一口流利的日語，置身於荷槍實彈的日本人中間，一邊機智地應付着正在指揮部隊的軍曹，一邊將日軍兵力部署和軍車調動情況記在心中，順利地完成了實地偵察任務，提供了上海守軍所需的重要情報。

1937 年 11 月 12 日，上海被日軍攻陷。潘漢年在撤往香港之前同袁殊見面，向他交代說：今後通過劉少文與組織保持聯繫，但有關情報方面的事務則只與他本人單線聯絡。

1939 年 5 月，戴笠電召袁殊到香港，嘉獎他的行動小組抗日有功。戴笠單獨召見袁殊給予獎勵，並佈置暗殺汪偽特工總部頭子李士群的任務。李士群投靠日本人後，殺了不少軍統的人，戴笠對其恨之入骨，決心除掉他。

袁殊此次到香港，與潘漢年單獨見面，匯報了自己在上海的工作外，還告知潘漢年一些有關軍統的行動與情況。潘漢年也告訴袁殊，他不久即將前往上海。

　　袁殊回到上海後，即着手策劃爆炸汪偽「76 號」特工總部的行動。他親自畫了地形圖，並組織人員從「76 號」後面的菜地挖掘進入「76 號」的地道。不料計劃正在實施中，暗中投靠李士群的軍統上海站站長王天木將袁殊出賣了。李士群拿出袁殊親手繪製的地形圖、爆破計劃，逼迫袁殊與自己合作，否則死路一條。

　　袁殊從容地對李士群說：「打仗有勝有負，今天我失敗了，聽憑你處置！」李士群見狀，換了一副面孔，以利相誘。袁殊見李士群一再把日本人擺在口頭上，就說：「你為日本人辦事，難道我就沒有日本的關係嗎？」

　　李士群知道袁殊早就與日本人有聯繫，一時也吃不透袁殊背景的深淺，隨即對袁殊的態度緩和下來。他安排袁殊洗澡，好酒好菜伺候，並讓自己老婆去袁殊家通知袁殊妻子馬景星送換洗衣裳。

　　袁殊趁機暗示馬景星去見潘漢年，馬景星隨後到潘漢年與袁殊約定見面的咖啡館，告訴潘漢年「小袁出事了」。潘漢年隨即寫了一個電話號碼給馬景星，對她說：「打個電話通知岩井救人。」

　　電話打過去以後果然有用，時任日本駐上海副領事的岩井英一以「袁殊是外務省的人」為由，疏通渠道將袁殊保釋了出來。

　　此時的岩井表面上是外交官，實際上正在上海主持日本外務省系統的情報工作。他知道袁殊和中國情報機關的歷史淵源，但並不忌諱。作為特工的他熟知情報工作的固有規律：互相滲透，互相利用。最終目標在於得到自己想要的情報，其餘都是次要的。因此，他將袁殊保釋出來後，即提出要袁殊加入他的情報系統。

　　袁殊將此事向潘漢年匯報後，潘漢年認為要抓住這個機會打入日本的諜報系統，進行反偵察，以搜集中國方面所需的情報。

　　幾年前，袁殊根據黨的情報工作需求，「褪去進步色彩」，遭到友人的誤解；如今他又要公開當「漢奸」，帶給他的將是人格的屈辱和「罪人」的惡名。但經過激烈的思想鬥爭，袁殊決定為黨的事業把個人榮辱拋置一邊。

　　潘漢年覺得袁殊必須給軍統方面一個合乎情理的說辭，遂讓袁殊給戴笠寫了

一封信，說明自己由於王天木出賣，爆炸「76 號」之事敗露，被日軍憲兵司令部判了死刑。因岩井出面營救，不得已與日本人「合作」，「雖身為李陵但不忘漢室……」

隨後，潘漢年又派一位名叫張子羽的人到重慶，去戴笠那裏為袁殊疏通。戴笠當初招袁殊入軍統，就是要他「深入日本關係，交換和平意見」，袁殊的所為正中他下懷，他託張子羽帶回了他的親筆回信，勉勵袁殊繼續為軍統效力。

軍統、中統、青幫、日本「岩井公館」，加上中共秘密黨員的真實身份，袁殊此刻已具有五重身份。

就在不久後的一天，袁殊在上海事先約定好的在善鐘路、拉斐德路口一家高級咖啡館與潘漢年見面。他向潘漢年詢問道，如果岩井英一主動提出與自己的情報關係見面的話，潘漢年能否與之見面。

潘漢年覺得可以充分利用這個機會，借助岩井機構的保護傘，拓展自己的情報網絡。在情報戰場上常常會遇到意外的情況和事件，只要沉着冷靜，隨機應變，就沒有闖不過的關口。

「我可以用『胡越明』的化名同岩井英一見面。你可對他說我願意和你在香港合作搞情報。」潘漢年已然胸有成竹。

袁殊走後，潘漢年反而有點擔心：岩井英一若不主動約他見面，因而使他失去利用岩井英一，順勢深入虎穴，與日本情報部門直接周旋，以獲取更多、更有價值情報的機會，就讓人惋惜了。但若操之過急地去敦促，反而會弄巧成拙。

情報工作之所以將之稱為特別的工作，大概就特別在這裏。對手的身份越複雜，越莫測高深，越是睿智高手，越能激起他與之貼近、與之過招的興致。但絕不是為了一槍制敵於死命，流血五步，而是在智慧角逐較量中變敵手為助手，借力實現自己的終極目標。

在等待的時間裏，潘漢年對可能要交手的岩井英一做了更多的了解。此人屬於日本外務省系統的「老人」，曾經就讀於日本人在上海創辦的同文書院，漢語十分流利，是個中國通。他的活動能力強，很有個性，對人彬彬有禮，尤其善於

和中國文化界特別是左派人士接近。1934 年，他甚至曾與在上海的江青有過接觸，因而在不經意間留下了他對當時電影演員藍蘋的評價。

岩井英一所領導的岩井機關的任務，與梅機關有所不同，和「76 號」更有很大差異。在日本大規模入侵中國後，需要有一個針對重慶國民政府的情報機關從事情報搜集，更重要的是進行分析，寫出秘密調查報告，分送各有關日本駐華及本國機構，以供決策參考。於是，岩井機關應運而生。岩井英一不直接參與政治、軍事以及其他方面的具體策劃，不搞偵察、搜捕、關押等實際行動。他所側重的是搜集戰略情報，組織文化輿論方面的工作。

岩井英一對袁殊的使用也着重於廣開渠道，搜集情報，染指文化和輿論領域。他讓袁殊出面以「興亞建國運動」的名義，公開網羅一批文化人，替他辦《新中國報》和《興建》雜誌，為日本作輿論宣傳。他是一個精明的老手，深知在情報領域的爭奪戰中，收穫和代價常常是互為條件的。

正因為如此，岩井英一對袁殊比較放手，他知道袁殊和中共方面、和重慶方面可能都有某種程度的聯繫。中共和重慶方面會利用袁殊搞日汪方面的情報，這也就給岩井提供了以其人之道還治其人之身的機會，利用袁殊反過來搞重慶、中共方面的情報。

當袁殊向岩井英一介紹了胡越明的情況後，岩井很快就決定與胡越明見面。他甚至有些按捺不住的欣喜，因為他推測這位「胡先生」可能有中共高級情報官員的背景，和這樣的人物搭上關係，可不是輕易碰得着的機遇。

二　潘漢年聽着，頭腦中迅速反應出利用岩井的關係　／不能太過，真正洩露了機密；也不能太水，沒有一點價值，要始終吊着日本方面的胃口　／有了「護身符」，又有了一個一般人難以插手過問的庇護所，潘漢年的工作就方便多了　／雖說他曾幾度面對風險，結果卻都履險如夷

在上海虹口區的一家日本餐館裏，潘漢年與岩井英一面對面地坐在了一起。席間，袁殊稱潘漢年為「胡先生」，並按事先同潘漢年商定的內容，向岩井英一作了介紹。

岩井英一對「胡先生」也很客氣，他說：「歡迎胡先生和袁先生合作，歡迎胡先生做我們的朋友。」隨後，他向潘漢年詢問了香港以及重慶方面的一些情況，並詢問潘漢年認識的都有些什麼人。

潘漢年很有分寸地講了一點香港和重慶大後方的情況，包括國民黨、共產黨以及各民主派別的情況，還談了一些蘇聯、美國、英國與蔣介石的關係。也許是職業習慣吧，從事這一特殊工作的人，都不喜歡將時間虛擲在漫無目的和漫無邊際的閒談，所以會面並沒有拖得很長時間，但雙方都覺得頗有收穫。

1938 年 11 月間，岩井英一開始有動作了。他派袁殊到香港找潘漢年，向潘漢年轉達他的意思：要求潘漢年和袁殊合作，為「岩井公館」搜集情報。並要求潘漢年拿出一個在香港開展工作的計劃。

潘漢年聽着，頭腦中迅速反應出利用岩井的關係，索性把香港的情報攤子再擴大一些的意念，遂向袁殊說：

「我們就用岩井的關係作掩護，在香港拉起一條線來。我看可以辦一個公開的刊物作掩護，以便團結、聯繫一批人，定期搜集情報。我們每半月向岩井公館交一次情報，要他們每月供給我們 2000 港幣作情報費。另外，刊物開辦需一筆籌備經費，也要由他們提供。」

　　岩井英一很快批准了這一計劃。袁殊隨即和日本駐港領事館的一名職員小泉清一與潘漢年共同洽商，當場向潘漢年交付了 10000 港幣，告知他這是辦公開刊物的開辦費和兩個月的情報費用。他們還約定，以後每半個月交一次情報，由小泉清一負責接收。

　　根據袁殊的建議，潘漢年找到正在香港主持國際新聞社的惲逸群（1905-1978），請這位 1926 年入黨的老黨員牽頭主編名為《二十世紀》的新雜誌。潘漢年囑咐他：要以中間派面目出現，內容盡量灰一些，這是必要的保護色。為了應付辦刊，惲逸群又邀來鄭森禹做自己的搭檔。鄭禹森是 1938 年入黨的黨員，對新聞出版已有數年的經驗。後來，又陸續進來了幾個人，使這個編輯部成了中共的一個情報點。

　　一切都在按照潘漢年編製的路線圖在行進。潘漢年隨後把通過袁殊與岩井英一接觸的有關情況告訴了廖承志、張唯一：袁殊是中央特科的老人，現已打入了日本的岩井情報機關的內部，我們現正利用這一關係，在香港以辦刊物作掩護開展活動，有關人員要對之協助配合。

　　他們共同商定：今後在潘漢年的領導下，由徐明誠和張唯一兩人直接負責，每半月共同起草、編寫一份有關大後方情況及國共合作方面情況的簡報，不時再增編一些美、英、蘇在香港的活動情況的簡報。

　　這些情報的編寫是頗費斟酌的：不能透露得太多，更不能洩露了真正的機密；也不能太水，都是大路的消息，沒有一點內情和價值。要確保始終能吊起日本方面的胃口。

　　潘漢年還在徵求了廖承志和陳曼雲本人的意見後，指派陳曼雲代表自己，即以「胡越明」的名義與小泉清一進行定期聯繫，把徐明誠、張唯一編寫的簡報交予他，同時領取情報費用。

　　每次所得經費，除由陳曼雲分出部分直接付給辦刊物的惲逸群外，其餘都交給華南情報局，作為中共的情報經費。

　　袁殊作為岩井公館的內線，每隔一段時間向潘漢年提供他從日本外務省方面

獲得的若干戰略情報。例如日本外務省決定同蘇聯進行互不侵犯條約的談判；日本少壯派白鳥敏夫（1887-1949）等人同蘇聯駐日外交人員的秘密接觸情況；東條英機（1884-1948）上台後，其戰略意圖是南進，與美國在太平洋爭霸，而不是北進，等等。

這些頗有價值的情報，都由潘漢年通過香港或上海的電台，直接向延安的中央社會部發報。這一段時間裏，潘漢年及其領導的情報班子，曾因「為黨獲取了不少重要戰略情報，多次得到中央的表揚」。

潘漢年將主要工作轉向上海後，將當年從桂林、延安等地抽調人員在香港建立的情報班子也帶到了上海，繼續圍繞袁殊展開情報工作。

在上海寶山路 938 號外面，掛出了岩井公館的招牌。這裏除了主任陳孚木（1897-1959）是潘漢年通過何香凝出面請出的統戰人士外，副主任由袁殊（化名嚴軍光）擔任，協助袁殊總攬人事、財務的是翁從六（翁永清），負責新聞出版編譯工作的是惲逸群、魯風（劉祖澄）等、電台負責人是劉人壽（楊靜遠），他們都是中共地下黨員。就這樣，在日本領事館的情報機構「岩井公館」內，大量中共情報人員滲透進來。

然而，在對待袁殊的問題上，當時也不是沒有一點分歧的。一些不太了解內情的人，對在汪偽政權中任宣傳部次長、教育廳廳長、清鄉政治工作團團長等要職的袁殊深感懷疑，一再勸告潘漢年要持警惕慎重態度。但潘漢年對此心中有數，在他親自掌握下，袁殊為戰勝日本侵略者作出了不可磨滅的貢獻。

1941 年 3 月，汪精衛委任袁殊為清鄉政治工作團團長。袁殊上任後，暗中開展「反清鄉」活動：他首先向黨組織報告了日軍清鄉的重點和區域劃分，粟裕（1907-1984）部隊得到消息後，用門板搭在桌椅板櫈上，連夜跳出籬笆牆轉移。他還利用職務之便，營救被俘的新四軍人員、釋放被關押的地方黨群幹部 30 餘人。

1942 年，袁殊以興亞建國運動代表身份應邀訪日，受到了日本天皇和首相及其他政要的接見。曾任日本駐美大使的海軍上將野春吉三郎（1877-1964）向

　　袁殊透露，當時日本的國策是準備誘降蔣介石，建立一個以日本國為主體的大東亞共榮圈，日軍已確定了南進的戰略部署。這一消息讓袁殊為之震撼，他匯集和分析各方面的情報，認定南進已是日軍確定不移的戰略決策，遂立即將此情報報告延安。

　　太平洋戰爭爆發後，日本侵略軍迅速佔領了香港；同時上海的租界地區，即「孤島」也隨即消失了，香港、上海兩地的局勢也驟然嚴峻起來。潘漢年不得不把自己的工作開展及安全問題，提上考慮日程。

　　潘漢年長期從事着公開與秘密兩條戰線的工作，不像一些專門從事秘密工作的地下黨員，始終隱蔽不露。他是社會上比較知名的中共要員，不僅公開接觸過許多人；而且在漢奸特務中，有些人就是中共的叛徒，他們不但認識潘漢年，更可能利用捕獲潘漢年去邀功請賞。

　　鑑於危險增大，潘漢年和袁殊經商議，決定由袁殊去找岩井英一，請他為「胡先生」的安全提供必要的保證。岩井英一答應了袁殊的要求，但交換條件是要「胡先生」擬一份搜集情報的大致計劃。顯然，他是要衡量一下他做這筆交易值不值得。

　　當岩井英一拿到計劃瀏覽過後，便為「胡先生」辦了一個由日本駐上海領事館簽發的身份證明文件。該文件註明，凡日本軍、憲、警如查問持證件人，必先與日本領事館聯繫。岩井英一還以自己的名義，在上海匯中飯店專門開了一套房間供「胡越明」使用。

　　據由潘漢年安排後來打入岩井體系的陳曼雲回憶，岩井對他助手戶根木說過這樣的話：他佩服胡越明，並且關心胡先生的安全。而潘漢年恰恰因為有了「護身符」，又有了一個一般人難以插手過問的庇護所，工作起來就方便多了。他甚至就利用日本人給的這個庇護所，一再同中共江蘇省的領導人碰頭晤面。

　　潘漢年自己的工作和安全有保證了，但他還惦記着一大批在香港工作，因形勢變化，已經不便於繼續留在那裏的同志，應該設法及早把他們轉移出去。他又一次找已經在敵偽政權中取得了一定地位的袁殊，共同商定了一個撤離計劃。

計劃經報中共中央主管部門批准後，潘漢年親自去見了岩井英一。他對岩井英一說：「在香港有我們一批人員，現在在香港已經沒有什麼情報可搞了。我打算把他們撤出來。一部分安插到大後方去，繼續幫助我搜集情報；一部分轉移到上海，來幫助我搞『和平運動』。希望你給予協助。」

岩井英一開始沒有馬上同意，但最後他大概覺得「胡越明」提出的理由確有道理，便答應了。他告訴潘漢年：「你可以派人去香港，按你的計劃安排撤退和轉移。」

就這樣，在 1942 年 3、4 月間，華南情報局在香港的情報攤子，按照潘漢年的計劃，在日本駐香港領事館的掩護下，分兩批安全地撤離了香港。原坐鎮華南情報局中樞的張唯一，帶着王卻塵、何積等人來到了上海，協助潘漢年在上海展開工作。

也是在這一段時期，周恩來兩次急電潘漢年等，要他具體佈置在香港的與中共有關係的知名人士的疏散轉移。潘漢年經過活動，在各方面的緊密配合下，使得 800 餘人士從日軍的嚴密封鎖中安全離港。這些人包括宋慶齡、何香凝、柳亞子（1887-1958）、陳濟棠、茅盾、金仲華、夏衍、胡繩（1918-2000）、張友漁（1899-1992）、梁漱溟（1893-1988）、胡風（1902-1985）、蔡楚生（1906-1965）等。

綜觀潘漢年，在利用岩井特務機關及充分發揮袁殊能量這件事情，應該說是相當成功的。雖說他曾幾度面對風險，結果卻都履險如夷。在爾後的許多時間裏，每當出現用人、處事，與獲取情報出現抵觸時，潘漢年往往優先考慮情報的問題。這方便了他的情報活動，並大量的獲取了一些非常難得、非常有價值的情報。

但是，幸運之神並非總是那麼關照潘漢年，急流顛簸之中，誰敢自詡永不擱淺或翻船呢？中國有句老話：失敗是成功之母，人們常常強調的是這一面。其實反之亦然，成功亦往往是失敗之母。屢屢成功的確也是導致潘漢年的一些失手、乃至重大決策失誤的淵藪。

第十三章

諜報傑作與嚴重失手

一　中共上海情報科戰略情報員中西功，突然收到署名「白川次郎」打來的電報　／國內出了這樣大的變故，尾崎竟然未向他通消息　／我想，向西去是要我轉移到根據地或者延安去　／延安一直要求我們用一切力量注視日軍南進還是北進的方向問題　／程和生有些吃驚：「這不是把他往敵人手心裏送嗎」　／「我覺得尾崎秀實凶多吉少」

20 世紀 90 年代中期，原中共中央調查部部長羅青長在一篇回憶文章中，提到抗戰時期潘漢年的情報工作：

「潘漢年做的幾項重要工作，如蘇德戰爭、太平洋戰爭爆發等情報，策反敵偽工作，開展統一戰線工作等，中央都知道。毛主席多次稱讚上海的情報工作。」

這其中提到的關於太平洋戰爭爆發的情報，是潘漢年領導的一個情報小組，在極其危險的情況下取得的，堪稱第二次世界大戰中情報戰的一個傑作。然而就在這個傑作之後，一個代價極大的失誤隨之而來。

這一中共情報史上的重要事件，由於塵封日久，幾乎不為人知，因此不妨多着筆墨。

這個情報小組是以日籍中共黨員，時為日本滿鐵上海辦事處調查室負責人、大日本皇軍支那派遣軍總司令部顧問中西功為中心的。

1941 年 10 月下旬，正在上海忙碌的中西功，突然收到署名「白川次郎」打來的電報：「向西去。」

此刻，他還不知道，震驚世界的共產國際諜報團案已經發生。被稱為「二次世界大戰中最大、最成功的間諜」的蘇聯戰略情報員佐格爾遭日本警視廳逮捕，而在此前幾天潛伏在日本首相近衛文麿（1891-1945）身邊的共產黨人尾崎秀實（1901-1944），亦遭秘密逮捕。

作為日本共產黨員的尾崎秀實，和中國有着非同尋常的關係。1928 年底到 1932 年初，他任《朝日新聞》常駐上海的特派員。在 3 年多的時間裏，他表面上是聲望日高的日本中國問題專家，暗中卻是「上海的日本共產黨和日本進步人士的核心人物」。他在上海結識了許多中國左翼文化人士，其中魯迅對他印象甚佳。後來佐格爾受共產國際派遣來上海從事情報工作，與尾崎秀實建立合作關係。尾崎秀實經常把日本在華的重要情報轉報莫斯科，同時把「一些國際上的革命動態轉告中國同志」。

1937 年，尾崎秀實成為近衛文麿首相的「囑託」（顧問）兼私人秘書，可以自由出入首相官邸，參加首相的智囊團會議。他的主要任務是提供有關中國的情況，提出對中國事務的處理意見。這使他不但對日本政府的決策非常熟悉，而且能施加一定的影響。在此期間，他把自己掌握的許多有關日本對華戰爭的情報，通過中西功發往延安，受到毛澤東等中共領導人的高度重視。而他向佐格爾提供的關於日本在華戰事將陷入泥沼的情況，據說對斯大林作出援華抗日的決定產生一定影響。

由於「事涉赤色」，且隱伏那麼長時間，獲取了大量機密情報，說出來有失日本警視廳的面子和威嚴，故而在一段時間內，佐案僅為少數人掌握的秘密，未披露於媒體。不久，日本警方在佐案審理中發現，日本滿鐵上海辦事處的情報人員中西功與尾崎秀實關係非同一般，遂開始了秘密調查。

而在上海的中西功，直到從廣播中聽聞近衛文麿內閣倒台的消息，才吃了一驚。他很納悶：國內出了這樣大的變故，尾崎怎麼會不與他通消息？是否因為近衛文麿倒台要移交國事，手續繁忙，沒有時間？抑或近衛文麿患急性重病，住進醫院，他也跟到醫院裏去了？

在這以後的幾天裏，中西功每到滿鐵上班的第一件事，便是急着翻閱新到的各種密件、絕密件、機要件等等參考資料。回到家，便在書房裏守着收音機，聽日本電台的廣播。總想看到或聽到點對於他有用的消息，即與他相關、或與尾崎秀實相關的消息，但是一無所獲。

　　署名「白川次郎」的電報突然而至，才把中西功的思路往尾崎秀實可能出事，自己也可能受到了牽連上思考。「白川次郎」是中西功曾用過的筆名，僅有幾個極密切的朋友知道，但究竟是誰，卻一時難以準確推測；「向西去」，分明是要他迅速脫離滿鐵，向中共根據地轉移，因為象徵着中共中央的延安在中國西北。

　　中西功感到：這一情況應盡快通知中共上海情報科，他們也許更清楚電文的意義。恰在此時，他與上海情報科之間的聯絡員程和生來了。程和生是廣東人，才 20 多歲。其實程和生只是一個化名，他的真名叫鄭文道（1914-1942），1938年加入中國共產黨。他於 1939 年調來上海情報系統工作，擔任上海情報科負責人老吳與中西功之間的聯絡員。恰在那一年，滿鐵上海辦事處受中支派遣軍司令部委託，調查重慶的抗戰力量。中西功奉命組建特別調查班承辦此項調查，便公開把程和生安排到自己身邊。

　　「我想，向西去是要我轉移到根據地或者延安去。」中西功向程和生分析道。

　　「這事太突然了……」

　　「是啊，我想一定是日本國內出了事。」

　　「可究竟是什麼事還不清楚？」

　　「反正有人認為我需要離開這裏，否則，或許有危險。」

　　「你應該轉移。」程和生說。

　　「特別調查班是我建立起來的，是我僱用你們進來的。我走了，憲兵首先要查抄你們，首先要審問你。就算他們查不出你什麼問題來，也不會允許你們繼續存在，那樣，好好的一個班子可就被我們自己撤銷了，你們再建立這麼個據點，不是容易的事，所以……」中西功看似於心不甘。

　　「可你留下太冒險。」

　　「我能佔踞這個地位，是經過了不少努力和曲折的，太不容易了。」

　　他們沒商量出結果，決定請示中共上海情報科的具體負責人老吳。

　　老吳名叫吳紀光，是代表中共上海情報科領導中西功情報小組的直接負責人，他的前任是老金，吳紀光接手他的工作後，他即調往根據地。老金手下有幾

位同志，直接聯繫着日籍中共黨員中西功、西里龍夫等。這些日本同志，都是此時在延安任中共中央黨校教務主任的「紅色教授」王學文，於 1920 至 1930 年代辛辛苦苦地發展培養出來的。

老吳聽了程和生的匯報，認為此事涉及到日本同志的生命安全，非同小可，必須向他的上級，也就是直接負責華東、華南敵佔區情報工作的潘漢年請示。可當他們會面時，潘漢年卻告訴吳紀光，延安來的指示是要上海情報科把日軍可能南進，發動太平洋戰爭的行動日期，核實準確，及早報告。

老吳提醒說：「日本同志不轉移太危險！」

但潘漢年卻沒有絲毫的緊張：「這種時刻，這種事，你不能依照通常的規則處理，要以更高的着眼點去思考。現在全世界反法西斯戰爭的形勢，非常嚴峻，了解和掌握日軍的戰略動向，是我們的第一重要任務，其意義已遠遠超越了中國抗日的範圍。因此延安一直要求我們用一切力量注視日軍南進還是北進的方向問題。」

他見老吳的神情，似乎還沒體會到自己所強調的「重要」二字的分量，進一步講道：「我可以告訴你，德國進攻蘇聯以後，我們中央是從世界形勢的發展考慮我們中國抗戰可能出現的困難的。在延安，毛主席和我談過，他對日本南進還是北進非常關心，非常焦慮。他說如果日本北進的話，我們將面臨非常艱難的局面。因為英、美有可能和日本妥協。他還說，果真出現那種局面的話，共產主義大本營和全世界、全人類都要經受一段黑暗時期。你看，形勢多麼嚴峻？現在，我們已經基本掌握了日本南進的意圖。中央又要我們進一步搞清他們發動戰爭的日期，這是為全世界反法西斯戰線提供更進一步的明白的戰略情報。你想想，這個時候，該怎麼辦？」

聽潘漢年如此一說，老吳也感到這一番風險似乎是必須冒的，自己責無旁貸，但對日本同志⋯⋯

見老吳沉吟不語，潘漢年說道：「我考慮決定，不能叫中西功向西去。恰恰相反，不僅要他繼續堅持崗位，還要請他向東去，完成延安交來的任務。」

「那是很危險的，萬一？」

「你是說萬一被捕？當然有這種可能，但是我們不能從這個角度考慮，首先要從完成任務的角度考慮，要他在完成任務的過程中，注意保護自己吧。他經驗豐富，現在，只有他能取得這份情報。他有膽有識，善於在複雜的鬥爭環境裏完成任務。你對他的認識恐怕還不夠，他是個堅強的反法西斯戰士。我相信他有這個能力，更相信他會接受這個任務，是不是要我親自和他談談？」

「哦，那倒不用。」

「那好，叫他馬上行動。」潘漢年說的異常乾脆。

當老吳把潘漢年的決定傳達給程和生時，程和生有些吃驚：「這不是把他往敵人手心裏送嗎？」

「的確有危險，但他去東京，可以找到那個叫『白川次郎』的朋友，問明發生了什麼事。他可以根據情況，採取對策，我們不能收到一個不明來歷的電報，就糊裏糊塗地叫他拔腿就跑。」

為了分析來歷不明的電報，中西功趕往南京，找到與他有情報聯繫的日籍中共黨員，公開身份是日本同盟社駐南京首席記者的西里龍夫，一同推敲商議「白川次郎」的電報。

「我覺得尾崎秀實凶多吉少。」中西功對西里龍夫說。

「『白川次郎』的警報會是他發的嗎？」

「如果事情是那樣，也許不至於太糟糕。可他通知我們，至少說明在近衛文麿的檔案庫裏，有關於我們的報告材料。我想回東京去一趟，實地偵察一下。」

中西功沉思了片刻又說：「東條英機的廣播講話，雖然承襲了近衛文麿關於戰爭國策的調子，但是，我覺得這個武夫，比近衛文麿更急於發動戰爭。『南進』好像要開始了。我們必須切準這個戰爭狂人的脈搏。」

見西里龍夫一直驚愕地直視着自己，中西功進一步解釋說：東京之行是一舉兩得的事，一是刺探東條發動南進戰爭的具體計劃和準確時間；二是了解尾崎秀實的處境，然後再決定是否「向西去」。中西功希望滿鐵這個情報點能堅持下去，

發揮更大的作用，不到萬不得已，不撤出。

對中西功頗為了解的西里龍夫感到，中西功這個決定還是太大膽了，他替老戰友擔憂。但最後他也覺得能回日本摸摸情況，或許比在這邊推測、猜想、遲疑不決，更為可取。

二　知道「白川次郎」這個筆名的，只有尾崎秀實、水野成、濱津良勝　／尾崎、水野和濱津都被捕了　／他猛然想到日軍報道部有個叫佐藤癸二的記者朋友　／「絕密，採編主任都不得入會採訪呢」

離開南京後，中西功依照潘漢年的指示前往日本。到東京後，他辦的第一件事，是尋找發電報的「白川次郎」，然後設法弄清日軍發動南進戰爭的確切日期。

知道「白川次郎」這個筆名的，只有尾崎秀實、水野成、濱津良勝。這幾個人都是日本革命志士。1938 年，日本取締共產黨，他們輾轉分散到了中國東北。其時中西功在滿鐵大連分公司和天津事務所當調查員。他把他們、包括後來在北平的白井行幸和尾崎莊太郎等，陸續聯絡起來，成立了中國滿洲共產主義者組織，從事反戰活動。就在那時，中西功寫下〈鎮壓日本左翼的狀況〉一文，抨擊日本當局「正在製造黑暗的政治」。該文的署名就是「白川次郎」，除了這幾個人，無人知曉「白川次郎」的典故。

其實找人和搞情報二者是可以兼顧的，只要見到尾崎秀實、水野成、濱津良勝，日軍南進的日期也就好打聽了，什麼事瞞得過尾崎秀實這個前首相的顧問兼秘書呢？

然而，中西功幾次給尾崎秀實家打電話，始終都沒人接。中西功根據這一反

常現象分析，認為尾崎秀實可能真的出事了。

他又撥電話找水野成，可接電話的不是水野成家的人。一個陌生的聲音一再追問他是誰，想來水野成的情況也不妙。

當中西功撥通濱津良勝家電話時，電話另一端傳來怒氣沖沖的聲音：「要找濱津到警視廳去找！」

一切都清楚了，尾崎、水野和濱津都被捕了，自然也就不能指望從他們那兒獲取情報了。那麼通過什麼途徑刺探情報呢？海軍部肯定掌握一些有用的情報，但中西功同那裏沒有關係；總參謀部裏也會有相關的信息，但中西功若以滿鐵人員的身份闖進去，只會招人嫌疑。

他苦思了許久，猛然想到日軍報道部有個叫佐藤葵二的記者朋友，雖屬泛泛之交，但記者們多好高談闊論，喜歡炫耀自己先抓到手的新聞，從他口中也許能打探出一些消息。

中西功在日軍報道部，果然發現了幾位記者在誇誇其談。他坐在一邊默默地聽了一陣，原來這幾位正為日軍大本營聯席會議拒絕採訪，他們得不到絲毫與戰事相關的消息而大發牢騷。

「什麼了不得的秘密，不就是開戰嗎！」一位說。

「開戰後，讓他們大本營的人自己去寫報道吧！」另一位附和道。

聽着這些議論，中西功感到戰爭彷彿近在咫尺。等記者們牢騷發完了，中西功向其中的一位打聽佐藤在否。

「他去台灣了。」

聽到台灣，中西功心中一動，會不會和南進作戰相關？隨即追問：「是隨軍去的嗎？」

「還要問嗎？內閣和大本營聯席會議都開了六天了。」

「我們要對美國開戰嗎？」中西功想再深挖一點信息。

「絕密，採編主任都不得入會採訪呢！」那位記者不是賣關子，而是真的無可奉告。

三 南進作戰已經在行動中了 ／羅斯福根本不把日本看在眼裏 ／現在不忠於帝國的人很多，不能走露風聲 ／談判沒有成功的希望，海軍已經在瀨戶內海集結完畢 ／你此行的安危我魂牽夢繞，不敢設想 ／戰爭在11月底、12月初爆發，將是不可能避免的了

離開報道部後，中西功還是想方設法通過各種渠道，又搜集到一些與南進作戰相關的情況：集結在台灣的日軍部隊將有作戰行動；7月調到滿洲參加關東軍特別大演習的部隊，正在海運南下，有的在小笠原群島集結，有的直開東印度。南進作戰已經在行動中了。

而此時此刻，日本和美國持續了許久的談判還在進行中。為什麼一面備戰，一面還要和人家談判呢？

中西功記得滿鐵編輯的《參考消息》上，有關於日美之間談判的情況分析，日本方面預料談判不會取得理想的結果。的確，現在美國對日本的態度已經很強硬了，他們要求日本放棄日德意三國軍事同盟，要求日本無條件撤出在華駐軍，日本絕對不會答應。日本不僅堅持不應允這兩條，還要求美國停止援助蔣介石，解除對日本的經濟制裁。這種以對方絕對不可能應允的條件為前提的談判，根本不可能達成任何協議。

難道日本大兵南調，是為談判壯聲勢，對美國施加壓力？中西功陷入久久的沉思：美國一向不願意為戰爭流血，更不願為他人火中取栗，也許東條英機看準了這一點。可從目前美國對日態度看，羅斯福根本不把日本看在眼裏。對日本的談判能拖則拖，純是敷衍，他才不在乎日本什麼聲勢不聲勢的威脅呢。

那麼大兵南調只能解釋為一旦談判無法得到日本希望的結果，便立即發起戰爭，打美國個措手不及。因此維持談判只具有一重意義，那就是麻痹美國，並在談判中尋找開戰的藉口。說不定就在談判過程中，便對美國發起突襲，這太符合

東條英機的性格了。

中西功還想尋找更多的信息，以使自己做出最準確的判斷，於是他又找到在銀座開書店的老同學佐山伊之助。佐山很有經濟頭腦，知道中西功在上海供職，見面時就不失時機地談生意，他說自己想在上海開一家書店，希望中西功合作。

中西功對此毫無興趣，可當佐山漏嘴說出自己姐夫在軍令部當通訊參謀後，他靈機一動說：「在上海開書店，恐怕賺不了什麼錢。但日美之間可能要開戰，一旦開戰，美國飛機肯定會轟炸東京，你倒可借到上海開書店，躲避轟炸。我建議你問問你姐夫，他也許會知道開戰日期，你問清楚了，可以早點離開東京。」

然而當中西功再次找佐山，詢問開戰日期時，佐山卻說：「我姐夫說了，開戰不開戰還沒定呢，也許明天就對美國佬開火，也許永遠不打他們了，得看和他們的談判。美國答應我們的條件，就不打他們；不答應，就不客氣。但這是軍事秘密，他不許我再問了，說是現在不忠於帝國的人很多，不能走露風聲。」

中西功頗掃興，恰巧的是在回旅店的路上，撞見了剛從台灣歸來的日軍報道部記者佐藤癸二。他和佐藤閒扯了幾句，就把話題轉到了他最關切的問題：「台灣那邊怎麼樣？要進攻了嗎？」

「沒有，在等待，看談判。駐德國的來棲大使已經到美國去幫助野村特使了。談判最後期限在 11 月底，到 30 日為止。來自內部的消息說，談判沒有成功的希望。海軍已經在瀨戶內海集結完畢。」

聽了佐藤的話，再綜合幾天來得到的情況分析，中西功已經可以斷定：日本當局南進發動太平洋戰爭的決心已定，談判的期限在 11 月 30 日，開戰日期不會相隔太遠。他估計滿鐵此時已經該得到相關的資料了，回去再稍加梳理分析，就可推測出開戰的時間。來日本的目的基本上都達到了，他隨即登船返回上海。

回到上海，中西功馬上到滿鐵的資料研究室，迅速找到了他需要的資料。在 1941 年 11 月 6 日的《編內參考》「對美國談判要領」欄目內，果然摘錄了關於

談判最後期限的信息：「來棲大使今日飛香港轉美，協助野村特使與美國談判，詳細申明日本對美國談判條件之最後讓步，堅決要求按甲案迅速達成協議。談判以 11 月 30 日為限，不再拖延⋯⋯」

在〈帝國陸軍作戰綱要〉密件裏，他看到了以 11 月底為限，加強對美英的戰爭準備的文字。而〈皇軍大東亞戰爭南方部署〉，則透露了日本陸軍集結的情況。他迅速記了下來：阪田中將，三個師團，泰國；今村中將，三個師團，馬來亞；本間中將，四個師團，菲律賓；寺內大將，二個師團，香港。

這時，一份從西里龍夫那裏傳送來的密寫件突然滑落在他眼前。

中西君：

近衛倒台，尾崎秀實君境況如何？甚為懸念。你的此行安危我魂牽夢繞，不敢設想。收效如何？更不敢奢望。為助君功成，特將我日前應邀參加歡迎關東軍參觀團招待會上得來的點滴資料奉告：

——關東軍留 20 萬防蘇。其餘全部南調；

——海軍集結作戰待機海域擇捉島單冠灣；

——11 月下旬艦艇啟動，航向東南。

從在東京實地見聞，到在滿鐵看到的新絕密要件上刊登的〈帝國陸軍作戰綱要〉和〈皇軍大東亞戰爭南方部署〉，以及西里龍夫傳遞來的情報，三個方面互相印證，清清楚楚地說明，東條的南進作戰，已經從口頭爭論，圖上、沙盤模擬和演習，落到陸地和海洋上了。

日本政府對美國的所謂談判，是握刀在手，逼美國簽城下之盟。日本要堅持的日德意三國協約和在中國駐兵這兩條，美國不會答應。那麼，戰爭在 11 月底、12 月初爆發，將是不可能避免的了。

四　日本若對美國攻擊，時間將在12月7日　／尾崎秀實是因為蘇聯情報員佐格爾暴露了，警視廳先逮捕了他，後拘捕了佐格爾　／「『小開』交代過，在『白川次郎』是何許人未弄清之前，不讓中西功向西去」　／如果事態發展證實了這個情報，它將為國際反法西斯戰爭做出不可磨滅的歷史貢獻　／蔣得訊後，在榻上沉思半夜，凌晨三點半，急召宋子文　／故事至此還沒有完

在上海愛德華七世路上的三福樓飯店，中西功和老吳會面了。「戰爭不可避免。日美談判不會達成日本所要求的協議。」中西功一見面就說道。

「具體日期呢？」吳紀光最關心的是這一點，他的上級潘漢年吩咐他必須準確查明的，也是這一點。

「這是很明白的，談判時限一過，日本就要實行對美國的攻擊。同時向馬來亞、泰國、菲律賓、香港展開全面的東南亞戰爭。我算了一下，從海軍航行時間，到地球東西兩方時差，日本若對美國攻擊，時間將在 12 月 7 日。」

「12 月 7 日！」老吳脫口而出，對這個近在咫尺的日期，他不能不感到驚訝。

「12 月 7 日，在美國，正逢星期日。」

「這有什麼特殊的意義嗎？」

「也許，本土未遭戰禍的美國，還沉浸在太平日子裏，星期日是上帝規定的休息日。這一天，政府人員不上班，工廠工人輪流休息，軍隊官兵照例放假，從進攻的一方面考慮，還有比這更理想的日子嗎？我想絕不會往後拖。另外，日本海軍每天要消耗 4 萬噸石油，陸軍每天要消耗 1 萬 2 千噸。石油，現在就如同日本陸海兩軍的血液，東條不會耗到患貧血症迸發才進攻。最晚不會拖過 12 月 7 日。」

接着，中西功告訴老吳：「在東京，我探明了尾崎秀實的事。他是因為蘇聯

情報員佐格爾暴露了，兩人已被警視廳逮捕，和他倆有關係的幾位朋友也都因為被懷疑而被捕了。」

「你和尾崎秀實的關係不是也很親密嗎？」

「是這樣。我們無所不談。」中西功進入滿鐵就是尾崎秀實介紹的。

在場的程和生聽到這些，更為中西功的安全耽憂，他問吳紀光：「怎麼辦？」

「小開交代過，在白川次郎是何許人未弄清之前，不讓中西功向西去。還是請示小開後再決定吧。」

中西功說：「我們都要提高警惕。不妨先觀察一段時間。當然，日本警視廳不會因為對美國開戰便停止他們的活動，相反，會加緊。總之，我們要特別注意他們的活動。」

吳紀光問道：「現在還有人可以供應你消息嗎？」

中西功搖搖頭：「像尾崎秀實那樣直接的，已經沒有了。」

「你通知西里龍夫了嗎？」

「我寫信告訴他了，但是沒有具體說。我們應該通盤研究一下，這方面，我還沒有想完全。南京離得近，好辦些，我還可以和西里龍夫通電話。北平，我把情況通知尾崎莊太郎和白井行幸，程和生通知錢志行吧，怎麼樣？」

「要通盤想想。」老吳已經拿定了主意，要就日本同志的安全問題，同潘漢年仔細商量一下。

與中西功分手後，吳紀光按時走進法國公園西邊那條幽靜的馬路上一幢頗有氣派的房子裏，潘漢年已經在這裏等候。

雖然中西功的推斷是 12 月 8 日，美國的 12 月 7 日，日軍南進戰爭將爆發。吳紀光為保險計，向潘漢年建議：往上報告時，提出 11 月 30 日以後的三個星期天，12 月 1 日、12 月 8 日、12 月 15 日，其中 12 月 8 日的可能性佔百分之九十。

「唔。」潘漢年默默地聽着，又思索良久，像是自言自語地輕聲說道：「如果事態發展證實了這個情報，它將為國際反法西斯戰爭做出不可磨滅的歷史貢獻。但願各國人士能重視它。」

「迅速上報吧？」

「那當然。」

「這個情報通報給『21號』嗎？」吳紀光輕聲問。

潘漢年看了看吳紀光，像是默許了。

「21號」，是長期隱蔽在國民黨軍統內的中共情報人員，當時為軍統上海站的負責人之一，負責收集中共所需要的重慶方面的情報。

國共第二次合作初期，中共曾派出一位駐上海代表同軍統互換對日情報。「21號」派出二名軍統分子，代表軍統上海站同這位中共派出的代表合作，互相交流情報。這兩個軍統特務在同中共代表打交道時，認識了吳紀光。他們誤以為吳是汪偽特務機構的「調統員」，總想從他那裏掏情報，吳紀光遂將錯就錯，和他們周旋，使他們成為自己和「21號」聯絡的通道。

這次吳紀光依然利用這一通道，把太平洋戰爭爆發日期的重大情報，傳遞給「21號」，並由「21號」提供給軍統總部。因為中共的戰略目的是推動重慶的蔣介石政府抗日，互通對日情報，有益於蔣軍的作戰；同時這樣做，還有利於「21號」在軍統內地位的鞏固和更深入地潛伏；再則軍統的上海站有電台直報重慶，重慶接報，可立即將此消息向美、英等國大使通報。也就是通過蔣介石的渠道，向世界反法西斯統一戰線的各國政府發出警報，及時採取措施，制止日本法西斯挑起戰火。

中西功冒着生命危險獲取的這份重要情報，經過中共組織安排、拐彎抹角地轉到了戴笠那裏。戴笠聞訊，立即親自報告了蔣介石。據說，蔣介石得訊後，在榻上沉思半夜，凌晨3點半，急召宋子文，面命他立即通知美國駐重慶大使詹森（Lyndon B. Johnson, 1908-1973）。

上午9點40分，宋子文方返回總裁官邸向蔣介石覆命：「詹森表示感謝。」

「他報告羅斯福總統了嗎？」蔣介石急切地問。

「我告別前還沒有。我想他應該報告的。」

1941年美國的12月7日，星期日，太平洋戰爭如期爆發了。日本以大量海

空軍偷襲了美國在太平洋的主要海軍基地——夏威夷瓦胡島的珍珠港。

在這次偷襲中，美軍戰鬥艦 8 艘、其他大型船隻 10 餘艘、中小型艦艇 20 餘艘被炸沉或受損，飛機 180 多架被炸毀，美軍官兵死傷 3500 多人，致使停泊在港內的太平洋艦隊主力幾乎全軍覆沒。

難道詹森沒有向羅斯福（Franklin Roosevelt, 1882-1945）報告嗎？難道美軍沒有得到中共特工刺探到的戰爭情報嗎？並非如此。原來這個事關世界人類命運的重要戰略情報發出後，除了蘇聯紅軍據此作了戰略調整外，其他西方國家並未對之引起足夠的重視。

特別是美國，有關方面傲慢地認為，中國不可能獲取如此重大、如此準確的戰略情報，故而這份內容令人驚異的情報，其可信度令他們懷疑，隨之被束之高閣。

隨着時間的推移，有關珍珠港何以遭襲擊的說法越來越多。後來更有文章說，對於日本準備偷襲珍珠港的情報，美國已從多個渠道獲得，但由於美國國民不願捲入遠離本土的戰爭，羅斯福為了使美國對日作戰不得不使用了苦肉計。

但無論怎麼說，對日本發動太平洋戰爭準確時間的偵獲行動，仍不失為二戰諜報戰中的經典之作；而圍繞中西功的中共在上海、南京兩個情報小組，無疑是最優秀的情報機構。

然而，故事至此還沒有完結。

五　「美國人愚蠢，蠢到了極點」　／把這個陣地交給你，你就得守住，你要勇於負責　／中西功已暴露的跡象很清晰了，他隨時有被捕的可能，怎麼還能讓他堅持呢　／現在還是按兵不動再等等看為好　／圍繞中西功、西里龍夫工作的兩個情報小組的中共黨員和同情分子20餘人，全部被捕

當日本海軍偷襲珍珠港，並「取得輝煌勝利」的消息傳出後，最痛心疾首的人，莫過於冒着極大危險獲取這份極有價值的情報的中西功了。他反反覆覆地自言自語：「美國人愚蠢，蠢到了極點！」

此時此刻，他似乎忘記了危險始終包圍着他，而且正一步步逼近。

早在匯報中西功獲得的關於太平洋戰爭爆發情報時，吳紀光就再次向潘漢年提起中西功情報小組的處境危險，請潘漢年考慮讓他以及和他關係密切的人迅速脫離現崗位的問題。

但潘漢年聽後說：「形勢發展很快，鬥爭也會更複雜，我們應該從多角度預測可能出現的各種形勢。假設：日軍在南太平洋得了手，瘋狂之餘，會不會發動北進呢？即使今冬不可能，明春呢？他們是戰爭狂人，沒有常人的理智。所以，你們上海情報科的這個陣地不能放棄。明白地說，把這個陣地交給你，你就得守住。你要勇於負責。」

吳紀光感到沒有什麼商量的餘地了，即將按兵不動的指示傳遞給中西功。然而，過了一段時間，中西功在上海日軍憲兵隊的一個朋友，向他透露了他可能被秘密逮捕的訊息。

負責中西功與吳紀光聯絡的程和生得知這一情況後，再次向吳紀光發出警報：中西功處境太危險了。當潘漢年與吳紀光會面時，吳又提出了中西功的安全問題。

但潘漢年卻斬釘截鐵地回答說：「上海情報科這個陣地不能輕易放棄！因為這裏是世界反法西斯陣營在遠東的前哨，是我們監視日本這個戰爭惡魔欲把世界大戰擴展到東半球的瞭望塔；你們這個情報科是由黨長期建設起來的，隱蔽極深、精明強幹的戰鬥組織，特別在現時，你們是無可替代的戰鬥崗位。」

他甚至一字不改的重複了上次同老吳交談時說過的話：「明白地說，把這個陣地交給你們，你們就得守住，而你要勇於負責。」

這就是說中西功仍然必須堅守在自己的原崗位。當吳紀光傳達潘漢年的指示時，情報小組的部分同志對此表示不理解。中西功已暴露已經不是推測，而是得到清晰的警告，他隨時有被捕的可能，怎麼還能讓他堅持呢？

出於對戰友的負責，特別是在情報領域幹得如此傑出的日本同志，他們的安全應該予以格外的重視。吳紀光又一次就中西功等人的去向請示潘漢年。

這次，潘漢年沒有立即回絕，他沉思片刻說：「看情況吧。」

潘漢年的確找不出更多的理由說服吳紀光，但他覺得從事情報工作，就必須有擔風險的心理準備。顯然潘漢年的內心還是存有僥倖：日本方面若真對中西功有什麼懷疑的話，為什麼這麼久仍不動手呢？或許秘密拘捕中西功的警告只是空穴來風呢……

吳紀光對潘漢年如此含糊其辭的指示，難以理解：還看什麼情況呢？他又追問了一句，可潘漢年的回答卻是：「等等，看看。」顯然，他依舊不願明確表態採取轉移的措施。

吳紀光沒有辦法，只能把潘漢年的原話通過程和生轉達中西功。上級沒有撤退的命令，下級怎麼能擅自撤離陣地呢？中西功和他的情報小組只能按兵不動，他們無疑是坐以待斃。

1942 年 6 月，即在中西功接到危險的警告 8 個月之後，日本特高科的人逮捕了中西功。緊接着，西里龍夫也遭逮捕。圍繞他倆工作的上海、南京兩個情報小組中的吳紀光、程和生、張明達、李得森、汪敬遠等，都面臨暴露被捕的危險。

吳紀光立即將中西功和另外兩位日本同志被捕的消息報告潘漢年，並請示兩

個情報小組如何動作，得到的答覆令吳紀光感到意外：「原地堅持。」

潘漢年的分析自有他的道理：「聽說中西功等日本同志的問題發生在日本本土。如果我們中國同志馬上撤退，很可能暴露他們與我黨的關係，給他們造成更大的損失。考慮到中西功等同志都很堅強，肯定不會說出組織秘密，為便於他們在獄中應付敵人，現在還是按兵不動，再等等看為好。」

潘漢年接着說：「現在你們所面臨的形勢非常危險，到了關鍵時刻。如果判斷得準確，處置得當，可以把損失減少到最低限度。是走是留，我也很猶豫，難下決心。」

1942 年 7 月 29 日，從東京來上海的警視廳特務和日本憲兵衝進拉都路敦和里 28 號 3 樓，逮捕了程和生。為了從程和生口中獲取更多的情況，日本特務對他嚴刑逼供，但程和生堅不吐實。後來，他乘敵特看管疏忽的瞬間，從四層樓的窗口躍身而下壯烈犧牲，用自己寶貴的生命，換取了黨的地下情報組織其他同志的安全。他犧牲時，年僅 28 歲。

潘漢年在聽到程和生被捕犧牲的匯報後，沉默了片刻。他或許想到了自己從事情報工作後的經歷，或許想到了既然成為一名情報人員，履險就是家常便飯……。最後，他彷彿下了賭到底的決心，對吳紀光等說道：「等等，看看。對所有的人都這麼通知。包括南京的、北平的。」

就在這「等等，看看」之間，白井行幸、尾崎莊太郎、吳紀光、李得森等圍繞中西功、西里龍夫工作的兩個情報小組的中共黨員和同情分子 20 餘人，全部被捕。日本當局在佐格爾紅色諜報案餘悸未消之際，又在中共諜報團案面前震驚了。

在已有中西功暴露跡象，但尚有周旋餘地之際，潘漢年果斷地要中西功逆「向西去」的警告而動，毅然東向，對獲取高度機密的情報，是有正確決斷之功的。

但在情報獲取之後，且在確認尾崎秀實被捕，中西功獲取機密情報來源已斷，繼而得到可能被捕的明確警告的情況下，依然抱有僥倖心理，使處於危險中

的中西功、西里龍夫坐以待斃；又在中、西被捕後，繼續做出錯誤判斷，導致兩個非常出色的情報小組全軍覆沒。這不能不是一個重大的失誤。

　　這一失誤的嚴重後果，不光顯現於當時中共情報隊伍的深受重創；十數年後，潘漢年遭不幸的冤案，恐怕不能不與對此類失誤確實難以自辯也有着密不可分的關聯。

第十四章
與魔鬼打交道

一　1940年春季後，掌管這座院落的主人名叫李士群　/李、丁合謀演了一齣李代桃僵的把戲　/他妻子到徐恩曾那裏行賄甚至以肉體作交換，才將李士群救出囹圄　/李士群極力控制自己不把路完全走絕　/「今後要有人說你是漢奸了，你可不要辯護。辯護就糟了」

在上海滬西區聯合租界邊緣，有條極司菲爾路（今萬航渡路）。關於這條路，有段英美兩方越過租界強行築路的惡劣故事。這條路的 76 號，是座非常顯眼的洋房院落，原為國民政府安徽省主席陳調元（1886-1943）的別墅。

1937 年 8 月日軍入侵上海時，陳調元舉家逃往香港，院子落入了日軍手中。當汪精衛叛國投敵、成立日本人卵翼下的偽政權後，這個院落便成為汪偽政權的特務機關──特工總部的所在地。1940 年春季後，掌管這座院落的主人名叫李士群。

當 1939 年，潘漢年赴上海發展中共情報網絡時，曾得知延安情報中樞研究過爭取和利用李士群的問題，認為可以對他做工作，有條件地和他建立某種聯繫。因此他到上海後，在統籌如何展開在上海的情報工作時，就一直在思考此事。

李士群，也是個潘漢年毫不陌生的人。他是浙江遂昌人，在上海求學時參加革命，曾赴蘇聯學習。1930 年代初歸國後，曾在中央特科工作過，恰巧此時潘漢年到特科擔任領導工作。1932 年李被國民黨 CC 系特務逮捕，自首後任調查科上海區情報員，由此得以同另一個做了 CC 系特務的中共叛徒丁默村相識。

其時國民黨中統上海行動區剛成立，史濟美以中央特派員身份來此坐鎮，他推行極具破壞力的「細胞」政策後，中共在上海的各級組織接連不斷地遭到破壞。於是，中央特科針鋒相對展開一系列懲惡鋤奸行動，史濟美亦被中央特科的紅隊刺殺。

在紅隊準備刺殺國民黨上海警察局督察長陳晴時，考慮到李士群因與 CC 系

的關係認識陳晴，組織上讓他出面約陳晴到三馬路一家揚州菜館吃飯，埋伏在路邊的隊員乘機擊斃陳晴。陳晴中彈後倒地，李士群也佯裝中槍，待紅隊隊員撤退後，李士群也起身撤離。孰料百密一疏，陳晴並沒有死，當晚李士群就被中統逮捕。

被捕後的李士群，在牢內飽嘗酷刑，吃盡苦頭，從此對中統結下了深深積怨。據說後來，還是靠他妻子到食色成性的 CC 系頭目徐恩曾那裏行賄，甚至以肉體作交易，才使李士群脫離囹圄。

李士群被釋放後，曾跑到武漢去找潘漢年，要求歸隊。他認為自己在嚴刑下不得不承認自己是共產黨，但並沒有出賣組織和同志，是符合當時組織的精神的。可潘漢年拒不與他見面，致使他對此耿耿於懷，後來在多種場合宣洩對當年紅隊行動不嚴密、共產黨「薄情」的怨言。

上海淪陷後，既脫離組織，又與國民黨特務結仇的李士群投靠了日本人。汪精衛附逆後，汪偽政權醞釀成立特務機關，時為特務頭目的李士群，自覺資歷淺，號召力不足，就將老上司丁默村拉來，坐上特工總部的第一把交椅。

李士群本意是要拉丁默村來裝裝門面，自己掌實權。不料丁默村來後，倚仗同汪偽政權三巨頭之一周佛海（1897-1948）有留日同學的關係，撈錢撈權，直欲將李士群邊緣化。

不甘心替他人做嫁衣的李士群，遂使出渾身解數，終將丁默村排擠出了「76號」。此後，他緊緊抱住汪精衛的大腿，官運亨通，成為汪偽政權中炙手可熱的人物。也正因為如此，他受到周佛海的忌恨，日本人的猜疑，一系列錯綜矛盾和殘酷傾軋相繼上演。

基於這樣的處境，基於給自己留條後路的考慮，李士群極力控制自己不要一條道走到黑。他投機過共產黨，又投靠過國民黨，現在又當了漢奸，正說明他在政治上是一個沒有信仰，「有奶便是娘」的人物，一切從自己的利害得失出發。

雖然當了漢奸，但李士群也並沒死心塌地，把事做絕。中國和日本、共產黨

和國民黨以及汪精衛政權的未來前景如何，慣於投機的他，總是不斷地觀望，進行着算計，一旦形勢有變，自己不至於吊死在一棵樹上。在這個動機驅使下，他和國民黨中統沒有完全切斷聯繫；同時又在設法搭上中共這條線。

中共考慮到李士群在敵偽中的身份較高，其作用是他人難以替代的，爭取他有限度地做一些有益於抗戰大局的事，將功折罪，是符合將日寇驅逐出中國這個大局利益的。而李士群基於個人利害關係的考慮，需要尋求中共的關係，也想有限度地為革命和抗戰做一些能夠做到的事，給自己留一條後路。如此，就給中共情報機關與李士群周旋留出了空間。

1939 年秋天，李士群通過一個關係向上海的中共地下組織表示：他願意和中共方面建立一些聯繫，願意向中共提供一些情報。但同時他提出一個要求，就是希望中共方面能夠將他視為朋友的胡綉楓安排到他那裏工作，由胡綉楓來擔任他和中共方面的聯絡人員。中共上海地下組織將李士群的表示和要求，迅速報告了上級領導機關。

不久，中共上海地下機關，收到了中共南方局發來的由葉劍英署名的電報，電文為「關露同志，速去港找小廖接受任務」。電文由劉少文送給了中共地下黨員關露（1907-1982）。此時的關露並不知道，她要接受的任務，就是去汪偽特務頭子李士群身邊當聯絡員。

關露原名胡壽楣，曾是上海左翼文化運動的活動分子，她的詩歌集《太平洋上的歌聲》、自傳體小說《新舊時代》、小說《蘋果園》，在社會上頗有影響，因而是那時上海文藝界中與丁玲、張愛玲（1920-1995）齊名的女作家。1932 年，她加入中國共產黨，在丁玲遭綁架期間，她曾接替了丁玲在左聯創作委員會的工作。1932 年 1 月淞滬會戰期間，關露曾赴前線軍營給士兵們朗誦自己的詩歌〈故鄉，我不能讓你淪亡〉。

李士群指名要求中共派到他那裏擔任聯絡工作的不是胡綉楓嗎，葉劍英為什麼卻給上海地下黨發報，讓關露到香港領受任務呢？原來關露是胡綉楓的姐姐。

　　李士群之所以點胡綉楓的名，是因為當年他被捕時，妻子葉吉卿臨盆，胡綉楓接濟了他的妻子。葉吉卿在李士群老家生完孩子後，便帶着孩子到上海投奔胡綉楓，又得到胡綉楓的多方照顧。出獄後李士群在胡家找到了妻子、孩子，對胡家感激涕零，發誓日後必報胡家的恩情。

　　但此時胡綉楓和丈夫李劍華正在大後方國民黨的上層做統戰工作，他們正處在一個很重要的位置，而且別的人不可能在短期內替代他們。胡綉楓提出可以讓她的姐姐代她到李士群那裏，南方局同潘漢年在權衡利弊得失之後，決定讓關露先代替其妹妹到李士群那裏。

　　關露到香港後，接待她的是廖承志和潘漢年。因為作實際情報工作以及對李士群的工作，都是由潘漢年負責的，所以關的具體工作，由潘漢年出面佈置。南方局已經事先將李士群的動向告訴了潘漢年；而且李士群所要求調去的胡綉楓，以前曾經是潘漢年領導、張唯一負責的一個情報人員。

　　在與關露會面時，潘漢年說：「回上海後，你要到汪偽特務機關工作，找李士群秘密聯繫，爭取他為我們多做一些事情。」

　　關露說：李士群投敵後，曾多次邀自己為他工作，並讓葉吉卿多次打電話邀她去玩，她都拒絕了。現在要她到李士群身邊有困難。

　　潘漢年、廖承志對關露的情況表示理解，但仍讓她再考慮一下接受這個工作。關露在窗前思考良久，出於對革命事業的奉獻精神，她懷着一顆聖潔的心靈，莊嚴表示：「我服從組織安排。」

　　見關露如此表態後，潘漢年又叮囑她說：「千萬要注意，你在那裏只能用耳朵和眼睛，不要用嘴。」又說：「今後要有人說你是漢奸了，你可不要辯護。辯護就糟了。」

　　「我不辯護。」關露連連點頭說。善良的她無論如何也想不到，此時的一句「我服從組織安排」將使她的人生出現多麼巨大的波瀾和改變。

　　在給關露佈置好工作後，潘漢年隨即寫信給上海一個情報小組的負責人，讓他繼續關照關露，以使她能安心在李士群那裏工作下去，完成聯絡任務。

　　關露回到上海與李士群聯繫後，李士群立刻命令吳四寶親自開車去接，特別吩咐他一定要對關露表示尊重。車到「76 號」時，李士群的態度極為熱情。

　　1941 年秋天，李士群派人把關露接到「76 號」，談話中李士群表述了自己政治上的苦悶：他與重慶誓不兩立，而周佛海已經和重慶聯繫留後路了，自己怎麼辦？他點明了自己知道關露是潘漢年派來的，他希望與潘漢年聯繫，願意為民族作點有益的事情，也為自己留條後路。

　　關露不動聲色地聽着，根據他對李士群態度的觀察，關露認為李士群的這番表白是出自真心的。隨後，關露將自己的觀察向與自己聯絡的老張做了反映。關露提供的情況，保證了中共方面對李士群的真實情況的掌握，為潘漢年後來與李士群的直接會面，做好了鋪墊。

　　因為工作，關露與「76 號」保持着經常的往來和聯繫，這種狀況持續了兩年。但在這兩年間，關露漢奸的名聲逐漸傳開，她明顯地看出以前認識的同志朋友對她投來鄙夷的神情。她原來經常應邀參加的文學界活動，後來再也沒人來邀請她了……

　　關露明白，她被同志和朋友們拋棄了！但她知道這就是從事地下工作必須付出的代價，對這種被誤解的痛苦和被遺棄的孤獨，她必須默默地隱忍。

　　半個多世紀後，作為知情者的國家安全部部長凌雲在回憶關露的人生時，深情地感歎說：「關露是個非常非常好的同志。」

二　李士群時下正受到地位比他高的周佛海排擠　／「今後決定停止捕殺渝方人員，望彼此諒解」　／這是雙方在分道揚鑣之後的第一次會面　／胡均鶴叛黨前，也與潘漢年有過工作來往　／李士群首先向潘漢年透露了敵偽即將對蘇北根據地進行所謂「掃蕩」的有關軍事行動計劃　／李士群拿出一本上海儲備銀行的支票簿，交給潘漢年

在雙方建立聯繫的起初一段時間內，李士群並沒有向中共方面提供多少有價值的情報。潘漢年顯得很沉得住氣，並不急於向李士群提出更高的要求。太平洋戰爭爆發後，由於日本軍隊入侵了上海租界地區，「孤島」的特殊環境不復存在，上海及周圍地區的形勢和環境都更加險惡，而李恰恰控制着這一帶的偽軍武裝。潘漢年隨之將進一步打開和李士群對話的渠道，多作李士群的工作提上日程，以保證中共在這一帶的抗日活動。

潘漢年覺得要實現上述目標，必須自己親自出馬，直接去會見李士群，觀察他的動靜，以利隨機應變，運籌進一步的對策。在此之前，潘漢年和江蘇省委書記劉曉，又一次做了一番斟酌。

通過分析，他們認為李士群目前的處境對展開工作有利：由於汪偽政權內部的爭權奪利，李士群時下正受到地位比他高的周佛海排擠；日本人對李士群的猜疑和限制，也引起他由衷的不滿。他必須積極打通與國民黨、共產黨的關節，以顯示他的才幹，使汪精衛不能看輕他，在與周佛海的糾葛中支持他。

而且，從近期得到的消息看，李士群不僅通過關露和中共方面保持着關係；而且同時又和周佛海爭着和重慶方面拉關係。就在不久之前，李士群的特工總部曾在上海破獲了一批軍統電台。他利用破獲的密碼給戴笠發電報，試探蔣日之間的和平談判問題。並向國民黨方面表示：「今後決定停止捕殺渝方人員，望彼此諒解。」

　　種種跡象表明，爭取李士群的工作，是很必要又可能見成效的。劉曉隨即表示將盡力配合潘漢年的行動。

　　潘漢年沒有冒然出面，而是先通過關露和袁殊做了番試探，李士群的反應比較積極。於是，經袁殊出面安排，並於約定時間在李士群的上海愚園路家中，雙方會了面。這是雙方在分道揚鑣之後的第一次會面。

　　他們在會面時，除袁殊外，還有當時任特工總部副廳長兼江蘇試驗區區長的胡均鶴（1907-1993）。此外還有李士群的妻子葉吉卿在場。李士群能從陳晴事件中死裏逃生，全憑葉吉卿拚力相救，因此李士群對她言聽計從，什麼重要的事，都要她參與。

　　交談間，李士群帶着幾分得意幾分玩笑，又有幾分刺探的口吻對潘漢年說：「過去當共產黨時經常說要奪取政權，我現在已經奪得政權了（意思是他已當了汪偽政權的部長、省長等一系列要職）。而你呢，現在在新四軍中任什麼職位呢？」

　　對此，潘漢年心中頗不屑，但並沒有還以顏色。李士群見話不投機，遂轉入正題說道：「以後有什麼需要我幫助的，我一定盡力幫助，我也希望你們能對我多幫助。」

　　李士群如此表態，說明他有合作的意念。這就構成了建立聯繫的基礎，於是潘漢年也明確表示：「我們歡迎你的這一態度。」

　　最後，李士群提出，今後與潘漢年的聯繫由胡均鶴負責。胡均鶴，據曾任中共江蘇省委書記的李維漢（1896-1984）回憶，他曾擔任過共青團江蘇省委書記；但也有一些記載說他是共青團中央的書記。叛黨前，他也與潘漢年有過工作來往。

　　大約在兩個月之後，李士群又一次在上海的家中約見潘漢年。此次他以實際行動兌現了他關於「幫助」中共的許諾。李士群首先向潘漢年透露了敵偽即將對蘇北根據地進行所謂「掃蕩」的有關軍事行動計劃，希望新四軍方面有所準備。

　　李士群這次提供的情報，對根據地的反掃蕩無疑是及時的，潘漢年對此表示

了謝意。

接着，李士群拿出一本上海儲備銀行的支票簿，交給潘漢年。他向潘交待說隨時可以取用，潘漢年當即婉言謝絕。但李士群一再堅持請潘漢年收下。潘漢年為了不使對方感到被「拒於千里之外」的難堪，暫且收下了。但這個支票簿後來他根本不曾動用。

在與李士群周旋的同時，潘漢年以不同的身份，不同的方式，與汪偽政權三巨頭中的周佛海、陳公博（1892-1946），也都進行了接觸。

三　中共原先活動主要依托的「孤島」不復存在　／這次「歷險」，等於給後來的撤退者敲起了警鐘　／「我要到鄰近新四軍根據地的地區『清鄉』，也希望你們能夠諒解」　／他「穿着一身時髦而合身的西裝，外加秋季大衣，派頭很大」　／我在他們面前只說你們是上海的商人，跟我去新四軍那裏做生意的　／李士群以前所提供的一些情報，對新四軍是起了積極作用的，這種聯繫不應輕易中止

由於太平洋戰爭爆發後，上海租界被日本軍隊全部佔領，中共已經無法像先前那樣，依托「孤島」展開活動，而且環境日益險惡。繼潘漢年控制的張志中電台，被日方電偵檢查，被迫停止工作後，龔飲冰（1896-1976）情報點所屬的李白電台也遭日方偵破。中共中央鑑於江蘇省委領導在上海立足困難，曾指示他們要盡快從上海撤往新四軍根據地。

在江蘇省委統一安排下，撤退工作一直按計劃比較順利地逐步進行着。但當

江蘇省委委員兼工委書記劉長勝（1903-1967）撤退時，在途中經過瓜州地區之際，因為帶路的交通員不善於應付日偽軍的盤查而被扣押。後來因他們尋機塞了些錢物，才得以脫離了險境，最終越過了封鎖線。

劉長勝的「歷險」，等於給後來的撤退者敲起了警鐘，高級幹部的撤退行動，必須更妥善地安排好交通路線，沿途要有良好的保護措施，否則很危險。

1942 年 9 月，中共中央又電示仍留在上海的江蘇省委書記劉曉和主持情報工作的潘漢年等，讓他們考慮自己的撤退問題。

劉曉和江蘇省委幾位負責人經過反覆權衡利弊，認為還是撤退比較好。他們給中共中央覆電，報告了打算撤退的決定。中共中央覆電同意後，劉曉找潘漢年商量。他們都認識到這次撤退人員地位高，人數多，目標大，因此需要確保安全，絕不可再出現劉長勝撤退時的閃失。

出於安全考慮，劉曉決定不通過舊的交通線赴根據地，而是通過潘漢年的關係，新開闢一條交通線。他找到潘漢年，潘漢年認為利用李士群做「保護傘」，或許穩妥一些；但李士群是否肯合作，尚無十分把握。他提出由他親自同李士群進行交涉。

經聯絡人員打招呼後，潘漢年又一次前往李士群家中。潘漢年一見面就對李士群說：「我準備到新四軍根據地去一趟，同時還帶有幾名助手。希望你能夠幫助我們，為我們路上的安全提供保證。」

「這不成問題。今後，我要到鄰近新四軍根據地的地區『清鄉』，也希望你們能夠諒解。還請你們和我多交換一些情報。我們有什麼消息，將由胡均鶴先生通知你們。」李士群回答得很痛快。

根據李士群的建議，雙方約定，在潘漢年到根據地去之後，互相繼續用電台保持聯繫。事後，即由胡均鶴編了一本密碼送交給潘漢年帶回根據地去。

李士群指定胡均鶴專程到鎮江具體佈置，潘漢年等一行將經由鎮江渡江北上，到時候由汪偽政權特工總部設在鎮江的特工站負責護送。

和李士群交涉後，潘漢年將情況和結果通知了劉曉。為了確保萬無一失，他

1946 年，劉曉（中）與陳同生（左）、顧準（右）在淮陰合影。

們又一起磋商了具體行動的計劃和步驟，以及一旦出現意外該如何應對等事宜。

　　1942 年 11 月初一天夜晚，劉曉、王堯山（1910-2005）（江蘇省委組織部部長）和夫人趙先以及張本等四人，在事先約定好的四川路一家旅館匯合。次日黎明，他們被送到廣東路的一家商號。

　　劉曉他們等了一會兒，潘漢年也到了。他「穿着一身時髦而合身的西裝，外加秋季大衣，派頭很大，儼然是個洋派經理的樣子」。連曾經和潘漢年見過面的王堯山夫人趙先都感到，潘漢年的樣子「幾乎使我難以辨認了」。

　　幾個人都換上了考究的衣裝，分乘兩輛出租汽車悄悄駛向上海火車站。他們坐進舒適的二等車廂，離開了上海，開始了在趙先看來是生平第一次的「闊綽的旅行」。

　　對於這次由汪偽特務護送中共領導人的帶有傳奇色彩的旅行，當事人之一趙先有較詳細的回憶，我們將之簡要摘錄如下：

當日中午到達鎮江。胡均鶴和鎮江特工站站長劉毅（徐漢光）早已在車站迎侯。他們下車後被安排在有名的金山飯店住下來。當日下午，還由胡均鶴、劉毅陪同遊覽了金山寺等名勝古蹟。晚上，王堯山有點緊張地對趙先說：「今天迎接我們的那位穿西裝的人，就是特工站負責人，他是一個中央通報過的叛徒，你要當心。」

第二天，潘漢年對大家說：有個偽方的軍官要請我們吃飯，劉曉對於是否接受邀請有些猶豫。潘漢年解釋說：「胡均鶴、劉毅都是共產黨的叛徒，但他們對國民黨是很恨的，因為他們是在嚴刑下自首叛變的。現在跟着汪精衛走，也明知沒有前途。想為共產黨效點力，爭取黨的寬大。我在他們面前只說你們是上海的商人，跟我去新四軍那裏做生意的。」這樣一說，劉曉就同意了。

他們一行五人應邀赴宴。席間，胡均鶴、劉毅有點拘謹，劉曉他們也不大習慣，只有潘漢年從容自若，談笑風生。當然，談的都是金山寺風景一類，一句帶政治的話也不涉及。

第三天，劉毅仍殷勤護送，經儀徵繼續向根據地方向進發。直到看見站崗放哨的兒童團，劉毅等才返回。

潘漢年一行在新四軍二師的防區整整步行了三天，才到達淮南根據地。中共淮南地區黨委書記劉順元，親自把潘漢年等送到上海撤退出來的幹部集中地點顧家圩子。

這時，已經先期到達的劉長勝、沙文漢、劉寧一等負責人，一起跑出來歡迎潘漢年、劉曉等人的歸來，祝賀他們撤退的勝利。

進入淮南根據地後，潘漢年在顧家圩子住了一段時間。直到1943年1月，新四軍軍部南下，進駐黃花塘，潘漢年才移住黃花塘附近的大王莊村。他很快與新四軍軍長陳毅（1901-1972）、政委兼華中局書記饒漱石（1903-1975）見了面。

潘漢年向這兩位領導人匯報了在上海的工作情況，並且把李士群、胡均鶴表示願意和新四軍「諒解、合作」的意見，向他們作了報告。

陳毅、饒漱石對潘漢年此前聯繫李士群的工作，都表示了肯定的意見。他們告訴潘漢年：李士群以前所提供的一些情報，對新四軍是起了積極作用的。他們

認為同李士群的聯繫，能維持就維持，沒有必要由我主動中止。

　　潘漢年把他帶回的胡均鶴所編的供聯絡用密碼，交給了饒漱石，饒遂將密碼轉交給分管這項工作的賴傳珠（1910-1965）和胡立教（1915-2006），由他們所領導的電台負責與胡均鶴聯繫。

　　不久，潘漢年被任命為華中局情報部部長。此時華東根據地接到中央情報部來電，指示潘漢年依託華中局遙控上海的情報工作，並請華中局給予人力、物力的支援。在潘漢年建議下，成立了由潘漢年、賴傳珠、胡立教三人組成的華中局情報工作委員會，潘漢年任書記，統一指揮領導情報工作。

四　潘漢年在交通員何犖引領下越過層層封鎖線，再次冒風險經鎮江到上海　／一而再，再而三的撲空，使潘漢年感覺有些蹊蹺　／楊傑不厭其煩地把潘漢年介紹給一些來李家的漢奸頭目們　／「汪先生目前心情不好。他打算搞議會政治，想和你談一談」　／但他卻沒能感覺到危險後面深藏的狡譎，也沒有想到這是一個需要站在政治高度解答的大難題　／接近上層，打入核心，獲取機密，這對一個情報人員來說，太有誘惑力了　／潘漢年認為即使他去會見汪精衛，汪也不能把他怎麼樣

　　轉眼進入 4 月了，有跡象表明，敵偽似乎又有掃蕩淮南根據地的企圖，但具體情況，一時還搞不清楚。

　　華中局書記饒漱石提出，要加強對敵情的搜集，並要求潘漢年對此做出部署。

　　潘漢年經過考慮之後，向饒漱石提出：由他自己直接去一趟敵佔區，重新部署那邊的情報工作，並進一步加強和李士群的聯繫，交換一些情報。饒漱石立即批准了潘漢年的建議。於是，潘漢年在負責根據地與上海之間交通的何犖的引領下越過層層封鎖線，再次冒風險經鎮江到上海。

　　在上海，潘漢年首先與堅持留在上海的中共人員進行了聯繫，在由他親自佈置在上海堅持潛伏的劉人壽那裏，潘漢年了解了這一段時間上海的敵我情況及中共地下工作的情況。在這之後，他與負責同李士群聯繫的胡均鶴見了面。

　　在同胡均鶴見面時，潘漢年提出要直接和李士群見面會談。胡均鶴告訴潘漢年：李士群目前不在上海，而在蘇州。要和李士群見面，只有到蘇州去。潘漢年考慮到，此行主要任務，是與李士群見面，便於翌日在胡均鶴的陪同下趕往蘇州。

　　然而，當他們到達蘇州後，李士群在蘇州的家人對他們說，李士群剛剛去了南京，他可留下話，如有急事，可直接到南京去。

　　一而再，再而三的撲空，使潘漢年感覺有些蹊蹺：李士群此番的態度似乎有些異常，不像原先那樣積極主動。其間原因究竟是真的驟然繁忙，還是有意避開或有其他什麼預謀呢？

　　潘漢年一時難做準確揣度，他有點躑躅：馬上趕到南京去見李士群吧，會出現怎樣的情形實難以預料，能否見到李士群不說，就是見到了，誰知這位慣於投機的人會要出什麼樣的花招呢；不去南京吧，他在與胡均鶴剛接頭時，就透露了要與李士群見面的要求，且隨胡均鶴從上海趕到了蘇州，此時他也想不出什麼拒絕前往南京的理由。

　　經匆匆思忖後，潘漢年決定還是去一趟南京，不與李士群見面就走，此次出行主要目的未達到，豈不徒勞往返。憑借自己多年的經驗，即便李士群耍什麼花招，自己總不至於應付不了，對此他十分自信。

　　於是，潘漢年又隨胡均鶴轉道南京。他們到了李士群在南京的住所，依然不見李士群的蹤影。在李家，特工總部的一個頭目楊傑接待了潘漢年，他說李士群見汪精衛去了，他奉命在此等候潘漢年。

此時李家時有人來來往往，楊傑不厭其煩地把潘漢年介紹給一些來李家的漢奸頭目們，說這位是「肖先生」，是李士群的朋友。如此一來，潘漢年的南京之行，很容易被公開化。

種種跡象，使潘漢年更覺得這一切是李士群有意安排好的，但他究竟是出於什麼用心呢？潘漢年苦思而未得其解，既已來了，也就只好靜觀事態的發展了。到了晚上，李士群還未出現，仍是由楊傑出面宴請潘漢年，宴後楊送他到一家高級賓館休息，還派人陪他打麻將，直鬧到深夜。

第二天上午，李士群終於露面了。他見到潘漢年，既不談有關和新四軍的聯繫問題，也不詢問潘漢年的來意，卻首先談了一通當前形勢。並說現在日本人很重視和重慶方面的聯繫，想倚靠重慶來搞「和平運動」，隨即他話頭一轉：

「汪先生目前心情不好。他打算搞議會政治，聽說你來了很高興，他想和你談一談。」

這個突然提出的問題，一下子把李士群此次由上海而蘇州，由蘇州而南京，並企圖把事情弄得沸沸揚揚間的曲曲折折，漏了個底兒掉？原來李士群這次是想借把潘漢年這位著名的中共代表請來南京，就是要促成他與汪精衛見面，以使李士群得以在汪精衛面前邀功。

他故意搞了一連串小動作，讓胡均鶴把潘漢年引到南京來，並使潘漢年南京之行公開化，意在表明他有辦法拉攏中共，來撐一撐越來越孤立的汪偽政權的聲勢，使汪精衛對他更加倚重，並在他和周佛海的矛盾傾軋中，給他更多的支持和回護。

這是一個陰謀，欺騙潘漢年到南京，然後突然襲擊，這等於是挾持潘漢年會見汪精衛。潘漢年猛然警覺，他面臨的是一場「鴻門宴」。他感覺到危險，他感覺到事關重大，但他卻沒能感覺到危險後面深藏的狡譎，也沒有想到這是一個需要站在政治高度解答的大難題。

如果潘漢年是一位高瞻遠矚、明察秋毫的政治家，他一定會將這一切，與當時的政治大環境，與日、蔣、汪新一輪秘密勾結聯繫起來；對安排會見的深層目

的，及其後果和影響洞察透徹。

然而，潘漢年不是，悲劇也就在此。他曾經是個宣傳家，他善於體會中央的意圖，並用自己的理解力和文采去加以闡發；他更長期地從事情報和統戰工作，以其機敏的反應、幹練的處事能力，出色的完成了一項項任務。而在撲朔迷離的政治雲霧中作出原則決斷，則是他的弱項；他更習慣和擅長的是以情報價值做行動的價值取向，然後全力以赴地實現目標。

接近上層，打入核心，獲取機密，這對一個情報人員來說，太有誘惑力了。此時此刻，他更多的都是圍繞情報這個層面，去思索得失取捨；他更多的是在考慮如何應對眼前這突然事件的具體細節。

潘漢年想事情既然已經到了這一步，認為斷然拒絕會見汪精衛是不明智的。如果讓李士群的精心策劃流產，在汪精衛面前失了面子，就有可能使他惱羞成怒，翻臉扣人，繼而死心塌地地反共。自己的安危固然毋須多慮，但聯絡李士群，從他那裏搞到敵偽情報，特別是當前有關掃蕩根據地的情報，是關係根據地安危的大事，不應輕易地把事情弄僵，使繼續爭取利用李士群的機會失之交臂。

潘漢年根據自己掌握的情況，做着進一步的綜合：汪精衛目前的心情不好，日本人已通過周佛海和重慶方面搞熱線聯繫，對他自然就顯得冷了，他或許是想通過讓李士群出面找共產黨來制衡日本與重慶的聯繫。目前汪的處境很微妙，他應該是希望通過會見中共代表人物，向日本人顯示他在政治上的能量，以增強日本人對他的信心；同時還可以借此加深國共兩黨之間的矛盾和摩擦；甚至還可以期望通過會見中共代表，造成他開明、民主，能夠聯絡與容納對立黨派的形象。

因此，潘漢年認為即使他去會見汪精衛，汪精衛也不能把他怎麼樣。相反，自己或許能有些意想不到的收穫，了解到更核心的情報。「不入虎穴，焉得虎子？」此時此刻，他心頭或許正掀動着英雄主義的豪情。

「見。」他當機立斷了。當然，此時此刻按正常程序請示匯報也來不及了。

五　汪精衛從樓上下來　／你們和蔣介石聯合是沒有什麼搞頭的。蔣是獨裁的，我是搞民主的　／這個日本人是專管津浦、滬寧一線清鄉工作的，可以和他談一談　／日本人雖然仍叫嚷什麼清鄉、掃蕩，但實際上已經受兵員枯竭困擾，有些心有餘而力不足了　／潘漢年越思考越覺得被李士群欺騙和利用了，自己很被動　／日本人在李士群的食物裏投放了阿米巴菌，將其毒死　／情報工作憑什麼叫「特工」呢？

　　就在當天下午，潘漢年由胡均鶴陪同，驅車前往汪精衛公館，一切都已事先安排妥當。

　　汪偽政權的中央政治會議副秘書長陳春圃（1900-1966）首先出現在客廳，接待潘漢年。不大一會兒，汪精衛從樓上款款而下，他和潘漢年握了手，雙方入座後，談話開始了。

　　汪精衛說：「我認識你們的毛潤之先生，過去我是主張聯共的，以後發生了誤會。你們和蔣介石聯合是沒有什麼搞頭的。蔣介石歷來是搞獨裁的，我是搞民主的。時下，我要搞議會政治，成立聯合政府，吸收各黨派參加。自然也請共產黨參加。」

　　「共產黨是不會來參加你的議會政治的。來的也是假的。上海的共產黨不會代表延安來參加的。但我會把汪先生的話轉達給延安。我認為延安方面是不會退出重慶的參政會，來南京參加你們的議會的。」潘漢年回答得直截了當。

　　「現在是個好機會。我們合作起來可以異途同歸。我希望共產黨不要同蔣搞在一起。只有同我們合作才能救中國。」汪精衛不愧為縱橫捭闔的老手。

　　短暫的會面即將結束，汪精衛對潘漢年說：「你回去聯絡一下，以後同我們的聯繫仍可通過李士群。」

潘漢年最後對汪精衛說：「新四軍的發展是肯定的。如果將來你感到與日本人合作有困難，要另找出路時，新四軍不會對你過不去的，會給你一個轉身的餘地。」

和汪精衛的會見和談話並沒有持續多久，談話本身也沒有什麼實質性的東西。但重要的是有了會見和談話這麼一件事實本身，其政治姿態性的特點以及一旦加以宣揚所造成的影響。而且，汪偽方面、國民黨方面，後來的確都利用此事做了一些文章。

潘漢年此次在南京，總共逗留了兩天。之後他立即返回上海，歸途仍由胡均鶴陪同。

到上海不久，李士群也尾隨而來，他找到潘漢年，動員他去會見自己的軍事顧問、日本華中派遣軍謀略科科長都甲大佐。李士群介紹說：這個日本人是專管津浦、滬寧一線清鄉工作的，可以和他談一談。

李士群做這樣的安排，目的有二：一是他剛剛介紹了潘漢年與汪精衛會面，這件事對日本人也應打個招呼，避免日本人對他有什麼猜疑；二是都甲大佐是軍方人物，潘漢年從他那裏或者可以獲得一些軍事消息。他本人則似乎對哪一方都有了交代。

南京之行，潘漢年此刻雖然尚未感覺到決策上的重大失誤，但那種被挾持的被動和窩囊，使他的情緒有些低落。但從獲取情報出發，潘漢年沒有拒絕李士群的安排。

作為一個情報幹部，就應該利用一切機會去接近敵人，搜集情報。只要安全方面沒有問題，能會見一個敵軍的頭目，更是應當盡力爭取的。何況都甲正是主管津浦一線清鄉的敵方大員，而自己此次出行的主要任務之一，就是刺探敵方有關清鄉的情況。

與都甲大佐的會面，是在北四川路一座日本軍官公寓裏，還是由胡均鶴陪同。都甲對潘漢年先講了一通清鄉的目的，說希望新四軍不要破壞津浦路南段的交通，日本方面希望和新四軍之間建立一個緩衝地帶。他還說了幾句新四軍紀律

很好之類的話。

潘漢年從都甲的一番話裏，感覺到日本人雖然仍叫嚷什麼清鄉、掃蕩，但實際上已經受兵員枯竭困擾，有些心有餘而力不足了。他們只能倚靠偽軍壯壯聲勢，實際上目的已不在於消滅新四軍多少力量，而只在於求得保證其鐵路交通線的暢通和安全。新四軍方面當時正在穩步地鞏固和發展大片農村根據地，佔領交通線和其他重要據點尚需一些時日。

和都甲會見，潘漢年覺得還是有些收穫的。

數日後，潘漢年決定返回淮南根據地。離開上海之前，李士群又和潘漢年見了一面，他表示今後要繼續加強聯繫，互換情報。

但經這次往來，使潘漢年對這個僅比自己小一歲的對手的居心難測，好耍伎倆，已是深有體會，他只是一再告誡自己，今後對李士群要多加提防。故而只虛與委蛇，未作任何承諾。

在將上海方面的情報工作最後佈置了一番後，潘漢年仍由胡均鶴、劉毅護送，離開上海返回淮南根據地。

潘漢年的這次上海、南京之行，歷時半個月，收穫不能說沒有，卻在他心頭蒙上了一層陰影，越思考越覺得被李士群欺騙和利用了，自己很被動。尤其對與汪精衛晤面一事會結出怎樣的後果而忐忑不安。

回到根據地後，潘漢年只向饒漱石等一般匯報了上海的情況，以及關於日偽軍掃蕩計劃暫時還不會有什麼大動作等情況。而將南京之行的情況，隱瞞了起來，沒向饒漱石等領導人報告。從此，潘漢年留下了一塊很大的難以根除的心病。

數月後，李士群因敲詐勒索周佛海，導致周、李矛盾更加激化，周佛海在日本人處對李士群攻訐；而日本人對李士群兵權過重，且暗中與國民黨、中共聯絡，更不放心。於是日本人利用一次宴請，在李士群的食物裏投放了阿米巴菌，將其毒死。

潘漢年與李士群的這一段秘密往來，至此宣告結束。

抗戰期間的情報戰，充滿了艱難、曲折和危險的。特別是在敵偽政權中分化

或利用某些官員，建立情報關係的交鋒，他的對手是一批叛徒、特務和漢奸。這些人大都是以「兩面」的姿態出現，但其中的每個具體的人在關鍵時刻或關鍵問題上的立場及具體表現，誰也不可能在事先就預料得分毫不差。往往要通過許多具體事件加以檢驗，方能得出結論。

李士群和中共拉關係，不過是想借助中共，增加自己在汪偽集團中爭權奪利的籌碼；胡均鶴則是為了給自己留一條出路，做一點好事，以求得革命方面的諒解和寬恕。這就使得潘漢年同他們打交道既難且險。成功與失誤，參差交錯，其中的甘、酸、苦、辣，只能在自己內心體味。

倘若情報工作不是這般複雜、這般凶險、這般艱難，它憑什麼叫「特工」呢？

第十五章
心事重重的「自由主義」者

一 「搶救失足者運動」從延安波及到了華中根據地 ╱ 康生突然指令將時任新四軍第三師保衛部部長的揚帆逮捕審查 ╱ 揚帆在報告中寫道：此人不宜與主席結婚 ╱ 毛澤東對葉子龍說：江青的情況康生都了解

在對敵鬥爭中出現失誤的陰影尚未淡去，潘漢年在根據地，又遇到了一些不順心的事情。事情的起因，與他個人利害並無瓜葛，他只是出於義憤。

1943 年 7 月以後，在延安開展的「搶救失足者運動」越演越烈，並從延安波及到其他根據地，包括華中根據地。

大約 10 月光景，「搶救運動」的始作俑者康生，突然致電華中局保衛部門，指令將時任新四軍第三師保衛部部長的揚帆（1912-1999）逮捕審查。電報中說揚可能是「特務頭子」，所謂根據是揚帆在南京國立戲劇專科學校工作時，曾介紹一個學生參加了救國會組織。該學生叫凌子風，在延安「搶救運動」中，凌被硬說成是國民黨 CC 系特務，他不堪「逼供信」折磨，說出自己曾由揚帆介紹參加過救國會。

揚帆，原名石蘊華，江蘇常熟縣人。他高小畢業後家道中落，遂赴上海投奔在大陸銀行任高級職員的叔父石英。隨叔父遷居北京後，在教會學校育英中學就讀。1932 年考上北京大學中文系。以能言善辯的口才、罕見的組織能力成為學生領袖，曾出任北京大學學生會執委和糾察隊隊長。

不久，揚帆進南京國立戲劇專科學校工作，並加入了中國共產黨。在這期間，他和曹禺（1910-1996）、應雲衛（1904-1967）等在戲專共事，並結識了田漢（1898-1968）、洪琛、陽翰生（1902-1993）等戲劇大家。但沒多久，就迫於白色恐怖的威脅，離開南京，前往上海，參加了上海文化界救國會，負責戲劇、電影、新聞方面的聯絡和領導工作，他還自己編演過一些戲劇，受到過周恩來的表揚。也就是在這段工作時間，他結識了小有名氣的女演員藍蘋（1914-1991，

即江青），並由此對藍蘋曾經被捕以及被捕後的表現和生活上的一些傳聞了解得比較詳細。

上海淪陷之後，揚帆四處遷轉，最後到達皖南，參加了新四軍，先任副軍長項英的秘書，再調軍法處當科長，從一個文化工作者變為保衛幹部。

皖南事變中，揚帆衝出敵圍，和胡立教等一起晝伏夜行，歷時 1 個多月，最終抵達蘇北鹽城。重建新四軍軍部時，揚帆升任軍法處副處長。太平洋戰爭爆發以後，上海「孤島」的大量文化人，如范長江（1909-1970）、阿英、賀綠汀（1903-1999）等，先後撤退到蘇北根據地。新四軍為收留這些文化精英，在軍部賣飯曹村成立了文化村。陳毅親自任命才華橫溢的揚帆，擔任文化村村長。

1943 年 10 月，揚帆突然收到來自黃花塘新四軍軍部的緊急通知，要他即刻趕往軍部開會。他要了一匹戰馬，直馳黃花塘。可他剛一下馬，就被保衛部門逮捕，一副冰冷的鐐銬鎖住了他的手腳，從此他失去了自由。

其實，自中共中央遷回上海後，就一直擔任情報負責人的康生，不難弄清上海文化界救國會的構成及是個什麼性質的組織，可他非要因此將揚帆打成 CC 系特務的頭子，確實令人感到不解。於是，有人對此事的背景，做了一番考究。考究的文章做得很大，也很有意思，不妨節錄於下：

延安負責「搶救運動」的領導者為什麼如此看重揚帆呢？多年之後，一直到「潘楊冤案」完全平反昭雪之後，世人才完全搞清楚這段醜惡歷史的內幕……

早在抗日前夕，揚帆在上海從事文化工作的時候，聽說江青——時叫藍蘋在1934 年 10 月被國民黨特務逮捕。她不但暴露了自己的共產黨員身份，而且還寫了自首書，說什麼「共產主義不適合中國國情」、「以後決不參加共產黨」等。從此以後，她一頭倒向了國民黨，演了《狼山喋血記》，和為慶祝蔣介石 50 壽辰，獻演了為籌集剿共飛機資金的獨幕話劇《求婚》。揚帆氣憤之餘指示：幫助藍蘋重新回到進步陣營中來，參加救亡工作是對的，但要防止她起消極破壞作用。

不久，抗日戰爭爆發了，藍蘋化名江青——青出於藍（蘋）而勝於藍（蘋）之意，

投奔了延安；而揚帆輾轉來到了新四軍，當上了軍部秘書。他們二人真可謂是各奔東西，從此失掉了一切聯繫。在一個偶然的機會，新四軍政委項英同志找到了揚帆，問起了江青在上海的這段歷史，揚帆如實地做了匯報。項英聽了後沉重地說：

「據說，毛澤東同志要與藍蘋結婚。為了對黨負責，我覺得很有必要把這些情況反映給黨中央，請中央領導同志作個參考。」

揚帆聽後驚得不知所以，項英接着又說：

「你怕什麼？共產黨員要光明磊落，實事求是嘛！你寫吧，以我的名字發報給延安。」

揚帆沒有了退路，他花了半天時間，就寫好了一份報告。他為了表示一名共產黨人的責任感，「在報告最後還是直言不諱地寫道：此人不宜與主席結婚。」

項英看了揚帆的報告之後，請來了軍部秘書長李一氓同志，他們二人慎重磋商，決定以項英署名，並以秘密等級的電報發往延安。「按照行文的常規，材料來源自然要提到曾在上海搞文化救亡工作、現任軍部秘書的揚帆同志。」

這份材料很快地到了延安，但是它沒有直接交到毛主席或黨中央其他領導同志的手裏。而是「落到剛從莫斯科回來現在延安大權在握、任政治局委員及延安黨中央社會部長、江青的山東諸城老鄉、那位藍蘋小姐舊相好、諸城張大少爺張耘、自稱黨內馬列權威的康生手裏」。康生深知欲要攀龍，先要附鳳的古訓，遂把江青當作取悅毛澤東的砝碼，自然把揚帆提供的這份材料扣壓在自己的手裏。他為了殺人滅口，繼而又利用「搶救運動」中的一些不實之詞，電示自己的老同學饒漱石收監揚帆。希冀借此把揚帆打入十八層地獄，永世不得翻身！

如此一說，揚帆被冤「預謀深遠」。但事實並非如此。項英的確以揚帆提供的材料為依據，向毛澤東提醒江青有問題，但結果並不是電報被康生扣住了，沒有直接交到毛澤東手裏。

據知情者葉子龍回憶：電報是直接發給中央和毛澤東的，作為負責機要密電翻譯的機要科科長葉子龍，首先看到了這份電報。他立即將電文送交了毛澤東。毛澤

東看了電報對葉子龍說：「江青的情況康生都了解，如有問題他會告訴我，他並沒有說什麼，可見沒有問題，不要大驚小怪，就讓我把電報拿回去了。」

毛澤東看到了電文，康生顯然沒有必要再私扣電文，殺人滅口。因此揚帆的冤案，應是「搶救運動」惡性發展的必然結果，並非什麼特殊「背景」，如果說有的話，大概饒漱石倒是對揚帆在整風中旗幟鮮明地反對整陳毅，有些耿耿於懷。

二 饒漱石劈頭就說：你在我與軍長之間挑撥離間了些什麼 ／他在潘漢年面前不卑不亢，有問必答 ／潘漢年覺得這其中有不可告人的目的 ／潘漢年有時會有隨性情所至，做些出格的事的性格 ／此事弄得潘漢年情緒有些低落

遵延安電示將揚帆拘捕後，饒漱石組成了以他為首，有潘漢年和中共中央華東局城工部部長劉長勝參加的三人審查小組。

據揚帆自己的回憶：

我被捕後，饒漱石第一個親自出場審問，奇怪的是饒的審問根本不查我的歷史，劈頭就說：「原來你是特務。我問你，你和陳毅那麼接近，你在我與軍長之間挑撥離間了些什麼？快把事實交代出來。」

聽了這番話語，揚帆明白了饒漱石的醉翁之意不在酒。他是想假借延安指示審查自己的歷史問題，把真正的矛頭指向陳毅。他被拘押受審的部分原因是沒有站在饒漱石一邊，沒有跟着饒整陳毅犯了忌。

對因為介紹他人參加救國會，而把揚帆逮捕審查，潘漢年頗不以為意。救國會成立前後的歷史，潘漢年算是個知情者。1936 年，他從莫斯科返回國內，結伴而行的，就是救國會負責人之一胡愈之。

在香港，潘漢年親自佈置胡愈之，繼續以救國會的名義工作。胡愈之亦以救國會負責人的身份為第二次國共合作積極奔走，同時負責統戰工作和情報工作。故而潘漢年清楚救國會，絕非 CC 系特務的組織。

然而，作為審查小組成員，潘漢年還是認真履行了他的職責。在經揚帆親自審定的《共和國第一冤案》一書中，記述了潘漢年首次見揚帆的情況：

在他的牢房門口出現了一個中等身材、圓圓臉、滿面笑容、戴着眼鏡的比他年齡稍長的中年人。

牢房門被打開了。陪同中年人來的負責看押他的保衛部門的負責人向他介紹說：「他就是華中局的情報部長潘漢年。」……

在保衛部門負責同志的陪同下，在一間簡陋的小屋裏開始了對揚帆的審訊。

審訊是嚴肅的。潘漢年根據手頭的材料，要揚帆先簡要敘述自己參加革命前後的經歷，然後着重訊問揚帆「一二‧九」學生運動中和之後在南京國民黨國立戲專的一些歷史關節。

揚帆有很好的口才，他在潘漢年面前不卑不亢，有問必答，而且對答如流，每到關鍵還能提出有力的證明和旁證人，這使潘漢年越發相信揚帆是無辜的受害者。

為了進一步查清揚帆的真實情況，組織暗中派了個幹部，裝作犯人，和揚帆關在一起。他故意向揚帆問長問短，還偷抄了揚帆在囚室中寫的一些詩詞，暗地裏轉送給了潘漢年。

據說潘漢年就是這時，讀到了一些揚帆寫的詩。其中有：

《夢仲弘軍長》

夢中執手悄無言，熱淚如潮湧榻前。

猶憶深宵金石語，何期往日葛藤嫌。

現身說法楷模在，刮骨療瘡志氣堅。

欲訴沉冤雞報曉，含悲依舊抱頭眠。

《懷一氓同志》

五年一日此相知，愛我良朋誨我師。

料得詫問奇厄久，亦憐亦恨苦無詞。

看到這些詩，潘漢年似乎對揚帆有了進一步了解，由此他自然也想到了很多。

自回到淮南根據地以後，潘漢年與文化村村長揚帆就認識了，雖然接觸和交往不多，但由於兩人都對文學藝術有着特殊興趣和愛好，在感情和心靈上容易溝通。他對揚帆的人品和才幹也有所耳聞。

作為一個長期在白區從事地下工作的人，他更對那種環境下工作的複雜性，深有體會；加之對救國會的內情他也了解，因此在證據不足的情況下，就對揚帆採用比較嚴厲的措施，使他反而從內心生出對揚帆的同情。

他不明白，身為華中局書記兼新四軍政委的饒漱石，為什麼僅因康生一紙電文，不做認真考察，就宣佈揚帆是「特務頭子」，可在審訊時又總把話題往陳毅身上引。他覺得這樣做不太正常，像是其中有什麼不可告人的目的。

在對敵鬥爭中思維敏捷、智慧神勇的潘漢年，對於在同志內部也把鬥爭搞得那麼殘酷無情感到有些惶惑，繼而有些抵觸。因此他在饒漱石不斷向揚帆施壓之際，卻盡力澄清事實，並要看守人員摘掉揚帆的手銬，減輕了揚帆的心理壓力。

連續幾天的審訊和思索，使潘漢年感到有些鬱悶，因此當讀到揚帆的詩，他也有些情不自禁，信筆寫下《慰炎於獄中》一詩：

面壁高歌字字真，江郎豈肯作狂僧。

無端屈辱無端恨，巨眼何人識書生？

詩寫成之後，他設法悄悄地轉給了桎梏中的揚帆。這顯然是違反組織原則和紀律的，這也反映了潘漢年有時會有隨性情所至，做些出格的事的性格。

囚室裏的揚帆，看到潘漢年的詩，感到十分意外。蒙冤受屈的人，最渴望他人的理解；可他目前這種處境，別人不落井下石，已感萬幸了。他把潘漢年的詩看了一遍又一遍，心頭泛起難抑的悲喜，遂又寫成《讀贈詩有感（謝友人）》：

真真假假費疑猜，欲辯難言知己哀。

自是奸人離間苦，謾嗟執言信從衰。

含冤曾灑英雄淚，湔辱空誇國士才。

幸有寸心如火熾，淒涼伴我過年來。

這兩個原本交往不多的人，竟然因一人的冤獄，成了吟哦往返的詩友了。

潘漢年經過一段時間的多方面查證，證實揚帆「特務頭子」的指控屬不實之詞，應予平反，恢復工作。但饒漱石認定審查令來自中央，不允輕易結案。潘漢年遂請他致電中央解釋，饒漱石拒不同意。

此事弄得潘漢年情緒有些低落，這可以從他的詩中反映出來：

歲月蹉跎萬事空，廿年落魄信心窮。

辛酸世味應嘗遍，榮辱何妨一笑中。

他自己在勸慰自己超脫一點，卻又難以放得下，又給揚帆寫了一首詩：

細雨寒風憶楚囚，相煎何必數恩仇。

無權拆獄空歎息，咫尺天涯幾許愁。

然而，揚帆的案子還拖而未結，根據地內又掀動一重更大的波瀾。

三　批判陳毅的黃花塘事件　／與陳毅相比，饒漱石自感資歷淺一點　／「漱石、漢年和我三人之間，思想業已打通，可保證繼續順暢為黨努力工作」　／毛澤東覆電：那時我們不知你們間不和情形　／當陳毅被召往延安後，饒漱石把批判的重點轉向了潘漢年　／「小廣播」是種非常嚴重的罪過

1943 年 11 月，在新四軍軍部，發生了批判陳毅的黃花塘事件。

此事前因久伏。早在 1942 年 3 月，劉少奇（1898-1969）離開華中局赴延安時，曾鄭重交待由饒漱石代理華中局書記。但饒不久即到新四軍二師處理領導關係諸問題，因要耽擱數月，新四軍軍長陳毅，又代理了政委和華中局書記兩職。

當饒漱石 9 月從淮南回來，又從陳毅手中接過代理華中局書記和政委的工作。此事引起幹部們的議論。原先劉少奇離開華中局後，代理華中局書記的不是陳毅而是饒漱石，許多幹部本來就有意見；現在又經過兩個代理書記工作狀況的比較，又引起紛紛議論。在這些議論中，稱讚陳毅的比較多，給饒漱石造成了壓力。

恰在這時，饒漱石看到了《中共中央關於統一抗日根據地黨的領導及調整各組織間關係的決定》，其中提出了要實行黨政軍民一元化領導，饒漱石看罷更生觸動：今後華中局書記的地位將更重要，但是他代書記已半年整，至今「代」字

還在頭上。將來正式的書記由誰當還是未知數。陳毅資格老，能力強，又有黃橋決戰等打開華中局面的軍事建樹，隨時都有可能被中央任命為書記。如此推想，更讓饒漱石忐忑。

與陳毅相比，饒漱石自感資歷淺一點。他 1925 年入黨，大革命失敗後，曾留學英國、法國、蘇聯。回國後在工會系統工作。1935 年去蘇聯擔任赤色職工國際代表，和王明、康生關係不錯。抗戰後回國，擔任中共中央東南局副書記。據 1935 年擔任中央軍委機要科科長便一直跟隨毛澤東的葉子龍回憶說：饒漱石個子小，長相年輕，總怕人家看輕他，所以留起了鬍子，也許就是這種自信不足，導致了他心胸狹隘，妒賢忌能。

整風運動在華中根據地開展起來後，饒漱石暗中把矛頭指向陳毅。他知道陳毅在 1929 年紅四軍七大時，曾主持會議選掉了毛澤東的前委書記的歷史，也知道陳毅心直口快，曾對有些幹部隨便談過這些使他不安的往事。這些事既可以證明陳毅早就反對毛主席，又可證明陳毅排擠黨代表、取代書記的思想傾向由來已久。

饒漱石知道幹部們對他這個代書記兼政委意見不少，有的還很強烈。他就故意暫時離開軍部，到幾十里外去搞農村調查，讓陳毅主持整風，動員幹部們對領導提意見，想造成陳毅發動幹部批評攻擊政委的印象。他臨走時向一些人做了佈置：整風中意見激烈尖銳的時候，馬上通知他。

8 月 13 日，在直屬隊領導人及司令部科長、政治部部長會議上，與會者發言熱烈且深入，說着說着就把意見集中到饒漱石身上。由於時間不夠，陳毅不得不宣佈第二天繼續開。而第二天的會議氣氛更熱烈，許多人言辭相當尖銳而激烈。

18 日下午，饒漱石突然回來了。政治部秘書長把他根據大家發言整理的材料送請審閱，饒說：「早知道了，不用看了！」秘書長深感詫異，饒代政委在農村搞調查，機關開會提意見怎麼會早知道了呢？

從饒漱石回來始，他幾乎每天都以相當多的時間，找華中局和軍部各方面的負責幹部談話。談話中總是要說到陳毅反對毛主席的事，說陳毅一貫反對政治委

員，排擠書記，企圖取而代之，並緊密聯繫此次整風中動員幹部集中批評政治委員的「事實」。

一些負責幹部聽了，誤以為饒漱石是受中央之命，來清算陳毅的老賬新賬的，都不免對陳毅心存戒懼，使陳毅孤立起來，用陳毅自己的話說：當時他那裏是「鬼都不上門了」。

經過一段時間的準備之後，饒漱石直接與陳毅攤牌了。他們二人一連幾個晚上爭論到深夜甚至拂曉，使住在隔壁的秘書都不敢入睡。10 月 16 日，一些幹部在饒漱石煽動下，開了一場對陳毅的鬥爭會，給陳毅定性為「反對政委制度」，「反對黨中央」。此即黃花塘事件。

此後，饒漱石起草了一份長達 1500 字的電報，給毛澤東、劉少奇。這份電報挑撥毛澤東、劉少奇和陳毅的關係，歪曲和捏造一系列事實，說陳毅「以檢討軍直工作為名召集 20 餘名部、科長會議來公開批評政治部、華中局及我個人」。

饒漱石估計僅僅由他個人發電報給中共中央負責人，還不夠有力，便蒙蔽和鼓動一些幹部，聯名向中共中央打電報批評陳毅。

為此陳毅向中共中央發電報報告了事情的經過，並着重檢討了自己隨便說話等錯誤和缺點。但結尾表示：「漱石、漢年和我 3 人之間，思想業已打通，可保證繼續順暢為黨努力工作。」

陳毅的報告，很快得到了毛澤東的回覆：

陳毅同志，並告饒：

（一）來電已悉。此次事件是不好的，但是可以講通，可以改正的。

（二）我們希望陳來延安參加七大。前次你們來電要求以一人來延，那時我們不知你們間不和情形，而其基本原因，因為許多黨內問題沒有講通。如陳來延安參加七大，並在此留住半年左右，明瞭黨的新作風及應作重新估計的許多黨內歷史上的重大問題，例如四中全會是錯誤的，四中全會至遵義會議期間王明宗派的新立三主義，1938 年武漢長江中央局時期王明宗派的新陳獨秀主義以及其他問題等，如對此問題

充分明瞭，則一切不和均將冰釋，並對黨有極大利益。……陳來延期間內，職務由雲逸暫行代理，七大後仍回華中，並傳達七大方針。

　　以上提議請考慮見覆。

毛澤東

1943 年 11 月 8 日

　　主要領導情報工作的潘漢年，在軍內沒有職務，對軍內的這場人事糾葛，他完全可以置身事外。然而思想敏捷、在是非問題上不願意隨波逐流的潘漢年，有點看不慣整人有術的饒漱石。

　　在揚帆案件的處理上，潘漢年同饒漱石已經出現分歧；此刻他很自然地把自己的傾向，放置於心胸磊落、有儒雅之風的陳毅這一邊。

　　當然，這其中還有一重原因，就是在到根據地之後近一年的交往中，潘漢年對陳毅的才氣與人品、韜略與氣度由了解而欽敬。這在他的《贈陳毅》一詩中，就有所流露：

　　韜略經綸晉謝風，雄師十萬過江東。
　　庾嶺三年驚賊膽，王（黃）橋一戰定華中。

　　所以當饒漱石利用整風，搞小動作，打擊和排擠陳毅時，潘漢年為陳毅抱不平，並表示了與饒相左的意見。他將這些意見同另外一些幹部交換過，輾轉傳到饒漱石的耳中，導致了饒漱石對潘漢年的不滿。

　　當陳毅被召往延安後，饒漱石把批判的重點轉向了潘漢年。他把對潘漢年和一些表示過不贊成整陳毅，對自己的工作作風和方法表示過不滿的幹部，通通指責為「小廣播」、「自由主義」。

　　在那個時期，「小廣播」是種非常嚴重的罪過，領導整風的中央總學習委員會，曾專門發出過《關於肅清延安「小廣播」的通知》，號召全黨起來反對洩露

秘密、造謠的「小廣播」。「自由主義」的名聲就更不好了，毛澤東曾專門寫過反對「自由主義」的文章。

饒漱石甚至利用一些根據地同志，不了解白區工作的性質、特點，在衣着和生活方式上，對白區工作者有些看法，甚至指責到敵人營壘中搜集情報，與敵偽官員打交道，是與敵偽勾結、是叛變行為的言論，作為潘漢年違反秘密工作原則和紀律的論據，向延安匯報。

雖然，饒漱石在華中根據地是第一號人物，他利用職權操縱會議，大造批評陳毅和潘漢年的輿論，但是，新四軍和華中局的大多數幹部都反對饒漱石的這一套做法，紛紛表示了對饒的不滿意見。一部分幹部還寫信給中央反映情況和意見。這使得潘漢年的鬱悶稍得平撫。

四　毛澤東在聽了有關匯報後，受到震動　／饒漱石總覺得事情並沒有因揚帆的案子了結而終結　／潘漢年也像陳毅一樣，接到召他回延安參加中共七大的指令　／一個在敵特麇集，荊棘遍佈的敵佔區履險如夷的共產黨人，卻在自己的根據地內站不住腳跟

由於「搶救運動」造成了大量冤案，鬧得人人自危，引起強烈不滿。經任弼時、陳雲、王首道（1906-1996）、王士英（1903-1985）等人反映和力諫，毛澤東在聽了有關匯報後，受到震動，親自提出對「搶救運動」涉及的人進行甄別和平反。

在這個背景下，「搶救運動」中受迫害的人 90％以上得到平反。延安那位交待揚帆發展他參加救國會的年輕戲劇工作者凌子風解放了，揚帆「特務頭子」

的罪名也被推倒。

揚帆在記述那段不堪回首的往事時寫道：

幸好潘漢年同志從敵佔區回來，在華中局任情報部長，由於他對抗戰前後的敵情
和在黨支持下組織起來的救國會組織的背景等情況瞭如指掌，在他的親自過問下（也
由於延安康生搞的「搶救失足運動」中用逼供信的手段所得到的所謂證據被推翻了），
對我的懷疑才得以消除。

就其常理說，饒漱石昔日奉命逮捕、審查揚帆，而今又奉命為揚帆平反，是
依組織原則辦事。但由於他逮捕和審訊揚帆的過程中摻雜了整陳毅的私念，而在
這件事上，潘漢年加入了他的對立面，既支持陳毅，又力主糾正揚帆冤案。因此，
饒漱石總覺得事情並沒有因揚帆的案子了結而終結。

揚帆恢復工作不久，潘漢年收到了揚帆送來的獄中詠詩銘志的詩集《鶴唳
集》，請他品評指正。潘漢年認真地通讀了這本詩集，那段難忘的往事又歷歷浮
現。他隨感走筆，寫下《題鶴唳集》一詩，並在題目下加註：

某生性疏狂，有才氣，近似被巫繫於獄，曾錄其獄中詩作百餘首，題為《鶴唳集》
呈余，固寫一律為之序。
同為天涯客，飄零夢亦空。
楚囚吟鶴唳，細雨泣寒風。
面壁居囹圄，殺身何礙忠。
寄余詩一卷，讀罷淚眼紅。

這首五言律詩寫得感情真摯、淺顯易懂，又涉及了閩贛的冤案問題，在根據
地辦的小報上刊出後，傳播得很快，且在幹部中引起紛繁議論。都有些書生氣的
潘漢年和揚帆，只顧一時的宣洩，卻未曾料到這會再度刺激饒漱石。以華中局名

義發出的，指摘潘漢年問題和錯誤的電文，再次傳到延安。

不久，潘漢年也像陳毅一樣，接到召他回延安參加中共七大的指令。

潘漢年赴延安參加七大的消息很快傳開了，一些為陳毅同志鳴不平，或政治上受到饒漱石打擊的高級幹部，紛紛寫信向中央反映饒漱石的問題，並委託潘漢年代轉到延安。對此，李一氓作了如下記述：

那時饒漱石頗不安分，總想擠走陳毅同志，並且挑撥部分糊塗幹部反對陳老總。但大部分同志都不贊成饒漱石的作法，擁護陳毅。這些同志後來迫不得已向中央寫了一個報告，反對饒漱石，支持陳毅。漢年同志在上海工作，與華東局和軍部內部沒有直接的關係，但也捲入這個鬥爭，支持華東局和軍部廣大幹部的正確意見。這個給中央的報告，就是漢年同志受這些同志的委託從軍部帶到延安轉到中央手中的。可見他在黨內鬥爭中也是是非分明的，有原則的，並且勇於支持正確的一方面。

潘漢年按照組織的要求，於 1944 年初冬的一天離開華中根據地，在交通員的護送下，乘津浦線火車赴北平。望着漸漸遠離的根據地，他感慨繫之。一個在敵特麇集，荊棘遍佈的敵佔區履險如夷的共產黨人，卻在自己的根據地內站不住腳跟。

五　一連等了10多天，仍不見晉察冀根據地的交通員前來聯絡　／他對青梅竹馬的表妹的暗戀便永遠只能是暗戀了　／他在感情的苦悶中，有時便去放縱自己　／出現了被傳統道德所否定而又令人可以理解的「婚外戀」　／她過着最不人道的守活寡的日子，精神受到長期折磨　／她的期盼被徹底地打碎了，心靈由悲淒、憤懣而毒化，三從四德對她一下失去了束縛

按照上級通知的約定，潘漢年乘火車抵達北平後，住進一家旅館。由晉察冀根據地派出的交通員，將主動到這家旅館與他聯繫。然後由這位交通員，再帶他經由晉察冀根據地轉赴延安。

可潘漢年在指定的旅館裏，一連等了10多天，仍不見晉察冀根據地的交通員前來聯絡，潘漢年心中不免着急起來。他擔心坐等時間太久，難免節外生枝。為了安全，潘漢年決定另覓進入延安的途徑。

他給一個外圍人員留下一封信，然後便乘車南下上海。

潘漢年回到久違的上海，以往每次赴上海，總是有艱巨的重任，總是有紛繁的事務，總是要同敵對者鬥智角力。從沒有像這回這麼無事一身輕，僅僅是等人前來聯絡。

他先找到情報系統的電台，給華中局發了一份電報：說明他在北平未能接上關係，不得已暫時返回上海，在這裏繼續等待華中局重新安排交通線路，再赴延安。

潘漢年辦完公事之後，才開始考慮在何處落腳的事情。潘漢年在上海有一個家，一個倫常意義上他最正式的家。可他卻很少走進這個家，哪怕是長期在上海工作的時候；而在他進入根據地的兩年中，這裏幾乎就沒響起過他的足音。守候在這裏的，是他明媒正娶的妻子許玉文。

因為這個妻子是母親包辦的，潘漢年和她沒有感情；而且由於母親的突然安排，他對青梅竹馬的表妹的暗戀便永遠只能是暗戀了，因此他不喜歡這個妻子。曼妙而五彩繽紛的感情原野，他還沒來得感受和馳騁，就因許玉文進入自己的生活，如同一副韁韁收縛了他的渴望。

又由於這副韁韁是他敬重的母親給他戴上的，他無法公然掙脫，只能用冷落甚至敵視使這不幸的婚姻更增不幸，使這本來就沒有基礎的家庭迅速出現裂痕並坍塌。早在 1926 年他把小家移到上海後，他和妻子經常吵鬧，在他的朋友和同志中就已不是什麼秘密了。

據潘漢年早年的朋友沈松泉（1904-1990）回憶：在潘漢年夫婦住在海寧路附近時，「不知為什麼他們夫婦倆經常吵架，我記得他的夫人還跟蹤過潘漢年，鬧到光華書局來。還有一次我曾去他們家勸架。一對年輕夫婦，經常吵架，彼此都是痛苦和不太愉快的事」。

「他在感情的苦悶中，有時便去放縱自己，以求得精神上的一時刺激與滿足。」因此經常和潘漢年在一起活動的姚文元（1931-2005）之父姚蓬子（1891-1969），對他頗多微詞。終於，他想離婚了，可「許玉文始終不同意。他又不能像普通人一樣可以出頭露面到司法機關去請求依法解決……便出現了被傳統道德所否定而又令人可以理解的『婚外戀』了」。

1939 年夏季以後，潘漢年的生活中出現了董慧。

董慧，生在香港。父親董仲維是香港總商會會長、道亨銀行董事長。1937年董慧赴北平考大學，正逢七七事變爆發，她隨平津流亡學生先到西安，再前往延安，進了中國人民抗日軍政大學。據說她受過社會部的訓練，聽過潘漢年的課。1939 年夏季，中共組織分配她到香港，在潘漢年領導下從事秘密工作。

「董慧為人單純、忠厚；工作處處由潘漢年把着手教。在長期接觸中，潘漢年漸漸愛上了這位比自己小 12 歲的女孩。董慧對潘漢年既尊敬又崇拜，同時也漸漸地了解了他在婚姻和感情生活中的不幸與苦悶。不久，也就漸漸地接受了潘漢年對她的感情。兩個人就這樣逐漸建立了親密的同志加戀人的關係。」

　　但這並不是一種正常的關係，潘漢年很尷尬，董慧也感到自尊受到了傷害。終於有一天，潘漢年有了走出名存實亡的婚姻圍圈的機會。

　　就在這次潘漢年從北平折返上海，等待赴延安的交通員時，他得知自己的妻子，同她的堂姐夫發生了曖昧關係，並為她的堂姐夫生下了一個男孩。

　　誰也沒有權利責怪許玉文，她具有一切女人與生俱來的情感和慾望，需要有一個相依相偎的丈夫，需要得到她應得到的愛撫。可常年以來，她和潘漢年的婚姻有名無實，她渴望的一切，潘漢年都不曾給予，她過着最不人道的守活寡的日子，精神受到長期折磨。

　　但由於受教於封建的家庭，她恪守着貞節觀，她相信婚姻的紐帶最終能拴住一直沒有盡丈夫責任的丈夫，可她的丈夫並沒恪守這形式的婚姻。每當潘漢年提出離婚時，她都不答應。隨着日月無情地流逝，她的豆蔻年華也悄然逝去。

　　潘漢年長久地把她一人拋在小小的庭院，外面就是上海的花花世界，可里弄深處的夫妻恩愛，她都渴望而不可得。伴隨她的，唯有孤燈空室。

　　當許玉文隱約地聽到潘漢年和董慧的一些事情，憑藉妻子的特有敏感，去證實了傳言既是事實。她的期盼被徹底地打碎了，心靈由悲淒、憤懣而毒化，三從四德對她一下失去了束縛，她打開了情慾之門，迎接了她的堂姐夫。

　　潘漢年在證實了這一現實後，他感到自己也不必再忍耐什麼韁鎖了。他找到了董慧，告訴她：「我們再也不分離了！……」他終於可以沒有顧忌地偕董慧一起去延安了。而在兩年前，他赴華中根據地時，還沒有勇氣與她同行。

　　到上海幾天後的一天，剛剛握別不久的前中共華中局聯絡部副部長徐雪寒突然來到潘漢年住宿的旅館，潘漢年對 20 多天前還在根據地的他的突然出現在上海頗感驚訝。

　　徐雪寒一見潘漢年就說：「你好大膽，果然躲在上海，不怕怪你自由行動？」

　　潘漢年笑了笑着說：「講定 10 天內晉察冀派交通員來接我，可左等也不來，右等也不來。我在北平舉目無親，十分陌生，得不到地方黨幫助，也沒有社會關係掩護，老住在旅館裏，豈不暴露在敵人眼下，所以只好南旋上海。在這裏，我

是如魚得水，最安全不過了。」

徐雪寒告訴潘漢年：「你走了 20 多天後，華中局領導人突然找我去，說中央來電，晉察冀派出的交通員，到北平的旅館找不到你了，也不知道你究竟去哪裏了。我想你都走了那麼多天了，以為你已經到陝北啦。我跟他一分析，推測你肯定是到上海了。領導要馬上來上海，催促你快點跟新派的交通員走，直接到晉察冀。聽他言下之意，有些怪你留戀上海。」

送走徐雪寒不久，潘漢年與新來的交通員聯繫上了，他們在約定的地點見了面。隨後，他們一起踏上前往陝北的旅程。

六　一想到被其挾持會見汪精衛的那一幕，他的心緒就無法安寧　／中共延安代表李富春、新四軍代表潘漢年秘密與汪精衛集團談判的消息，連篇累牘地出現在國民黨控制的報刊上　／他的勇氣彷彿正從他身上一點點飄離　／潘漢年感到毛澤東確有那種懾人的力量　／只要其中含有一分私念，在他面前就會感到心虛氣短　／這等於是毛澤東親自為潘漢年「打保票」，中央出面為之「辯誣」

1945 年 2 月，潘漢年偕董慧一同在交通員的引領下，回到延安。

此時展現在潘漢年眼中的延安，與六年前他離開時的情景，已經發生了巨大的變化。

中國共產黨已經走向成熟，以毛澤東為首的中共第一代領導核心已經形成，中共已是擁有 121 萬黨員的大黨，領導指揮着 120 萬正規軍，控制着近 100 平方公里的根據地。

1945 年，潘漢年（右二）與陳雲（右一）、彭真（右三）等在延安合影。

解放戰爭期間的潘漢年、董慧夫婦。

　　特別是中國歷史上反抗侵略戰爭第一次全面勝利的曙光，已經綻露。這是潘漢年在一隅的華中根據地，在敵偽統治的上海，都無法感覺到的。歷盡艱辛、代價巨大的抗日戰爭即將勝利，可為之出生入死的潘漢年，心頭卻並非全是陶醉的喜悅。

　　中共七大即將召開，這次大會，與上屆六大相距 17 年，且已籌備數年，整個黨要總結這一段走出幼稚期的漫長歷程，規劃一條走向更大勝利的理論和實踐的路線。

　　潘漢年也將自己這些年的經歷，回顧了一番。

　　從 1939 年 4 月，離開延安，到香港、上海等地從事情報工作以來，也有 6 年了。其間有 4 年以上是在敵佔區獨立作戰。他向延安中共中央，發回了大量國內外重要情報；與敵偽周旋的每一重大舉措，均事先向延安請示並得到首肯。包括利用袁殊的關係深入日寇內部以及直接去和漢奸李士群打交道等等，都非他擅做主張。

　　然而一想到與李士群打交道中，被其挾持會見汪精衛的那一幕，他的心緒就無法安寧；一念及黃花塘事件、揚帆事件以及他和饒漱石之間的齟齬，一片陰雲便揮之不去。

　　那次與汪精衛見面，雖說沒有任何實質內容，就應對而言，可以說是有理有節、無可挑剔。但這種會見本身就是具有政治影響的大事，按常規是不可擅做主張的。儘管潘漢年用的是「肖淑安」的化名，但汪精衛不可能不從李士群那裏早就知道他的真實身份。

　　汪精衛是把他當作一位中共代表來會見的。他當然會有自己的目的。汪究竟會怎樣利用此事做文章；此事終將導致怎樣的結果，潘漢年從一開始，就感到把握不準，惴惴不安。他的確沒有想到，敵人會利用此事，使中國共產黨陷於一種非常被動的境地。

　　事實是潘漢年見汪之事，確確實實被國民黨風聞，並被認為是個很好的攻擊中共的口實，繼而編造了一些謠言摻雜其中，大肆宣傳。因為此前周佛海派人去

重慶和戴笠勾搭，弄得滿城風雨，中共和進步輿論對此有強烈反應，抨擊過國民黨當局；國民黨自然不會放棄可以撈到的政治稻草，攻擊中共，以掩飾自己的行徑。一時間，中共延安代表李富春、新四軍代表潘漢年秘密與汪精衛集團談判的消息，連篇累牘地出現在國民黨控制的報刊上。

有著作分析說，潘漢年「當然也想到了應當把這件事向中央報告的問題。但他當時又想到，與其因用電報方式三言兩語說不清楚而引起誤解，不如找一個機會當面向中央領導同志做具體的口頭說明，即使做檢討也罷。他從敵佔區回到根據地後，就一直在尋找這樣的機會。但當時華中局正在整風，揚帆無端被捕受審更增加了緊張的氣氛。潘漢年哪裏還有勇氣主動把會見汪精衛這樣可能是最大的政治辮子往饒漱石手上送呢？因此，向領導說清楚這件事的時機，就這樣被潘漢年自己延誤下來了」。

進入延安後，潘漢年通過正當的組織渠道，將新四軍部分幹部指控饒漱石整陳毅的聯名信轉交中央，等待毛澤東可能的接見時，他似乎下了決心當面向毛澤東說清楚會見汪精衛之事。

而就在這時，潘漢年聽聞了一些傳言：

「在潘漢年回到延安之前，饒漱石關於指控潘漢年在敵佔區工作有『違犯紀律』的問題和在根據地有所謂『自由主義』、『小廣播』錯誤的報告，已經被中央領導所重視並且似乎也研究過了。饒漱石所指控的『違犯紀律』問題主要指的是潘在上海和袁殊的關係密切，和李士群多次打交道的事情。尤其是和李士群的交往，敵佔區還傳出了一些風言風語，其中有的是謠言。饒漱石便根據這些傳說，給中央寫報告反映，認為潘漢年在敵佔區可能有問題，至少值得懷疑。」

同時，此刻的延安雖說已經對「搶救運動」蒙冤的人，做了甄別、平反，但運動的後遺症並沒隨之消逝，那「逼供信」，那動輒就被劃入反革命營壘的情景，依然讓人談「搶救」色變，心有餘悸。當潘漢年聽到延安曾經一夜之後，「特務如麻」的故事，想到製造這一切的正是和他共事過的康生，而這個人又和毛澤東挨得那麼近，他的勇氣彷彿正從他身上一點點飄離。

在七大召開之前，毛澤東果然召見了潘漢年。潘漢年走進窰洞時，毛澤東正在看文件，他看見潘漢年，顯得「非常高興」，他依然是那樣幽默風趣，一面和他握手，一面親暱地叫着「我們的小開」：

「你在那見不到人的地方工作，現在回到自己的家了，還習慣吧？」

潘漢年一生中幾次身負重託，離開中央時，幾乎都受到過毛澤東的耳提面命。這次六年之後的見面，他覺得面前的這位領袖更高大了。而且毛澤東確有那種懾人的力量，他表揚你時，能一語道破你工作的重要性和意義；批評你時又能一針見血，毫不客氣地點在你的要害之處，讓人下不來台。

在他面前，哪怕你是出以公心，哪怕你有千般理由，但只要其中含有一分私念，在他面前就會感到心虛氣短，感到無法啟齒。此時的潘漢年，就處於這樣的心態。他望着毛澤東，想一下和盤說出被挾持會見汪精衛的前前後後，可又不知從何說起。

毛澤東從「旁邊書架上拿了一瓶酒，倒了一杯給潘，自己也舉起一杯祝賀潘工作的勝利」。也許是毛澤東的隨意，和放鬆的氣氛，使潘漢年鼓足了勇氣：

「主席，我在敵佔區工作時，犯過錯誤……」他吞吞吐吐地說。

然而此時的毛澤東，正被即將到來的抗戰的偉大勝利興奮着，他的注意力集中在即將召開的「團結的、勝利的大會」，他正被勝利後建立聯合政府的主題吸引，他根本就沒對潘漢年察言觀色。

他大概以為潘漢年是受了饒漱石告狀的影響，心情緊張，沒等潘漢年進一步說下去，便笑着對潘漢年說：「你的工作中央是了解的，中央是信任你的。外面的謠傳我們並不相信，你也不用害怕。總之，中央對你是了解和信任的。」

「毛的這番親切而熱情的話語，一時使潘漢年感到惶惑不安，又使他深為感激和欣慰。知識分子的虛榮心和『面子』觀，莫名其妙的僥倖心理以及骨子裏仍然包含着的一種害怕的心理等等，這種種因素的綜合作用就使潘漢年再沒有勇氣坦白已經被他拖延了太多時間的這塊『心病』。心病未除，包袱也就未能放下，從此，時間越久，就越沒有勇氣說出來，一直拖到 10 年之後的一天。」

筆者以為是潘漢年的游移和彷徨，失去了向中央坦白真情的機會。就在和毛澤東談話之後，即1945年2月23日，中央向華中局發去一封由毛澤東親自批發，劉少奇和康生共同署名的給饒漱石的電報：

饒：（一）漢年39年自延安出去時，中社部曾要他設法爭取和利用李士群在敵偽特務機關內為我方作情報工作。香港淪陷漢年到滬後，潘曾經過袁殊關係與李士群在上海會面一次，進行過爭取工作。此事在事先事後潘均電告了延安中社部，而且當時上海黨負責同志劉曉也知道的。以後潘由滬撤至華中時，華中局決定派遣他到南京與李第二次會面，此事你們都曉得。至於敵偽及國民黨各特務機關說漢年到南京與日方談判並見過汪精衛等等，完全是造謠誣衊。在利用李士群的過程中，漢年也決無可疑之處，相反的還得到了許多成績。這類工作今後還要放手去做，此次潘來延安，毛主席向他解釋清楚。

（二）劉曉、潘漢年由滬撤退至華中時確係利用李士群、徐漢光的關係作過掩護，當劉曉到延安後即向中央講了敵後交通工作常常利用敵偽關係，許多華中局幹部由彰得至集總，也是如此。

（三）國民黨中統局經常製造謠言說延安派李富春、華中局派潘漢年到南京與敵偽勾結，又常造謠說潘漢年已被華中局扣押，極盡造謠挑撥之技，望告情報系統的同志千萬勿聽信此種謠言致中敵人奸計。

這等於是毛澤東親自為潘漢年「打保票」，中央出面為之「辯誣」。從違反正常程序的秘密見汪精衛；到事後隱瞞未匯報的違反紀律；到發現自己被李士群、汪精衛利用，秘密會見是大錯特錯；再到今日毛澤東、黨中央為自己「辯誣」，事情至此，大概是再想認錯，也真真不好開口了。

事情就是這樣被陰差陽錯地弄得複雜化了。毛澤東等認為：國民黨對中共造謠誣衊是常有的事，不足為信。既然李富春去南京勾結敵偽之說，是無中生有；那麼潘漢年和汪精衛會見談判，自然也不可相信。倘若真有此事，潘漢年豈會不

事前請示或事後報告的呢？

　　毛澤東等人按常規作出的判斷原是不錯的，而且毛澤東根據自己歷來對潘漢年的了解，他相信潘漢年的機智和才幹。但他沒料到潘漢年這一次會大大失手，還向黨隱瞞事情。

　　此後，幾重問題又攪和到了一起，黃花塘事件、揚帆事件、饒漱石向中央告狀、毛澤東的信任、潘漢年的怯弱……悲劇便產生了，只不過沒有爆發在彼時，而發生在更不可挽回、要付出更大代價的時機。

　　在一片掌聲和歡呼聲中，在潘漢年心事裊裊思想負擔更趨沉重之中，中共七大召開了。

　　七大期間，各小組討論中央委員的候選人名單時，有的代表談到了候選人之一饒漱石的問題。潘漢年既是代表，又是從華中來的，也就在會上會下的醞釀過程中，直言不諱地發表了對饒漱石的一些看法，講述了饒在華中局有欺人、弄權、虛偽等毛病。

　　結果，照例有人匯報上去了。中央的一位負責人對此十分不滿。他親自到華中代表團參加會議，並在會議上動了肝火，點名批評潘漢年，說他翻黃花塘事件的老賬，繼續犯「自由主義」，損害領導的威信，影響了黨的團結。

　　嚴屬批評潘漢年的這位領導人，當時正掌握中央組織與人事的大權，但必須聲明的是，他的批評絕非處於私心，處於他個人的意見。但他所在的位置，說話無疑具有極高的權威性。

　　本來就被在敵佔區有所謂「違犯紀律」的行為，特別是被「會見汪精衛」一事弄得精神上精疲力竭的潘漢年，除了忙不迭的檢討錯誤，自我反省，還能做什麼呢？當時已經被推選為下一屆中央委員候選人的潘漢年，此刻主動要求華中代表團撤回對他的提名。潘漢年果然再沒有被提名，當然他也沒覺得是什麼損失，因有更沉鬱的事牽扯着他；而饒漱石則順利地當上了七屆中央委員會委員。

　　七大果然像毛澤東預期的那樣，開成了一個「團結的大會、勝利的大會」，

最後以毛澤東的《愚公移山》的講話，宣告結束。

　　會後，中央一位負責對外統戰的領導人，曾提議讓潘漢年去擔任擬議中的解放區代表會議秘書長一職。但是潘漢年謝絕了這位領導人的好意，他覺得自己在外面幹的時間長了，倒有些不習慣內部的環境了，因此他提出希望到外面去工作，發揮自己的特長。

第十六章

黎明前的「中性」地域

一　抗戰的確勝利了，但和平並沒有到來　／潘漢年出現在高崗、張聞天、李富春、凱豐、王鶴壽等從延安前往東北的高級幹部群中　／張為先的離去，使潘漢年失去依託，無法展開工作　／又是北平軍調部的飛機，把潘漢年送到南京　／中共在各地區安插佈置的網點，需要有一個協調指揮的人　／潘漢年將在上海的情報工作網絡整理出了一個頭緒，開始抓起來了

1945 年 9 月 2 日，停泊在東京灣的美軍旗艦密蘇里號上，日本正式簽署了投降書，歷時八年的抗戰終於勝利了。

抗戰的確勝利了，但和平並沒有到來，隨着日本投降降臨的，是國共再次對立的緊張氣氛，聯合政府並不那麼好聯合。

毛澤東敏銳的看到，蔣介石想像的並不是「聯合」，而是要與中共爭奪勝利的果實：「蔣介石蹲在山上一擔水也不挑，現在他卻把手伸得老長老長地要摘桃子。」

蔣介石正用美國的飛機和輪船，將其精銳之師急速地運往東北。東北，地域遼闊，資源豐富，工業發達，交通便利。控制東北，對於控制整個局勢將起關鍵性的作用，所以東北是兵家必爭的戰略要地。

中共中央早就認識到這一點，在七大期間，便提出秘密進軍東北的計劃。此後，中央迅速開始向那裏調集大批黨政幹部，力爭建立鞏固的東北根據地。

1945 年 10 月，潘漢年出現在高崗（1905-1954）、張聞天、李富春、凱豐（1906-1955）、王鶴壽（1909-1999）等從延安前往東北的高級幹部群中，他的任務是作為中央情報部的幹部，負責東北的情報工作。

潘漢年到瀋陽後，與當地負責情報工作的張為先接上了頭。但不久，張為先即向潘漢年報告說：他原先的一個關係被捕叛變了，事情可能會牽涉到在北滿及

北平的人員，他必須離開瀋陽。而張為先的離去，將使潘漢年失去依託，無法展開工作。

他隨即寫了封信，給在瀋陽作為東北人民解放軍代表的饒漱石，告知自己目前的處境，並詢問下一步如何動作。饒漱石的回覆是要他到北平，與在軍調部協助葉劍英工作的李克農聯繫。

在北平軍調部，李克農熱情地接待了潘漢年，並且及時同延安取得了聯繫。延安中央情報部通知潘漢年立即返回延安。

潘漢年乘軍調部的飛機返回延安。在棗園，他向中央領導同志匯報了瀋陽的情況和他的往返經過及原因。3天之後，中情部通知潘漢年，立即出發，經北平赴中共駐南京辦事處。

原來，當潘漢年從東北返回暫住北平時，在滬寧一帶與國民黨接觸的周恩來，便得知了潘漢年的情形，他立即要求將潘漢年調到南京工作。

又是北平軍調部的飛機，把潘漢年送到南京。在梅園新村，他見到了周恩來、廖承志等人。

從調潘漢年到中央特科做情報工作，到中央蘇區派他到福建和廣東去當談判代表；從西安事變前後派他和國民黨談判，到抗日戰爭期間讓他在香港、上海和華中負責情報工作，這些重要使命都是由周恩來直接或間接參與決定或親自向潘漢年交代的。一些由潘漢年調度聯繫的關係，也是周恩來交代給他的。

此次，又是周恩來將他召到滬寧地區。幾天後，潘漢年得到指示，到上海和當時上海工委的負責人華少峰（華崗）取得聯繫，待周恩來本人到上海後佈置具體任務。馬思南路107號，是中共代表團在上海的辦事處，由於國民黨當局的無理刁難，沒能掛上正式名稱的牌子，只好稱為「周公館」。

「周公館」是中共代表團的上海據點，周恩來、董必武（1886-1975）、李維漢、鄧穎超等輪流主持這裏的工作。在代表團之下，組成了以華崗為書記，章漢夫（1905-1972）、劉少文為副書記的上海工作委員會。當時上海工委的委員有劉寧一（1907-1994）、夏衍、潘漢年、許滌新（1906-1988）、喬冠華（1913-

1983）、龔彭和陳家康（1913-1970）等人。中共的知識精英在這裏匯聚。

　　潘漢年到滬幾日後，周恩來自南京來到上海「周公館」。他立即找潘漢年談話，要潘漢年以指導黨的秘密工作為主，一般不進行公開活動，但同黨的各方面工作都要保持密切的聯繫，以便隨時給予支援和幫助。

　　周恩來對潘漢年的工作安排，是從全國一觸即發的內戰考慮的。一旦大規模的內戰再起，中共在各地區安插佈置的網點，需要有一個協調指揮的人，擔任此職的理想人選，是潘漢年。潘漢年對上海方方面面比較了解，又有臨機處置重大疑難問題的能力，同時從對饒漱石的報告問題處理看，他深得毛澤東的信任。

　　於是，潘漢年就像是一位不管部長或是無任所大使，在周恩來的指導下，立即投入了新的緊張的工作。他在情報、新聞、文化、統戰等幾條戰線上同時開展活動，迅速做好了在新的局勢下工作前的調試和準備。他同所有未來協調和指揮運作的網點，很快建立起聯繫，主要有：

　　「由張唯一、劉人壽所主持的情報點。這一攤子原是太平洋戰爭爆發前由潘漢年親自建立起來的。潘漢年離開華中局之後，曾由華中局的徐雪寒、于毅夫等先後負責指導。抗戰勝利後，改由上海地下黨的負責人沙文漢負責指導。」

　　「依託在軍統國際問題研究所的徐明誠的情報點。徐明誠這時已和張唯一、劉人壽之間建立密切聯繫，共同開展情報工作。原在香港工作的情報幹部陳曼雲這時也已來上海，擔任徐和張之間的聯絡工作。陳曼雲已與蔡楚生結婚，在電影界由蔡楚生作掩護。」

　　「劉少文、龔欽冰的情報系統。抗戰期間，劉、龔一直在南方局領導下的大後方負責情報工作。這是已來到上海建立了新的聯繫，並約定以後在香港開展工作的聯繫渠道。」

　　「根據陳曼雲的建議，仍在香港工作的簡竹堅應約來到上海和潘漢年見了面。潘漢年、陳曼雲和簡竹堅一起研究了港滬之間的交通聯絡渠道，並讓簡竹堅回香港後利用其父親的企業擴展社會關係，為以後的工作發展做準備。」

　　「潘漢年還會見了金仲華、李劍華等一些受黨的情報系統領導而進入國民黨

上層機構工作的同志,聽取他們的情況介紹並和他們建立了聯繫。」

「潘漢年又找來了經營《時事新報》的舊情報關係胡鄂公、錢鐵如。他們二人雖早已投靠了孔祥熙系統,但仍表示願意與潘漢年保持私人之間的友好合作關係,互通信息……」

潘漢年召集部分情報工作人員專門開了一次會:一面總結過去的工作,一面對今後的工作做了認真的研究和部署……

經過短時期的摸排梳理,潘漢年已將在上海的情報工作網絡整理出了一個頭緒。此刻,他的心情頗為振奮,經過八年抗戰,中共的情報系統已然大大地擴展和壯大起來了。回想抗戰初期,他在香港組建情報班子的時候,手下的人員、班子屈指可數。

二 國民黨拉開了內戰大幕,在大舉圍攻中原解放區的隆隆炮聲中,馬歇爾與中國拜拜了 /「馬歇爾這個馬,是特別的馬,是『騙』字那半邊的馬」 /「一覺醒來,和平已經死了」 /他在到港後的不長時間裏,就建立了一個得力的情報網絡 /香港作為一個特殊的中間地帶,也隨之進入更加複雜而微妙的階段 /潘「是一個非常富有魅力的共產黨人」 /潘漢年實際等於中共在港的最高負責人

當 1946 年 6 月末,潘漢年的聯繫調試工作告一段落之際,作為調解國共軍事衝突的美國總統特使馬歇爾(George Catletf Marshall, 1880-1959)的使命也完結了。

在馬歇爾調解期間，美國幫助把國民黨80％的正規軍，即193個旅160萬人，調集到內戰的前線。當蔣介石感到勝券在握，「可在三個月到半年內消滅解放軍」之際，馬歇爾宣佈他的調處失敗。26日，國民黨拉開了內戰大幕，在大舉圍攻中原解放區的隆隆炮聲中，馬歇爾與中國拜拜了。

7月20日，毛澤東發出號召：「以自衛戰粉碎蔣介石的進攻。」周恩來根據中央的決定，分別在南京和上海舉行記者招待會，揭露蔣介石破壞停戰協定，挑起全面內戰的陰謀。文壇宗師郭沫若憤慨而幽默地說道：「馬歇爾這個馬，是特別的馬，是『騙』字那半邊的馬。」

在軍事進攻的同時，蔣介石集團還對反戰的著名民主人士，舉起了屠刀。7月11日晚，民主人士李公樸遭國民黨槍擊身亡；越五日，國民黨特務又製造了聞一多慘案，白色恐怖又一次瀰漫在中國上空，民盟秘書長梁漱溟驚呼：「一覺醒來，和平已經死了！」他在記者招待會上大聲質問：「特務們！你們有第三顆子彈嗎？我在這裏等着那。」

內戰車輪的軔栓已經被拔出，內戰的車輪已經無法遏制地滾動，和談這塊招牌，蔣介石拋掉了。根據這一形勢，中共在國統區的工作，再度全面轉入秘密狀態，潘漢年的工作重心又一次向香港轉移。

9月間，潘漢年根據周恩來的指示，離上海赴香港。他的任務是「加強在香港的情報活動；對各民主黨派在香港的上層人士進行統一戰線工作；參加香港地方黨的有關工作方針、政策研討會會議和情況匯報工作」。他的老搭檔夏衍，同他同乘一架飛機赴港，周恩來指派他分管公開的文化和宣傳工作。

潘漢年到達香港不久，中共中央決定建立上海分局和華南分局，而華南分局又稱為香港分局，方方任書記，尹林平（1908-1984）任副書記，接受以劉曉為主要負責人的上海分局的領導。為了更好地展開工作，在香港分局領導下，又成立了由章漢夫任書記的香港工作委員會，簡稱「港工委」，委員有夏衍、連貫、許滌新、喬冠華等。

為了協調上海分局和華南分局的工作，潘漢年被指定為上海分局的委員，他

作為上海分局駐港人員，參加華南局的領導工作。此時中央賦予潘漢年較大的權力和較高的自由度，他可以動用華南分局的機要電台直接為他發電報，向延安黨中央報告並接受指示，不具體隸屬於某分局。

　　情報工作，一直是潘漢年工作的一個重點。他在到港後的不長時間裏，就建立了一個得力的情報網絡：

　　「他派簡竹堅作為主要的聯絡人員，為他溝通同各方面的聯繫，同時由她擔任和上海劉曉之間的交通聯絡工作……不久，潘漢年又將原在上海工作的情報人員張唯一、張建良調到香港。後來又經夏衍介紹，吸收桂蒼凌（杜宣）為情報幹部。另由張建良介紹，先後吸收酈鴻藻和楊建平為情報幹部。這樣，潘漢年便組成了一個由他直接掌握的精幹的情報班子。為了擴大情報來源，除了在香港各部門通過可靠線索搜集情報外，又通過地下組織在廣州和澳門搜尋各類情報。所有情報都由張唯一匯總編寫，由潘漢年審定簽發，通過無線電波不斷傳送給中央情報部。」

　　就在這個時候，即將接任蔣介石專機美齡號機長的原國民黨空軍第八大隊上尉飛行參謀劉善本（1915-1968），因反對蔣介石發動內戰，於 1946 年 6 月 26 日駕機飛到延安，開了國民黨空軍人員駕機起義的先例。

　　劉善本剛到延安，在香港的潘漢年就接到了中共中央來電，要求他派人到上海找到劉善本的家屬，一方面轉告劉善本已安抵延安、目前情況良好的信息，向其家屬表示中共方面的親切慰問；一方面同其家屬商量如何脫離處境危險的上海。

　　得知劉善本投奔延安後，國民黨特務即對劉家進行監視。此時若中共派人到劉家，無疑自投虎口。因完成這一任務艱難危險，潘漢年決定將此事交予從抗戰初期就成為自己助手的華克之去辦。

　　潘漢年與華克之商定，具體如何進出劉家主要由華克之自己見機行事，他們只預定了接應的時間和地點，如果在預定時間內華克之未能到達，就意味着他已經被捕，接應的人便不再等候。

　　於是，華克之用了上海《時事新報》駐蘇州特派記者「張庭堅」的化名，闖到狄思威路（今保陽路）麥加里 1 號劉善本家去「採訪」。他闖進門後，正巧碰到劉善本夫人在樓梯口。還不待特務們圍過來，華克之馬上將黨中央電報中要傳達的話低聲告訴了她。

　　這時，監視劉家的特務們包圍上來，華克之亮出了孔祥熙的牌子（孔祥熙是上海《時事新報》的後台），並且將名片遞給特務們看。接着，華克之又一本正經地對特務做起「採訪」，因為特務們自稱是「空軍司令部派來照顧劉善本的家屬的」。

　　特務們見如此情景，一時也搞不清華克之身份的真假，就提出要華克之到空軍司令部去了解情況。還派了個特務坐進華克之開來的汽車，說是陪他一同前往，實際是想對華克之進行監視。

　　離開劉善本家後，司機在途中猛然急剎車，向車上的特務吼道：「先生要你下去，你就下去！」接着猛力一推，把特務推出了車外，車子又馬上開走。華克之順利完成任務，到香港向潘漢年做了匯報。

　　1947 年 6 月以後，隨着國民黨對陝甘寧邊區和山東解放區的重點進攻被粉碎，國內的時局出現了歷史性的轉折。中共領導的人民解放軍，由內線作戰轉為外線作戰，進入戰略進攻新階段。中國的未來是誰人之天下，已經初露端倪；人心之向背，已經漸趨明朗。

　　香港作為一個特殊的中間地帶，也隨之進入更加複雜而微妙的階段。越來越多的進步分子和民主人士以及一切反蔣的派別，因難於繼續在蔣管區活動，而紛紛轉移到非蔣介石勢力所能控制的香港，利用香港這個「中性」地帶，悄悄向中共靠攏，傳遞願與中共合作的信息。

　　另一方面，國民黨的一些達官貴人，國統區的一些富商大賈，也開始做着逃亡香港的準備，一旦形勢劇變，有個觀望和安身立命之所。

　　當然，還有一批分外忙碌的人，他們就是國民黨當局駐港機構的人員。越來越多上層的、有影響的人士到港，他們監視、偵察、搞破壞的任務也繁重起來了。

彼時任港工委委員的許滌新，曾記述了內地知名人士紛紛到港的情形：

「由於國民黨的軍事的不斷潰敗，這個反動統治對愛國人士的迫害，就與日俱增。黨為了保護這些進步愛國人士，就設法把他們從上海轉移到香港來，又從香港轉到華北、東北解放區去。這樣，香港在 1947 年下半年起，就成為許多愛國人士的集中地點。不但有政界和學術界的著名人士，如李濟深、何香凝、沈鈞儒、郭沫若、許廣平、黃炎培、陳叔通、馬寅初、馬敘倫等先後到了香港。」

他們的到來，使統戰範疇的工作驟然加重。接待、安置、慰問、解決實際困難等等繁雜的瑣事，潘漢年都要負責；但更重要的是和其中的主要領導人物接觸，幫助他們建立在港機構，開展活動。

潘漢年先後分別會見了何香凝、李濟深、彭澤民（1877-1956）、馬敘倫（1885-1970）、許寶駒（1899-1960）、陳此生（1900-1981）、郭沫若、沈鈞儒、章乃器、薩空了（1907-1988）等人，一一同他們磋商，聽取他們的意見，向他們提出各種有意義的建議。

經與各方面協商，他們決定以各民主黨派負責人和無黨派著名人士的名義，定期舉行座談會。潘漢年、方方和連貫幾位同志同時或輪流參加他們的這種大約雙週一次的座談會，互相交換情況，徵詢意見，協商統一對蔣的步調和口徑等。

作為中共代表的潘漢年，在參與民主黨派的活動時，總是態度誠懇，熱情謙虛，實事求是，既積極為朋友們分憂解難，又從不空言許諾，沒有絲毫政客習氣，不搞虛與周旋那一套，因而贏得了人們的普遍尊敬和信賴。有人說潘「是一個非常富有魅力的共產黨人」。

1948 年以後，潘漢年在香港的工作任務更加繁重了。一方面是原來的負責幹部一部分陸續調離香港，如尹林平、方方調往東江根據地，章漢夫調去天津……；另一方面，形勢的發展，使中共的門前驟然熱鬧起來了。

正如夏衍所說：「當時，大局已定，蔣介石政權眼看就要垮台了，於是各方人物（包括外國人）又蜂擁地要來向我們拉關係，摸底。大人物不必說了，連在內地有點工廠和房產的人，也要來了解共產黨的政策。給他們看『文件』不行，

一定要見人；見人，則最好是見潘漢年。」

潘漢年實際等於中共在港的最高負責人，許多事非他不能處理解決。好在他已經習慣展開幾條戰線，而他的能力又足以勝任各種紛繁複雜的工作。

三　每星期四晚間聚餐一次，漫談國事　／在飯桌上，他誠懇地表示想向中共捐贈一筆經費　／希望楊、鍾二位先生本着支援革命的精神支援解放區的經濟貿易　／潘漢年正是利用了這種掛外國旗的商船，轉移了大批民主人士越過重重封鎖，前往解放區的　／長期徒有其名的「小開」，這回成了名副其實的小開了

與戰場上兵敗如山倒同時，國民黨統治區的經濟更是瀕臨崩潰邊緣。飛漲的物價，金融危急的狂潮，把經濟秩序「搞得周天寒徹」，中小企業迅速破產，民族資本在風雨飄搖中苦苦支撐。

在這種情況下，江、浙、滬一帶稍有底子的資本家們，開始把資金向外轉移，工商人士也陸續有往香港移居的。正如許滌新所說：「進步的工商界代表人物，如盛丕華、包達三、簣延芳和章乃器等也先後到了香港。這就使我們對工商界的統戰工作日益擴展了。」

為了有效地在工商界人士中進行統戰工作，在潘漢年等倡導下，成立了工商俱樂部。

「每星期四晚間聚餐一次，漫談國事，這是 1948 年春開始的。每次聚餐時都請著名經濟學家和有代表性的企業家講話，馬寅初、胡愈之、章乃器之外，千家駒、章漢夫、侯德榜、許滌新等人先後在俱樂部的星期四聚餐會上發表講話。

從上海到香港的盛丕華、包達三、簣延芳也被我（許滌新）拉到俱樂部談談工商問題。每次專題講話之後，在座的人有的提問題，有的發表看法。那期間，解放軍在各條戰線上節節勝利，香港的工商業資本家、銀行家和知識分子為了了解國內的戰局和政局，都踴躍參加；後來發展到在港英政府任職的工程師和香港大學的教授也來參加了。每次聚餐，幾乎座無虛席。只能容納 150 人左右的席位，有時竟超過 200 人。是年秋天，解放軍捷報頻傳，聚餐會成為歡呼勝利的祝捷會。因為《華商報》、《經濟導報》和經濟記者聯誼會經常有記者來參加，每次專題講話和座談的活躍情況，次日便在香港各報刊出。黨的新民主主義時期的經濟政策和國民黨的軍事潰敗、經濟洗劫在香港的傳播，這個俱樂部的聚餐會是發揮了一定的作用的。」

潘漢年爭取農工民主黨成員楊建平的工作，是在工商人士中進行統戰工作的成功範例，尹騏先生對此有大致如下的記述：

楊建平早年參加過十九路軍的淞滬抗戰，參加過福建事變，然而在抗戰中期卻走過一段彎路。他在香港有大量資產，日軍佔領香港後，為保全自己，曾有過簧下低頭的不光彩的表現。抗戰勝利，他痛悔以往，立意改過自新，隨即找到李濟深、陳銘樞等人，決意參加民主運動。

後來他大概感到了中共將主宰中國命運的趨勢，便想進一步靠攏中共，願在中共領導下活動。可他又擔心中共對他不信任，忌諱他是頗具資財的資產階級人物，又有一段不光彩的歷史。

他走了很多門路，從張建良那兒了解到，中共代表潘漢年得知他的情況與願望，表示可以會見他。他遂消除顧慮，在張建良引見下，他以求教國內政治局勢演變前途為名，請潘漢年吃飯。在飯桌上，他誠懇地表示想向中共捐贈一筆經費，以支持中共在港的活動，潘漢年表示了歡迎的態度。此後，在潘漢年的直接領導下，楊建平做了不少工作。

在潘漢年授意下，楊建平出面組織了中國經濟問題研究會，並以此名義聯絡了一批香港的工商界人士參與進步的政治活動。

潘漢年對他說：「你要把目光放遠一點，不光搞政治活動，還應該準備進行經濟活動，國內解放戰爭的形勢發展很快，以後天津、上海這些城市解放了，我們就要發展香港同內地之間經濟貿易，而且要爭取通過香港這個渠道開展國際貿易。」

楊建平聽後表示要為此積極努力，他將在香港經貿界頗有聲望的中華百貨公司經理鍾崑廷，介紹與潘漢年相識，要鍾也積極準備參加同解放區的貿易活動。

不久，煙台解放區派劉若明到香港，他通過組織找到了潘漢年，要求為他溝通貿易渠道。潘漢年把楊建平、鍾崑廷找來和劉若明見面，並要求他們為解放區經濟貿易作貢獻。

潘漢年說：「既然是貿易，當然要互利。但目前解放區經濟比較困難，希望楊、鍾二位先生本着支持革命的精神支援解放區的經濟貿易，將來我們是不會忘記你們的貢獻的。」

在中共的感召和潘漢年的積極關注下，煙台和香港之間的貿易很快就順利展開了。楊建平還特地將他自己的一條機帆船免費出讓給煙台貿易機構，僅要求煙台方面負責該船船員的生活費用。

楊建平是一位在經濟上和政治上都頗為能幹的人。在打通了煙台與香港之間的貿易渠道之後，他又積極為煙台貿易機構設法租用外國輪船，擔負解放區貿易的運輸任務。

辦這種租船手續是很費勁的，還要冒一定的風險。但利用外輪，掛上外國旗，確有許多方便之處，所以潘漢年支持楊建平的努力，並從這一努力中看到了楊建平對革命的真誠、積極的態度。後來，潘漢年正是利用了這種掛外國旗的商船，轉移了大批民主人士越過重重封鎖，前往解放區的。

根據楊建平的一再要求和他的表現，潘漢年同意吸收楊為中共特別黨員，並報請中央情報部批准。吸收大資本家入黨，這在潘漢年已經不是第一次了，楊建平在政治上獲得了充分信任之後，工作更投入了。

　　中共在香港的情報部門，需要找一處頂層樓房，作為安置秘密電台的後備場所。楊建平得悉這一情況後，立即從自己房產中選出一處，名義上是租賃，實際上不收租金，交給潘漢年，供情報電台使用。

　　民主人士孫起孟（1911-2010）與薩空了，想為黃炎培（1878-1965）在香港出版刊物《國訊》，但經費困難，請潘漢年給予支持。經潘漢年動員，在楊建平資助下，《國訊》辦起來了。刊物出版後，發生了積極影響，薩空了的生活問題也解決了。

　　1948 年下半年，中共在港主辦的報紙《華商報》，因虧本而陷入困境，不得不靠募捐來維持。潘漢年又請楊建平出面，在親朋好友中為《華商報》募款，收穫不菲，為《華商報》解了燃眉之急。

　　在天津擁有不少工商企業的資本家周作民，從美國來香港。他找到楊建平，並請楊介紹他會見潘漢年。周作民急於要了解他在天津的工商企業目前的處境，詢問以後的保全之計。

　　楊帶他見潘漢年時，他積極地提出建議說：「潘先生，我請香港金城銀行經理楊培昌先生出面，先以 20 萬元港幣的資金，為解放區購買急需的物資，運往天津，然後從天津購回土產出來。我只有一個要求，請中共允許我派一兩個熟悉我們在天津以及華北企業情況的人，隨船去天津，同天津有關當局商談這些企業今後走向問題。」

　　潘漢年認為周作民的這種態度是積極可取的，中共正需要廣泛宣傳黨的經濟政策，以鼓勵資產階級在國內繼續投資辦企業。他旋即向中情部報告了此事。

　　這時，中情部已由李克農主持，他和潘漢年是 1920 年代就在一條戰線共過事的戰友，一直保持着良好的互相信任的關係。中情部迅速批准了周作民的建議。潘漢年便派了一名情報幹部，隨周作民的貿易商船去天津，找到中情部駐津機構，並找到了已在天津主持外事工作的章漢夫。

　　章漢夫出面，接待了周作民派往天津的代表。這件事產生了良好的影響，既發展了貿易，幫助解放區解決了許多急需物資；又宣傳了中共的經濟政策，在政

治上感召了更多的資產階級人物。

到 1949 年初，楊建平組織的中國經濟問題研究會，已籌集了一筆數目不小的經費。他向潘漢年建議，單獨成立一家貿易公司，制定招股章程，擴大資金來源，發展對解放區的貿易。

潘漢年考慮：搞這樣的公司，不僅在經濟貿易方面有好處，同時可以為情報工作提供有利的掩護，表示同意。

終於有一日，香港多了一家裕華貿易公司。長期徒有其名的「小開」，這回成了名副其實的小開了，他出任了這家公司的董事長；楊建平任副董事長，具體掌握資金及財務工作的是張建良和董慧。這家公司一直到潘漢年奉調回內地之後，還在香港和上海兩地進行着活動。

四 短短四五天裏，8個民主黨派以及無黨派民主人士很快統一了認識，採取聯合行動 ／這件事，用現在的話說，完全是由漢年同志牽頭的 ／一張小報透露了李濟深先生即將北上的消息之後，形勢就格外緊張了 ／我在香港已經是樹大招風了 ／裝作慶賀聖誕泛舟遊覽的樣子，乘着小艇在水面上游弋於外輪之間 ／「貨放到大副房間裏，英姑娘沒有送行」

大陸形勢的每一分變化，都會在香港引起反響。1948 年初，中國民主同盟的領導人沈鈞儒，在香港召開會議，重建民盟領導機關，恢復活動；以李濟深為首的國民黨愛國人士，在香港成立中國國民黨革命委員會；以陳其尤（1892-1970）為首的愛國歸僑，也在香港成立致公黨。這其間都滲透着潘漢年及他的同

志們的心血！

為了裝潢民主，所謂的國民大會於 1948 年 4 月 19 日召開。最後蔣介石雖以 2430 票當選總統，但國民黨內部，分崩離析、四分五裂的情勢更加明顯。

也就在國民黨諸實力派競選副總統鬧劇尚未收場之際，中共中央於 4 月 30 日發佈紀念五一國際勞動節口號，號召召開沒有反動分子參加的新政治協商會議，討論成立民主聯合政府。此時此刻，籌建聯合政府可以提上日程了。

中共的政治主張，很快就得到了以李濟深為主席的中國國民黨革命委員會等 8 個民主黨派和其他無黨派民主人士的擁護，他們於 5 月 5 日發表通電，擁護中共提出的關於召開新政協會議的主張。短短四五天裏，8 個民主黨派以及無黨派民主人士很快統一了認識，採取聯合行動，除去中共的政策符合民心民意，國民黨統治的氣數已盡的大勢所趨而外，潘漢年及其同志們一段時間以來細緻入微的工作，起了不容忽略的作用。

然而，這些通電支持召開新政協會議的民主黨派的頭面人物，大多數還滯留在香港。為了確保他們能參加新政協會議，需要有計劃地將他們分批轉送到解放區去。一部分散留在內地國統區的民主人士，也必須經由香港，再設法轉移到解放區去。這無疑是一項十分艱巨而重大的政治任務。

完成這一艱巨任務的擔子，又落在了潘漢年及其同志們的肩上。對這一重要任務的執行情況，夏衍用他那富有文采的筆墨，做過簡約的描述：

為了籌備召開新的政治協商會議，大批民主黨派領導人、工商企業家、文化界人士，都要從西南、西北、華中、上海等地轉到香港，再由我們租船把他們送往青島、塘沽、大連，然後到河北省平山集合。單是護送民主人士去華北這一件事，就歷時一年多（從 1948 年到 1949 年 3 月），據不完全的估計，路經香港坐船到解放區的知名人士——沈鈞儒、黃炎培、馬寅初、郭沫若、馬敘倫、沈雁冰、葉聖陶，還有許多作家、演員，一位起義的國民黨軍長、一位西北軍的代表，最少也有 350 人以上。當時東北和華北一部分已經解放，所以我們可以租用外籍輪船開往東北，運出大豆、

人參、藥材、土產……在港澳市場賣出，然後買進解放區急需的西藥、紙張、五金運回東北，也就趁此機會，讓民主人士搭船北上。據我回憶，開始幾次，國民黨特務和港英當局似乎沒有察覺。但是不久，當他們嗅到風聲之後，就警戒森嚴多方阻撓，這件事，用現在的話說，完全是由漢年同志牽頭的，事無鉅細，要從到華北去參加新政協會議的人士從內地到香港起，歡迎、宴請、商談、幫助他們安頓家務，一直到妥善地送他們上船為止，他無時無刻在為這些事操心。當時，方方、尹林平同志已經回到東江根據地，章漢夫已經調往剛解放的天津工作，剩下來的除了許滌新、饒彰風、喬冠華和我之外，連平時搞文藝、跑新聞、管經濟的同志，也調來當旅館經理、碼頭接送人員和勤雜人員了。特別是一張小報透露了李濟深先生即將北上的消息之後，形勢就格外緊張了。那個時候，五角大樓和唐寧街的決策人物，始終抱着一個「劃江而治」的幻想，加上當時在南京當權的桂系集團也還在徘徊不定。因此，他們認為把李濟深先生扣在香港，還不失為一個重要的籌碼。儘管李濟深先生那時已下定了決心，用閉門謝客的形式來麻痹他們，但是李先生何時才能出走，倒真的成了潘漢年同志傷腦筋的問題。他辦事穩，抓得細。租哪家公司的船？船長、大副、二副對我們的態度如何？這一條船上有哪些人同行？有幾個人認識李任公？人們帶的行李有多少？萬一要檢查時會出現什麼問題？等等，他都縝密地考慮。在他確定了最保險的方案之後，再商定實際陪李先生出門住旅館、搬行李、乃至保衛、放風、隨時向他報告消息的人選。他、饒彰風和我三個人在一家旅館守着一台電話機聽消息，直到聽到「船開了，貨放到大副房間裏，英姑娘沒有送行」這個謎語一般的電話，才鬆了一口氣。計劃完全成功。李先生走了三天之後，報上才見消息，而這時他已經過了台灣海峽。事後有人開玩笑說，這樣幹會短壽的，他卻笑着回答：「這時候睡不着覺的不是我們，南京、上海、華盛頓的人才難受呢！」假如一個人做的工作量可以用時間來折算的話，那麼，這兩年他大概做了四年或者五年的工作。

　　夏公的記述有些過於簡約，李濟深出走前前後後的細節，還是蠻有意思的，讓我們在此做一番較翔實的敘述吧。

1948 年末，在潘漢年等領導組織下，從香港赴東北解放區的部分民主人士在北上的輪船上合影。

　　早在 1948 年 8 月 1 日，兩封重要電報從中共中央所在地西柏坡發往香港。一封是毛澤東覆電給香港李濟深等 12 人，就新政協會議的組織事項徵求意見；一封是周恩來歡迎民主人士來解放區就新政協會議進行商談。

　　當時中共中央所處的華北解放區還處在國民黨軍隊的包圍之中，並不安全。全國的解放區，最安全的還是東北解放區。毛澤東曾經形容說東北解放區是坐在沙發裏，背靠蘇聯，西邊是蒙古，東邊是朝鮮，相對而言是最安全的。當時東北解放區還有一個像樣的大城市哈爾濱。所以毛澤東曾建議新政協會議在哈爾濱召開，時間就定在 1948 年秋天。

　　8 月 2 日，周恩來即致電大連的錢之光（1900-1993），要他以解放區救濟總署特派員的身份到香港，和香港分局的同志一起，護送民主人士北上。

　　錢之光到香港後，住進了銅鑼灣希雲街 27 號。他住下後，潘漢年和中共香港分局的幾個人就多次聚集在這裏，討論護送香港民主人士北上之事，一個專門的行動小組隨即組成。

　　9 月 12 日，第一批離港赴解放區的民主人士沈鈞儒、譚平山、章伯鈞、蔡

廷鍇四人，在中共黨員章漢夫陪同下，從香港登船前往東北。船到大連時，因附近遼瀋戰役激戰正酣，遂轉到朝鮮羅津靠岸，中共中央東北局特派李富春到朝鮮去迎接，一行人經朝鮮到牡丹江轉到哈爾濱。

當時在香港的民主人士中，李濟深是各方面矚目的人物，關注他的不只是中共和民主陣營。美國的一些政客，國內一些既反蔣又反共的所謂中間勢力，也三番五次地找上門來，羅便臣道92號李濟深公館一度賓客盈門。

首先是有美國背景的人，他們想利用李濟深的影響和聲望，組織一個國共之外的第三勢力取代蔣介石，同共產黨周旋，阻止政權易手。1948年秋，美國駐華大使司徒雷登（John Leighton Stuart, 1876-1962）給國務卿的報告中說：李濟深作為代替蔣介石的新領導人出現，將會在國民黨中受到廣泛歡迎，「因為李濟深被普遍承認是稱職的行政官員，他的愛國精神和個人品格也無懈可擊」。司徒雷登這番話，讓美國一些政客積極活動起來。

還在當年6月，宋子文就敲開李家的門。宋子文告訴李濟深，他任廣東省主席並非蔣介石旨意，而是美國政府授意。美方對蔣介石很不滿，想讓宋子文、孫科、張群等取代蔣介石，領導國府與中共和談。他希望李濟深能夠說服其舊部陳誠、張發奎、余漢謀、薛岳（1896-1998）、蔡廷鍇、蔣光鼐（1887-1967）、黃琪翔（1898-1970）和桂系將領，共同在廣州成立一個聯合組織。

李濟深覺得宋子文反蔣的決心並不大，而且實力也不夠。他向宋子文提出了一個反建議：你既然想這樣，能否先在廣東省釋放政治犯？宋子文不得不承認自己不能夠，實權還是掌握在蔣介石手裏。

美國政客又找到了前任招商局主席蔡增基，想通過他遊說李濟深，組織第三勢力取代蔣介石。可李濟深認為這條道路行不通，二次世界大戰以後，美國扶植日本的右翼勢力，引起了中國知識分子的極大反感，各大城市曾經掀起聲勢浩大的反美扶日運動，李濟深認為在這種背景下投靠美國，在中國不得人心。

9月後，中共中央多次指示香港分局敦請李濟深北上，潘漢年因此幾次到李

家，請李濟深早日北上。但他發現李濟深的行動受到多方面的制約，很難說走就走。

一是李濟深第二個妻子雙秀清重病在床，李濟深北上就意味着與妻子生死離別。二是李濟深的三個兒子此刻都在蔣介石手中，血肉連心。李沛鈺、李沛文、李沛瓊，一個在航空學校，一個在少年航空學院，一個是華南農學院院長。自李濟深公開表示反蔣後，蔣介石就把他們控制起來了。

此外，李濟深在香港受到國民黨的嚴密監視。此時的李家有位叫盧廣聲的常客，時不時登門。他表面是民社黨的革新派，與李濟深的私交不錯，但李濟深並不知道他是個老牌軍統特務，是國防部保密局局長毛人鳳（1898-1956）安插在李濟深身邊的釘子。1948 年 5 月李濟深和沈鈞儒的信，就是他偷拍下來，送到蔣介石手邊的。

還有一位叫王翠微的國民黨駐香港特務機構頭子，也受命日復一日地拜訪李家，表面上看似對李濟深表示尊重，事實上是監視他的行蹤。蔣介石不僅派人監視李濟深，後來還準備對之實施暗殺。

11 月 5 日，潘漢年等接到周恩來又一次來電，要他們於 12 月之內將幾十名各方面代表人物送到東北，排在第一位的仍然是李濟深。電報說：「與李濟深等中間派反蔣分子保持密切聯繫，尊重他們，多對他們做誠懇的解釋工作；爭取他們，不使他們跑入美帝國主義圈套裏去，是為至要。」

幾天後，又有兩位客人來到李家。看到其中一位來客，李濟深趕緊起身相迎。這位來客是何香凝，在民革內部，她是人人敬重的長輩，身為民革中央主席的李濟深對她也非常敬重。因此，潘漢年拉着她來做李濟深的工作。

交談從敘舊話題開始，何香凝告訴李濟深：周恩來對他在桂林主政時給予中共的幫助念念不忘。那是抗日戰爭時期，李濟深任國民政府軍事委員會桂林辦公廳主任。八路軍在桂林設有辦事處，負責各根據地所需的無線電器材、汽油、西藥物資採購。這些物資到桂林後，需有桂林辦公廳的批示，才能夠運往陝北等地。李濟深在這方面很合作和幫忙。

接着，何香凝向李濟深分析了國內政治和軍事形勢，然後說：「任公，你還是早去為好，一則是形勢的需要，二則為了你自身的安全。」

陪同何香凝一起來的潘漢年，也向李濟深介紹了香港的情況，並對他目前所處的險峻情勢做了進一步說明。

兩人的話，讓李濟深最終下定北上的決心。

轉眼聖誕節到來了。受西風浸染已久的香港，放假歡度，入夜火樹銀花，十分熱鬧。就在聖誕過後第二夜，潘漢年又來到李公館，他對李濟深說何香凝請他赴宴。李濟深隨即起身去取自己的外衣，潘漢年卻伸手把他攔住，並指了指李家對面一扇還亮着燈的窗戶。

那是一家小雜貨舖，正好能看到李濟深的衣帽間。雜貨舖的店員實際上都是國民黨特務，只要李濟深掛在那裏的外衣被拿走了，他們就知道李濟深外出了。李濟深對潘漢年的暗示心領神會，跟他從後門悄悄離開，而特務們還在盯着掛在衣帽間的外套。

在潘漢年的陪護下，李濟深登上了早已停泊在維多利亞港的蘇聯貨輪阿爾丹號。在阿爾丹號上，李濟深一下認出許多熟悉的臉，彭澤民、朱蘊山（1887-1981）、沈雁冰、洪深……隨着一聲長鳴，阿爾丹號徐徐啟動。

這天，恰好是毛澤東的生日，但在西柏坡的他這天過得有些不安寧。次日黎明時分，統戰部部長李維漢送來一封香港拍來的密電：「貨放到大副房間裏，英姑娘沒有送行。」聽了李維漢關於李濟深已經平安地離開香港，英國方面沒有發現的消息，毛澤東終於安心了。

在阿爾丹號上，李濟深他們迎來了 1949 年的 1 月 1 日。為了慶祝新年，也為了他們的新生活，船上所有民主人士都非常興奮。沈雁冰拿出一個本子，請大家題字。李濟深提筆寫下：「同舟共濟，一心一意，為了一件大事！一件為着參與共同建立一個獨立、民主、和平、統一、康樂的新中國的大事！……」然後，所有人都在本子上簽下了自己的名字。

五　「雲南王」龍雲到香港後，立即主動同中共聯絡　╱李宗仁以代總統的名義走馬上任，他請龍雲參與「國是」，並讓夫人郭德潔赴港勸說　╱外界盛傳宋子文是來勸龍雲組建華南反共聯盟的　╱龍雲談到和蔣介石的關係時義憤填膺　╱風光霽月，一切籠罩在淺水灣頭的雲霧都為之開朗　╱你想要和中共在港負責人接頭的話，我還有些辦法

　　1948 年 12 月 8 日上午近 11 時，龍雲（1884-1962）乘陳納德民航隊的飛機，從南京空軍機場秘密起飛，下午 5 時抵廣州，晚 8 時登上廣州至香港的輪船，翌日晨到達香港。

　　龍雲安全到港後，蔣介石才收到龍雲留給他的信，但對既成事實，他也只有徒呼奈何了。此前，龍雲被蔣介石在重慶、南京軟禁了三年又兩個月。龍雲為了不被蔣介石挾持到台灣做張學良第二，在抗戰期間結下友誼的陳納德（Claire Lee Chennault, 1893-1958）幫助下，逃出樊籠。

　　到香港後的龍雲，立即主動同中共聯絡。潘漢年和方方，奉命相繼與龍雲進行了接觸。他們向龍雲指明共產黨必勝，國民黨必敗的總趨勢，希望龍雲站在中國人民一邊，利用他的影響，為新中國的建立，特別是為雲南和平解放盡力。中共的策反人員，通過龍雲與在龍雲之後出任雲南省主席的盧漢（1896-1974）聯繫，說服其舉起反蔣義旗的活動，亦隨之積極展開。

　　恰在此時，蔣介石再次玩弄以退為進的伎倆，宣佈下野，在故里溪口遙控全國政局。李宗仁以代總統的名義走馬上任，他請龍雲參與「國是」，並讓自己的夫人郭德潔赴港勸說。宋子文亦兩訪龍雲，希望他重新入主雲南，把大西南作為與共產黨進行最後較量的依托之地。

　　宋子文來訪後，外界盛傳他是來勸龍雲組建華南反共聯盟的，國民黨方面亦

散佈謠言，謂「龍雲即將出山，協助政府」。

為了揭穿蔣介石的這一陰謀，潘漢年又數度前往龍雲宅邸。幾經交談後，龍雲於 4 月 11 日在其淺水灣宅邸，舉行中外記者招待會。

在招待會上，龍雲針對外界風傳他將出山，參加華南反共聯盟一事，明確聲明「憑常識來說，其理有所不取」。龍雲談到和蔣介石的關係時，他義憤填膺地講了如下這段話：

「此人對我誤會如此之深，手段如此之辣……當時大家都希望國共合作，不要內戰，他突然來這一套，這就表示了內戰的開始，可以說內戰的第一槍就是在雲南啊！蔣統治昆明後 3 年多，現在弄得民不聊生，土匪遍地，黃金、白銀被搶一空，壯丁離鄉別井，10 多年的積穀也給吃光了。」

最後，他宣讀了給李宗仁、何應欽的公開信：

「……今日之所謂國事一言可決，即須兄等毅然決然，勇敢接受毛澤東主席所提八項原則，電囑北上代表，依照原則作出具體決定，即日簽字，付之實施，將為我民族開萬世永久和平，豈獨吾滇一省一時受賜？……惟弟猶欲再貢一言，即今日之事，幕後操縱，怙惡不悛者正大有人，指示作困獸之鬥，荼毒人民，吾兄必須洞燭陰謀，作剛毅之決斷，始能免除戰禍，實現和平。如稍猶豫，必中操縱者鬼蜮之伎，江南浩劫，必不能免，而兄等亦同歸於盡……兄等為自存，當自存於光明正大之途，不當與黑暗死亡同列……」

記者招待會後，潘漢年積極參與的由中共主辦的《華商報》，立即進行了配合宣傳：

「雲破月出，隱居香港的龍雲先生，昨天發表了他到香港以來的第一次公開談話，並且發表了他最近致李宗仁的親筆函，風光霽月，一切籠罩在淺水灣頭的雲霧都為之開朗，這是全國熱望和平與民主的人士企求已久的事情。龍先生說：『……毅然決然，勇敢接受中共毛澤東主席所提八項原則作具體決定，剋日簽字，付之實施……』這都是石破驚天一針見血的話。」

龍雲的言辭如洪鐘大呂，不僅對謠言予有力反駁，且對國統區的那些對蔣家

王朝心存幻想的人們，也起到了振聾發聵的作用；而中共報刊的烘托，則把正義的呼聲傳播得更廣泛，更深入人心。

幾乎與龍雲遁至香港的同時，北伐名將黃琪翔裝作病人，與夫人郭秀儀也潛入了香港。

早在福建事變時，潘漢年作為紅軍駐十九路軍代表，與時任福建人民政府委員的黃琪翔將軍始相過從。黃琪翔到港後不久，潘漢年就登門拜訪了這位老朋友。黃琪翔向蔣介石建議停止內戰，招致蔣介石之不滿，方棄蔣赴港的。

潘漢年說服黃琪翔向中外新聞界發表聲明和談話，公開聲明和國民黨政府脫離關係。他的聲明的確有些驚世駭俗，「中國的前途是走社會主義道路」一語，引起香港輿論震驚。

此後，黃琪翔表示要立刻到解放區去，潘漢年通過情報系統的電台向中共中央請示，中共中央回覆是：廣東尚未解放，希望黃琪翔暫時留在南方做些工作。潘漢年將中共的意見轉告黃琪翔，勸他在港安心等待。

過了些時日，和黃琪翔預先約定在香港相見的桂系領袖、時任國民政府監察院副院長的黃紹竑，銜命來到了香港。黃琪翔在與他交談時，得知他來港的目的，是敦請李濟深出山，協助代總統李宗仁維持殘局，同時促成國共和談以後，不無惋惜地對他說：

「很可惜，你來遲了幾天，李任公（李濟深）已於前幾天動身到北方去了。我不知道民革留下什麼人在香港負責。然而，你想要和中共在港負責人接頭的話，我還有些辦法。」

很快，黃琪翔通過已經被潘漢年發展為中共特別黨員的楊建平，與潘漢年取得聯繫。黃紹竑原先即認識楊建平，遂在楊家與潘漢年見了面。黃紹竑講了南京和武漢的政情，以及他是受白崇禧之託，到香港與中共聯繫的。潘漢年對他說：

「我也知道一些情況，白崇禧可能反蔣，但這樣大的事我不能作主，必須打電報給中央請示，覆電要三四天才能回來，請多候幾日吧。」潘漢年聽後對黃紹竑說。

　　黃紹竑還向潘漢年表示：他願意與張治中、邵力子（1882-1967）等一起，從事和談活動，但不知中共方面是否有異議，請潘漢年先向中共中央聯繫一下。潘漢年答覆他說：可以代為向中共中央轉達。

　　潘漢年會見黃紹竑之後，再次直接請示黨中央。三天之後，他又把黨中央的意見轉告給黃紹竑：要白崇禧派劉仲容（劉當時是白的參議）為代表，由信陽到鄭州沿途去找劉伯承（1892-1986）接頭。此外關於和談一事，中共中央做了肯定的答覆。因此有了後來的黃紹竑、張治中、邵力子等一起到北京的和談活動，當然，如眾所周知的那樣，和談最後也未能成功。但張治中、邵力子等人卻脫離了國民黨陣營。

　　由於潘漢年的工作，使得桂系集團在歷史發展的關口，在和戰方面儼然分為兩派。由此，也使代總統李宗仁陷入了進退維谷的困境。幾經周折，最終不得不與中共舉行談判。

六　**1949年5月7日，李白在浦東戚家廟，被國民黨當局秘密殺害**　**／夏衍帶着金山找他來了**　**／章士釗也策動杜月笙參加和談活動**　**／李克農曾關照過金山，如因戰事中斷和李的聯繫，可找潘漢年**　**／蔣介石長歎一聲，狠狠地說：「孫越琦折爛污！他不遷廠，又騙了我的錢，唉」**　**／兩航在香港的管理人員何風雲等人，通過關係找到了潘漢年**

　　就在潘漢年在香港的工作進行得有聲有色的時候，突然收到由中央情報部轉來的消息：設在上海的李白電台已被國民黨破獲，李白同志被捕。

李白於抗戰期間就在上海從事秘密報務工作，後因電台遭破獲，被日本憲兵隊關押，潘漢年領導的情報部門，曾參與營救李白的工作。李白出獄後，加入由潘漢年領導的劉人壽情報點。此次李白被捕後，潘漢年立即與有關方面聯繫，設法營救。

一個王朝越是臨近覆亡的時候，也越是最沒有理智、最瘋狂的時候。因此在潘漢年設法營救之際，對李白可能會慘遭毒手亦有一定的思想準備。李白在敵人的嚴刑逼訊面前，堅貞不屈。

蔣介石得知此情，親自批示：「堅不吐實，處以極刑！」1949 年 5 月 7 日，李白在浦東戚家廟，被國民黨當局秘密殺害。新中國的曙光已經噴薄欲出，可潘漢年的這位戰友和部屬，卻走完了生命的歷程，潘漢年心頭泛起由衷的悲慟。

悲慟之中，他想到有必要提醒大家，越是在勝利即將到來之際，越是要保持清醒的頭腦，要更謹慎地工作。為了確保在上海的地下情報組織不再遭受敵人的進一步破壞，他立即電告在上海的情報負責人劉人壽撤往香港，另外兩位情報幹部也隨之同行。

根據潘漢年的意見，張唯一在香港主持召開了一次工作會議，檢討李白電台出事的原因及教訓。這時，潘漢年並沒有責難堅持在上海領導情報工作的同志，而是作了自我批評，要大家引以為戒。

在這有喜有悲的日子裏，1949 年來到了，毛澤東發出了新的預言：還需要一年左右的時間，我們就將奪取全國的勝利。我們的敵人「交上了厄運，整天鳴呼哀哉，愁眉不展」。

勝利在望了，潘漢年正為此不知疲倦地奔忙。雖然他身在香港，但上海方面的許多事情，也要通過他來辦理。

例如在 1949 年到來前不久，周恩來致宋慶齡的親筆信送到了潘漢年這裏，要通過香港轉送上海。這封信內容大致是：全國解放在即，獨有先生仍留在上海，全黨深感不安，茲派人專程來滬，負責護送先生離滬赴港等等。

潘漢年找來華克之，要他到上海走一趟。對華克之此次完成任務的細節及可

能會遇到的問題，潘漢年都一一做了推敲思考，對華克之反覆交代，要他到上海後向有關部門打招呼，一定要確保宋慶齡的絕對安全。

那時，宋慶齡已在保密局特務的日夜監視下，連出大門都可能危及人身安全。華克之到上海後，把信送到宋慶齡家，並陳述了中共中央希望護送她前往香港的意圖。但宋慶齡認為此時出行沒有把握，一動不如一靜，決意在上海迎接解放。她將覆周恩來的英文手書交給了華克之，要他帶到香港。潘漢年拿到宋慶齡手書，即通過交通管道，將之轉送中共中央。

也是在此期間，夏衍帶着從上海來香港的金山，找到了潘漢年這裏。

金山是著名演員。「早在 30 年代，因主演電影《夜半歌聲》一舉成名，蜚聲影壇；40 年代初期，因主演郭沫若的得意劇作《屈原》，轟動山城，享譽全國。可他卻是一位在 1932 年就秘密入黨的老黨員。他的哥哥趙班斧、姐夫潘公弼都是國民黨政界或幫會中的要人。當年他在重慶主演《屈原》前後，因工作需要，曾受命拜青幫大亨杜月笙為關門徒弟。他利用這些複雜而又特殊的社會關係，積極地從事黨的秘密工作。他一直接受李克農的單線領導，主要在上海杜月笙那裏為黨搞情報工作。」

當代總統李宗仁高喊和談的時候，在上海的章士釗（1881-1973）也策動杜月笙參加和談活動，杜月笙表示願意，但不知中共方面的態度，他請來金山以商量的口吻求教：

「我想為國共和談奔走、出力，你看中共方面會反對我這個老反共派嗎？」

金山聽後感到有點意外，沉吟有頃答道：

「不清楚。不過，我可以去香港，通過有關的朋友試探性地問一問。」

杜月笙贊同地點了點頭。

金山的單線領導是李克農，可此時他無法同李克農進行聯繫，他記起李克農曾關照過自己，如因戰事中斷和他的聯繫，可以設法找潘漢年。

潘漢年對金山敘說的情況感到不能由自己決定，遂將此事向中央情報部請示。中情部答覆說：談判的中心在北平，問題只能在北平解決，這等於是排除了

杜月笙參加和談的可能性。潘漢年還得到指示，可以繼續與金山保持聯繫，指導金山的工作。

後來，金山又到過一次香港，潘漢年向他轉達了周恩來的指示：1949 年 2 月間，李宗仁派人在上海籌組上海和平代表團赴北平活動，讓金山設法參加這個代表團同去北平，以便於掌握該代表團的活動情況。

由於在抗戰初期，金山曾率領抗敵演劇二隊赴李宗仁指揮的第五戰區慰問演出，和李宗仁建立了良好的私人關係，故而他順利地以中國航運公會董事長代表的身份，隨該團去北平活動。

表面上，金山負責談判南北兩地的通航、通郵事宜，實質上他作為共產黨的內線，及時地把代表團各位人士的思想動態和活動情況，反映給主持接待和平代表團的葉劍英和徐冰知道。

潘漢年在離開香港前，還有一項特別繁忙的工作，就是接待各路希望脫離國民黨政府，而與中共「搭線」的人物。據潘漢年的老關係唐瑜回憶，當時的情景「像在擺測字攤，善男信女爭相求問流年休咎之卦」一樣，排起了隊。這其間，還有兩件比較重要且影響很大的事情，就是國民黨資源委員會的起義和兩航起義。

資源委員會是由蔣介石在抗戰初期提議成立的，這一機構管轄着國內龐雜的資產。它經辦全國的煤炭、鋼鐵、石油、有色金屬、機械、化工、電力、水泥、造紙等等，由國民黨政府直接經營的一批大型企業。各廠礦的員工有六七十萬之多，其中各種技術管理人才約二三萬。

1948 年 12 月，蔣介石親自下令要資源委員會將其所屬在南京的大工廠撤遷到台灣去。當時的資源委員會主任是著名的地礦專家、中國石油工業的創始人孫越琦（1893-1995），他的前任是曾經出任過行政院院長的著名地質學、物理學家翁文灝（1889-1971）。

孫越琦在從事石油開採，以及協助翁文灝主持資源委員會的過程中，曾同蔣介石本人數次打過交道，對蔣介石政權的治國方略，及企業發展管理等方面的弊

端深有感觸。富於正義感的他，逐漸認識到追隨蔣介石，是不可能在振興民族工業方面有所作為的，因此他不想把這些「資源」撤遷到台灣。但是他不能公然抗拒命令，只好先靠找藉口拖延搪塞。

中共地下黨偵知了這一情況後，向潘漢年做了匯報。潘漢年立即部署有關人員，策動資源委員會起義。

就在這時，夏衍告訴潘漢年，他所認識的資源委員會負責人之一錢昌照（1899-1988）正在香港，潘漢年要夏衍盡快與錢昌照見面，說服他留在國內，既不出國，也不去台灣。潘漢年還對夏衍說，爭取資源委員會起義，不僅在於物資和美援，更重要的是該委員會有大批科學管理人才，現在這個可遇難求的機會，絕不可放過。

潘漢年將此事迅速向中共中央做了匯報。周恩來隨即覆電潘漢年，闡述了與國民黨爭奪人才的重要意義，並對如何爭取錢昌照做了明確指示。夏衍正是依據潘漢年轉達的這些部署和指示，同錢昌照進行接觸的。

也是在這個時候，上海海關關長丁貴堂（1891-1962）託與中共有聯繫的陳瓊瓚，到香港設法與中共方面接頭，以便在政局變動之中，尋找新的出路。陳瓊瓚首先找到了夏衍，為丁貴堂傳了話，介紹了上海海關的情況。他告訴夏衍，海關保存有一百多年的檔案；還有相當可觀的庫存；更有大批愛國的、有豐富工作經驗的人員，爭取起義的意義非比尋常。

夏衍向陳瓊瓚詳細詢問了丁貴堂的情況。陳瓊瓚對夏衍說：丁貴堂為人正直，在海關系統頗具威信，只要做好他的工作，起義不成問題。

夏衍隨後將與陳瓊瓚接觸的情況報告給潘漢年。潘漢年聽了喜出望外，稱這是一筆「意外之財」，且不可從手邊溜過，然後他向周恩來做了請示，隨之與有關人員謀劃佈置。

潘漢年親自和資源委員會、上海海關這兩個機構來港的人員會了面，同他們進行了懇切的交談，鼓勵他們舉行起義，為祖國和人民立功，同時和他們慎重細緻地商討、籌劃了應對辦法，以阻撓國民黨政府撤遷命令的措施。

後來，蔣介石曾兩次電令當時擔任京滬杭警備司令的湯恩伯（1898-1954），要其督促資源委員會的撤遷。然而孫越琦等人在中共的暗助下，一直軟拖硬頂，直至時機成熟高揚起義的旗幟。

南京、上海解放時，資源委員會、上海海關這兩個系統的大批技術人員、美援、資財以及檔案資料，都沒有被國民黨轉移走，幾乎完整地移交到了人民政府手中。

蔣介石得知資源委員會所屬的在南京的五大工廠一個也沒有遷走，全部留給了共產黨的消息，他頓足長歎：「孫越琦折爛污！他不遷廠，又騙了我的錢（指撤遷費），唉！」

這兩個系統起義的成功，對於新中國建立後的經濟建設，起了相當重要的作用。物資資源、人才資源，對新中國的發展顯得異常寶貴。

形勢的發展往往是出人意料的。就連蔣介石的親信湯恩伯的老婆，也在解放軍渡江前夕，通過關係找到上海的中共地下工作人員，詢問湯恩伯還有沒有保全自己的道路。

在上海堅持地下工作 20 年的蔡叔厚為此寫信給在香港的夏衍，夏衍就去找潘漢年商量如何答覆。潘漢年仔細分析了湯恩伯的情況，認為此舉未必是湯恩伯本人直接所謀，而多半是他的妻子個人進行的試探。但即便如此，也不妨盡力爭取，以最大限度地減少解放軍作戰的阻力。

於是，潘漢年派張建良親自去上海一趟，由他通過蔡叔厚轉告湯恩伯的妻子，鼓動湯恩伯先和解放軍溝通關係，一旦條件成熟時起義，當可保全其利益。另外，如果湯恩伯此刻即能向中共提供一些情報，更可取信於人民解放軍，先有諒解就有最終解決的辦法。

夏衍很贊同潘漢年的意見，他們隨即派張建良去滬聯絡。但後來終因湯恩伯未能改變其頑固立場，聯絡沒有了下文，張建良很快就回港覆命了。

中國航空公司、中央航空公司，是當時國民黨政府所屬的中國最大的兩家民航機構。這兩家分別成立於 1930 年、1931 年的公司，幾乎是彼時中國航空運輸

業的全部家當。眼看着國民黨政權日暮途窮，國航的經理劉敬宜（1897-1973）、央航的經理陳卓林（1892-1965），對是跟隨國民黨政府去台灣，還是投奔即將取得全國政權的共產黨仍猶疑不決。

然而，這兩家航空公司內部的部分有識之士，感到追隨國民黨政府是沒有出路的，不願意將暫時落腳香港的機構再遷往台灣，秘密醞釀起義的行動。兩航在香港的管理人員何風雲等人，通過關係找到了潘漢年。潘漢年同他們進行了多次接觸和商談，從那個時候起，便就兩航起義之事，開始了極為周密的謀劃和準備。

後來潘漢年離開香港，參與解放上海及其後新政權的組建工作，繼而出任中共華東局社會部和統戰部的部長。就在這期間，華東局向中央軍委提交了《爭取兩航公司的工作報告》。周恩來閱讀報告後即決意策動兩航起義，並指定由李克農負責，羅青長具體辦理。此後，中央軍委派遣呂明偕已來到北京擔任中央航空公司副總經理的查夷平（1895-1976），前往香港推動兩航起義。

呂明、查夷平赴港前，周恩來在中南海親自接見了他們，並對策動起義進行部署。兩人到香港後，即組成起義工作核心小組。經過反覆勸說、動員，起義時機成熟，一切準備就緒。1949 年 11 月 9 日，兩家航空公司的 2000 餘員工，在負責人劉敬宜、陳卓林等帶領下，在香港宣佈起義。

12 架飛機陸續從香港啟德機場起飛，於當日 12 時 15 分到達北京西郊機場。兩航正式歸人民政府管轄。這件事不僅給了國民黨政府以沉重的打擊，而且對新中國民航事業的建設起了重要的作用。雖然起義之際，潘漢年已經離港，但他的鋪墊之功，也書存史冊。

第十七章

從地下走到地上

一　毛澤東想的是「宜將勝勇追窮寇」，下一個目標，就是上海了　／「全國解放就在眼前，你打算在什麼地方工作」　／從北平來的馮鉉，正在碼頭迎候着他們

1949 年 4 月 21 日，毛澤東、朱德一聲令下：「打過長江去，解放全中國。」兩天後，青天白日旗，就從國民黨統治的中心南京，從總統府門樓上飄落了下來，又一個王朝瓦解了。

多年沒有寫詩的毛澤東，在讀到中國人民解放軍佔領南京的消息時，突然詩情奔湧，寫下「虎踞龍盤今勝昔，天翻地覆慨而慷」這大氣磅礴的詩句。

多年來坐在這石頭城中呼風喚雨的蔣介石，此刻也不知逃亡何處，面對這令人陶醉的勝利，毛澤東想的是「宜將勝勇追窮寇」，下一個目標，就是上海了。

上海是近代中國工業集中，商業、金融業麇集的大都市，是中國經濟命脈所在。早在日本投降前夕，中共就曾籌劃過在國民黨未接收之先，組織武裝起義，並以臨近上海的新四軍相配合，奪取上海。以中共七大候補中央委員劉長勝為首的張執一、張承宗等人迅速而秘密地進入上海。根據地粟裕所率的新四軍也已枕戈待命，同時決定奪取上海後，組成以劉長勝為市長的新政權，後來只是因為對形勢變化的重新審度，經毛澤東親自下令，這一中共黨人對之重視，也是超乎尋常的計劃才嘎然而止。由此足見中國共產黨人對上海這座城市的重視。

此時此刻，建立上海新政權事宜，變為真正的事實，擺在了中國共產黨人的面前。中共中央已經在討論準備接管上海的具體事宜，而大致構思，則在中共七屆二中全會期間，毛澤東就召集華東局領導談論過。對進佔上海的問題，毛澤東提出了「慎重、緩進」的方針，他甚至把進入上海看作是中國革命的「一大難關」，警惕「糖衣炮彈的襲擊」一說，似乎也於此有些關連。

華東局和三野部隊，已經陸續在江北結集了數千人的接管幹部隊伍，以熟習上海情況，學習有關的方針政策，單是介紹上海各方面情況的《上海概況》的系

統材料，就有 36 種之多，分門別類，十分詳盡。

由誰來擔任未來的上海市市長，在淮海戰役尚未結束時，中共中央就有所考慮。毛澤東在西柏坡，親自向陳毅做了交代：那個十里洋場的上海，就交給你了。

緊接着，中央陸續為陳毅物色了主要助手和領導骨幹。他們一部分來自解放區，是一批富有經驗的軍政領導幹部；一部分則是原來在上海堅持地下工作的優秀領導幹部。潘漢年、夏衍、許滌新等，已在中央考慮的人選之中。

或許是心有靈犀吧，遠在香港，還不太知情的潘漢年，就在這個時候，同許滌新聊起了未來的工作問題。

那一天，潘漢年、許滌新二人在九龍彌敦道方方處開完會後，一道乘渡輪到香港島。他們坐在一個不被人注意的角落裏，低聲談論起來。潘漢年問許：

「全國解放就在眼前，你打算在什麼地方工作？」

「由中央決定吧。」許滌新似乎自己並沒有什麼考慮。

「你已經幹了這麼多年的工商界統戰工作了。上海是民族資產階級集中的地方。我看，你還是到上海工作為宜。」

許滌新自己回憶說：「在此以前，劉曉到香港時，也曾向我談這件事，但是，我一向並未把這件事放在心上。經潘漢年這一說，我就不得不考慮起來了。幾天之後，我因事到方方家裏，老方把中央的電報給我看。電報的內容是要潘漢年、夏衍和許滌新三人，急回北平，接受新的任務。這真使我大喜欲狂了！」

潘漢年、許滌新、夏衍接到中央的電令後，即於 4 月 28 日離開香港。他們三人乘坐一艘掛有巴拿馬國旗的東方號小型貨船，經過整整七晝夜的航行到達天津港口。中央社會部的老熟人馮鉉（1915-1986），專程從北京趕到天津，在碼頭迎候他們了。次日，他們乘火車趕到北平。

二　我們這些人大難不死，居然在皇帝老爺所住的北平見面了　／周恩來連忙問許滌新為什麼要打蘇聯　／周恩來對潘漢年說：中央決定由你擔任上海市常務副市長，分管政法、統戰工作，你要當好陳毅同志的助手　／英國人比美國人老練，他們是不會把棋走死的　／分別前，毛澤東又囑咐了幾句

　　到達北平後，馮鉉就把潘漢年等帶到李克農的住處，弓弦胡同 15 號。李克農當時是中社部的負責人，潘漢年的工作由他主管；夏衍、許滌新和李克農也很熟悉。

　　見到他們三位來訪，李克農非常高興。剛一落座，就叫人來給他們合拍照片，並深有感觸地說：「我們這些人大難不死，居然在皇帝老爺所住的北平見面了，應該攝影留念。」老特科搞情報的幾個負責人，大都詼諧開朗。

　　潘漢年向李克農簡單地談了從香港北上的經過。李克農招待他們吃了晚飯。席間，他們談了各自幾進幾出北平的情景，暢敘了闊別之情。最後，李克農說：前幾天陳毅來電，說圍攻上海的戰役已經開始。你們在北平的日子不會太久的，先抓緊時間休息一下。當晚，潘漢年就下榻在李公館。

　　在一兩天的閒暇中，潘漢年他們見到了李維漢、廖承志等曾在上海、香港等地長期共事的老友。朱德總司令還在飯店，為他們設宴洗塵。

　　1949 年 5 月 11 日晚，中共華北局會議在北平東城後園恩寺胡同的華北局召開，周恩來約潘漢年等三人列席。會議的中心議題，是劉少奇在天津對資本主義工業情況的調查和對幾個大資本家做統戰工作的經驗總結。劉少奇講話前，周恩來讓潘漢年講了講三年間在香港工作的情況。

　　潘漢年講完後，周恩來又向夏衍和許滌新提了幾個問題。許滌新因為普通話講得不好，講「大數量」時，周恩來聽成了「打蘇聯」，周納罕異常，連忙問許

滌新為什麼要打蘇聯？

許滌新解釋了半天，周恩來才明白。他借這個話題說：「全國快要解放，你要做更多的工作，普通話說不好，對工作是有影響的啊！」

又一天，周恩來在中南海頤年堂，約見了潘漢年、夏衍、許滌新三人。周恩來就接管上海的工作，向潘漢年他們作了一系列具體的指示。

周恩來說：「上海現在已經被我軍包圍了。你們的任務就是趕到丹陽，向華東局報到，跟部隊進入上海。黃浦江上還有外國人，特別是美國軍艦。進入上海之後，要作最困難的準備。準備英美的軍艦向我們開炮，準備國民黨的破壞，準備上海全市斷水、斷電，準備各種可能發生的混亂和意料之外的事情發生。你們一方面要準備最艱難的處境，一方面要爭取良好的局面。你們要把我的這個意思告訴陳總。」

在向他們三人交代各自的具體工作時，周恩來對潘漢年說：「中央決定由你擔任上海市常務副市長，分管政法、統戰工作，你要當好陳毅同志的助手，做好各方面的工作，使中國這個第一大城市，能夠正常運轉下去。」

接着，周恩來向夏衍交代：你擔任上海市委常委兼文化局局長，負責接管文教系統的工作；告訴許滌新，他的任命是上海市委委員，協助曾山（1899-1972）搞財經接管工作，並負責民族資產階級的統戰工作。

最後，周恩來說：「有前敵黨委和華東局的領導，有上海地下黨的群眾工作配合，困難是能夠克服的。」這次談話時間很長，直到次日凌晨，周恩來才用自己的車子，把他們送回北京飯店。

5月12日，潘漢年等三人，在王拓的陪同下前往香山，龔彭也和他們同行。毛澤東在雙清別墅，接見了他們。而就在半個多月前，毛澤東也是在這個地方接見了主持上海地下工作的劉曉，除了聽取上海地下工作的匯報外，還就接管上海後如何展開工業、經濟工作，做了詳細的詢問。此刻，他先要潘漢年匯報了在香港工作的情況。

彼時，正當英國軍艦紫石英號向渡江作戰的解放軍開炮，被解放軍擊傷，扣

在鎮江之際，因此毛澤東問了一些關於港英當局態度的問題。潘漢年等根據各自的分析逐一做了回答。

毛澤東聽後一笑，說：「英國人比美國人老練，他們是不會把棋走死的。」接着，毛澤東話鋒一轉：「現在我軍乘勝追擊，上海已在我們的包圍之中。」

當潘漢年等就接管上海問題，請毛澤東在方針政策上給予指示時，毛澤東說：「總的方針，中央已經給陳毅、饒漱石發了電報，重要的一點是不要讓國民黨實行焦土政策，盡可能完好地保存這個現在全國最大的工業城市。至於具體政策、做法，可以按恩來給你們的指示辦理。」

據夏衍回憶，那天接見時毛澤東的「情緒很好，一直面帶笑容，在潘漢年作匯報時，他有幾次很風趣地插話，使我感到意外的是他也把潘漢年叫做『小開』」。足見毛澤東對於這位長期在敵佔區做情報工作的幹部，是有很深刻印象的。

分別前，毛澤東又囑咐了幾句：「你們三人都在上海做過地下工作，可以說是老上海了，應該把接管工作做好啊。」

關於這次見面，夏衍、許滌新都做了相當詳細，讀之生情的記述，按說，感觸最深的應該是潘漢年，毛澤東「小開、小開」地叫着，說明年齡和上下級的差異和拘謹，在他們之間根本就不存在。可惜的是，潘漢年沒有留下一點這方面的文字。

5月13日晚8時，潘漢年、夏衍、許滌新接到通知，請他們到中南海，參加由周恩來召集的一個會議。

他們進入會場時，發現到會的人很多，而且有許多像茅盾、胡愈之、薩空了、周揚（1908-1989）、鄭振鐸等這樣的文化界著名人士和老熟人。

周恩來在會上提出的議題之一，是關於上海解放後的文化工作問題。周恩來對大家說：上海即將解放，潘漢年等同志即將南下，想聽一聽大家對解放後上海的文化工作的意見。因為上海是中國最大的文化中心，情況又比較複雜，今天在座的又都長期在上海工作過，所以希望大家對這項工作提點看法和意見。

在討論這個問題時，周恩來先讓潘漢年講了一下他們幾位在香港時對這項工作的一些設想。最後，周恩來對與會者議論的問題，作了許多明確指示。他特別強調一定要謙虛謹慎，一定要調查研究，摸清情況。等大局穩定下來之後，再提改組和改造的問題。

這次會議整整開了一個通宵。這等於是周恩來為潘漢年他們請來了一群文化參謀，為接管上海的文化工作進行了一次高層次的研討，使潘漢年等人頗受啟發。

三　劉少奇說：「先不要動他們，觀察一段時間再說」　／隊伍中還有一個長得與毛澤東有些相像的人，化名「楊秘書」　／丹陽，正聚集着一批準備接管的人馬，他們已經是彎弓待發，就候着一聲出發的命令了　／上海是個好地方，又是一個爛泥坑、花花世界，是冒險家的樂園。鄉下人進城，會眼花繚亂的　／毛澤東有些焦慮地說：「我們熟悉的東西有些快要閒起來了，我們不熟悉的東西正在強迫我們去做」

劉少奇是最後一位會見潘漢年等三人的中央領導人。他不習慣籠而統之、泛泛地談論大道理、大原則，他談的是政法和經濟專題。尤其潘漢年到上海將主管政法，故而政法工作談得比較多，比較具體。

他向潘漢年問道：

「上海解放，青紅幫怎麼樣，他們會不會像 1927 年那樣出來搞亂？」

潘漢年回答說：「我和杜月笙的兒子杜維屏有聯繫。去年在香港，我和夏衍

同志還去訪問過杜月笙。這次我們離港前，杜月笙曾向我們作了保證，一定安分守己。我對他說，只要你們不動，我們對『青紅幫』上層也就不殺不動。據我了解，黃金榮那幫人也不會鬧事。」

劉少奇聽了潘漢年的這番回答，表示放心。接着，他對潘漢年說：

「你告訴陳毅、饒漱石同志，先不要動他們（指黃金榮等幫會頭子），觀察一段時間再說。」

中央對這批將接管中國最大的工業城市的上層領導們，該交代的似乎已經都交代了。於是，當劉少奇召見他們之後，潘漢年一行於5月16日，匆匆上路了。

此時，潘漢年他們已經不再是「三人行」，而是一支隊伍了。隊伍中還有一個長得與毛澤東有些相像的人，他就是毛澤東的長子毛岸英，當時化名「楊秘書」。

他們乘坐的火車，沿着津浦線南下。由於戰事剛剛結束，鐵路還來不及清除乾淨各種障礙，越往南走，故障越多，不得不走走停停，直到5月23日，才抵達丹陽。

在丹陽，迎候潘漢年等的，正是那位在特殊的環境下，與潘漢年成了有詩詞往返的吟哦之友揚帆。此時的丹陽，正聚集着一批準備接管的人馬，他們已經是彎弓待發，就候着一聲出發的命令了。

在三野的指揮部，潘漢年見到了陳毅，他向陳毅轉達了在北平聆聽的毛澤東、劉少奇、周恩來諸領袖的指示。

陳毅也向潘漢年等新到的人，簡單地介紹了一下上海前沿以及這裏整裝待發的情形。陳毅的話，總是那麼爽直而富有個性：

「我軍已經包圍了吳淞，國民黨在上海，只有幾個軍的殘兵敗將，已經沒有什麼仗好打了。上海隨時可以拿下，我們在這裏踏步不動，主要是對接管幹部做好思想工作。上海是個好地方，又是一個爛泥坑、花花世界，是冒險家的樂園。鄉下人進城，會眼花繚亂的。你們得分出點時間來，分別對你們分管的幹部講講上海的情況。凡是要注意的，要提防的事情，你們講比我講好，你們

有感性認識。」

潘漢年到丹陽的第二天，陳毅召集了一個會議，進入會議室的潘漢年，給人一種煥然一新的感覺。他脫下了西服，換上一套新發的軍裝，又將一支新手槍掛在腰間。王堯山的夫人對他的描述是：「這雖給他增添了幾分軍人的威武，但文人氣質卻並無多少改變。」

這次會議上，陳毅做了進入上海的最後一次動員。是日夜晚，陳毅、潘漢年等上海的新一屆「父母」官們，踏上了赴上海的不算太遠的路。

5 月 26 日，陳毅等進入上海市區的瑞金路三井花園。此時，解放軍剛剛進入市區不到 24 小時，而解放上海的整個戰鬥尚未結束。

晚上，陳毅主持召開了首次會議，部署從第二天起，正式開始接管工作。潘漢年和華東局的許多領導幹部都參加了這次會議。

上海，對潘漢年來說，實在是太熟悉了，究竟進進出出多少次，他都記不清了。但這其中有四次，是反動統治者或帝國主義侵略者所逼走的：

「1933 年夏天，因為面臨被國民黨特務機關逮捕的危險，他不得不撤離上海，轉移到江西蘇區去；1937 年冬天，因日本侵略者佔領了上海，不得不被迫轉移到香港去；1942 年冬天，也是因為太平洋戰爭爆發後，日偽在上海的統治日趨嚴酷，而不得不撤退到根據地去；1946 年秋天，又是由於國民黨政府發動了全面內戰，他被迫轉移到香港去。」

這數不清的進進出出，以及以往在上海的日日夜夜，儘管是那樣的千差萬別，但有一點是一樣的，那就是自從潘漢年加入中國共產黨以後，就基本上是處於地下隱蔽狀態，總是憑借各種勢力的掩護，總是依靠各種關係的照應，總是利用當局賦予的一點點權利。

而這次情形完全不同了，他從地下走到了地上，以勝利者的姿態來掌管這座城市了。他和他的敵人顛倒了過來，作為即將上任的主管政法的上海市負責人，他將同暗藏的對手打交道，他的敵人們將採取他當年採取的手段，和他進行殊死的鬥智鬥勇。

　　正是在這個時候，毛澤東有些焦慮地說：「我們熟悉的東西有些快要閒起來了，我們不熟悉的東西正在強迫我們去做。」潘漢年感到自己也正面臨同樣的問題，他將以一種全新的姿態、方式去工作，他要熟悉許多不熟悉的東西。

　　5月28日下午，在陳毅市長的率領下，副市長曾山、潘漢年、韋愨（1896-1976）及有關的人員在原上海市政府大樓市長辦公室，舉行了莊重的接管儀式。

　　僅僅上任5天的上海市代市長趙祖康（1900-1995），將舊市政府和舊市長的印信，交給陳毅市長。陳毅市長簡短地致詞說：「趙祖康先生率領舊市政府人員懸掛白旗，向人民解放軍交出了舊市政府的關防印信，保存了文書檔案，這種行動深堪嘉許。期望今後努力配合，做好市政府的接管工作，並請趙先生在公務局擔任領導。」

　　從這一天起，潘漢年就在那幢面臨外灘的灰色市政府大樓內，開始了上海市副市長的工作。

第十八章
忙碌的常務副市長

一　「共產黨在上海，將是紅着進來，黑着出去」　／地下一下子就冒出了許多形形色色的組織　／破壞勢力都在利用中共對上海的情況還不夠熟悉，利用中共幹部還缺乏管理大城市的經驗　／當潘漢年做着把注意力盯在敵對營壘內部的思考時，他猛然記起了一件事　／毛人鳳派遣了一個以著名的職業殺手劉全德為首的6人小組潛伏上海，準備暗殺共軍軍事領袖陳毅　／早就被我方所掌握的「逆用電台」

上海，在 1949 年的中國人的印象中，是繁華的十里洋場、花花世界，是中國首屈一指的工業城市。而實際上，這裏堪稱有規模的企業，不過 103 家。上海，實際上是個畸形發展的商業都市。

當中共從國民黨手中接收上海之際，它剛剛經歷了經濟大崩潰的劫難，剛剛從兵燹中抹去硝煙，接管它、改造它的任務極其艱巨。

特別是我們可以從任何一篇描寫那個時段的文章、著述中，看到那些懷着忿忿之情不得不離開上海的帝國主義分子和國民黨集團所發出的預言：

「共產黨不可能管理上海，不出三個月，天下大亂。」「共產黨在上海，將是紅着進來，黑着出去。」「上海連倒大糞都有惡勢力把握，只要他們罷工三天，上海就成為一個臭氣熏天的世界。」……

有人在等着看接管了上海的中國共產黨的笑話；更有人在從事顛覆接管了上海的中國共產黨的活動。作為主管政法的上海市副市長潘漢年，一接手工作，就面對着嚴峻的挑戰。

政權的交接，經濟的恢復，一切一切的前提，是人民生命財產的安全和社會秩序的穩定。潘漢年正是管這個前提的。

可就在解放軍進軍上海的那些日子，從地下一下子就冒出了許多形形色色的

組織，什麼「中國民主聯軍」、「中共地下軍耀字部隊」、「中國革命軍事委員會第三突擊支隊」等等，盜用「接管」名義，佔倉庫、搶物資，甚至對市民敲詐勒索，嚴重擾亂了社會秩序。

經過追查，發現這些惡行都是國民黨殘留的散兵游勇和地痞流氓相勾結所為。據估計，當時混跡市內的散兵游勇有 2 萬多人，對新生的上海人民政權構成了很大的威脅。潘漢年與軍管會決定動用軍管部隊，對這些破壞社會治安的壞分子，採取堅決的措施，發現一撥兒，逮捕一撥兒，逐個審查，分別情況，及時處置。時間不長，就打掉了這股破壞勢力的氣焰。

長期在上海工作過，又非常了解這裏情況的潘漢年清醒地認識到：真正的危險不在於浮在表面上的破壞勢力，而在於那些隱藏着的、甚至隱蔽得很深的敵對勢力。

上海是國民黨特務機關進行過長期經營的一個重要活動基地，特務系統龐大，各種特務機構林立，除了核心組織外，還有許多外圍組織。在國民黨政府逃跑之前，他們早已採取了一系列所謂的「應變」措施，特務大批地被潛伏隱藏了下來。還有從南京、濟南、徐州以及北方一些城市解放時潛逃來滬的特務、反動地主武裝和還鄉團的頭目，等等，也都麇集於此。各種反革命分子加在一起，數量是很可觀的。另外還有美英等帝國主義通過各種渠道埋伏下來的間諜分子以及黑社會勢力和各種破壞分子等等。上述各種反動的破壞勢力，都在利用中共對上海的情況還不夠熟悉，利用中共幹部還缺乏管理大城市的經驗，採取各種手段進行破壞活動。不僅如此，國民黨特務機關還在不斷地從台灣和另一些尚未解放的地區，派遣特務分子進入剛解放的上海來，直接進行偵察、破壞，以至暗殺等一系列的顛覆活動。總之，上海解放初期，社會治安的形勢十分嚴峻，新生的人民政權面臨着嚴峻的挑戰與威脅。

情況固然嚴峻，但潘漢年感到畢竟形勢已經轉換，畢竟力量對比是我強敵弱；敵我位置變了，我明敵暗，但鬥爭的手段還是大致相近的，昔日的一些經驗仍然可以借鑑。

上海解放初期，中共華東局領導饒漱
石（左四）、潘漢年（右四）與宋慶
齡（左三）等合影。

　　以往獲取情報的有效手段之一，是在敵人內部爭取耳目，建立內線，從敵人
營壘中尋找突破口；如今，依然可以遵循這一思路，尋找隱蔽着的敵人的蹤跡，
掌握敵情，配之以強大保衛力量的優勢和有利的條件，從內外兩個方面制敵。再
加上充分發揮行之有效的政策和策略，就勝券在握了。

　　當潘漢年做着把注意力盯在敵對營壘內部的思考時，他猛然記起了一件事。

　　1949 年 2 月間，人民解放軍陳兵長江沿岸，威逼江南，國民黨已呈土崩瓦
解之勢，特務機關已在做敗逃的部署。一些不想再繼續為國民黨政府效力的人，
紛紛打起投靠人民，以爭取自己前途的小算盤。

　　有一天，原汪偽政權的特工人員劉毅（徐漢光）到香港找到潘漢年，說他和
胡均鶴正在上海「賦閒」，等待解放。他們想投靠人民解放軍，要為人民解放軍
盡一點微薄之力，想通過潘漢年的介紹，去同駐在江北的人民解放軍聯絡。

　　胡均鶴和劉毅，都曾是漢奸李士群的部下。他們曾經協助李士群，為中共情
報部門提供過情報，並在中共江蘇省委重要人物從敵佔區向中共根據地撤退，擔
任過接應和掩護的角色。

　　潘漢年已有好幾年不曾和他們來往了，不太了解他們這幾年的情況，只隱

約聽說胡均鶴在抗戰勝利後，以漢奸罪被國民黨逮捕，後來又被釋放出來了。現在，他們主動找上門來，雖然一時無法知悉他們的真實底細，但他們決心改弦易轍，並準備介紹軍事關係，向人民解放軍投誠，對此不能不表示歡迎的態度。

對一切選擇棄暗投明之路的敵偽人員敞開大門，本為中共的一貫政策。何況他們二人在抗日戰爭期間還曾幫助中共。因此，潘漢年答應了他們的要求，要他們直接去江北解放區找解放軍聯絡。同時，從內部通知了華東局的領導饒漱石和華東情報工作的負責人之一揚帆，說明胡均鶴、劉毅去江北的目的，請他們接洽。

後來，胡均鶴等果然去解放區找到了中共情報部門。由於潘漢年事先已有通知，胡均鶴等亦表示了願意投誠立功贖罪的態度，情報部門經報饒漱石批准，中央情報部同意，決定吸收胡均鶴等參與鋤奸反特工作。此時，他們已經隨揚帆等進入上海。

積極利用起義、投誠和自首立功的敵特人員，讓他們協助公安部門開展肅反工作。這就是潘漢年從敵人內部尋找突破口思路的具體體現。

在這一思路啟發下，上海市公安局擬定了工作方案，潘漢年遂批准在公安局內建立情報委員會，選用了一批重要的起義和投誠人員，讓他們利用以往的眼線提供線索，結果有效地打擊了國民黨的潛伏特務組織和一些分散隱蔽的顛覆新政權分子。

他們是「活字典」、「活聯絡圖」，能為公安部門的偵破工作提供多方面的信息和情報。已經被批准協助上海肅反工作的胡均鶴，為了表示其洗心革面的誠意，主動向上海公安部門呈交了一份「已予運用及可予運用之滬地偽兩統（即中統、軍統）人員表」。這是一份很有價值的情報，為公安部門的肅反工作提供了很大的幫助。

類似胡均鶴這樣的投誠人員，潘漢年後來又爭取到了一批，他們在上海解放初期的肅反工作中起到了積極的作用。如在解放前夕起義的原敵特人員屬培明，解放後，由他直接提供的敵特潛伏組織和電台的線索就有 26 處之多，為穩固新

生政權作出了積極的貢獻。

有的投誠的特務分子，還在公安機關的有力控制下，直接參與破獲過一些重大的要案。例如著名的刺殺陳毅一案，就是在一個自首投誠的敵特分子的積極配合下，才得以及時破獲的。這起刺殺案是這樣的：

「那是 1949 年 11 月，上海解放還不到半年。國民黨特務機關陰謀殺害中共當政要人的計劃，已經實施兩次而未能得逞。這是第三次的行動了。保密局長毛人鳳親自部署，又派遣了一個以著名的職業殺手劉全德為首的 6 人小組潛伏上海，準備實施暗殺一批中共要員的計劃。在他們的行動計劃中，『第一打擊目標，為共軍軍事領袖陳毅』。劉全德小組的行動，很快就被我情報部門獲悉。但在上海的茫茫人海中捕獲他們卻非易事。劉全德十分狡猾，他是一個老牌特工人員，有豐富的特工經驗，還有一手好槍法。此人原是中央紅軍的一個保衛人員，1934年在派往武昌執行任務時被國民黨特務機關逮捕後叛變，投靠軍統，成了軍統的得力打手；抗戰期間，曾奉軍統之命在上海執行過多次暗殺行動計劃，深得軍統頭目的賞識。這一次，他以保密局直屬行動組上校組長的身份，率領同夥潛到上海，行動十分詭秘，每晚換一住處，很難查出他的蹤跡。有一天，他竟在光天化日之下混入了市政府大樓，察看地形和通道，一直躥到了市長辦公室的門外，居然未被察覺。我公安機關除派遣大批人員在車站、碼頭、旅館和各種可能隱蔽的場所加緊搜捕外，又特地物色了一個名叫高激雲的原國民黨特務分子。他過去曾和劉全德在上海一起共事，對劉比較熟悉。上海解放後，他即向我公安機關投誠自首，獲得了寬大處理，並被當作『工作關係』，供隨時調派用場。為了加強對劉全德的搜捕，公安機關讓高激雲也參加了搜捕活動。正是高激雲在劉全德的一個社會關係那裏找到了劉的蹤跡，為捕獲劉全德，破獲這一重大刺殺案立了功。」

11 月 9 日，「高激雲發現劉全德的線索，揚帆親自分析案情，佈置偵察。下午，高激雲來到匿藏劉全德的山西南路 7 號史曉峰家。高激雲與劉全德是故友，他進門後就將劉全德纏住。少頃，高假借上廁所與市局採取聯繫。於是，在揚帆的嚴密組織下，劉全德潛入上海後驚魂未定，便神不知鬼不覺地當場被捕。劉押

送北京後，此案受到中央公安部嘉獎。」

　　劉全德受國民黨保密局派遣，從台灣飛到舟山，又從舟山乘漁船在吳淞口登陸。他的這一切行動，幾乎從一開始，就被公安機關掌握了。公安機關是如何及時得到消息，並作出迅速反應的呢？這其中也有潘漢年的一份功勞，他的另一項工作部署發揮了作用。

　　上海解放前夕，國民黨特務系統留下了大批的潛伏電台，在這些潛伏的電台中，有一些早就被我方所掌握了，但故意不破獲它，仍讓其繼續工作，這就是「逆用電台」。在這些電台的工作人員中，有的是中共早就打進去的秘密情報人員，有的是在我方破獲之後迅速爭取過來為我所用的。

　　正是通過這些電台往返傳遞的信息，使公安機關能夠及時截取不少情報，並掌握到敵方的許多動向，包括敵人向其潛伏組織所下達的指示等等。為了取得敵方的信任，有關部門不時編造一些既有一定價值，又不致造成多少危害的情報資料，間隔地向敵方提供，這是必須付出的一點代價。

　　潘漢年是長期從事情報工作的專家，他很重視這些「逆用電台」的作用。在他擔任上海市副市長並主管公安政法工作後，就指示原上海的情報系統負責人，要讓這些過去已經掌握的「逆用台」繼續處於工作狀態，以充分挖掘可利用的價值。

　　在一段不長的時間裏，潘漢年還曾直接指導過一個由地下黨員秘密控制的、他認為是有油水的重點「逆用電台」，以了解和掌握一些重大的敵情。劉全德來搞暗殺活動的情報，就是這樣被及時截獲的。

二　潘漢年通過關係，向黃金榮轉遞了信息　/黃金榮保證：「貴軍進城後，如果我的徒弟有誰不守規矩，儘管拿我是問」　/潘漢年在香港約見了杜月笙父子　/叫杜老回大陸來，保他無事　/杜月笙保證在香港決不進行任何反共活動，也決不去台灣

　　除了對付反革命分子和特務的種種破壞活動之外，對付地痞流氓及幫會等黑社會勢力的任務，也相當艱巨。上海的流氓幫會有相當「悠久」的歷史，並形成了不同的幫派系統，「連倒大糞都有惡勢力把握」。他們滲透到了社會生活的每一單位，破壞力不容忽視。

　　說起上海的黑社會，人們就會想到青紅幫；提及青紅幫，人們就會想到那兩位「上海聞人」、最大的幫會頭子黃金榮、杜月笙；而講到黃金榮、杜月笙，又會讓人自然地想起 1927 年蔣介石舉起反共旗幟時，衝在屠戮革命志士最前面的，正是黃金榮、杜月笙的徒子徒孫們。

　　黃、杜二人，在上海灘盤踞時間最久，勢力也最大，黨羽嘍囉難以計數。

　　還在解放前夕，潘漢年就考慮過他們的問題。

　　潘漢年通過關係，向黃金榮轉遞了信息，勸他不要跟國民黨逃跑，只要遵守人民政府的一切法令政策，人民政府也不會為難他，黃金榮聽從勸告，沒有跑到香港或是台灣去。

　　為了表示真誠悔過和自新，他還為人民解放軍解放上海，做了一些有益的事。如他根據自己掌握的材料，將國民黨的一些財產叫人寫了一份清單交給上海地下黨；把自己手下的 400 多名幫會頭目的名單，列了一份名冊交給中共地下黨；他還利用自己在幫會中的威望，告誡下面的幫會人物，不要參與國民黨反動派在逃跑之前進行的大屠殺活動，對地下黨能掩護就掩護，能支持就支持，為自己留一條後路。

上海解放後不久，軍管會派代表前往黃金榮家裏向他本人及其徒子徒孫宣讀了人民政府的「約法八章」，責令他們遵守法令，安分守己，不能再有為非作歹之舉。黃金榮當場對軍管會的代表保證說：「貴軍進城後，如果我的徒弟有誰不守規矩，儘管拿我是問。」

然而，黃金榮畢竟是個在歷史上曾作惡多端的人物，雖然他在解放前夕，在得到中共地下黨的告誡和勸勉後，用行動表示了自己悔過自新的態度；但在新政權建立後，對如何處置他，在公安機關內部，也有不同意見。

有人認為：打蛇要打頭，不鎮壓黃金榮，就難以鎮服他的徒子徒孫，也難以平民憤；但也有人認為：追隨國民黨的死硬幫派頭目都跑了，杜月笙也跑了，黃金榮能夠留下來，並表示不與新政權作對，應予寬大處理。

潘漢年認為：黃金榮從解放前夕至今，是有悔過行動，並採取了與新政權合作的態度；更何況，在赴京受命時，劉少奇曾親自向他指示過：「先不要動他們，觀察一個時期再說。」因此，他對有關人員指出：

「黃金榮是反動統治時期帝國主義的走狗、蔣介石的靠山，他的門徒們在上海幹了許多壞事。但解放後他不走，也就是說他對祖國還有感情，對我們黨至少不抱敵意。他聲稱不問外事，那很好，我們不必要把『專政對象』的帽子加在他頭上，只要他表示態度就行。」

但黃金榮自感罪孽深重，總是憂慮甚多，且當時有不少群眾上書，要求槍斃黃金榮，黃很擔心共產黨追究舊賬，將他逮捕法辦。有一天，他把自己的擔憂告訴了一個朋友，這個朋友遂將他聽到的潘漢年關於黃金榮的那段話，向黃複述了一遍。聽了朋友的一席話之後，黃金榮那惴惴不安的心才放了下來。

黃金榮從心裏佩服共產黨人的氣量和胸懷，感激人民政府對他的寬大。此後，他不僅積極買公債，支援經濟建設，還在報紙上發表千餘言的悔過書，檢討自己的罪過，並頌揚了共產黨和人民政府，還號召他的門徒們主動向人民政府自首坦白，爭取寬大處理。這份發表於 1951 年 5 月 20 日《文匯報》上的自白書，對當時正在進行的鎮壓反革命的行動起到了有益的配合作用。

對杜月笙，潘漢年也費了不少心力，曾多次主動與杜月笙聯繫打招呼。

在潘漢年離開香港前，上海還在國民黨手中時，潘漢年就在香港約見了杜月笙父子，告訴他們戰局的發展，告知上海的解放指日可待，希望他們的幫會勢力，在上海解放以後，能夠安分守己，不搞破壞活動。

新上海人民政府成立後，他邀來杜月笙的老朋友章士釗，請他親赴香港做說客，勸說杜月笙返回上海。章向杜講解了中共進入上海後的情形，以及不計前非的政策。此前，杜月笙曾派黃振世到上海了解情況，黃了解到不少情況，還見到了四一二事變後任上海警備司令、指揮屠殺了大批革命志士的楊虎（1889-1966）。黃將有關情況託章傳給杜，章向杜轉述了黃振世的話：

「楊虎先生也棄暗投明了。楊說：我在民國十六年幹的壞事不比杜老少，只要改過從善，人家也寬容了我。叫杜老回大陸來，保他無事。」

潘漢年還曾找杜月笙留在上海的另一個兒子杜維翰談話，動員他去香港勸其父回上海。不久，杜維翰返回上海，回覆潘漢年說：

「我爸爸很感激潘副市長，只是他現在病重，離開氧氣瓶不能生活，所以暫時無法回來。不過他向潘副市長保證，本人在香港決不進行任何反共活動，也決不去台灣。另外還表示，一定會關照上海的徒弟們服從政府法令，安分守己。」

以上各條，後來都一一兌現了。後來，杜月笙在香港去世，杜家要求在上海的報紙上發一個訃告。潘漢年請示上級得到批准後，杜家的人以及杜的門徒們對此深為感動。

三　娼妓是舊社會反動統治者留下來的產物，必須用強制勞動和耐心的教育來改造她們　／潘漢年提出，全市突擊收容，消滅一切娼妓　／我們不是在抗日戰爭時期做過舞女的工作，從中培養了一批積極分子嗎　／使患有性病的婦女都及時得到治療

　　大量娼妓的存在，是畸形發展的舊上海叢生的諸多醜惡現象之一。據國民黨上海市警察局統計，全市登記註冊的妓院有 800 多家、妓女 5000 餘人。另外，未登記註冊的妓院還有 1200 多家，被稱為「野雞」的私娼有 2 萬多人。這些娼妓大多數是為生活所迫，步入風塵的。

　　上海解放後，市政府為了徹底剷除這一醜惡現象，進行了一系列準備工作，潘漢年負責主持這方面的工作。他在有關改造妓女問題的工作會議上指出：

　　「娼妓是舊社會反動統治者留下來的產物。妓院的老闆、老鴇是剝削者，以吸妓女的血液為生，他們往往就是流氓分子和殘酷剝削妓女的吸血鬼。對於這些人，必須堅決予以制裁。而妓女大都是農村和城市貧民在飢寒交迫中被騙、被搶、被販賣來的，是被侮辱、被迫害的人，但她們進入社會的黑暗圈子以後，受到惡劣環境的影響，沾染了嚴重的不良習氣。因此，必須用強制勞動和耐心的教育來改造她們。」

　　1949 年 6 月，在潘漢年的主持下，上海市政府會議經研究決定：在實施對妓院、妓女登記的同時，支持妓院自動停業、妓女自謀出路。

　　7 月，市政府又發佈了《管理妓院暫行規則》，限制妓院和妓女的發展，廢除一切非法契約，禁止妓院老闆對妓女的壓迫和虐待。不少妓女在黨和政府的號召下，開始了自食其力的新生。

　　到 1951 年下半年，上海市殘存的妓女還有四五百人。潘漢年在有關會議上提出，要採取全市突擊收容的辦法，消滅一切娼妓。11 月 23 日，上海市各界人

民代表會議協商委員會第七次會議作出了取締殘存妓院、廢除妓女制度的決議。

25 日晚上，潘漢年指揮全市公安、民政、婦女等部門採取聯合行動，突擊封閉殘存妓院 72 家，收押妓院老闆、老鴇 334 名，收容妓女 501 名。

然而，取締妓院、廢除妓女制度的工作並沒結束，尚有一批沒有登記的妓院和妓女，仍在繼續進行賣淫活動，不少私娼還在遊樂場、舞廳、旅館、酒店出賣色相招攬狎客。因此根據潘漢年的指示，後來又進行了幾次收容。

在上海市取締妓院、消滅娼妓的過程中，共封閉妓院 627 家，收押妓院老闆、老鴇 920 名，收容妓女 7513 名，基本掃除了舊社會遺留下來的這一醜惡現象，解救了一大批淪落苦海的婦女。

對於迫於生計淪落風塵的妓女，潘漢年深表同情，他指示市民政局成立一個上海市婦女教養所，專門收容妓女進行教育改造，並指示市婦聯選派一批素質好、責任心強的婦女幹部，同市民政局配合去婦女教養所工作。

進入婦女教養所的妓女，對收容反應不一。有的感謝共產黨和人民政府的關懷，把他們救出火坑；有的則大哭大鬧。潘漢年指示市民政局的有關同志：對妓女的教育改造，首先要從政治思想教育着手，安定她們的情緒，說明黨和國家是關心她們、愛護她們的，真心誠意地幫助她們改造成為新社會的勞動者。

當得知有些妓女在婦女教養所裏大哭大鬧，甚至把女工作人員打傷時，潘漢年囑咐民政局的負責人說：

「你們一定要耐心地做教育工作，工作人員要取得她們的信賴。我們不是在抗日戰爭時期做過舞女的工作，從中培養了一批積極分子嗎？她們是被侮辱、被損害的，一旦覺醒，就會同我們站在一起。」

通過打擊和鬥爭妓院老闆、老鴇，管教人員動之以情，曉之以理的教育，終於使多數妓女逐漸醒悟，起而控訴妓院老闆、老鴇對她們的欺壓和剝削。

當時，妓女的性病率很高，在第一批收容的 500 多名妓女中，患性病的佔 88.3％。要使性病在中國絕跡，必須首先消滅她們身上的毒菌。而治療她們的性病需要大量的盤尼西林。由於當時國內還不能生產，需要從國外進口，而帝國主

義對新中國的經濟封鎖，使進口很困難，庫存又有限，還要供韓戰戰場使用。

　　但是，為了給妓女們治病，陳毅、潘漢年果斷地作出決定，把盤尼西林集中起來，先供給婦女教養所使用，韓戰戰場需要的另想別法，使患有性病的婦女都及時得到治療。

　　同時，潘漢年還指示有關部門，教育引導妓女改變好逸惡勞的習慣，參加生產勞動，學會一技之長，自食其力。並且動員社會各方面關心她們，幫助她們成家立業，徹底告別過去，成為社會的新人。

　　數年後，當一批外國來賓到上海訪問時，潘漢年自豪地向他們宣佈：

　　「在上海，已經沒有一個妓女存在！」

第十九章

最後的輝煌

一　在上海新舊政權交接的時候，潘漢年就注意到了一個人　／趙祖康下令在市政府大樓上豎起一面白旗，迎接人民解放軍的接管　／趙祖康建議給原上海市公安局副局長陸大公安排工作　／你對上海的城市建設情況熟悉，還是繼續留在上海工作好

打擊敵人，保障社會的穩定，是為了建設。而建設，與奪取政權時一樣，需要動員最廣泛的力量，特別是高級知識人才和技術力量。也就是說，統戰工作依然很重要而且繁重。

潘漢年出任上海市副市長時，同時還兼任着華東局統戰部副部長和上海市委統戰部部長的職務，顯然，中共上層是很看重潘漢年當年在統戰方面曾經顯露的豐富經驗和才幹的。

在奪取政權過程中，因廣交朋友而左右逢源，受益頗多的潘漢年，對中國共產黨統戰這一大法寶，是深有體驗的，在和平環境中，他依然運用得得心應手。

當上海新舊政權交接的時候，潘漢年就注意到了一個人，這就是舊上海的代理市長趙祖康。根據陳毅「努力配合做好市政府的接管工作」的指示，在交接中，潘漢年便和他時有接觸。

潘漢年了解到，趙祖康本是一位著名的工程技術專家，是搞市政工程建設的。解放前，他的工程技術專長沒有得到充分的發揮，卻被國民黨任命為管理市政工程的工務局局長。

而忙着打內戰的國民黨政府，根本不關心他所主管的市政工程建設，因此在他當了數年局長後，回首一望，幾乎乏善可陳。他自覺悲哀，對國民黨政府也深為失望。所以當國民黨政府着手撤退時，他根本就沒動過跟着走的念頭。

就在那段時間裏，他隱隱約約地從別人那裏聽到一點消息，說中共的廣播電台曾指名道姓地希望他不要跟國民黨走，留在上海。就在上海臨解放的 5 月 24

日，剛剛正式被任命為上海市市長不過半個月的原市秘書長陳良，在逃跑前夕，在市局、處會議上，執意懇請趙祖康代理市長職務。他尋找了一位他認為可能是中共人士的人，透露了這一消息，這位人士建議說：您可以把上海的政權接過來。

趙祖康遂接下了代市長之職，而他在接掌當晚發出的第一道指令，就是要警察局副局長陸大公，通知各區警察分局立即繳械投降；接著，他打電話給警備司令部，找陳良和陳大慶，要他們迅速下令撤走部隊，以免危害人民生命財產。次日凌晨 2 點，解放軍已到達市區邊緣，趙祖康下令在市政府大樓上豎起一面白旗，迎接人民解放軍的接管。

5 月 26 日上午，趙祖康召集市政府各局、處負責人開會，按照中共代表的意見，佈置維持治安，照常辦公，妥善保管檔案資料。兩日後，他親手把印信及資料，交給了陳毅、潘漢年等新的上海領導人。

政權交接手續完成後，趙祖康感到他的行政使命已經完成，請求允許他回到交通大學去繼續教書。他認為自己畢竟是國民黨政府的一名上層官員，繼續留在市政府是不恰當的。不料新市長陳毅懇請他繼續擔任市政府工務局局長。他懷着幾許疑竇答應了下來，並從此同潘漢年有了工作關係。

在接觸中，潘漢年給趙祖康的印象是：「溫文爾雅，是黨內知識分子出身的好領導。……向他請示、報告工作時，總感到他誠懇和藹，平易近人。解放前，我長期處於國民黨官場中，所接觸的大小官僚不是盛氣凌人，就是虛偽敷衍，現在從他身上看到了黨的高級幹部的優良品德和作風，使我受到了很大教育。」

因此，趙祖康有些什麼看法、想法，都願意向潘漢年反映。上海解放不久，他就向潘漢年反映：原上海市公安局副局長陸大公，在解放前夕做過一些有益於人民的工作，建議潘漢年給陸大公安排工作。

潘漢年當即表示，他的這一建議可以接受，這使趙祖康頗為感動。這件事使他感到共產黨人實事求是的精神，並不以陸大公是舊政權的官員、在舊政府供過職，就簡單地將其排斥；同時他還感到潘漢年是真誠信任黨外人士和朋友的。此後，凡工務局的人事方面的事，他都願意推心置腹地在潘漢年面前直抒己見，兩

人之間建立起相互信賴、友好的關係。

在很長一段時間裏，趙祖康一直忙於行政領導工作，恪盡職守，幾乎忘記了自己的工程技術專家的特長。而實際上是他怕別人誤解，有意不過問工程技術方面的事。

潘漢年了解到這一情況後，主動找趙祖康，鼓勵他在做好工務局領導工作外，還應該參加上海的科學技術界的活動，並希望他能在行政部門之外，在科技界發揮積極作用。趙祖康又一次被感動了，潘漢年是真正地關注和了解像他這樣的知識分子的心聲。

當上海科技界代表會籌備成立時，趙祖康被選為常務委員。從此，他在擔負行政領導工作外，還經常參與他所熱愛的專業工作。

上海的反轟炸、反封鎖鬥爭開始後，工務局同其他單位一樣，需要動員疏散一部分人員到外地去工作。趙祖康在動員會上對人民政府的這一措施，表示積極擁護，並自告奮勇地提出自己願意帶頭到外地去。潘漢年聽聞後，立即找趙談話，誠懇地對他說：你對上海的城市建設情況熟悉，還是繼續留在上海工作好。

二　他提心吊膽，對共產黨懷着深深的懼怕　／他逐漸把潘漢年這位中共的高級幹部，看作是他真心實意的好朋友　／發出邀請後又心存疑慮，怕遭拒絕

雖說上海夠規模的企業，即有員工 500 至 3000 人的企業，只有 103 家，但它依然是中國最大的工業城市。這個城市的生存和繁榮，有賴於這不多的企業的經營發展。爭取企業家與新政府的合作，是統戰工作的重要內容。

郭棣活（1904-1986），是上海紡織業鉅子，他的永安紗廠在上海是數得着

的大企業。但由於受國民黨當局多年宣傳的影響，以往像他這樣的大資本家，是要被共產黨「消滅」的。因此在新政權成立後，他提心吊膽，對共產黨懷着深深的懼怕。

陳毅市長曾親自同他談話，向他說明黨的政策後，他才稍微安下心來。後來，作為副市長和統戰部部長的潘漢年和他有過多次接觸與交往，特別是在他經歷了一些麻煩，得到了潘漢年盡力的幫助之後，他逐漸把潘漢年這位中共的高級幹部，看作是他真心實意的好朋友，他的心才完全踏實下來。不僅消除了原先的那種懼怕心理，而且大大增強了他對共產黨的信任。

解放之初，由於原材料來源和交通運輸等方面存在很大困難，永安紗廠的生產一度陷於停頓。郭棣活在極其無奈的情況下，抱着試試看的心態，向政府求援。

潘漢年了解情況後，同他一起採取積極措施，設法多方解決原材料來源，安排調配運輸，使永安紗廠度過了難關。為此，郭很感謝人民政府，對政府的各項號召，更積極響應。

當棉紡織業成立同業工會時，他被推選為主席。為了表示友好，他決定邀請潘漢年及其夫人董慧到他家裏去吃一次飯，但在發出邀請後又心存疑慮，怕遭拒絕，使他面子上難堪。

不料，潘漢年夫婦很痛快地接受了邀請，使郭及其家人感到親切和溫暖。由於董慧的父親在香港和郭家的人早有來往，故而這次潘漢年夫婦應邀到郭家作客，使郭家好像招待親戚一樣。席間，他們「推心置腹」，「無所不談」，充滿了愉快友好的氣氛。隨着交往的增多，郭棣活感到「潘漢年同志知識淵博，論述問題深入淺出，令人佩服」，「沒有一點官架子」，「我有什麼問題都願向他反應，有什麼困難，都願同他說，請他幫助解決」。

在潘漢年等人的積極影響下，郭棣活更進一步向人民政府靠攏，對共產黨也更加信任。他在解放前不久，曾經向國外訂購了一批紡織機械和原料，包括瑞士製造的 7000 千瓦汽輪發電機，10000 錠紡紗機器的成套設備以及 6000 多包美國

棉花等，總值 250 多萬美元，但他一直沒有通知供貨方發貨。

在經過這一段時間與中共及潘漢年等人的接觸，和觀望深思之後，郭棣活終於下決心，將這批物資運回上海來擴大生產。當時他的一些海外親友曾竭力勸阻，要他把這批物資投放到香港的企業去。

當時郭棣活的叔父郭順先在香港，是香港永安紗廠的總經理。在郭棣活做了許多大量說服工作後，得到了叔父的支持，最終把那批重要的設備和原料運回了上海，對支援當時上海的經濟恢復和建設作出了積極的貢獻。

三　榮毅仁看到坐在自己家門口不走的工人，一時不知該如何解決這一僵局　／榮毅仁的父親榮德生、堂兄榮鴻元先後遭國民黨當局綁架和拘留，兩次共被勒索去美金100 萬元　／你們不怕帝國主義，不怕國民黨和蔣介石，卻怕起民族資產階級來了　／榮毅仁心悅誠服地把黃龍華交付人民法庭審判，依法處刑

以兩部土洋結合的麵粉機起家，從「麵粉大王」到「棉紗大王」的榮氏家族，也得到過潘漢年的關照。

接手經營申新紡織廠多年的榮家子弟榮毅仁（1916-2005），在解放初期，因工廠開工不足，銀根吃緊，一度連工人的工資也無法支付，導致了勞資糾紛。一天，要求解決糾紛的工人湧進了榮家的宅院，面對僵局的榮毅仁，一時不知該如何平緩事態。

榮毅仁打電話將此事輾轉通知了軍管會，潘漢年聞訊後，立即囑咐勞動部門和工會組織的幹部，去做工人的思想工作，並安排榮毅仁暫時住進上海大廈。同

時潘漢年邀請有關部門的領導以及同業工會的負責人開會，研究具體的解決辦法。很快，「從公私關係、勞資關係到原料供應、成品收購，以及銀行貸款等，一一作了綜合部署，終於很快就將事態平息下來」。

這使榮毅仁感受很深，特別是對比國民黨時期，當局不僅不對民族工業給予支持，相反經常向民族企業家們敲竹槓。1946 年和 1948 年，他的父親榮德生（1875-1952），他的堂兄申新紡織廠總經理榮鴻元（1906-1990）先後遭國民黨當局綁架和拘留，兩次共被勒索去美金 100 萬元之多，才將兩人贖出。而共產黨卻為他扶危救難，從此他和潘漢年交上了朋友。

1950 年，蔣軍飛機轟炸上海，製造二六轟炸事件，再度給上海的企業生產帶來困難。時值舊曆新年，榮毅仁想利用年關之機，宴請市委的幾位主要負責人，順帶能說一下生產的事。

有人怕影響不好，勸潘漢年不要去榮家吃飯。潘漢年認為這正是交朋友，為黨作統戰工作的機會，應當去。他用陳毅市長曾經說過的話教育大家：「你們不怕帝國主義，不怕國民黨蔣介石，卻怕起民族資產階級來了，真是怪事！」

接著，他又對大家說：

「要同資本家搞好統戰工作，首先是要同他們接觸，是要同他們交朋友，是要了解他們的思想狀況——正確的和錯誤的。如果彼此隔得很遠甚至令人望而生畏，統戰工作從何作起呢？當然，政治立場是要站得穩的。」

潘漢年終於說服了持不同意見的人，如期去榮家赴宴，使榮家的人甚感欣慰。

在鎮反運動中，榮氏家族產業申新紡織廠的工人揭發該廠人事科科長黃龍華欺壓工人，姦污婦女等不法行為，要求政府嚴懲。由於黃龍華是榮氏企業裏的老員工了，當時榮毅仁想不通，要求政府寬大處理。漢年同志除對榮先生個別幫助外，指示市政治協商委員會組織了黃龍華反革命罪行調查委員會，邀榮毅仁先生擔任委員會副主任，下廠實地調查。「結果工人群眾揭發出了黃龍華的纍纍罪行，證據確鑿，使榮先生在大量事實面前轉變了思想，最後心悅誠服地把黃龍華交付人民法庭審判，依法處刑。」

　　榮毅仁就是從潘漢年這種實事求是的作風，看到了共產黨人光明磊落的胸襟。他不僅和潘漢年成了很好的朋友，而且在以後的各項建設事業中，在工商企業界都起了表率作用。

四　周恩來委託章士釗去香港，召開了一個由部分在港的原上海工商界人士參加的座談會　／他不得已決定將金城銀行和中南銀行所屬的一個紗廠出售給政府　／潘漢年特別囑咐顧準：對周提出的價格，你不要還價，可以照數接受

　　上海金城銀行董事長周作民先生，在 1948 年秋天，受到在上海搞經濟執法的蔣經國的直接威脅，一氣之下遠走美國，後又輾轉到了香港。經熟人介紹，他認識了當時在香港活動的潘漢年，在交往中成了相互信賴的朋友。

　　不久以後，潘漢年承擔了送大批民主人士安全北上，以參加新政協會議的重任；同時還要給剛解放的天津和華北地區，運送一些緊缺的物資，交通問題就顯得十分突出了。於是，潘漢年找到周作民，請他設法幫助解決。

　　周作民經考慮，表示願意由金城銀行出資，租用一艘輪船開往天津，以使潘漢年完成運送民主人士和緊缺物資的任務。結果，金城銀行花了 40 萬港幣，租了一艘華中號輪船，掛上外國旗號，圓滿地完成了上述任務。周作民為革命事業所做的這椿事情，潘漢年記在心裏，絲毫不曾淡忘。

　　上海解放後，周恩來委託章士釗去香港，召開了一個由部分在港的原上海工商界人士參加的座談會，勸他們回上海，支持新中國的建設事業。

　　會後，周作民響應號召，於 1950 年冬回到了上海。潘漢年對周作民的這一行動，表示了熱誠的歡迎，專門為他設宴洗塵，並邀請了一批著名的工商界人士

作陪，以便周作民今後在上海的活動。

金城銀行在解放前受到國民黨當局的沉重打擊，特別是經歷了金元券狂貶風潮後，經濟實力大為削弱，赤字激增，以至在解放初期仍難以緩過勁來。對此，周作民十分着急。他不得已決定將金城銀行和中南銀行所屬的一個紗廠出售給政府，以抵償銀行的虧損。

他派金城銀行總經理徐國懋，去向潘漢年報告有關情況。第二天，潘漢年就派上海市財政局局長顧準，去看望周作民。顧準向周作民表示，政府為了幫助金城銀行解決困難，願意在財政困難的情況下承購紗廠。

顧準還告訴周作民和徐國懋等人潘漢年交代此任務時，曾特別囑咐他說：

「周作民先生在香港時，曾經為革命做過有益的貢獻，我們不能忘記這樣的朋友。他現在遇到了困難，我們應當幫助解決。一個創業的人要變賣他的產業，心情是會難過的。我們應予以充分理解。你去和周作民洽談時，請周提出紗廠的售價。對他提出的價格，你不要還價，可以照數接受。」

當顧準將這番意思向周作民等做了轉達之後，周對此十分感激，但他堅持不由自己提出價格。後來，還是由紡織部門定了一個比較公平合理的價格，使問題得到了圓滿的解決。

這件事在工商界引起了積極反響。人們都十分欽佩潘漢年對朋友的這種真誠關懷和講究信義，更加深了他們對中共統戰政策的信任和擁護。

五　湯蒂因被運動轟轟烈烈的聲勢嚇得有點暈頭轉向　／你坦白的數字是不是實事求是　／心中確實有些委屈的湯蒂因，這才對潘漢年講了真話　／像這樣坦白，我思想並不通

在大上海，有位頗有知名度的女企業家，名叫湯蒂因（1916-1988）。她精明能幹，長於經營管理。當五反運動興起後，她由於對運動不太理解，被其轟轟烈烈的聲勢嚇得有點暈頭轉向。

當時上海的工商界人士，有 300 多人集中學習，常常到湯蒂因那個小組做動員的，就是上海市委統戰部工商處副處長董慧。她幾次溫和地對湯蒂因說：「只要老老實實交代，是會得到寬大的。你是民建骨幹，應該帶頭啊！」

誰知這些寬慰的話，反而加重了湯蒂因的思想負擔，在交代經營利潤時，她怕如實交代不能讓工作組滿意，與其通不過再加碼，被人像擠牙膏似的，不如一次性誇大些好過關。於是，她將解放後三年的利潤當一年報了。結果一次順利過關，還被視為五反積極分子。

潘漢年從董慧處了解到有關情況後，感覺其間可能有隱情，立即讓董慧將湯蒂因找來，和她進行了懇切的談話。潘漢年對她說：

「我知道你為人性格直爽，要求進步，比較肯講。現在希望你真正打消顧慮，說老實話，你坦白的數字是不是實事求是？」

湯蒂因覺得潘漢年的口氣，彷彿是看透了她心底的秘密，她想如實講出來，可一下子又轉不過口來，正在欲言又止之際，在一旁的董慧勸她說：「你大膽講好了，不會批評你的，你放心好了。」

心中確實有些委屈的湯蒂因，這才對潘漢年講了真話。她說：

「雖然口頭上一再要我們老實交代，不要誇大，也不要縮小，但實際上卻是說某人坦白不老實，某人交待不夠徹底。上面還要我發揮作用，幫助別人，怎麼

幫呢？只能要他們『加碼』。究竟要加到多少才算徹底，我心中一點數目也沒有。聯繫我自己，我解放後到 1952 年，一共賺了 10 億元，除了交稅和職工福利外，連本帶利共 5 億元，我全部都坦白交待了，這樣才算過了關。說老實話，像這樣坦白，我思想並不通。我很擔心，今後如何做生意呢？」

聽了湯蒂因的這番訴說，潘漢年笑着對她說：「你不用擔心，黨的政策歷來是實事求是的。凡是對國計民生有利的工商業，國家一定是要扶植的。」

後來定案時，經核實定為 2 億多元，比湯蒂因自報的 5 億元，減少了一半多。湯蒂因自己給自己評了個「半守法戶」，而工人代表將她評為「基本守法戶」。結果這使得湯蒂因喜出望外。許多年後，她總也忘不了潘漢年和她的那次談話。

然而有意思的是，並非對所有的人，潘漢年都持這種積極幫助的態度。

紅透上海餐飲業的董竹君（1900-1997）創辦錦江川菜館前，就與中共地下黨人有密切接觸。隨着錦江川菜館生意日隆，上海灘的政界要人、黨派領袖、社會賢達、文化名流、企業大亨乃至黑道巨擘，皆頻繁光顧捧場。董竹君利用這種便利，為中共做了大量別人無法替代的工作。錦江川菜館已成為中共活動的一個重要場所。

上海解放後，錦江川菜館廣大職工由於不了解董竹君與中共的這段秘密關係，把她當作搾取員工血汗的資本家來鬥爭，要和她算賬，並提出剝奪她的管理權，引出一系列勞資糾紛，甚至鬧得工會和上海市勞動局都出面介入了。令董竹君大為不解的是，這些單位不僅不盡力平息糾紛，反而鼓勵鬧事員工。

當時上海的餐飲店數量逾萬，錦江川菜館的勞資糾紛頗令人關注。董竹君認為，這一糾紛解決的妥善與否，不僅是個人得失問題，而且事關社會對中共保護民族工商業和統一戰線政策的評價。國民黨在潰逃前，曾散佈了大量共產黨要共產的言論，錦江川菜館的歸屬，餐飲業內人士都引頸以待，並將由此預計自己產業的命運。

董竹君為勞資糾紛的事，專門找了潘漢年，因為潘漢年曾多次在錦江川菜館與地下工作者接頭，和夏衍等人會面，所有開銷都是簽單了事。對於董竹君與中

1949年，董竹君（左一）與華東軍政委員會的領導幹部張愛萍（左二）、陳同生（左四）、曹荻秋（右一）、章蘊（右二）等在錦江飯店前身錦江川菜館合影。

新中國成立初期，潘漢年（前排右三）等曾在上海從事地下工作的領導人合影。

共的關係，如接待中共地下黨人食宿，參與營救被捕人員，直接從事國民黨要員策反等，潘漢年都是清楚的。可在她與潘漢年談了情況，並請他幫助平息後，糾紛反而鬧得更厲害了。

1951 年，潘漢年、揚帆指示董竹君，要將錦江川菜館擴充為接待中央領導和外賓的高級食宿場所。為了擴充，董竹君節衣縮食，原來住的公寓租金過高，就換了一個小公寓，當時上海市委統戰部部長陳同生（1906-1968）認為這樣不妥，說是錦江川菜館規模再擴大，而你的居住條件卻越來越差，會在社會上引起負面影響，原來的房租，應由政府支付，他並親自找潘漢年談此事。可潘漢年在聽了陳同生的意見後，堅決不同意由政府支付原公寓租金。

錦江川菜館擴充後，改為錦江飯店，董竹君出任董事長兼經理。1953 年秋，董竹君決定召開一個會議，可等她到場時，副經理卻告訴她，會已經開完了，從此以後，董竹君對飯店的所有指示均得不到貫徹執行，她被迫改任董事長兼顧問，退居二線。1955 年，當潘漢年被捕的消息公佈後，錦江飯店那位副經理，託人轉告董竹君，當年錦江飯店人事安排的事，是按潘漢年的指示辦的。這再次使董竹君感到困惑，潘漢年為什麼這樣對待自己呢？這個謎大概已經無法解開了。

「或許『錦江』也許是個例外吧。」

但不管怎麼樣，潘漢年確實是在忙碌着，且依舊是在幾條戰線上，都能看到他的身影。然而，他怎樣也不曾預料到，這竟是他人生的最後的輝煌。

第二十章

冤獄「：」

一　高崗背着中央和毛澤東，想依靠蘇聯，在東北搞獨立王國，毛澤東得悉後，對此非常惱火　／高崗還同陳雲做交易：「搞幾個副主席，你一個，我一個」　／揚帆卻突然和高、饒集團聯繫起來　／南方某省公安機關，發生一起被控制使用的特殊情報人員叛變投敵事件，且造成嚴重後果　／如果再有人抓你，我給你證明　／胡均鶴的被捕，對潘漢年的震動，比揚帆要更強烈　／他依然有條不紊地處理着日常工作，但他的心靈，已經振奮不起來了

在 1953 年至 1954 年間，中國共產黨內出現了高崗、饒漱石的反黨分裂活動。這是建國後，乃至六屆六中全會後，第一次出現的反對和分裂以毛澤東為首的中共第一代領導核心的嚴重事件。對毛澤東和中國共產黨，震動都很大。

新中國成立前後，高崗的地位上升很快，他的個人野心也隨之膨脹。先是背着中央和毛澤東，想依靠蘇聯，在東北搞獨立王國，毛澤東得悉後，對此非常惱火。高崗遂被調離東北，來到北京。

出任國家計劃委員會主席後，高崗並未收斂其個人野心。相隔不久，華東局的饒漱石，也調到北京，出任中央組織部部長。

此時，中央正在醞釀召開第一屆全國人民代表大會和中共第八次代表大會。結識後的高、饒，認為這是他們進一步提升個人在黨和國家領導集體內地位的機會。在1953年夏的全國財經會議上，高崗就開始製造糾紛，攻擊劉少奇、周恩來，抬高自己。在秋季的全國組織工作會議上，饒漱石積極行動，進行反對曾給他推上華中局書記位置上的劉少奇的活動。

此後，高崗四處活動，在東北得到林彪（1907-1971）支持；在華東有饒漱石幫忙；到西南找鄧小平，說劉少奇不成熟，要鄧與之聯手倒劉，遭到反對；高還同陳雲做交易：「搞幾個副主席，你一個，我一個。」陳、鄧感到高的活動不

對頭，遂向毛澤東反映，引起毛澤東的警惕。

1953 年 12 月，中央政治局會議揭露了高、饒反黨分裂活動。毛澤東說：「北京有兩個司令部，一個是以我為首的司令部，就是刮陽風、燒陽火；一個是以別人為司令的司令部，就是刮陰風、燒陰火，一股地下水。」次年 2 月，中共七屆四中全會，進一步揭發批判高、饒。此後中央書記處分別召開座談會，揭發對證高、饒陰謀活動的事實。

中央揭露了「高崗、饒漱石反黨聯盟」後，身受饒漱石迫害的潘漢年、離職治病的原上海市公安局局長揚帆，都感到揚眉吐氣。可是出乎預料的是，不久，揚帆卻突然和高、饒集團聯繫起來。

此事並非空穴來風。早在 1950 年冬，南方某省公安機關，發生過對原敵特分子控制使用不當，造成嚴重後果，受到中央嚴肅批評，有領導責任的人員受到相應處分的事情。

恰在此後不久，公安部主要領導到上海視察，有人匯報上海公安機關在控制使用特殊情報人員的工作中，存在類似某省的隱患。這位領導據此對上海公安機關提出批評，特別對成立起義自首人員組成的情報委員會，且讓胡均鶴這種在敵特營壘陷得很深的人當主任深為不滿，認為這是犯了原則性的錯誤，責成組織檢查。

經有關人員檢查，發現上海公安機關存在三大問題：對情報委員會過於放手，任用胡均鶴是原則性錯誤；對留用投誠自首的特務，控制措施不力，讓敵人鑽了空子；對控制利用敵人電台的掌握、運用失當，如二六轟炸，上海電力公司等企業損失嚴重，而恰在此前，一個控制利用的電台剛向敵方提供了上海電力公司等企業生產情況的情報，被懷疑與轟炸有因果關係。

上海公安機關做了解釋和檢討，但出於當時寧左勿右思維定勢，解釋與檢討均未通過，主管局長揚帆受到嚴厲批評。然而此時此事尚被看作是工作失誤。但高、饒事件後，因為情報委員會成立是饒批准的，具體領導人是揚帆，於是饒、揚被聯在了一起，問題自然要被上綱。

揚帆的工作，在潘漢年的分管之下，潘漢年怕被人一貫視為「恃才傲物」的揚帆有抵觸情緒，曾寬慰揚帆說：

「我和饒漱石的工作接觸多些，至於你，我很清楚。要不是饒漱石的堅持固執，你這個『親信』1943 年的冤案還可以少待幾個月。沒關係，實事求是，黨的利益高於一切。如果再有人抓你，我給你證明。」

如果說潘漢年在對敵、對外分析的正確率，高於失誤率的話，他對內分析的結果卻恰恰相反。就在他對揚帆講這番話後不久，即 1954 年 12 月 31 日晚上，揚帆就以請去「開會」為名被逮捕了。

那天晚上，揚帆突然被華東局公安部請去開會。兩小時以後，警衛處處長又出現在揚家，告以「揚帆局長要到北京去開會，來不及趕回來，他要我來帶點衣服」。揚帆妻子李瓊本能地感到丈夫出了事，她把四季要穿的衣服都找齊了，足裝了一箱。

待警衛處處長走後，李瓊焦急萬分地給潘漢年撥通了電話：

「潘副市長，我是李瓊，你知道揚帆去北京開會的事嗎？」

潘漢年聽後感到突然，自己是上海市委分管政法的負責人，公安部突然要揚帆赴北京開會，他竟然不知道，頓時感到問題嚴重：揚帆可能被捕了，但他沒有把這個推測告訴李瓊，只講了幾句寬心的話。

揚帆突然被捕，對潘漢年的打擊是很大的。尤其當他聽說揚帆是作為饒漱石的黨羽而被捕的消息後，除震驚外，他百思不得其解。他仔細地回憶了揚帆和饒漱石的歷史淵源，也想了建國以後這幾年他們之間的關係，無論如何得不出揚帆是高、饒分子的結論。

而在此之前，胡均鶴被送到北京隔離審查，罪名是「有奉命潛伏的特務嫌疑」，自然也就有可能「供給敵人情報，導致二六轟炸事件」等罪名成立，所以他作為揚帆庇護下的特務、反革命被逮捕。胡均鶴的被處理，對潘漢年的震動，比揚帆要更強烈。

不管怎麼說，他與揚帆的關係，還是工作關係。而他與胡均鶴的關係，其間

曲曲折折，就複雜得多了。其間有許多道不明且極易誤解的事項，更重要的是他心靈深處的一塊病灶，只有胡均鶴觸得着。他方寸才有些亂了……

潘漢年和胡均鶴的聯繫，從他和當上汪偽特工總部頭子的李士群第一次接觸時，就開始了。抗戰勝利之後，胡均鶴先是以漢奸罪名被國民黨當局拘捕；他為了自保，便投靠了中統，並將他控制的汪偽特工機關移交給了中統，被中統任命為立行社副社長。

但由於李士群的特務系統與軍統的過節很深，且軍統與中統之間，一直存在着很深的矛盾，胡再次以漢奸罪被軍統逮捕，判了 15 年徒刑。然而蔣介石宣佈下野不久，胡均鶴又被軍統提前釋放，在國民黨部署撤退工作的時候，他受命負責整個東南地區的潛伏任務。

在這個關鍵時刻，胡派當年的老搭檔劉毅，到香港去找潘漢年，表示願為人民解放戰爭盡一點微薄之力。根據歡迎一切起義或投誠的敵偽人員的政策，潘漢年答應了他們的要求，並介紹他們去華東根據地，還從內部通知華東局領導饒漱石和負責情報工作的揚帆，請予接洽處理。胡是他一手建立的內線聯繫人，解放後，胡也是由他親自建議，經上海市委決定出任上海市公安局情報委員會主任和專員的。

雖說使用胡均鶴及類似胡均鶴的一批人員，從總體看效果是好的，他們不但協助公安機關清理、登記了一批自首的反革命分子，而且還提供線索協助公安機關偵破了一些敵特潛伏組織和地下電台。在上海解放初期的肅反工作中，這是起積極作用的。

但是，胡均鶴連着他那無法治癒的心病，他會不會供出自己和汪精衛相見的往事呢？此時此刻，他才真正的體會到他和汪精衛的會面，以及繼之又向組織隱瞞，後果是多麼的嚴重。

從這一天起，他表面上雖然沒有流露，依然有條不紊地處理着日常工作，但他的心靈，已經振奮不起來了。

二　字字句句彷彿都在敲擊着他的心靈　／毛澤東的這些話，使會議一開始，就顯得十分凝重，被蒙上了一重緊張的政治氣氛　／閉幕式上毛澤東的講話，使他感到再無法懷抱僥倖　／尤其是裏通外國的問題，都得向黨交代，否則罪加三等　／「我心裏有一件事，還沒有向組織上說清楚。不說，我睡不着覺」　／陳毅同志轉呈中共中央、毛澤東主席

1955 年 3 月 15 日，為了參加中國共產黨一次非例行的全國代表會議，作為上海出席會議代表團負責人之一的潘漢年，懷着一種異常矛盾、非常不安的特殊心情，從上海啟程了。

前往中共中央核心，到毛澤東身邊，此次的潘漢年，心境大概是最異樣的，是懷着從未有過的忐忑；而以往遇到這種情形，他的心情都是鬆弛的，甚至是懷着急切渴望的。

在 21 日的開幕式上，潘漢年幾乎是在逐字逐句地聆聽着偉大領袖的開幕詞。領袖對當時的國內外階級鬥爭形勢，做了十分嚴峻的估計，同時提出了相應對策。字字句句彷彿都在敲擊着他的心靈：

帝國主義勢力在包圍我們，我們必須應付可能的突然事變。帝國主義發動戰爭很可能進行突然襲擊。因此我們要有所準備。另一方面，國內反革命殘餘勢力的活動很猖獗，必須有計劃地再給他們幾個打擊，使暗藏的反革命力量更大地削弱下來，以保證我國社會主義建設的安全。如果我們有所準備，採取適當措施，就可能避免敵人給我們造成重大危害。否則我們可能要犯錯誤。

關於高、饒事件，在毛澤東的這個講話中佔了相當的比重：

「高崗、饒漱石反黨聯盟的出現，不是偶然的現象，它是我國現階段激烈階級鬥爭的一種尖銳的表現。這個反黨聯盟的罪惡目的，是要分裂我們的黨，用陰

謀方法奪取黨和國家的最高權利，而為反革命的復辟開闢道路。全黨在中央委員會團結一致的領導下，已經把這個反黨聯盟徹底粉碎了，我們的黨因此更加團結起來和鞏固起來了。這是我們在為社會主義事業而奮鬥中的一個重大的勝利。

對於我們的黨來說，高崗、饒漱石事件是一個重要的教訓，全黨應該引為鑑戒，務必使黨內不要重複出現這樣的事件，高崗、饒漱石在黨內玩弄陰謀，進行秘密活動，在同志背後進行挑撥離間，但在公開場合則把他們的活動偽裝起來，他們的這種活動完全是地主階級和資產階級在歷史上常常採取的那一類醜惡的活動……我們是共產黨人，更不待說是黨的高級幹部，在政治上都要光明磊落，應該隨時公開說出自己的政治見解，對於每一個重大的政治問題表示自己或者贊成或者反對的態度，而絕對不可以學高崗、饒漱石那樣玩弄陰謀手段。」

毛澤東的這些話，使會議一開始，就顯得十分凝重，被蒙上了一重緊張的政治氣氛。

據參加會議的夏衍回憶：會議在進行關於高崗、饒漱石反黨聯盟問題的討論時，一些曾經受過高崗、饒漱石影響或者有過某些牽連的同志，先後在會上表態，並作自我檢討，同時交待了自己的一些問題。

潘漢年清楚，自己的地位不同，假如饒漱石和揚帆在上海公安工作中，真的有什麼罪行的話，那麼該負責任的，恰恰應該是自己。饒漱石的領導是虛的，而他是實的；揚帆，則可視為執行者。

雖說在今天看來，彼時定為罪行的，或許不應該算作是罪行，但在當年的環境下卻無法為之申辯和澄清。要他承認在公安工作中的所謂「罪行」，潘漢年還沒有那樣的認識；要他實事求是地向黨反映實際情況，他不僅沒有這樣的勇氣，而且也不敢再戴上一頂為饒漱石開脫的帽子，更何況他還有思之即氣短心虛的和汪精衛相見這重「隱私」呢！

在揭發高崗、饒漱石的分組會上，潘漢年有些如坐針氈，十天十夜他竟感到度日如年。或許他覺得再忍一忍，就過去了，但閉幕式上毛澤東的講話，使他感

到再無法懷抱僥倖。

會議正式結束於 3 月 31 日，閉幕式上，毛澤東發表了重要講話：

「受高、饒影響的同志和沒有受他們影響的同志，各自應當採取什麼態度？受影響的有深有淺⋯⋯但是，所有這些人，不管有深有淺，大多數同志在這個會議上都已經表示了態度。有的表示得很好，受到全場的歡迎。有的表示得還好，受到大部分同志的歡迎，但是有缺點。有的表示得不夠充分，今天作了補充。有的全文講得還好，但是有些部分不妥當⋯⋯還有個別同志要求發言，沒有來得及，他們可以用書面向中央寫一個報告。還沒有講的人，問題不嚴重，就是被掃了一翅膀的，知道一些事情，他沒有講。至於已經發了言的人，是不是也還有一些是留了尾巴的？⋯⋯」

聽到這裏，潘漢年生出了毛澤東就在身邊的感覺，他那咄咄逼人的威懾力量，他的明察秋毫，他的一針見血⋯⋯在這樣的領袖面前，你還能隱藏什麼呢？

然而，毛澤東還在繼續講：

「高級幹部本人歷史上如有什麼問題沒有交代的，都應當主動向中央講清楚；會上沒有來得及講的，或是不能在會上講的，會後還可以再想一想，寫成材料；現在把問題講清楚，我們一律採取歡迎的態度；尤其是裏通外國的問題，都得向黨交代，否則罪加三等。」

毛澤東的這段話，不會無所指，那麼指的是誰呢？自己在不在內呢？潘漢年感到自己再也不堪忍受隱瞞那段小小的歷史細節的痛苦和折磨。躑躅之間，他想找個相知聊聊。

已經很晚了，潘漢年步履沉重地推開了夏衍的房門，向這位相交近 30 年的老戰友，訴說了自己苦悶的心境：

「我心裏有一件事，還沒有向組織上說清楚。不說，我睡不着覺。」

從潘漢年到來的時間，從潘漢年那已經被痛苦淹沒的以往常掛着微笑的臉，夏衍預感到他所說的事的分量及其嚴重性。在潘漢年未主動吐露前，他是不便詢問的，遂誠懇地提了一個建議：

「那你就趕快向陳老總說清楚。」

是日深夜，潘漢年把 1943 年會見汪精衛的前因後果以及經過，原原本本、清清楚楚地寫了出來。當 4 月 1 日熹微初露，潘漢年彷彿完成了一項重大的任務似的，提筆在材料的上款，恭敬地寫上：陳毅同志轉呈中共中央、毛澤東主席。

三　此刻，他不便表什麼態　／本應有許多故事的聚餐，卻只在客氣愉快之中過去了　／即便是與心情不諧的熱鬧，也還是能讓他擺脫一些心靈的苦熬　／「昨天晚飯後，漢年同志到哪裏去了？他的房間裏沒有人」

天色大亮後，潘漢年走進上海代表團團長陳毅的房間，當面向陳毅細談了當年在李士群、胡均鶴挾持下會見汪精衛的經過，並對長時間未有向組織講清的錯誤進行了檢討。最後，他把寫好的材料，交給陳毅：

「這是我寫的有關這件事情的材料，請您轉呈中共中央和毛澤東主席。」

陳毅聽完潘漢年的匯報，當場又認真地看完了潘漢年寫的材料，感到問題十分重要。陳毅不是「高崗、饒漱石反黨聯盟」專案組的領導成員，也不曾插手揚帆一案，對潘漢年突然道出的許多細節他並不了解，但感到這一切事關重大。

此刻，他不便表什麼態，只是對潘漢年說：

「你的問題，我一定向中央匯報。同時，你的思想不要緊張，要相信組織相信中央。」

4 月 2 日下午，老朋友胡愈之來到潘漢年的房間，他一見潘漢年就興致勃勃地告訴他，民盟中央主席沈鈞儒老人聽說中國共產黨全國代表會議結束了，今天清晨打電話，請他專門約請潘漢年到自己家裏吃飯。

　　潘漢年和沈鈞儒可以說是忘年交。早在 1930 年代初期，沈老等人激於愛國義憤，起而反對蔣介石的不抵抗政策和專制統治，與共產黨人建立了聯繫。後來，救國會「七君子」被捕入獄，沈作為頭號「犯人」，被關押在南京。潘漢年通過胡愈之，並動員宋慶齡等知名愛國人士，對「七君子」進行過聲援和營救。

　　在潘漢年等人代表中國共產黨，與國民黨進行第二次國共合作談判時，曾提到「七君子」的問題，談判取得進展，「七君子」獲釋也露出曙光。1948 年，沈鈞儒等一批民主人士離港，並安全地轉入解放區，也是潘漢年等前後奔波安排。新中國成立了，年屆 80 高齡的沈老沒有忘記小自己整整 30 多歲的「小開」，並執意要設家宴款待這位忘年的朋友。

　　在胡愈之引領下，潘漢年去沈老家赴宴了，儘管心事重重，他不能流露，更不能掃老人的慶，況且誰知他以後還有沒有與老人同席暢敍的機會。

　　關於沈鈞儒請吃飯，胡愈之有如下簡述：

　　1955 年 4 月他作為上海代表團副團長來北京參加全國人民代表大會。民盟主席沈鈞儒很久未見到他了，知道他來北京很高興，所以由我去約請他到沈老家午餐。這頓飯吃得很愉快。

　　愉快而已，並沒有什麼具體內容，想是潘漢年情緒低落，本應有許多故事的聚餐，卻只在客氣愉快之中過去了。

　　等待下文的日子總顯得那樣的漫長，自從他把材料呈上後，心情就處於一種類似等待判決的狀態。他懷着寧願信有不願是無的期盼：期盼毛澤東對他的了解，對他依然稱呼「小開」的那種同志的親密無間，對他的失誤給予諒解，甚至像當年那樣迴護……

　　4 月 3 日黎明來得很遲，如果不是吳祖光（1917-2003）夫婦等人的看望，和康樂餐廳的故友聚餐，潘漢年的這一天，精神上或許更加鬱悶。即便是與心情不諧的熱鬧，也還是能讓他擺脫一些心靈的苦熬。

有着「少年才子」的稱譽，且在文壇風頭正勁的吳祖光，和文人出身的潘漢年，可謂一見如故。對此，吳祖光曾有專文記述：

我於 1947 年由上海出奔香港，是唐瑜介紹和潘漢年同志結識的，初一見面便成了莫逆之交，就像多年老友那樣相近相親。全國解放以後，潘在上海作陳毅同志的副手，實際是當家的市長，看來是屬於全國最繁忙的一位副市長了；但他每次因公來到北京時，不管辦公、開會多麼緊張，幾乎從不忘記來我家談天小坐，或者邀請我和鳳霞到他住處去飲茶或出去吃飯，鳳霞也至今不忘她到上海旅行公演時受到潘副市長熱情招待的情景……從和他初見到達 1947 年到他被捕的 1955 年這八年之中，儘管有難以數計的不間斷的交往，尤其是在解放前兩年的艱危緊張的年代，他冒着生命危險為黨和人民的革命大業所從事的這樣那樣的活動和所建立的豐功偉績我竟一無所知……潘漢年做了多少好事呢？從革命事業上說來，又是多麼震天動地的事呀！他常常身入虎穴，拔虎鬚、揭虎鱗，從容進退，履險如夷，這又需要具備怎樣的犧牲精神！當然，他做的都是需要極端保密的事，然而即使在大功告成事過境遷之後他仍然是守口如瓶的……他是一個完全脫離了低級趣味的人。

4 月 3 日，潘漢年是如何度過這一天，我們如今只能從吳祖光的追記中，一窺鱗爪了：

1955 年 4 月 3 日的下午，詩人艾青到我家來，我和鳳霞正要應邀去北京飯店看望從上海來北京開會的潘漢年和夏衍同志，艾青高興地和我們一起去了北京飯店。時近黃昏，我約他們到附近東單新開路一家小小的家庭飯館康樂餐廳吃晚飯，同去的還有夏公的女兒沈寧和女秘書李子雲，子雲筆名曉立，是後來著有成就的文藝評論家。

夏公當晚另有約會，在餐館坐下不久，沒有吃飯便先離開了。那天漢年同志和他平時一樣衣裝整潔，由於剛剛理完髮而更顯得容光煥發，但是我感覺到他不似往常那樣興致勃勃，似乎有一些隱隱的抑鬱，整個晚飯時間很少講話，飯後也是他首先提出

要回飯店休息，於是大家就各自散去⋯⋯

我趕寫一個電影劇本開頭部分的解說詞，寫到午夜過後就在書房裏睡下，感覺到只不過閉了一下眼睛便天亮了。聽見電話鈴響，原來是夏公從北京飯店打來的，問我：「昨天晚飯後，漢年同志到哪裏去了？他的房間裏沒有人。據服務員說，他一夜也沒回來⋯⋯」這太奇怪了，他明明是乘坐汽車回北京飯店的呀⋯⋯在我要繼續說下去時，電話裏面夏公說：「知道了，知道了⋯⋯」顯然是旁邊有人來提供了情況，電話掛斷了。

四　也就是在這一瞬間，如同聽到了判決一樣，長期以來等待的煎熬、精神重負頃刻消逝了　／著名的功德林監獄到了　／還有人說：潘漢年、揚帆案件，完全是康生夥同江青一手製造的　／毛主席大筆一揮，批示「此人從此不能信用」　／當時江青根本沒那個地位。至於康生，他當時並不在中央，是山東分局書記　／其實毛主席是很讚賞潘漢年的　／中央在考慮開展外交工作時曾議論要潘漢年擔任駐英國大使

潘漢年告別了吳祖光、艾青等人之後，鬱鬱寡歡地走回北京飯店 301 號房間，約莫 8 時過後，電話鈴急促地響起，他拿起電話聽筒：

「喂！我是潘漢年。」

「樓下客廳裏有人找您，請您立即下來一趟。」

掛上電話，潘漢年穿着拖鞋就下樓了。當他走入飯店客廳，他看到一個熟悉的魁偉身影，原來是公安部部長羅瑞卿（1906-1978）。霎那間，潘漢年完全清

楚了，他最不希望出現的一幕拉開了；也就是在這一瞬間，他如同聽到了判決一樣，長期以來等待的煎熬、精神重負頃刻消逝了。

羅瑞卿向潘漢年宣佈了中央對他實行逮捕審查的決定。

潘漢年穿着拖鞋，在預審局局長和兩名工作人員陪同下，安然地走出北京飯店，坐進一輛小車向北而行。從此，時間的概念對潘漢年似乎不太重要了，他不知是幾時，著名的功德林監獄到了。

在監管處的一位管教科長的帶領下，潘漢年住進了為他準備好的一間單人監房。

一個老共產黨人，一個很早就處於情報工作領導崗位的人，一個現職的政府高層領導人，突然被捕，這個消息在 1955 年 7 月公開後，引起很大震動；又由於內情未披露，導致揣測紛紜。

對此，尹騏先生的一番剖析，是頗值得一讀的：

關於潘漢年的被捕激起冤案形成的原因，社會上一直流傳着一些模糊不清甚至似是而非的說法。例如有人說，潘漢年被捕前，「康生和柯慶施兩個早就把潘漢年盯上了⋯⋯他們先搞揚帆，接着向上面打了一個報告，說什麼『內奸』證據確鑿，只要把潘漢年逮捕起來，馬上可以水落石出」。又有人說，康生是早就對潘漢年積怨在心的，認為「潘漢年不是他圈子裏的人」，「這個人太耿直，康生幾次好心和他談話甚至多次暗示，要（潘）更忠心地依附他康生，他都不理會，無動於衷」。康生認為潘漢年太小看自己，因而忌恨他，伺機要報復他。當饒漱石、揚帆和胡均鶴的問題出來後，康生就在毛澤東面前煽風點火，誣陷潘漢年是「內奸」，並硬將潘漢年和揚帆捆在一起，給他們加上「潘、揚反革命集團」的罪名。還有人說：潘漢年、揚帆案件，完全是康生夥同江青一手製造的等等。

這些說法，雖然不能沒有一點根據，但根據並不充分。至少是沒有揭示出歷史的本質和問題的關鍵。事實是，潘漢年案件一直是由中央的職能部門在中央的直接領導下經辦的。一切重大的決策都是由毛澤東和中央作出的。康生在 1954 年到 1955 年

間，正在賦閒韜晦，並沒有條件直接插手此案。在中央組成的負責此案的五人領導小組中，康生沒有任何職務。至少在當時潘漢年案件的決策與定性過程中，康生還沒有起什麼特別作用。應該說，潘漢年案件的發生是具有特定的歷史背景和多種複雜因素的。把一起重大的政治冤案歸結為個別壞人的蓄意搗鬼和洩私的報復，多少是把一種複雜的歷史現象簡單化了，既不符合客觀的歷史真實，也無助於真正深入地總結歷史的經驗教訓。

潘漢年的被捕及其冤案形成的原因，主要應該從歷史的深層次中去尋找，從當時的政治歷史背景，從上層指導思想的失誤，從法制的不健全，從決策的科學化和民主化的欠缺等視角去作多方面的探索。這才是歷史唯物主義的態度和方法。

然而，曾是潘漢年情況調查組組長的羅青長，應該是最知情的，他的分析，也應是最具權威的：

在潘漢年將材料交陳毅後，「陳毅感到這個問題確實很重要，就直接將材料轉送毛主席，毛主席大筆一揮，批示『此人從此不能信用』。另一方面，當時在審查饒漱石時，發現上海市公安局在開展對敵鬥爭中存在一些問題，不僅同饒漱石直接有關，而且同潘漢年有牽連。而此時，我們國家內部肅反工作剛剛開始，由於潘漢年過去長期從事對敵隱蔽鬥爭，經歷複雜，又是黨的高級幹部。這兩件事就成了被懷疑為『內奸』的起因。在這樣的歷史背景下，潘漢年就被逮捕，由政法機關審理。

這並不是哪個人的事情。有的人不了解情況，懷疑與江青、康生等人有關，其實並不是那樣。當時江青根本沒那個地位。至於康生，他當時並不在中央，是山東分局書記，1957 年才調到中央。江、康插手潘案也是以後的事。所以發生潘案的直接原因還是那個特定的歷史背景。其實毛主席是很讚賞潘漢年的，30 年代潘漢年同福建十九路軍和廣東陳濟棠以及同南京國民黨的談判，毛主席都是參與領導或直接領導的。延安時期潘漢年發回的電報，毛主席都看過。潘漢年做的幾項重要工作，如蘇德戰爭、太平洋戰爭爆發等情報，策反敵偽工作，開展統一戰線工作等，中央都知道。

毛主席多次稱讚上海的情報工作。『七大』時，毛主席曾經表揚過上海的地下工作，對劉曉、潘漢年都稱讚過。進北平後，中央在考慮開展外交工作時曾議論要潘漢年擔任駐英國大使。可見中央過去對潘漢年很信任。因此，主要是當時對階級鬥爭形勢的錯誤估計造成了這個冤案。」

這些分析，都揭示了當時的大氣候，但均對潘漢年工作的特殊性這一點，強調不夠。潘漢年的任務多是由中央最高層直接派定的，黨內多數人不了解。像：我們與敵人生死相搏，他卻與敵人禮尚往來的一類議論早已有之；此外像：與敵方互換情報，有無洩露情況；潘漢年直接控制了情報點，被敵特破獲等等，失誤與罪狀很難界定，因顯然無法與敵方核對，多數靠主觀評判，因此一旦處於被懷疑狀態，評判就很可能向罪狀一邊傾斜。這也並不取決於辦案人個人的主觀傾向，站在當時黨的利益和國家安全的角度考慮問題，大多數人都有可能會做出這樣的選擇。

五　周恩來說：「我同潘漢年交往的歷史最長、關係最深，我都不緊張，你們緊張什麼」　／由總理辦公室秘書許明，公安部十二局局長狄飛參加，羅青長任組長的三人小組成立了　／由李克農出面給中央政治局和書記處寫了正式報告，對給潘漢年定罪，提出了五大反證　／日本投降後，中央曾一度決定要搞武裝暴動，解放上海　／陳雲說，那是連起碼的常識都不顧了　／李克農的報告，並未引起中央的重視

潘漢年被捕了，他的罪名，據 1955 年 4 月 3 日公安部向最高人民檢察院提出請求批准逮捕潘漢年的報告，主要有兩個：

一是他在抗戰時期曾經背着黨和汪精衛進行勾結，並長期隱蔽，欺騙了組織；二是他在解放後擔任上海市副市長時，在饒漱石、揚帆「包庇掩護」特務分子和反革命分子問題上負有直接責任。

後來到了1963年1月，在最高人民法院發出的對潘漢年的《刑事判決書》中，他的罪名又變成了三項：

一是他在1936年的國共談判中就「秘密投降了國民黨，充當了國民黨特務」，暗藏在中國共產黨內從事內奸活動；

二是他在「抗日戰爭期間，秘密投靠了日本特務機關，當了日本特務，並與大漢奸汪精衛進行勾結」；

三是他「在上海解放後，掩護以胡均鶴為首的大批中統潛伏特務和反革命分子，並供給盤踞在台灣的敵人情報」，致使敵機在1950年春天對上海進行了連續轟炸。

對於潘漢年的「罪行」，在周恩來的指示下，曾專門成立了一個專案小組，進行調查。調查的結果，提出了給潘漢年定罪的五大反證，請中央重新給予考慮。

關於小組成立的經過，和調查後提出的質疑，羅青長有較詳細的文字記述，為便於閱讀，摘編如下：

潘漢年案件發生後，各地和各部門均有反映，說情報部門出了內奸、反革命，時情報部門感到很大壓力。結果周恩來與有關部門的人員談了話，以穩定情緒。他說：

「潘漢年的事，你們緊張什麼？我同潘漢年交往的歷史最長、關係最深，我都不緊張，你們緊張什麼？」

彼時兼着總理辦公室副主任的羅青長，向周報告說：潘漢年從1939年到1948年來往電報都在，他的許多事情中央都知道。於是，周恩來要羅青長告訴李克農，組織一個小組，查一下解放前潘漢年和中央來往文電及有關檔案，搞一個審查報告。

接着，由總理辦公室秘書許明，公安部十二局局長狄飛參加，羅青長任組長的三人小組成立了。

他們查閱了從 1939 年 3 月至 1948 年 8 月潘漢年與中央的往來電報和有關記錄文件，按年排列，潘漢年怎麼報告的，中央如何指示的，整整幹了三個月。

根據他們查閱的材料記載，潘漢年當時所做的工作，如打入日寇內部，利用李士群等，中央是知道的；關於採取革命的兩面政策，中央也有指示，是完全允許的，中央對潘的工作也是肯定的。

審查完畢，由李克農出面，在 1955 年 4 月 29 日，給中央政治局和書記處寫了正式報告，列了七個疑點，建議中央進一步審查。但同時對給潘漢年定罪，提出了「五大反證」：

一、中央一再有打入敵偽組織，利用漢奸、叛徒、特務進行情報工作的指示。

二、潘利用袁殊、胡均鶴、李士群，利用日本駐港副領事刻戶根木和小泉都有正式報告。

三、潘漢年提供了決策情報：1. 關於德國進攻蘇聯時間的準確情報，潘在 1941 年 6 月 3 日報告說蘇德戰爭一觸即發，延安於 6 月 20 日收到；2. 蘇德戰爭爆發後，日軍究竟是南進還是北進的情報；3. 太平洋戰爭爆發的情報。這是當時延安、毛主席、黨中央都極為關注的問題，是起到了決策作用的戰略情報。

四、組織機密一直未被洩露，直到上海解放。如關於上海武裝起義的事。日本投降後，中央曾一度決定要搞武裝暴動，解放上海。當時上海黨組織反映可以幹。毛主席開始也同意這個決定。但兩天後，心裏感到不踏實，就召集會議，提出重新考慮。他說，上海工作不錯，裏應外合，可以佔領上海。但佔領以後怎麼辦？根據當時情況，上海周圍只有部分地方武裝，新四軍主力來不了。即使佔領了上海，以後還得退出。大革命時期工人三次武裝起義也佔領了上海，但蔣介石一來又失敗了。毛主席說服大家立即發電報給上海，停止武裝起義。這個決定，正是毛主席的偉大之處。潘漢年當時是上海行動委員會主要領導人之一，這件事前前後後潘漢年都是知道的，而國民黨一點也不知道。如果消息洩露出去，我們上海的黨組織還不是一網打盡？潘漢年經管好幾部秘密電台，知道許多機密，但都未出事，怎麼能說他是內奸呢？至於說上海「二六」轟炸是他利用國民黨的秘密潛伏電台提供的情報，陳雲說，那是連起碼的

常識都不顧了，國民黨在上海統治那麼多年，連楊樹浦發電廠在哪還不清楚，還用你給他指目標啊！

五、潘所屬的重要關係，當時還正在起着絕密的現實作用，是毛主席、周總理所知的。

李克農的報告有理有據，十分有力，結論是潘漢年雖然有疑點，但根據大量檔案反映的事實，請中央予以重視，慎重考慮潘漢年的問題。

然而，在當時情況下，「左」風越來越盛，這個實事求是的報告，並未引起中央的重視。

六　謀刺蔣介石的張建良，也因受潘案株連，罹獄20餘年　/在日本投降之前的一段時間，中共幾乎完全掌握了周佛海的重要動態　/一本正經地向那些特務「採訪新聞」　/宋慶齡認為出大門沒有把握，一動不如一靜，擬在上海迎接解放　/冒着生命危險，將日本軍方倉庫中的一批炸藥與194挺新機槍，運到新四軍軍部　/「『是組織對還是潘漢年對？』被捕期間，我的心境一直處於矛盾痛苦之中」

在潘漢年被捕後，一大批與潘漢年有聯繫的、或曾在潘漢年領導下從事隱蔽工作的幹部，隨之受到了株連，又引出一系列冤假錯案。僅上海一地，受潘案牽連被捕的就有800多人，受到其他處理的又有100餘人。他們不但本人受到了不公正的待遇，還被迫不得不揭發交代潘漢年的「罪行」。

潘漢年案首先被株連的，大概就是他的妻子董慧，對於多少年來勤勤懇懇，

默默無聞地克己奉公的董慧，實在找不出她有什麼堪稱罪惡的劣跡。可她依然被送進了功德林，她的罪名，大概就是因為她是潘漢年的妻子。

前面曾提到的謀刺蔣介石的張建良，也因受潘案株連，罹獄 20 餘年。

在潘漢年被捕一個多月後，正在北京協和醫院住院治病的張建良，就被從病房直接押入了牢房。當他被告知潘漢年是「內奸」，他是以潘的內奸系統成員的罪名被捕之後，無論如何也想不通。

相反，在死寂的牢房中，他倒追憶起許多和潘漢年共同戰鬥的往事。

1942 年秋冬之際，潘漢年從新四軍軍部來到上海，找張建良商議，要起用張的一個知交任庵，充當周佛海與國民黨某戰區司令長官之間秘密聯絡的中介人，以便了解蔣介石、周佛海和日本方面秘密往來的內情。

根據有關方面的情報，潘漢年得知該司令長官對和日本人做買賣的關心，超過了對日作戰的熱情。他一直想物色一個駐滬代表，與日汪周旋，以保全其在上海的一大筆私人財富。而張建良的知交任庵，同周佛海和該司令長官早就相識，而且又為雙方信得過的人。而潘漢年則說他敬佩任庵其人「對祖國、對人民的忠心耿耿」。

經過多方面的精心工作，加之任庵的努力，他終於打入了敵偽的心臟。任庵親赴內地，得到了這位司令長官的召見；在上海，則成為周佛海家中的常客。在機會成熟之際，他又安排了張建良和周佛海見面，說張是他的生死之交，完全可以信託，使張也成了周家的座上客。

周佛海夫婦常常宴請張建良等。張從此得到了不少重要情報，供中共中央決策時參考。在日本投降之前的一段時間，中共幾乎完全掌握了周佛海的重要動態。

1945 年初春，任庵得到蔣介石的絕密指示：「特任周佛海為京滬保安總司令」，命令周收編、整編京滬各地偽軍，以備後用。張建良將這個電報內容告訴潘漢年。潘立即電告延安。中共中央得到蔣介石致周佛海的電報後，隨即在報上揭露蔣、日、汪的勾結陰謀，使蔣介石大為震驚。

抗日戰爭和解放戰爭時期，潘漢年作為上海、華南敵佔區隱蔽戰線的領導

人，除了偵探敵友的政治動向，向中共中央提供戰略情報，開展黨的統一戰線工作外，還要完成很多看似簡單，但卻艱險異常的具體工作。張建良作為潘的助手，常常接受這些任務。

1946年，國民黨空軍飛行隊隊長劉善本反對內戰，駕機起義飛往延安以後，潘漢年接到中共中央的來電，要求派人找到劉的家屬，轉告劉安抵延安、情況良好的消息，向其家屬表示中共的慰問；並設法安排其家屬脫險離滬。

彼時，特務正對劉家實施着嚴密監視，傳遞消息的人，猶如自投虎口。張建良接受了任務後，潘告訴張，七八個小時後仍不見張回來匯報的話，就意味着張已被捕，他也不再等候。

張建良經考慮，決定以上海《時事新報》駐蘇州特派記者「張庭堅」的身份，闖到狄思威路（今溧陽路）麥加里1號劉家「採訪」。他一闖進去，正巧碰見劉善本夫人在樓梯口。

不待特務們圍上來，張建良馬上將潘漢年交代的話低聲告訴了她。當特務們包圍過來後，張建良亮出了孔祥熙的牌子（孔是上海《時事新報》的後台），並且將名片遞給特務們看，還一本正經地向那些特務「採訪新聞」，因為他們自稱是「空軍司令部派來照顧劉的家屬的」。

特務們要張建良到空軍司令部去採訪，並派了個特務坐在張的汽車裏，說是陪同他前往。張在司機配合下，猛力一推，將企圖上車的特務推出車外，隨即開車跑了。張建良按時向潘漢年做了匯報。

1948年初冬，潘佈置張建良帶着周恩來致宋慶齡的親筆信，從香港到上海。周恩來在信中寫道：

「全國解放在即，獨有先生仍留在上海，全黨深感不安，茲派人專程來滬，負責護送先生離滬赴港。」

張建良行前，潘漢年與他認真討論了如何完成任務的細節和可能遇到的問題，要求保證宋慶齡的絕對安全。因為那時宋已處在軍統特務的日夜監視下，連出大門都可能遭遇不測。

張建良出色的完成了送信的任務，帶回了宋慶齡覆周恩來的英文手書。宋慶齡認為出大門沒有把握，一動不如一靜，擬在上海迎接解放。

回溯起這些往事，張建良想：天下哪有這樣一個一心撲在革命事業上的「內奸」和「反革命」呢？如果真想當內奸、反革命的話，當初他為什麼要反蔣、刺蔣？抗戰勝利後，他為什麼冒着生命危險，將日本軍方倉庫中的一批炸藥與 194 挺新機槍，運到新四軍軍部去？他為什麼要竊取國防部保管的二萬五千分之一的地圖送到香港，由潘漢年轉交華南分局？

如果潘漢年是內奸，為什麼不顧自己被蔣 5 次通緝，不要 10 萬元的懸賞，而與自己並肩戰鬥了 10 多年？

張建良陷入兩難境地，「我又不能懷疑組織，不能懷疑黨中央的決定。『是組織對還是潘漢年對？』被捕期間，我的心境一直處於矛盾痛苦之中。我努力反思自己一生的功過是非，並且不得不思索潘漢年佈置工作中的細微末節，違心地責備潘漢年當『內奸』」。

七　在功德林，他體會到，沒有忙碌的閒適，是多麼的痛苦　／苦惱、悔恨、委屈、乃至無所事事交織在一起，使他總是沉默不語　／他以為監禁牢獄已經永遠跟他的人生告別了呢　／詩作多的時候，往往是他心情有些抑鬱的時候　／再往後，他似乎又生出了新的期盼

功德林在 1950 年代是由公安部直接管轄的一座著名的監獄。這裏關押的大都是有頭有臉的人物：一類是國民黨的戰爭罪犯，包括被俘的高級軍政大員以及特務頭子等；另一類就是從革命陣營內部清查出來的一些重要人物，例如在潘漢

年之前的饒漱石、揚帆、胡風等等。

　　潘漢年在功德林被關了近 5 年，度過了一段非常孤獨和苦悶的歲月。在政治方面，他受到了很不公正的對待；但在其他方面，他還是頗受「優待」的。

　　「他所住的單人監房是寬敞而舒適的，吃的伙食標準也較高，起初是每天一元，後增加到每天一元五角。這在 50 年代是相當於小灶食堂的標準。獄方還為他和另幾名要犯專門配備了一個做飯的廚師。」

　　「醫療條件也不錯。開始一段時間，從北京醫院請去一位黨員內科主任，每天為他們檢查身體。還調有一名護士，專門照顧潘漢年等幾名要犯。」

　　「獄方又為潘漢年訂了一份《人民日報》，供他每天閱讀，使他和外面的世界在精神上能夠溝通。他要看書，圖書館可以借；他想看的書，圖書館如果沒有，可以為他去買，當然只限於馬列和其他革命的政治讀物。」

　　自從成了一名革命者之後，潘漢年就整日處於忙碌之中，在編輯《幻洲》的時候；在籌組左聯的時候；在中央特科的時候；在作為中共代表與國民黨當局談判的時候；在主持華南、華中情報局，與汪偽敵特周旋的時候……直至當上海常務副市長的時候。那時日以繼夜的工作，以為躲避忙碌的閒適是一種奢侈，是革命者難以心安的享受。

　　可在功德林，他體會到，沒有忙碌的閒適，是多麼的痛苦。在被關的最初日子裏，審訊、反省、檢查和交代還比較頻繁，儘管精神上頗受折磨，但總算還有些事做。哪怕是面對最不友善的人吧，也總還有人來打攪你，對你說話。

　　而當審訊漸漸減少之後，他更多的時間裏，就只有孤獨地坐在單人監房之中，面對着把他與世隔絕的四壁，苦惱、悔恨、委屈、乃至無所事事交織在一起，使他總是沉默不語。在憂鬱和苦悶中，坐看着可貴的光陰，無畏地、一秒一分的流逝。

　　據負責潘漢年案件的監管科長介紹：在那段時光，很難看到潘漢年偶爾的一次笑容；每一次見到他，他都好像在凝神靜思着什麼，雖然並不是呆癡，但卻有如癡呆症患者。

　　一個曾經是生龍活虎、叱吒風雲、總不能安分，且在朋友聚會中談笑風生的人，突然變成了另外一個人，這不能不用他對坐共產黨的班房，沒有絲毫的準備聊做解釋。

　　從 1926 年入黨以後，到 1949 年，整整 23 年，他就一直致力於推翻專制統治的鬥爭，一直處在與統治者對立的狀態。那時，敵佔區內一片白色恐怖，他對坐牢倒是有思想準備的，而那時倒沒嘗到鐵窗滋味。1949 年後，他以為監禁牢獄已經永遠跟他的人生告別了呢，孰料……

　　1957 年秋天以後，潘漢年案子的審理，告一段落了。不再有審訊、檢查、交代一類的事情。兩年多的囚籠歲月，潘漢年似乎也已經漸漸適應了空間狹小的監獄生活了。孤獨和苦悶，已經不像最初那樣幾乎不堪忍受。

　　潘漢年又開始寫詩了。在潘漢年的人生中，詩作多的時候，往往是他心情有些抑鬱的時候。而我們發現他遺留下來的詩詞，幾乎都是贈友人或贈妻子的，當他置身囹圄的時候，他也無法贈友人了，心靈的感受，也只能向他那不得相見的妻子吐露。在遭遇不幸的時候，在看似整個世界都迴避你的時候，能有親人可思念，實在是莫大的幸福，僅憑着這樣一點思念，就會支撐着你活下去，而不是去做那種絕世的選擇。

　　思念妻子，是潘漢年在監獄裏最初用筆抒吐內心情愫的內容：

《七絕》
年年飄泊本無家，寄寓香江登半山。
一角紅樓應猶在，朝霞何日並肩看。

　　接着，從妻子追溯到往事，而追溯往事，潘漢年常常提到延安。顯然，在上海、在延安，是他人生最具色彩的段落，已經被貼上了罪責的封條，儘管回首起來更多感歎，卻是不能入詩的。

《歲暮念妻》

縱然廢棄在人間，塑料原材豈等閒。

千里相思知何處，幾年隔絕夢巫山。

黃昏人影伶仃瘦，夜半鐵窗風雪寒。

又是一年終歲暮，難忘往事走延安。

《年終思慧》

臘暮歲終風雪天，並肩上路走三邊。

年年此日空懷念，風雪夜長愁不眠。

再往後，他似乎又生出了新的期盼：

《給董慧》

千里馳書一片心，巫山遙隔白雲深。

朝思暮念夜成夢，月黯花愁空斷魂。

縱死不辭稱所愛，此生何時復相親。

天搖地動倒流水，但願冬寒化異春。

　　1960 年 3 月，公安部直屬的一座新的監獄，在昌平縣城東北約 20 公里的秦城村附近建成了。秦城監獄建成後，關押在功德林的犯人們陸續遷移到這裏。3月 15 日，潘漢年離開囚居了近 5 年的功德林，被轉移到了秦城監獄。

八　不知是什麼時候，形成了這樣的規矩，毛澤東置喙起始的事情，必得由毛澤東表態終結　／毛澤東游離於主題的這段話，多少有些即興發揮的意味，而潘漢年的案子，就由毛澤東的這段話定性了　／他已經被釘在恥辱柱上了，如實地回溯，涉及定案的幾大問題如何描述　／潘漢年那頂帽子我戴起來不像樣，「自由主義」的帽子比較便宜　／朋友的真誠相待，給了潘漢年夫婦很大的慰藉

潘漢年的案件，在 1957 年就已基本查清了。預審期已經拖了多年。此案的辦事機構也已在 1958 年解散了。但由於潘漢年的案子是毛澤東抓的，不知是什麼時候，形成了這樣的規矩，毛澤東置喙起始的事情，必得由毛澤東表態終結。

對於潘漢年，毛澤東的確是表過幾次態，1956 年 4 月，他在中共中央政治局擴大會議上，在談到對清查出來的反革命要堅持「一個不殺、大部不抓」原則時，提到了潘漢年：「什麼樣的人不殺呢？胡風、潘漢年、饒漱石這樣的人不殺，連被俘的戰犯宣統皇帝、康澤這樣的人也不殺。不殺他們，不是沒有可殺之罪，而是殺了不利。這樣的人殺了一個，第二個，第三個就要來比，許多人頭就要落地，這是第一條。第二條，可以殺錯人，一顆腦袋落地，歷史證明是接不起來的，也不像韭菜那樣，割了一次還可以長起來，割錯了，想改正錯誤也沒有辦法。」

這段話的餘韻是毛澤東還是保護了潘漢年，不殺，對潘漢年已經是很寬大了。

而 1957 年之後，更恢宏壯麗的事業在吸引着毛澤東，不能亦步亦趨地效颦老大哥，要建設一個有中國特色的社會主義，而且要快！總路線、大躍進、人民公社三面旗幟同時舉了起來。

毛澤東急切的希望自己的國家，在最短的時間內，與世界最強盛的國家，並駕齊驅。他不能惦記着每一個他曾經置喙過的案子；而具體的執行者們，卻在等

待着上面的「令箭」，沒有它，那就繼續等待。

直到 1962 年 1 月，毛澤東在他號召要開成「出氣會」的那個 7 千人大會上，發表了著名的調子寬鬆的講話，在這篇以民主集中制為中心的講話中，他提到了潘漢年的名字和他的案件：

「有個潘漢年，此人當過上海市副市長，過去秘密投降了國民黨，是一個 CC 派人物，現在關在班房裏頭，但我們沒有殺他。像潘漢年這樣的人，只要殺一個，殺戒一開，類似的人都得殺。」

毛澤東游離於主題的這段話，多少有些即興發揮的意味，他這麼說的依據，並非他新近剛剛看了有關潘漢年案子審理的詳細卷宗，恐怕還是他最初得知的零星信息。

但不管怎麼說，這段話的調子同 1956 年的調子是基本一致的，而這一階段的政治氣氛已經比較寬鬆。潘漢年的案子，再次被毛澤東定了性了：他是 CC 系特務，屬於可殺可不殺的一類。

在有了毛澤東「指示」的依據之後，公安部感到此案拖了數年，終於到了可以劃上句號的時候了。隨即提出了處理潘漢年一案的意見材料，上報中央。處理意見體現了毛澤東講話的精神，一面強調潘漢年的罪行嚴重，一面又強調可以從寬處理、不殺他的理由。還特別強調了他的問題都是歷史問題，又都是他自己主動交代的，認罪態度好，關押期間表現也不錯。

不久，毛澤東對公安部提出的處理意見表示了肯定的態度。5 月 30 日，中央對公安部的處理意見報告作了正式批覆：潘漢年是一個暗藏在黨內很久的內奸分子。他的罪行極為嚴重，論罪是該殺的。但是，由於他是從內部查出的，因此給予寬大處理。

依照中央批覆的精神，1963 年 1 月 9 日，最高人民法院正式開庭審理潘漢年一案，當庭作出了刑事判決：「判處被告人潘漢年有期徒刑 15 年；並剝奪政治權利終身⋯⋯服刑期滿後，交由公安機關管制。」

2 月 13 日，潘漢年終於結束了近八年的監禁生活，走出了高牆，他和董慧

一起，移住到屬勞改性質的北京團河農場。

在團河，潘漢年雖然仍是帶罪之身，卻相對自由多了，可以在一定範圍內活動，也未被強制勞動。他們在自己的小院內養花、種樹，可以在附近的河溝邊散步、釣魚。同時被允許進城探親訪友。

一天，公安部副部長徐子榮（1907-1969）來到團河農場，他邀來了北京市有關部門的負責人，和潘漢年一起吃了頓飯。離開前，他提議潘漢年可寫些回憶資料，特別是情報工作方面的歷史資料，他認為這將是有價值的，還指示公安部所屬的群眾出版社，為潘漢年的寫作提供必要的幫助。

潘漢年答應了，他原本就習慣於筆墨相伴的生活，然而文思敏捷的潘漢年，僅僅寫了他進入情報部門的初始，就發現這是個無法完成的差事。回溯歷史，就必然要涉及功過是非。

他已經被釘在恥辱柱上了，如實地回溯，涉及定案的幾大問題如何描述？如果潘漢年在這方面沒有過錯，那麼犯錯誤的是誰？想搞翻案嗎？如果寫成認罪書，那又不是歷史，那不可能起什麼借鑑作用。據說他寫了 4 萬餘字，便無奈地擱筆了。

雖說從搬進團河不久，潘漢年和董慧就被允許進城探訪親友，但他們似乎寧願自我封閉在這偏僻的農場。在那以階級鬥爭為綱的年代，他們的探訪，能帶給親友們什麼呢？

1963 年夏天，董慧進城購物，在東安市場北門，她突然碰上了他們的好友唐瑜。

唐瑜是一位華僑出身的進步朋友，後來追隨革命，從事進步文化活動，幫助地下黨作過許多工作。後來與潘漢年成為秘密工作的戰友。皖南事變後，太平洋戰爭爆發時，潘漢年曾佈置唐瑜負責接應和疏散黨內同志和社會知名人士，並往來於上海、香港之間，傳遞情報。解放後，唐瑜先是在中央軍委所屬的一個部門工作，後來轉到了文化部。他為人性格豪爽，對友情忠貞不渝。在相當長的時間裏，唐瑜與潘漢年夫婦一直保持着過往的親密友情。

　　唐瑜與董慧乍一相見，彼此都有千言萬語。後來，他對和董慧的不期而遇，以及從此又得以同潘漢年夫婦延續友誼，都記諸於文字：

　　時當 1963 年初夏，在東安市場的北門口，突然看到了一個陌生而又熟悉的面影——董慧。我們雙手緊握，眼眶內的淚花模糊了現實與夢境，也代替了傾述不盡的語言。她告訴我，潘「釋放」了，現在住在京郊一個農場的「小別墅」，那裏可以種花，可以釣魚，時常能夠釣到大鯽魚。潘被允許進城探親訪友，但他怕帶累人家，所以一直沒有進過城。我約他們每個星期都可以來我家。我說：「什麼影響、連累，反正就是這樣，潘那頂帽子我戴起來不像樣，『自由主義』的帽子比較便宜，戴一頂也可以湊合。」

　　星期天，潘和阿董來了，帶來了阿董去上海整理抄家剩餘物資，順便取來的兩瓶陳酒和幾條自己釣的鯽魚。我把魚放到水盆中去，每條魚都吐出幾片茶葉。我們有許多話要說，但卻相對許久無言，終於從鯽魚與茶葉開始，潘說，在鯽魚口中塞幾片茶葉，可以多活兩三個小時……我們首先談到 1955 年在上海的分別。他訴述他遭致入獄的前因以及當年的情景，他只強調自己的過失。表現了一個把一生獻給了黨的革命者的高貴品質。

　　和唐瑜恢復了聯繫以後，又一次，潘漢年夫婦在唐家作客，被前來拜訪的孫師毅（1904-1966）夫婦撞見。孫師毅和潘漢年也是在 1930 年代初即結識的老朋友，在他堅持邀請下，潘漢年夫婦又成了孫家的常客。

　　在當時的政治氛圍下，這些朋友的真誠相待，給了潘漢年夫婦很大的慰藉。和他們相聚，說到忘情時，潘漢年夫婦甚至敢於流露一些對自己問題處理不滿的情緒。

　　一次在閒談，扯到董慧的話題時，潘漢年說：「阿董是最冤枉了，我犯了錯誤，關她什麼事，她卻也陪坐了幾年牢監，算什麼名堂。」

　　董慧說：「有人勸我和潘漢年離婚，就可以恢復黨籍、職位！參加革命那麼

多年，我難道是為了榮華？為了富貴？我連生命也是視若等閒了。」

　　好友孫師毅忙用「阿董，你是嫁錯老公，罰坐監，罪有應得，何冤之有，哈哈哈……」使漸趨凝重的氣氛又轉入輕鬆緩緩。

第二十一章

沒有鮮花的墓地

一　歷史劃了一個荒誕的怪圈　／將潘漢年重新收監複查的命令，竟是一紙沒頭沒尾的奇文　／這種病人壽命是不會長的，因此，建議審查部門抓緊事件審訊為宜　／這一回潘漢年的生命力顯得分外的頑強

　　1966 年，當文化大革命這場全國性的政治災難降臨之際，潘漢年夫婦再度被捲入劫難。

　　歷史劃了一個荒誕的怪圈：當年公安部經辦潘漢年一案，本是在「左」的大氣候下，釀成的一樁冤案。然而此時，當炙手可熱的中央文革小組突然對潘漢年一案發生興趣時，他們竟認為對潘漢年案的處理是太「右」了！

　　於是，當年為潘漢年定罪的人們，此際又被新的「左派」們定了罪，罪名是「包庇」了潘漢年等「反革命分子」。連給潘漢年治罪的人員，都因對潘治罪過輕，而成了新罪人；那麼潘漢年就更得重重治罪了。

　　1967 年 3 月，潘漢年夫婦被重新收監複查，二進秦城監獄。

　　耐人尋味的是，將潘漢年重新收監複查的命令，竟是一紙沒頭沒尾的奇文，不知道是誰下達的，也不知道該由誰負責，成了一紙「無頭命令」。公安部是按照中央文革小組的一紙命令辦事的。這命令的原文只有 19 個字：「請謝富治同志再把揚帆、饒漱石、潘漢年抓起來。」

　　1981 年在審判林彪、江青兩個反革命集團的案犯時，這紙「無頭命令」的簽發人，才被查了出來。曾是中央文革小組組長的陳伯達（1904-1989），於此刻供認了這一紙命令原來出自他這個秀才之手：

　　關於揚帆、饒漱石、潘漢年再抓起來此事，我完全忘記是在什麼場合寫的，總之一定是開會時受命寫的。此事我任何印象都沒留下，筆跡是我的。

陳伯達
1981 年 3 月 24 日

雖然，中央文革小組重提潘漢年案，意在砸爛公檢法系統，迫害公安部老領導。但他們也沒有放過潘漢年這頭「死老虎」，還想在這個了解 1930 年代上海地下黨組織情況的人身上做些什麼文章。也許是因為那個時期，對文革旗手江青來說，這是個敏感時期。

就在這次重新收監受審過程中，潘漢年的身體遭受了嚴重的摧殘。在不停頓的審訊和無休止的折騰中，已經 61 歲的潘漢年的身體迅速垮了。二進秦城監獄不久，潘漢年就病倒了，經檢查發現他已患有嚴重的疾病。

1967 年 10 月 10 日，監獄方面給上級主管部門寫了一份《關於反革命犯潘漢年病情報告》，報告對潘漢年當時的病情做了如下描述：

今年 7 月發現潘犯肝臟腫大，曾先後經復興醫院和中國醫學科學院日壇醫院（即腫瘤醫院）門診近兩個月的檢查，已初步診斷為肝癌。根據同位素的掃描也認為肝癌可能性大。此例因發生部位不適於外科手術，目前也沒有特殊有效的抗癌治療。根據醫生的意見，目前對癌症無特殊治療，發現癌症後，一般來說，這種病人壽命是不會長的。因此，建議審查部門抓緊事件審訊為宜，至於潘犯伙食問題，在 7 月住復興醫院時，×× 同志曾電話通知說，× 部長指示每月可按 15 元標準吃。今後該犯的伙食是否繼續按病號伙食待遇，請批示。

當負責潘漢年案件複審的人員，得知潘漢年可能不久於人世的診斷，竟提議要充分利用這不多的時間，對潘加緊審訊。一位主管部門的負責人馬上給謝富治（1909-1972）寫信，提議：

關於反革命分子潘漢年的病情，經腫瘤醫院複查，臨牀診斷為肝癌，同位素掃描結果為肝癌的可能性很大。這種病，目前沒有確為有效的藥物，只能進行一般性的治療。為此，除已建議潘漢年專案組抓緊審訊外，經部辦公會議研究，已對潘犯增加一些營養，使其多活一些時間，以利搞清潘犯的問題和挖出更多潘所知道的材

料。妥否，請批示。

　　當時的副總理兼公安部部長謝富治，看後沒有表態，而是批上「送汪東興、戚本禹同志一閱」，轉手給了汪東興。主管中央專案組的汪東興也未置可否，批上「請公安部審定，看本禹同志如何？請批」。戚本禹也如前二位之法炮製，只是在自己的名字上畫了一個圈圈。然後將批文傳給了江青。顯然他們都不太願沾惹這件事。而江青的態度卻與他們迥然相異，遂大包大攬，將此建議認可了。

　　有了江青的首肯，專案組便加緊了對潘漢年的審訊。使重病在身、生命垂危的潘漢年不得不忍着病痛，應付專案組一次又一次提審逼供。

　　在 1968 年 1 月 7 日的一份給中央文革小組的報告中，我們可以看到潘漢年當時受審的情形：

　　「遵照江青同志和小組同志對大叛徒、大內奸潘漢年『要加緊審訊』的指示，自去年 10 月以來，我們突擊審訊了潘犯 47 次……經過幾個月的連續作戰，基本上弄清了潘犯在解放前叛變黨後的反革命內奸活動……」

　　然而，這一回潘漢年的生命力顯得分外的頑強。他並沒有如醫生曾預料的那樣很快去世，卻最終挺了過來。原來此前的診斷不正確，他患的並不是癌症。但對一個 62 歲的老人來說，經這樣無休止的折磨後，他的體質確已相當衰竭，多種疾病併發，一臉的蒼老之容。

二　雖說罪證沒有什麼新的補充，可在定刑方面，卻在層層加碼　／如何處理潘漢年的公文，就這麼旅行一圈後，毫無實質意見地回來了　／「無期徒刑」的問題又被先擱置在一邊　／潘漢年夫婦的身體狀況都急邊而嚴重地惡化了，他們注定看不到變革的降臨　／重新公佈這篇毛澤東在1956年的講話，這無異於再一次為潘漢年一案定了性

1970 年 7 月 3 日，專案組向中央文革小組寫了《關於內奸分子潘漢年罪行的審查報告》和《補充報告》以及《關於內奸分子潘漢年判刑意見的報告》。然而，這三個報告中所能列舉的罪行，都是在文革前都已經定案的了，除此之外，沒有任何新的東西了。

雖說罪證沒有什麼新的補充，可在定刑方面，卻在層層加碼。報告建議：將潘漢年永遠開除黨籍，判處無期徒刑，剝奪政治權利終身。專案組將上述報告呈送江青。江青又在報告上寫了「請主席、林副主席、永勝、富治、葉群、作鵬同志審批」的字樣。

被江青列在文件上的這些人，大概此時誰都對潘漢年的案子沒什麼興趣，都在自己的名下畫了個圈便完事了。耐人尋味的是林彪。他在劃圈後還寫了一段附註：「我最近過分疲勞，有些東西看過後就忘了。請同志們諒解。」時間是1970 年 7 月 12 日。據知情者說，文革期間，林彪曾幾度批過類似的文字，似乎是有意擺脫自己同某些事情的關係。

如何處理潘漢年的公文，就這麼旅行一圈後，毫無實質意見地回來了。而就在此刻，出現了嚴峻鬥爭的第三次盧山會議召開了；此後又發生了更驚人的九一三事件。批林整風隨之成為更重要的大事，誰還顧得上潘漢年的案子呢？結果，一擱又是 5 年過去了。

1975 年 3 月，直到鄧小平主持中央日常工作，並着手整頓文革造成的嚴重

混亂。1975年春季，中央專門召開了專案工作會議，提出加快結案工作步伐，盡快落實政策等要求，潘漢年案的定案才又提上日程。專案組經研究並報中央批准，決定對潘按1970年的「判處無期徒刑」的意見處理，把他安置到湖南勞改單位勞動，每月發給生活費100元。

說是按「判處無期徒刑」處理，但執行起來頗有難度，因為這個判決有些不倫不類，又因為對潘漢年的案子，毛澤東講過話，以往的定刑，又是根據毛澤東講話的精神定的，一旦執行「無期徒刑」，便有違背毛主席指示之嫌。

於是，「無期徒刑」的問題又被先擱置在一邊，先把潘漢年安置到湖南去勞動再說。當時中央做了統一部署，要把許多重要的犯人分散、下放到各地去。很多省份都把此項工作當作一項重要的政治任務來完成，分派人到北京，同有關部門進行協商，安排具體事宜。

5月29日，專案組人員和湖南派來的人員以及秦城監獄的監護人員，三方聯合將潘漢年送到了湖南公安局所屬的第三勞改農場，茶陵縣江茶場。

當時的江茶場，是個直屬省公安局的勞改單位，實際名稱是：湖南省第三勞動改造管教隊。當潘漢年夫婦被送到此地時，他們已經垂垂老矣。這種老並非在於他們的年紀，而是他們歷經的磨難，使他們的身心過快的勞損了，一看上去，就給人風燭殘年的感覺。

潘漢年早已是疾病纏身，董慧自1967年跟着潘漢年一起被重新收監審查以後，精神上受到了極大刺激。她只是因為是潘漢年的妻子，因為潘漢年有「罪」，她也就有「罪」。她默默地忍受了許多年，但最後她的精神終於崩潰了，在獄中患了精神分裂症。

茶場對這兩個垂暮的老人，還是給予了一定的「特殊照顧」的。他們的「特殊」在於：有自己特殊的住房，有種種特殊的規定待遇，既像是犯人，又不像是犯人。

湖南省委、省公安局對於安置潘漢年夫婦，還是比較重視的。他們把農場的領導召到長沙去親自交代，專門部署。茶場的政委和場長又根據上面的指示精

神，多次召開會議，研究落實措施，專門作了一些安排和規定。

就這樣，潘漢年和董慧從此在這個偏僻山區的茶場裏定居了下來，直到他們最後離開人世。他們在這裏，度過了自己人生的最後歲月。

1976 年，中國又發生了許多驚天動地的大事件，同時開始醞釀一個劃時代的變革，然而不幸的是，潘漢年夫婦的身體狀況都急遽而嚴重地惡化了，他們注定看不到變革的降臨，並品嘗變革的果實。

由於茶場醫院的醫療條件太差，潘漢年的治療毫不見效，且無法進一步做全面檢查，潘漢年要求轉入醫療條件好一點的省城大醫院去治療。

可茶場領導的權利只限於茶場範圍之內，潘漢年能否走出茶場，他們無權決定；豈止他們，湖南公安局的領導也不能對此作出決定。據說這涉及到了保密問題。此事一直被反映到公安部之後，經部領導批示，潘漢年才被准許到長沙的醫院治療。1977 年 3 月 24 日，潘漢年被送往湖南省醫學院第二附屬醫院住院治療。一經檢查，發現他不僅早已患了慢性支氣管炎、類風濕性關節炎、貧血，而且又發現患有多囊肝及消化道出血、肺部感染等病症。

到這病入膏肓的時候，才給予必要的藥物治療措施，一切都已經晚了。在潘漢年走到生命盡頭的前夕，醫院實施了輸血及凍乾血漿搶救，但已經回天乏術。1977 年 4 月 14 日晚，潘漢年終於在入院 20 天之後與世長辭。

醫院對潘漢年的遺體進行了解剖，結果發現他罹患了多種疾病：多囊肝消化性出血、慢性支氣管炎、肺氣腫、肺部感染、類風濕性關節炎、營養不良、繼發性貧血。死亡的直接原因是：全身衰竭、呼吸循環衰竭、消化道出血、肺部感染、心跳驟停。

就在他逝世前不久，中共中央宣佈了出版《毛澤東選集》第 5 卷的決定。其中的〈論十大關係〉一文，在報刊上先期公開發表。這篇文章就是毛澤東在1956 年 4 月那次會議上的講話：「什麼樣的人不殺呢？胡風、潘漢年、饒漱石這樣的人不殺，連被俘的戰犯宣統皇帝、康澤這樣的人也不殺。不殺他們，不是沒有可殺之罪，而是殺了不利。」於是這段文字被擴大到了更大的範圍。這無異

於再一次強調了潘漢年一案的性質，這致使了在此之後，甚至在平反冤假錯案被當作一件大事來抓的氣候下，潘漢年一案的重新審定，依然阻力重重。

潘漢年已經離開了人世，已經從這個紛繁的世界消失，但他的名字仍被規定要嚴格保密。當他的屍體被火化，骨灰被埋在長沙火葬場的墓地，他的墓碑上，只是簡單地刻寫着：

「肖淑安之墓　一九七七年四月十四日病故　妻董慧立（碑號 77-652）」

潘漢年逝世之後，精神上早就備受摧殘的董慧，一個人更加孤獨，更加憂鬱。她行動不便，全靠一個保姆幫助她料理生活。數年前患有的精神分裂症，復發得更頻繁了。

據董慧的保姆回憶，董慧常常一個人自言自語地嘮嘮叨叨：「他（指潘漢年）會復活，他會復活的！」有時又會忽然冒出一句：「董慧同志紡出來了」。毛澤東的這句表揚，被刻在她靈魂的最深處了，當年在延安中央辦公廳工作時，因為她學會了紡棉紗，在一邊觀看的毛澤東，對董慧連連稱讚。一切幾乎都消逝了，只有潘漢年，只有毛澤東的表揚，還能喚起她的意識。

1979 年 2 月 24 日，董慧也離開了人世，董慧的骨灰也被安放到長沙火葬場的墓地，和潘漢年的骨灰安葬在一起了。但卻沒有人為她立一塊小小的墓碑了。

三　共和國的幾個最大冤案都相繼得到了平反　/廖承志最早對潘漢年案，公開表示了疑問　/中央紀律檢查委員會書記陳雲，也親自出面過問此事了　/中央領導層中與潘漢年共過事、還健在的，就剩他一個了　/陳雲說沒有什麼事了，潘漢年的事，已經給胡耀邦寫了條子了　/潘漢年的案件，中紀委正在為他平反。我必信他將恢復名譽

中共十一屆三中全會後，根據「實事求是，有錯必糾」的方針，大批冤假錯案得到了糾正，共和國的幾個最大冤案：劉少奇、彭德懷、「彭、陸、羅、楊」等案，也都相繼得到了平反。那麼疑點不少的潘漢年一案，是否也該查一查呢？

廖承志最早對潘漢年案，公開表示了疑問，首先正式提出重新複查潘漢年一案的建議。

1980 年，在一次中央討論《建國以來黨的若干歷史問題決議》的會議上，廖承志在發言時說：如果潘漢年真是暗藏在中國共產黨內的內奸分子，那麼，自己和潘漢年在香港從事隱蔽工作數年，自己和那裏的黨組織以及若干情報工作據點，為什麼沒有遭到破壞呢？

此後，廖承志又曾找公安部的一位負責同志，敘說了同樣的疑問。

廖承志提出的問題，引起了許多人，特別是曾長期同潘漢年共過事的人的共鳴。他們也都紛紛向中央提出建議，要求本着「實事求是，有錯必糾」的方針，重新複查潘漢年一案，澄清是非。

其實，廖承志的建議，是與陳雲的提示有關聯的，早在 1978 年冬，中共十一屆三中全會剛開過後，陳雲就找過劉曉，委託這位在上海從事了多年地下工作的負責人，收集有關潘漢年的材料，以便重新弄清潘漢年的問題。在廖承志正式提出複查潘漢年案建議後，身為中紀委書記的陳雲，也正式出面過問此事了。

　　陳雲和潘漢年在 10 年內戰時期，有過兩度共事的經歷，他對潘漢年有着很好的印象，認為他是白區工作的優秀代表之一。在抗日戰爭和解放戰爭時期，他對潘漢年的情況不很了解，但解放後潘漢年在上海的工作情況，他又是比較了解並且是比較滿意的。特別是潘漢年在擔任上海財經委員會主任期間，在處理上海工商界和三反、五反工作中謹慎和穩妥的表現，曾受到在中央主管財經工作的陳雲的高度重視。

　　對潘漢年一案，陳雲過去沒有直接過問，因為潘的問題主要是由抗日戰爭時期的事情引起的。這段時間，陳雲基本上與潘漢年沒有來往，不很了解。

　　而此時此刻，作為中紀委書記的他，在聽到一些有關潘案的反映之後，他對此有所感觸：潘漢年長期從事隱蔽工作，許多工作是最高領導人直接部署的，許多人對潘漢年是缺了解的。經過文化大革命，中央領導層中與潘漢年共過事、還健在的，就剩他一個了，他不出來敦促，不知情的人更不可能關注此事。因此他感到有責任把這個有疑點的案件，弄個水落石出。

　　1979 年前後，陳雲陸續找了長期在上海、廣州、香港等地從事地下工作，幾度與潘漢年配合過的廖承志、劉曉、夏衍、胡立教等人，向他們了解有關潘漢年的情況，向他們透露想重新複查潘漢年案的想法。

　　1979 年 10 月，陳雲因病住院，並準備做大手術，此時他已是 74 歲高齡。手術前，他鄭重其事地給時任中共中央秘書長的胡耀邦寫了一張條子，提出複查潘漢年案子的個人看法。

　　中央政治局常委、國務院副總理姚依林到醫院看望陳雲，詢問陳雲還有什麼事要交代。陳雲說沒有什麼事了，潘漢年的事，已經給胡耀邦寫了條子了。這顯示了他對中國共產黨的歷史和事業以及戰友的高度負責精神。

　　1980 年 12 月 23 日上午，陳雲指示辦公室的秘書給公安部打電話，說他要調閱潘漢年案件的材料，請公安部當天下午就將潘案的最後定案的全部材料送到他那裏去。10 天之後，陳雲辦公室的秘書又給公安部打電話，請公安部迅速整理一份有關潘案處理過程的梗概材料，送往中紀委。

此外陳雲要求過去對潘漢年比較了解的同志，如廖承志、夏衍等寫材料，把他們對潘漢年的了解，寫出系統的、具體的材料交給中紀委。

公安部在中紀委和陳雲的督促下採取了積極的態度。1981 年 1 月 16 日，公安部向中紀委寫了關於潘漢年一案的概況材料，如實地反映了潘案的處理全過程，並將 1945 年劉少奇、康生給饒漱石的電報（說明潘漢年和李士群等漢奸接觸，是根據中央的指示精神做的。潘漢年曾向中社部報告過）以及 1955 年 6 月 8 日，李克農在中央政治局的報告中為潘漢年案件提出的五條反證材料，一併向中紀委作了報告。正是這兩份材料，為潘案的再次複查和平反提供了有力的線索和證據。

3 月 1 日，陳雲再次就潘漢年案複查問題，致信中共中央總書記胡耀邦及鄧小平、李先念等人，信中說：

「我認為潘漢年的案子需要複查一下。」「收集了一些公安部的材料，和與漢年同案人的材料。這些材料，並無潘投敵的材料確證。」「我提議中央對潘漢年一案正式予以複查。這件事如中央同意，可交中央紀律檢查委員會辦理。」兩天後，胡耀邦即批示，按陳雲意見，由中紀委複查潘案。

3 月，中紀委根據中央的決定開始對潘漢年一案進行全面複查。中紀委為此調閱和詳細研究了公安部、最高人民檢察院、最高人民法院以及原中央專案辦公室關於潘案的全部材料，並查閱了中央檔案館和中央有關主管部門相關的歷史檔案，又向幾十位過去同潘漢年一起工作過的同志作了調查。

11 月 18 日，陳雲在人民大會堂接見參加原中央特科工作者座談會時，向當時任中央調查部部長的羅青長詢問起潘漢年材料的情況，並對在場的特科工作人員說：

「潘漢年的案件，中央紀律檢查委員會正在為他平反。我必信他將恢復名譽。」

經過 1 年 5 個月時間的努力複查，結論是原來將潘漢年判定為「內奸」的罪名不能成立。1982 年 8 月 23 日，中共中央根據中紀委的複查結果，正式發出了《關於為潘漢年同志平反昭雪、恢復名譽的通知》。

在《通知》中，對原來給潘漢年判定的罪名，做了逐一反駁：

關於 1936 年在國共談判中「投降國民黨」的問題，文件指出，1935 年 8 月 1 日，中共發表抗日救國統一戰線的宣言以後，南京國民黨當局曾派其駐蘇聯大使館武官鄧文儀，與中共駐共產國際代表團多次會談。潘漢年當時正在莫斯科，也參加了這次會談。隨後，中共駐共產國際代表團決定派他回國找陳果夫、陳立夫洽談國共抗日合作事宜。潘漢年回國後，一面同國民黨當局聯繫，一面通過黨內秘密交通的關係到達陝北，向中央報告了中共駐共產國際代表團關於爭取國共合作、共同抗日的意見，以及與國民黨取得聯繫的情況。不久，中央就決定派他帶着中共中央致國民黨的信，去南京進行談判。這段經歷是完全清楚的，黨中央是完全了解的。

潘漢年在 1936、1937 年間，是中共同國民黨談判的正式代表。當時，他與陳立夫、張沖等國民黨方面的談判代表經常聯繫國共談判的事宜，根據中央 1935 年《八一宣言》和其他通電的精神，向他們談了中共對國共談判的方針和條件；介紹自己一般的經歷，均屬於正常來往和正常工作範圍，並未涉及黨的機密。在整個談判過程中，根據中央檔案館所存當時的文電檔案材料證明，他是堅定地按照黨中央的談判方針行事的。在此以後的幾十年中，也無任何事實表明，潘漢年有勾結國民黨給我黨造成危害的行為。

關於抗日戰爭時期「投靠日本特務機關」和秘密會見汪精衛的問題。文件說，1941 年太平洋戰爭爆發前後，中央有關主管部門曾一再指示黨在敵佔區的對敵隱蔽鬥爭系統，派人打入敵偽組織，相機開展工作。潘漢年執行上述指示，利用各種社會關係進行這方面活動的情形，是向中央作過正式報告的；中央有關主管部門還為此選調過一些幹部給他。他執行這項特殊任務所採用的一些特殊手段，都是組織上允許採用的，而且工作很有成效；一是成功地派人打入敵偽特務機關，為黨獲取了不少的重要戰略情報，多次得到了中央的表揚。二是利用各種社會關係，掩護了一批潛伏在敵人內部工作的同志和一些同他有聯繫的上海地下組織及其領導同志。三是在敵佔區建立了秘密交通線，不僅保證了淮南根據地與上海之

間地下聯繫的暢通，而且當環境惡化時，把在上海難以立足的地下黨領導同志和大批幹部，安全地撤回根據地。四是太平洋戰爭爆發後，潘漢年主動報經中央同意，利用他的特殊社會關係，從上海派人前去香港，掩護他們全部安全撤回內地。這一系列重要的歷史事實確切地證明，潘漢年沒有「投靠日本特務機關」。

　　至於潘漢年「秘密會見汪精衛」的問題，已查明這是在李士群（汪偽江蘇省長、特務頭子）的挾持下發生的。從現有材料看，第一，潘漢年同李士群發生關係，做策反工作，是執行中央的指示。第二，1943 年秋，潘奉中央華中局之命，從淮南根據地去敵佔區找李士群了解敵偽清鄉部署，突然被挾持去南京會見汪精衛，當時已不可能向組織上請示。第三，會見事實，汪精衛為了獵取政治資本，急於仿照重慶國民黨召開參政會的辦法，在南京拉攏各方面頭面人物，另搞一個參議會，要求共產黨派人參加，當即被潘婉言推託，應付過去。此後，潘與汪精衛再未見面，也未發現他與汪有進一步的接觸。第四，潘與汪精衛見面之後，中共在政治上、組織上沒有受到任何損害。第五，據潘漢年同志解釋，當時他從敵佔區回到華中局以及後來到延安，正趕上黨內進行整風審幹，他怕一旦說出會見汪精衛的情況，會被嚴重懷疑而又無法解釋清楚，因而沒有把這件事向黨報告，一直拖到 1955 年 4 月初才主動作了交代。應該指出，潘漢年的解釋雖然是可以理解的，但他長期不向組織報告會見汪精衛這樣重要的事情，是錯誤的。

　　關於上海解放後「掩護胡均鶴等大批特務、反革命分子」和「供給敵人情報導致二六轟炸」的問題。文件指出，胡均鶴 1932 年曾任共青團中央書記，後被捕叛變，先後充當國民黨和汪偽特務。1941 年與我方建立秘密聯繫，並掩護過上海地下黨領導同志回到淮南根據地。上海解放前夕，胡向中共請求給予立功贖罪的機會，經饒漱石（當時中央華東局的領導人）同意，被帶到上海參加肅反工作。1949 年 5 月 10 日、23 日，華東有關部門領導同志就此事兩次報告過中央有關主管部門，並說明利用胡均鶴是華東局批准的。潘漢年對此沒有責任。後來經饒漱石批准（潘漢年知道），胡均鶴被委任為上海市公安局情報委員會主任和專員，一批原特務骨幹分子擔任了偵察、情報、審訊組長和聯絡員。許多向人民政

府登記自首的原國民黨特務，被作為公安局的工作關係，在開展對敵隱蔽鬥爭中加以利用。當時利用這批人，是中共的政策所允許的，對開展反特鬥爭起了一定作用。但是，把胡均鶴等人任用於內部的要害部位，內外不分，則是錯誤的。

1950 年 2 月 6 日的轟炸造成的損失重大，使上海的電力和自來水等設備遭到嚴重破壞。現已查明，被上海市公安局破獲的「軍統」特務羅炳乾潛伏電台，向台灣提供過大量情報和轟炸目標。這個潛伏電台與潘漢年毫無關係。

潘漢年就任上海市副市長以後，還兼管過一段對敵隱蔽鬥爭。他安排了一位原先打入國民黨特務系統工作的同志，繼續與台灣方面保持電台通訊聯繫，藉以了解其對潛伏和派遣特務的部署。這是當時對敵鬥爭的需要，是必要的、正確的。現已查明：第一，這位同志在 1940 年即是我黨黨員，1942 年黨組織派他打入國民黨特務系統以後，工作很有成績，曾受到中央有關部門的表揚。第二，上海解放後，這個同志根據潘漢年同志的指示，繼續與台灣方面保持聯繫期間，上海市公安局曾根據他提供的線索，破獲過三起重要的敵特案件。第三，在二六轟炸以前，這個同志為了騙取台灣方面的信任，曾利用電台發送過一些反映上海生產建設一般情況的材料（未經潘漢年審閱），並未涉及黨和國家機密。因此，斷言二六轟炸由它引起是沒有根據的。

《通知》在敘述了潘漢年的簡歷之後，着重指出了他在歷史上的重大功績，並且對潘的一生重新作出了高度的評價：「潘漢年同志幾十年的革命實踐充分證明，他是一個堅定的馬克思主義者，卓越的無產階級革命戰士，久經考驗的優秀共產黨員，在政治上對黨忠誠，為黨和人民的事業作出了重要貢獻。」

《通知》在追述了潘漢年冤案的發生及其經驗教訓之後，鄭重向全黨宣佈：

「一、撤銷黨內對潘漢年同志的原審查結論，並提請最高人民法院依法撤銷原判，為潘漢年同志平反昭雪，恢復黨籍；追認潘漢年的歷史功績，公開為他恢復名譽。二、凡因「潘案」而受牽連被錯誤處理的同志，應由有關機關實事求是地進行複查，定性錯了的應予平反，並將他們的政治待遇、工作安排和生活困難等善後問題，切實處理好。」

　　在中共中央為潘漢年平反的《通知》發出後的兩個星期，最高人民法院發出了新的《刑事判決書》，宣佈撤銷 1963 年的原判；並宣佈潘漢年無罪。

　　1983 年 4 月 15 日，經中共中央批准，將潘漢年及其夫人董慧的骨灰從湖南移送北京八寶山革命公墓安放。

餘話

關於潘漢年的故事講完了，但擱筆卻讓人思索感慨良多，因為這不是他一個人的故事。許多從事隱蔽工作的情報人員，都有着同他基本相似的經歷。潘漢年一案就牽連了一大批與他有聯繫的人，就是很好的說明。

情報工作者被誤解、受冤屈的故事，還能講出一些，這些故事的主角同潘漢年一樣，有着卓越的功績，有的更有着令人欽敬的才華與人格，筆者實在是懷着對這一群體的景仰，來寫本書的，而絕非僅僅對傳主一人曲折複雜的人生情有獨鍾。

潘漢年大事編年

1906年

1月12日（農曆丁巳年12月18日）出生於江蘇宜興縣（今宜興市）陸林（今陸平）村。

1912年—1921年（6歲-15歲）

先後在陸林村初級小學、官林鎮宜興縣第三高級小學、宜興彭城中學、常州延陵公學讀書。

1922年（16歲）

因貧退學回宜興，在縣城勵進小學代課，參加編輯《宜興評論》。

1923年（17歲）

在勵進小學任教。因參與進步師生反對腐敗的縣教育局局長周聘高的鬥爭遭拘捕。

1925年（19歲）

春，到上海，進中華國語專科學校讀書。不久，進中華書局打工。

秋冬之際，受五卅運動影響，積極投入社會政治活動。

1926年（20歲）

3月，進入創造社出版部，從事編輯、發行工作。

4月，創辦《A11》週刊，任主編。

6月，主編出版《幻洲》週刊。

10月，與葉靈鳳合編《幻洲》半月刊。

秋冬之交，因出版部被封、成員被捕而四處奔走，使出版部恢復，成員獲釋。後經由阮仲一、王弼介紹加入中國共產黨。

1927年（21歲）

2月，前往南昌，任國民革命軍總政治部主辦的《革命軍日報》總編輯。

4月下旬，在武漢任國民革命軍總政治部宣傳部編纂股股長。

9月，與葉靈鳳恢復編輯出版《幻洲》半月刊。

10月，參與編輯秘密刊物《工人》。

1928年（22歲）

1月，與葉靈鳳合編《現代小説》。

4月，創辦《戰線》週刊，任主編。

5月，任中共江蘇省委宣傳部文化工作黨團（或稱文化黨組，後劃歸中共中央宣傳部領導）書記。

1929年（23歲）

6月，中共中央宣傳部設立文化工作委員會，任第一任文委書記。

10月，召開黨與非黨文學界人士座談會，領導籌組中國左翼作家聯盟（左聯）。

1930年（24歲）

2月，中國自由運動大同盟成立，被選為執行委員，並任黨組書記。

3月，出席在中華藝大召開的左聯成立大會，任黨團書記。

8月，社聯和左聯聯合主辦的《文化鬥爭》創刊，任主編。

秋，調中共中央主辦的《紅旗日報》，為上海地區總採訪。

10月，中國左翼文化總同盟（文總）在上海成立，任黨團書記。

冬，調中共中央宣傳部，分管文化出版工作。

1931年（25歲）

春，調任中共江蘇省委宣傳部部長。

5月，調中央特科工作，任情報科科長。

6月，任中共中央特別工作委員會委員。至1933年5月，一直是中央情報工作負責人之一。

1932年（26歲）

春，組織反擊國民黨特務機關策劃的「伍豪啟事」陰謀。

1933年（27歲）

夏，奉命撤離上海，進入中央蘇區。任蘇區中央局宣傳部副部長、部長，六屆五中全會後任中共中央宣傳部副部長。

10月，受命代表中華蘇維埃共和國臨時中央政府及中國工農紅軍，和國民黨十九路軍代表談判。後任中共駐十九路軍常駐代表。

11月，十九路軍發動福建事變，代表中共與福建人民政府簽定抗日停戰四條協定。

1934年（28歲）

1月，在中華蘇維埃共和國第二次全國代表大會上，當選為中央執行委員。

6月，任贛南省委宣傳部部長。

10月，奉命與何長工一起代表紅軍與國民黨陳濟棠的粵軍談判，達成5項協議，為紅軍長征邁出第一步創造了有利條件。

長征期間，任紅軍總政治部宣傳部部長兼地方工作部部長。

1935年（29歲）

遵義會議後，奉命前往上海，協助陳雲設法恢復白區工作、打通與共產國際的聯繫。

9月，赴莫斯科，向共產國際報告遵義會議和長征初期的情況。

1936年（30歲）

自1月起，幾度奉命在莫斯科與國民黨政府駐蘇武官鄧文儀晤談。

2月，根據中共駐共產國際代表團決定，回國參加國共談判聯絡工作。

5月，到香港，廣泛接觸救國會在港成員：陶行知、鄒韜奮、李濟深、陳銘樞、蔣光鼐及中共情報系統人員梅龔彬等。

7月，在香港會見國民黨的陳果夫及陳立夫的代表張沖。不久，與張沖一起到南京，與國民黨代表曾養甫會面。在滬期間，會見宋慶齡、沈鈞儒等，介紹中共關於建立抗日民族統一戰線的主張。

8月，由上海經西安到達陝北保安。列席中共中央政治局會議，匯報在莫斯科、香港、南京與國民黨談判聯絡的情況。

9月，參加中央政治局擴大會議，會後攜帶《中共中央致國民黨書》、《國共兩黨抗日救國協定草案》（即八項條件），毛澤東致宋慶齡信，毛澤東致章、陶、沈、鄒信，以及周恩來致陳果夫、陳立夫信，前往南京、上海，與國民黨當局接觸。

10月，被中共中央正式任命為中共談判代表。到上海後，被任命為中共駐上海辦事處主任。

自11月始，與陳立夫舉行數次會談。

12月，根據中共中央指示，與宋美齡、宋子文會見，轉告西安事變情形，陳述中共和張、楊和平解決西安事變的意向。

1937年（31歲）

春，為解決西安事變善後問題，奔走於上海、南京、西安等地，繼續執行中共談判代表的使命。

3月，陪同周恩來到杭州和蔣介石會談。

8月，出任八路軍駐上海辦事處（八辦）主任。

11月，根據中共中央指示，安排宋慶齡、何香凝等一批著名人士撤離上海。

1938年（32歲）

2月，在香港，與廖承志一起主持八路軍、新四軍駐港辦事處工作，繼續開展統戰工作，並領導部分秘密工作。

9月，回到延安，以地區負責人身份參加中共六屆六中（擴大）全會。會後，留中央社會部（中社部）工作。

1939年（33歲）

4月，到香港，擔任統戰及敵後情報領導工作。

9月，由香港抵達上海，建立上海情報工作班子，先後建立與延安、香港、重慶等地聯絡的電台。

10月，被任命為中共中央社會部副部長，主持第一線情報工作。根據中社部決定，負責組建華南情報局，並統一領導港、澳、穗等地的情報工作。

1940年（34歲）

往返於香港和上海兩地，組織指揮上海與華南敵後地區的情報工作。

1941年（35歲）

春，通過秘密交通線，將從皖南事變後突圍出來的一批重要幹部轉移到蘇北新四軍根據地。

6月，蘇德戰爭爆發前，向中央提供了蘇德戰爭一觸即發的戰略情報，以及日軍準備南進的情報。

11月，獲取太平洋戰爭爆發準確日期的重要軍事情報。

12月，太平洋戰爭爆發後，根據中央指示，疏散在港的宋慶齡、何香凝、柳亞子等各界知名人士800餘人。隨着情報工作重心移至上海，通過日本駐上海領事岩井英一的關係取得合法身份，到上海開展情報工作。

1942年（36歲）

4月，會見汪偽特務首腦李士群，與之建立情報交換關係。

1943年（37歲）

春。華中局情報委員會成立，任書記。華中局情報部成立，任華中局情報部部長，繼續領導上海、南京等敵後地區的情報工作。

4月，奉命前往蘇南了解日偽掃蕩、清鄉計劃。受李士群挾持到南京與汪精衛會面。

回蘇北根據地後，參加華中局整風運動，參與揚帆案審查，建議糾正錯案。

1945年（39歲）

2月，被任命為中共中央華中局委員。

4月，在延安參加黨的七大會議。會議期間，受到毛澤東的表揚和接見。會後留在延安，仍在中社部工作。

10月，隨高崗、張聞天等前往東北。

1946年（40歲）

3月，離瀋陽到北平，旋即奉命到南京參加中共駐南京代表團工作。

9月，根據周恩來指示，到香港主持統一戰線及隱蔽戰線工作。

1947年（41歲）

1月，中共中央成立中共中央南京局所屬香港分局，被任命為香港分局成員。

1948年（42歲）

5月，就即將召開政治協商會議一事，和各反美反蔣民主黨派、人民團體及社會知名人士交換意見。

有計劃地組織民主黨派領導人和各無黨派知名人士從上海等地轉往香港，然後由香港通過海上通道轉移到解放區，為召開新的政治協商會議做準備。先後共組織20多批，約350人，歷時一年，沒有一次失誤。

1949年（43歲）

4月，應中央電召前往北平，受命參與接管上海。在北平期間受到毛澤東、劉少奇等接見，被任命為上海市副市長。

5月，上海市人民政府宣告成立，任上海市副市長兼軍事管制委員會秘書長。

在此前後，先後被任命為中共中央華東局委員、社會部部長、統戰部副部長、上海市委副書記、統戰部部長、市政府黨組書記等。

1950年（44歲）

1月，華東軍政委員會成立，當選為委員會委員。

1951年—1952年（45-46歲）

任上海市常務副市長，負責市政府的日常工作，並分管政法、統戰工作。

1953年（47歲）

10月，在上海市第二屆第一次人民代表大會上當選副市長，市政治協商會議第一副主席。

1954年（48歲）

春，華東局撤銷，上海市委改組，任上海市委第三書記。

1955年（49歲）

4月，在中國共產黨全國代表會議期間，通過陳毅，以書面報告形式向中央交代12年前在李士群等挾持下會見汪精衛的經過。經毛澤東批示，以「內奸」罪名被逮捕，關押在北京功德林監獄。

1960年（54歲）

3月，被轉移到昌平縣秦城監獄關押。

1963年（57歲）

1月，被最高人民法院以「內奸」罪判處有期徒刑15年，剝奪政治權利終身。

2月，被「假釋交公安部管制」，並與董慧一起轉到北京南郊團河勞改農場居住。

1967年（61歲）

3月，根據中央文革小組指令，重新收監審查，從團河農場轉回秦城監獄關押。

1970年（64歲）

7月，根據「專案組」的建議，經中共中央批准，被重新加重處理為「永遠開除黨籍，判處無期徒刑，剝奪政治權利終身」。

1975年（69歲）

5月，與董慧一起被遣送到湖南茶陵縣江茶場，作為「特殊犯人」接受管制。

1976年（70歲）

冬，多種疾病發作，住進茶陵縣江茶場醫院治療。

1977年（71歲）

4月14日，因多種疾病併發，醫治無效，於當晚19點45分在湖南長沙逝世。